I0066462

Öffentliche Betriebswirtschaftslehre

Theorie – Praxis – Consulting

von

Dr. Roland Heuermann

Professor
Dr. Matthias Tomenendal

unter Mitarbeit von

Norbert Büning
Bernhard Heck
Hilke Heeren
Falk Herrmann
Rüdiger Liebe
Hubert Vogt
Detlef Walter

Oldenbourg Verlag München

Bibliografische Information der Deutschen Nationalbibliothek

Die Deutsche Nationalbibliothek verzeichnet diese Publikation in der Deutschen Nationalbibliografie; detaillierte bibliografische Daten sind im Internet über <http://dnb.d-nb.de> abrufbar.

Rosenheimer Straße 145, D-81671 München
Telefon: (089) 45051-0
oldenbourg.de

Lektorat: Rainer Berger
Herstellung: Anna Grosser
Coverentwurf: Kochan & Partner, München
Coverbild: iStockphoto
Illustration: Klaus Bergner
Gedruckt auf säure- und chlorfreiem Papier
Gesamtherstellung: Druckhaus „Thomas Müntzer“ GmbH, Bad Langensalza

ISBN 978-3-486-59708-0

Inhalt

Verzeichnis der Abbildungen

Verzeichnis der Tabellen

Aphorismen und Sprüche

Es kommt nicht darauf an, ob die Sonne in eines Monarchen Staat nicht untergeht, wie sich Spanien ehedem rühmte, sondern was sie während ihres Laufes in diesen Staaten zu sehen bekommt.

Georg Christoph Lichtenberg

Jeder erwartet vom Staat Sparsamkeit im Allgemeinen und Freigiebigkeit im Besonderen.

Anthony Eden

Das Aufstellen eines Budgets ist die Kunst, Enttäuschungen gleichmäßig zu verteilen.

Maurice Stans

Wem Gott ein Amt gibt, dem gibt er auch Verstand. Nur werden die Ämter leider nicht von Gott vergeben.

Gerhard Uhlenbruck

Staatsorgan: Weder Herz noch Lunge, sondern ein ständig wachsender Verdauungsapparat.

Ron Kritzfeld

Die Zeit, welche die Technik erspart, kostet der Bürokrat, der sie organisiert.

Ludwig Marcuse

Was ist Bürokratie? Eine Regelung der einzelnen Inkompetenzen im Sinne der allgemeinen Verantwortung.

Anton Kuh

Die Bürokraten sind die Militaristen des Papierkrieges.

Cyril Northcote Parkinson

1 Einleitung

1.1 Vorwort

Dieses ist nicht das erste und nicht das einzige Werk über die Betriebswirtschaftslehre im öffentlichen Bereich. Was macht es zu etwas Besonderem? Folgende Eigenschaften sind hier zu nennen:

Der Lehrstoff aus dem Curriculum eines Fachhochschulstudiums der Öffentlichen Betriebswirtschaftslehre wird kombiniert mit Erfahrungs- und Beratungswissen von Praktikern inner- und außerhalb der Verwaltung.

Stoff des ÖBWL-Curriculums an FHs

Die Gliederung des Buches folgt im Kernbereich der Logik „von der Zielsetzung und Strategie hin zu den Details des Ressourcenmanagements“ und zeichnet damit den Entscheidungsweg bei der Gründung einer neuen Behörde – vom Allgemeinen zum Speziellen – nach. Dies soll dem Leser besonders dabei helfen, die Randbedingungen der jeweiligen betriebswirtschaftlichen Fragen zu verstehen. Typische Probleme oder Befunde kritischer Instanzen werden gelegentlich ergänzend themenbezogen dargestellt.

Betriebstypen im öffentlichen Sektor

Aus Sicht der Betriebswirtschaftslehre gibt es nicht DIE öffentliche Verwaltung, sondern eine Vielzahl öffentlicher Betriebe mit unterschiedlicher Rechtsform, unterschiedlichen Zielen, unterschiedlicher Eignung und unterschiedlichem Bedarf, betriebswirtschaftliches Denken und Instrumente einzusetzen. Daher hilft dieses Buch mit „Wenn - Dann“ - Überlegungen je nach Betriebstyp, um Entscheidern im öffentlichen Bereich die Anwendung betriebswirtschaftlicher Konzepte zu erleichtern.

Konsistenz der Begriffe

Das Buch bemüht sich, auf einen besonders hohen Grad an Konsistenz gewählter Begriffe zu kommen, um dem Einsteiger unter den Lesern zu Beginn ein sicheres Begriffsverständnis zu vermitteln. Im Grundlagenbereich werden zudem für Einsteiger eher verwirrende Diskussionen um Meinungsunterschiede in der Literatur vermieden. In den Kapiteln 3 bis 6 über Managementbereiche gibt es dann aber sehr wohl eine differenzierte Sicht der Dinge, da hier im Thema reifer gewordene Leser oder durch undifferenziertes Vereinfachen eventuell schlecht beratene Entscheider unterstellt werden.

Wo immer möglich, zeigt das Buch neben dem Text auch besonders informative Abbildungen und Tabellen. Damit wird die Darstellung des Inhalts abwechslungsreicher und prägnanter, weil neben der Prosa ein zweites Medium der Wissensvermittlung den Stoff transportiert.

Aufgabenverteilung der Autor/inn/en

Diese guten Vorsätze haben die Herausgeber und die Autoren mit folgender Aufgabenverteilung umgesetzt:

- Norbert Büning und Hubert Vogt (Abschnitt 6.1 „Personalmanagement“)
- Bernhard Heck („Serviceorientierte Architektur“ in Abschnitt 5.1)
- Hilke Heeren (Abschnitt 7.4 „Überwachungssystem“)
- Falk Herrmann (Abschnitt 7.4.2 und Anhang 8.2 „externe Berater“)
- Roland Heuermann (Kapitel 1, 2, 4 und die Abschnitte 6.3 bis 6.5, 7.1, 7.2, 7.4.1 sowie 8.1, 8.4 und 8.5, außerdem den Exkurs „Geschäftsgang“ in Abschnitt 5.1)
- Rüdiger Liebe (Abschnitt 5.3.3 „Projektmanagement“ und 5.4 „Outsourcing“)
- Matthias Tomenendal (Kapitel 3 und Kapitel 5 und „Produktkritik“ in Abschnitt 4.2)
- Detlef Walter (Abschnitt 6.2 „Rechnungswesen“)

Die Herausgeber danken Hrn. Jürgen Enking (Bonn), Fr. Claudia Beyer (Hamburg), Fr. Gertrud und Hrn. Roland Heuermann sen. (Minden) sowie Fr. Sarah Voit und Hrn. Rainer Berger (München) vom Oldenbourg-Verlag für die wertvollen Anregungen zur Verbesserung der Qualität und Lesbarkeit des Buches. Hr. Klaus Bergner (Hamburg) fertigte sechs Graphiken zur künstlerischen Einleitung der Kapitel 2 bis 7.

1.2 Zielgruppen und Angebot

Dieses Buch soll folgende Leser erreichen und bestmöglich bedienen:

ÖBWL als Nebenfach eines FH-Studiums

Studenten der Öffentlichen Betriebswirtschaftslehre in den Fachhochschulen des Bundes und der Länder bzw. Kantone. Hier wird ÖBWL oft als Nebenfach und Teil eines anspruchsvollen Curriculums unterrichtet. Den Studenten dieser Einrichtungen bleiben nicht so viele Zeitressourcen wie den Studenten von Universitäten, sich mit einer Vielzahl von Quellen eigenständig zu befassen. Sie verlangen daher möglichst nach einem Werk mit allen Inhalten des für ihr Curriculum prüfungsrelevanten Stoffes der Betriebswirtschaftslehre. Gleichzeitig möchten sie aber „nebenbei“, außer dem Prüfungsstoff im engeren Sinne, schon einen Bezug des Lernstoffs zu dem aktuellen Geschehen und den Managementfragen in ihrer Herkunftsbehörde sehen, damit das Gelernte auch einen realen Wert im Arbeitsleben hat. Dies hilft auch den Praktikern und fachfremden Lesern aus der Verwaltung, schnell zu ihren Fragen griffige Antworten zu finden. Das Lesen des Buches als Ganzes ist hierzu nicht notwendig.

Entscheider in der Verwaltung. Betriebswirte und Kaufleute sind eine Minderheit in der öffentlichen Verwaltung. Die große Mehrzahl der Führungskräfte in der Verwaltung kommt aus juristischen, technischen oder verwaltungspraktisch geprägten Ausbildungsgängen. Diese Führungskräfte benötigen konkrete Unterstützung für ökonomisch geprägte Managementfragen. Für sie ist ein ohne unnötigen theoretischen Ballast vermitteltes Grundwissen wichtig. Darüber hinaus sind konkrete Handlungsempfehlungen gefragt. Deshalb sind weiterführende Hinweise auf Empfehlungen der Rechnungshöfe, die Angebote der Kommunalen Gemeinschaftsstelle (KGSt) und andere relevante Quellen hilfreich.

Hilfe für fachfremde Juristen, Techniker und Verwaltungsexperten ohne BWL-Hintergrund

Entscheider in der Politik. Die über den traditionellen Weg einer Partei in Führungspositionen gelangten Politiker haben zumeist keine zuvor erworbene berufspraktische Erfahrung als Verwaltungsmanager. Ihr Bildungshintergrund liegt zumeist nicht im ökonomischen Bereich. Kenntnisse in der öffentlichen Betriebswirtschaftlehre sollen diesen Lesern helfen, den wirtschaftlichen Aspekt des Geschehens in öffentlichen Betrieben besser zu verstehen und mögliche Auswirkungen politischer Entscheidungen auf diesen Bereich besser vorhersehen zu können.

Politiker ohne Erfahrung als Verwaltungsmanager

Die in vielerlei Hinsicht so unterschiedlichen Zielgruppen treffen sich alle in folgenden Ansprüchen: Ein hohes didaktisches Niveau, Konsistenz verwendeter Begriffe und Einordnung des Gelernten in ein zusammenhängendes Gesamtbild. Das Buch soll daher eine besonders konsequente Anwendung der Begriffe und Erkenntnisse der Allgemeinen Betriebswirtschaftslehre auf den öffentlichen Bereich bieten. Abweichungen und Besonderheiten zur Privatwirtschaft werden aufgezeigt und verwaltungstypische Fragen und Zweifel an deren Sinn und Nutzen aufgegriffen.

Gemeinsame Erwartungen der Leser

Dieses Buch **kann und soll nicht**

Nicht behandelte Themen

- einzelne Managementbereiche oder BWL-Techniken so detailliert vorstellen, wie dies eine Monographie zu den Themen leisten müsste.
- „Hurra-Literatur“ für aktuelle oder alternative Konzepte sein.
- einen Verriss über Verwaltung oder die Bürokratie liefern.
- im Text Werbung für einzelne Beratungsfirmen machen – auch nicht für die Firmen, deren Mitarbeiter oder Eigentümer Mitautoren sind.
- eine Verwaltungsebene – Bund, Länder/Kantone oder Gemeinden – besonders in den Vordergrund stellen.

1.3 Literatur, Quellen und Studiengänge

Die empfehlenswerten Quellen über das Themengebiet der Öffentlichen Betriebswirtschaftslehre stammen aus mehreren Welten:

- Lehr- und Sachbücher der ÖBWL mit einem umfassenden Anspruch, die ganze Themenbreite darzustellen. Es gibt nur sehr wenige Werke hierzu. Die nachfolgende Tab. 1 zeigt eine Übersicht der wichtigsten Titel und kommentiert den Inhalt und die Qualität.
- Internet-Seiten von Behörden oder Einrichtungen, die fundierte Informationen anbieten. Tab. 2 nennt die wichtigsten Werke.
- Meist kostenlose Broschüren oder Darstellungen zu ausgewählten Themen, veröffentlicht von Ministerien, Behörden oder Beratungsfirmen.

Tab. 1: Aktuelle deutschsprachige Bücher zu ganzheitlicher ÖBWL

Autor(en)	Titel	Erscheinungsjahr	Kommentar
Brede, H.	Grundzüge der ÖBWL	2005	Akademisch.
Dincher, R. et al.	Einführung in die Betriebswirtschaftslehre für die Verwaltung	2010	Leicht zu lesen, vollständige BWL, keine Besonderheiten des öffentlichen Bereichs erwähnt.
Hieber, F.	ÖBWL	2005	Übersichtliche und sehr knappe Einführung in die BWL mit vielen Abbildungen.
Hopp, H. & Göbel, A.	Management in der öffentlichen Verwaltung	2008	Systematisch angelegtes Buch, auf den kommunalen Bereich zugeschnitten.
Och, W.	Betriebswirtschaftslehre in der öffentlichen Verwaltung	2008	Systematisch angelegt, bezieht öffentliche Unternehmen in Darstellung ein.
Rau, T.	Betriebswirtschaftslehre für Städte und Gemeinden. Strategie, Personal, Organisation.	2007	Umfassend, enthält einige Besonderheiten für Kommunen.
Schauer, R.	ÖBWL – Public Management	2008	Scriptform, sehr systematisch, bezieht Österreich und Schweiz ein.
Schmidt, H-J.	Betriebswirtschaftslehre und Verwaltungsmanagement	2009	Fundiert und detailreich.
Thom, N. & Ritz, A.	Public Management. Innovative Konzepte zur Führung im öffentlichen Sektor.	2006	Fachlich tief und mit detaillierten Beispielen, thematisch beschränkt auf leitungsnahe Themen.

Eine gute Möglichkeit sowohl der vertieften Information wie auch der Übersicht zu verschiedenen Themen und des Kontaktes zu Vertretern anderer Behörden wie auch von Anbietern von IT-Lösungen und Managementberatungsleistungen bieten seit Jahren etablierte Spezialmessen mit i. d. R. jährlichem Veranstaltungsrhythmus und einer großen Zahl von Sponsoren aus dem Anbietermarkt. Tab. 3 zeigt eine kleine Auswahl an Veranstaltungen.

Tab. 2: Messen und andere Veranstaltungen zur ÖBWL

Messe	Veranstalter	Zeitpunkt	Inhalt/Adresse
Moderner Staat	Deutsches Innenministerium und KGSt	jährlich ca. Okt./Nov.	www.moderner-staat.com
Effizienter Staat	Verlag Behördenspiegel	jährlich ca. April	www.effizienterstaat.de

Sehr lebendig und vielfältig sind die Informationsangebote verschiedener Quellen im Internet. Hier sind praktisch wertvolle Daten, Sachdarstellungen, Anregungen und Arbeitshilfen zu finden.

Wertvolle Quellen im Internet

Tab. 3: Internetseiten mit ÖBWL-Informationsangebot

Herausgeber und Fundstelle	Inhalt
Bundesministerium des Inneren www.orghandbuch.de	Handbuch der Vorgehensweisen für Organisationsuntersuchungen und Personalbedarfsermittlung
Bundesrechnungshof und andere Rechnungshöfe deutschsprachiger Länder und Europas www.rechnungshof.de	Links und Verweise auf - Übernationale Vereinigungen - Rechnungshöfe europäischer Länder
Dr. Burkhardt Krems, Brühl www.olev.de	Online-Verwaltungslexikon mit Definitionen wichtiger Begriffe
KGSt, Kommunale Gemeinschaftsstelle für Verwaltungsmanagement www.kgst.de	- Allgemeine Informationen zu betriebswirtschaftlichen Funktionen insbesondere der Kommunalverwaltung - Produktangebote - Vergleichsdaten (Benchmarks) - Veranstaltungshinweise
Prof. Peter Schilling, Backnang www.moderne.verwaltung.de	Einzelbeiträge zur Verwaltungsmodernisierung, Buchbesprechungen, Veranstaltungen, Werbung
Rat der IT-Beauftragten der Ressorts und IT-Steuerungsgruppe des Bundes www.cio.bund.de	Darstellung von Methoden und Konzepten mit IT-Bezug - Hinweise auf kostenlose IT-Werkzeuge der Bundesverwaltung - Veranstaltungshinweise
Internetseiten der jeweils zuständigen Instanzen in den deutschen Bundesländern zum Thema Verwaltungsmodernisierung www.berlin.de/ verwaltungsmodernisierung/ bundundlaender/html	Enthält Links auf die entsprechenden Seiten der von den Bundesländern angebotenen Internetseiten

Öffentliche Betriebswirtschaftslehre als Studienfach ÖBWL oder Public Management findet sich – teilweise unter abweichenden Bezeichnungen – an einigen deutschsprachigen Universitäten und Fachhochschulen.

Spezialmessen öffentlicher Sektor

Tab. 4: Auswahl deutschsprachiger Lehrangebote für ÖBWL

Universität/FH und Internetadresse	Besonderheiten
Alpen Adria-Universität Klagenfurt, www.uni-klu.ac.at	Abteilung für ÖBWL
Deutsche Hochschule der Polizei, Münster www.dhpol.de	Lehrgebiet "Betriebswirtschaftslehre Public Management (Polizei)".
Deutsche Hochschule für Verwaltungswissenschaften Speyer www.hfv-speyer.de	Lehrstuhl für Wirtschaftliche Staatswissenschaften. Führt postuniversitäre Ausbildung und Fortbildung durch.
Fachhochschule des Bundes für öffentliche Verwaltung, Brühl, www.fhbund.de	10 Fachbereiche für verschiedene öffentliche Aufgaben.
Helmut-Schmidt-Universität der Bundeswehr Hamburg, www.hsu-hh.de	Verwaltungslehre, insbes. Informatik, Kameralistik, Personal, Führung und öffentliche Wirtschaft.
Hochschule für öffentliche Verwaltung und Finanzen, Ludwigsburg www.fh-ludwigsburg.de	Bachelor- und Diplomstudiengänge Gehobener Verwaltungsdienst – Public Management, Allgemeine Finanzverwaltung – Public Financial Management und Rentenversicherung.
Hochschule für Technik und Wirtschaft Berlin zusammen mit Hochschule für Wirtschaft und Recht Berlin www.htw-berlin.de bzw. www.hwr-berlin.de	Bachelorstudiengang Public Management.
Universität Hamburg www.uni-hamburg.de	Professur für BWL, insb. Management öffentlicher, privater und Nonprofit-Organisationen, Juniorprofessur für Public Management.
Universität Konstanz www.uni-konstanz.de	Bietet Studienfächer European Master in Government, Verwaltungswissenschaft und Public Administration and European Governance.
Universität Linz www.jku.at	Institut für Betriebswirtschaftslehre der gemeinwirtschaftlichen Betriebe
Universität Mannheim www.bwl.uni-mannheim.de	Lehrstuhl für Allgemeine Betriebswirtschaftslehre, Public and Nonprofit Management.
Universität Potsdam, angegliedert das Kommunalwissenschaftliche Institut www.uni-potsdam.de	European Governance and Administration. Das "CHE Excellence Ranking 2009" qualifiziert das Angebot als "besonders forschungsstark" und "international orientiert".
Universität St. Gallen, www.idt.unisg.ch	Institut für Öffentliche Dienstleistungen und Tourismus. Kompetenzzentrum öffentl. Management.
Universität Wien www.bwl.univie.ac.at	Department für Management, Research Institute for Nonprofit Organisations.
Zeppelin University gGmbH, Friedrichshafen, www.zeppelin-university.de	Lehrstuhl für Verwaltungswissenschaft.

1.4 Der Aufbau des Buches

In den nachfolgenden Kapiteln wird Öffentliche Betriebswirtschaftslehre nach folgendem didaktischen Ansatz dargestellt:

Zunächst werden fachliche Grundlagen der Betriebswirtschaftslehre in Kapitel 2 erläutert. Hierzu gehören Definitionen der benutzten Standard-Begriffe und eine Erläuterung des betriebswirtschaftlichen Denkens aus verschiedenen, praktisch verständlichen Perspektiven. Diese Abschnitte vermitteln außerdem den Gesamt-Überblick und bereiten den Boden vor für das tiefere Verständnis der nachfolgenden Kapitel mit speziellen Managementthemen.

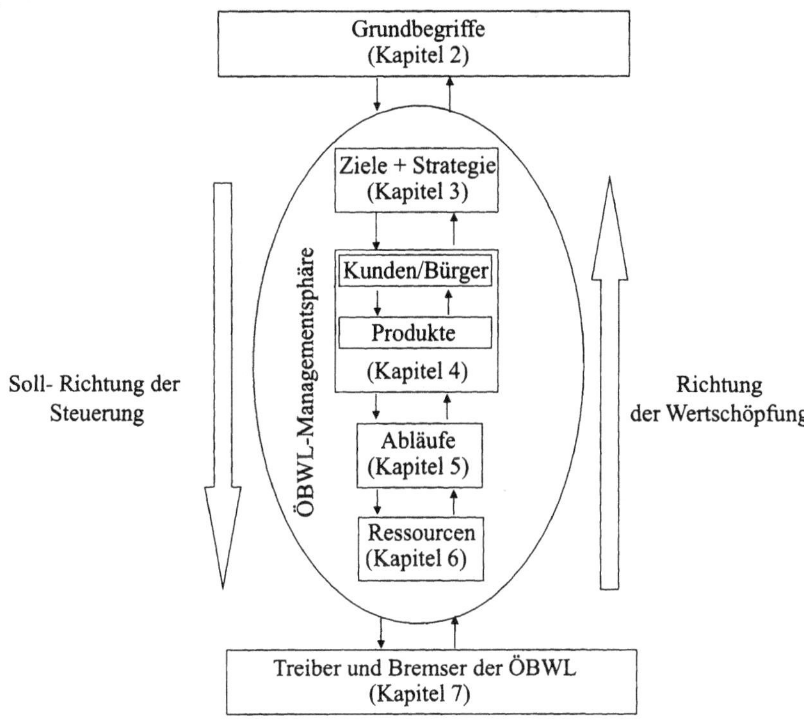

Abb. 1: Reihenfolge der Kapitel des Buches

Wertschöpfungskette

Die Kapitel 3 bis 6 beinhalten den Kern der ÖBWL und sind in einer logischen Reihenfolge sortiert: Von den Zielen (Kapitel 3) geht es zu den Auftraggebern und „Kunden" des öffentlichen Sektors (Kapitel 4). Die Produkte werden durch Abläufe („Erstellungs-Prozesse") innerhalb von Aufbaustrukturen erzeugt (Kapitel 5), hierzu sind Ressourcen wie z. B. Personal, Geld, Gebäude, Werkzeuge, Rohstoffe, Informationen und Energieträger nötig (Kapitel 6). Diese Reihenfolge der „Managementkapitel" ist exakt die Umkehrung der Wertschöpfungskette, die bei den Ressourcen ihren Ausgangspunkt nimmt und letztlich als Beitrag zur Zielerreichung ihr Ende findet. Die fördernden oder hemmenden Einflüsse von verschiedenen Anspruchsgruppen und Entwicklungen werden in Kapitel 7 dargestellt.

Als durchgehendes Beispiel dient im betriebswirtschaftlichen Kernbereich des Buches – Kapitel 3 bis 6 – die fiktive Behörde der „Wasserschutzpolizei Atlantis". Dies soll helfen, mit zunehmendem Lesefortschritt im Buch ein zwar nicht ganz lückenfreies, aber dennoch zusammenhängendes betriebswirtschaftliches Bild des für Detailentscheidungen benutzten Beispiels zu erhalten.

Durchgehendes Beispiel Wasserschutzpolizei Atlantis

Den Lesern aus Österreich und der Schweiz werden als gelegentlicher Service Hinweise auf Besonderheiten ihrer Länder geboten. Bei starker Nachfrage wird dieser Service auch den deutschsprachigen Lesern aus Luxemburg, Belgien und Liechtenstein in der 2. Auflage versprochen.

2 Grundlagen und Begriffe

2.1 Betriebswirtschaftliche Grundbegriffe

2.1.1 Das betriebswirtschaftliche Prinzip und seine Ausprägungsformen

Die Ausgangslage der Betriebswirtschaftslehre (BWL) ist ein seit Beginn der Menschheitsgeschichte beobachtbares Phänomen: Die Natur – hierzu zählt auch der Mitmensch – gibt dem Menschen nicht alles freiwillig in der Art und in der Menge wie er es gerne hätte. Seine Wünsche übersteigen oft das Vorhandene und er muss sich anstrengen, um über das Gegebene hinaus etwas mehr zu erreichen. Da er gleichzeitig „faul" ist, unternimmt er nicht spontan jede beliebige Anstrengung, sondern sucht nach einem möglichst gut begründeten Weg zur Entscheidung über das OB, das WIE und das WIEVIEL der zusätzlich benötigten Anstrengungen. Hierzu hat er folgende Fragen: Knappe Güter

- Welche Mittel, Güter oder Handlungsweisen sind einzeln oder in Kombination einzusetzen, um diesen Nutzen zu erzielen?
- Wenn mehrere Bedürfnisse hinsichtlich der Möglichkeit zur Befriedigung in Widerspruch zueinander stehen: Welche sind die wichtigsten?
- Welcher Nutzen entsteht bei zusätzlicher Anstrengung?
- Wenn es mehrere verschiedene Arten zur Erzielung des Ergebnisses gibt: Welcher Weg ist der beste?
- In welchem Verhältnis stehen der Nutzen und die Anstrengung zueinander? Lohnt sich die zusätzliche Anstrengung überhaupt?

Dies beschreibt die Ausgangslage und die Denkweise des idealtypischen rationalen Entscheiders, des in der Literatur so genannten „homo oeconomicus". Er entscheidet nüchtern, logisch und zweckrational über den Einsatz knapper Ressourcen zu seiner Bedürfnisbefriedigung, wenn erst einmal die Ausgangslage klar definiert ist. Die Herkunft, Art und Höhe seiner Bedürfnisse sind im Rahmen der BWL nicht weiter erklärbar, hier helfen aber eventuell die Psychologie, die Medizin und andere Wissenschaften weiter. Sehr wohl aber will die Homo oeconomicus

Betriebswirtschaftslehre seine für die Entscheidung benötigten Ausgangsinformationen darstellen und ihm dann Entscheidungsmethoden und -werkzeuge bereitstellen, um unter den gegebenen Möglichkeiten auch eine für die bestmögliche Nutzenstiftung optimale Handlungsweise zu empfehlen. Als Grundlagen der BWL sind folgende Begriffe zu definieren:

Bedürfnis und Bedarf

Definition „Bedürfnis und Bedarf“

„Bedürfnis“ (Synonym: Bedarf) ist ein durch die Betriebswirtschaftslehre nicht weiter hinterfragtes Verlangen von Einzelpersonen oder Organisationen, Güter oder Dienstleistungen zu erlangen. Die Bedürfnisse und Bedarfe gibt es in einer praktisch nach oben hin unbegrenzten Menge. Viele Bedürfnisse entstehen selbst bei zwischenzeitlicher Befriedigung immer wieder neu, die Sättigung ist also nur für eine bestimmte Zeit möglich.

Freie Güter

Nicht bei jedem Bedürfnis/Bedarf gibt es ein Problem der Befriedigung. Wenn jederzeit verfügbare, für den Einzelnen ohne Anstrengung erreichbare Güter bereitstehen, erübrigt sich ein besonderes Nachdenken darüber, ob und wie man an dieses Gut kommt. Diese jederzeit und in unbegrenzter Menge verfügbaren Güter heißen „freie Güter“. Der Begriff „Güter“ wird in diesem Sinne sowohl für natürliche Ressourcen wie auch für vom Menschen hergestellte Waren oder Dienstleistungen verstanden. Wäre die Welt voller freier Güter, dann herrschten paradiesische Zustände ohne Notwendigkeit der Vorsorge und der Entscheidung über den Einsatz knapper Ressourcen.

Beispiele für freie Güter sind: Luft, Wasser, Erde, Bäume, Steppenboden, Wüstensand … An einigen dieser Beispiele sieht man: Viele der freien Güter sind nicht überall und immer auf der Welt frei verfügbar, sondern nur lokal und nur zeitweise. Manche – wie z. B. Wasser und Luft – leiden unter einem ungehemmten Verbrauch auch derart, dass sich ihre Qualität verschlechtern kann und so indirekt doch Kosten mit ihrem Gebrauch oder Verbrauch verbunden werden.

Knappe Güter

Tatsächlich ist in der Menschheitsgeschichte zu beobachten, dass es immer weniger freie Güter gibt. Zum einen liegt das am steten Wachstum der Zahl von Menschen, zum anderen daran, dass für eine immer größere und vielgestaltigere Güterwelt Rohstoffe gesucht werden und alles irgendwie nützlich sein kann. Dies verschärft die Notwendigkeit zu einschränkenden Regeln selbst bei Gebrauch nahezu unbegrenzt vorkommender Ressourcen.

Definition „knappe Güter“ und „freie Güter“

Güter sind Nutzenstifter. Materielle Güter sind gebrauchsfähige Rohstoffe oder vom Menschen hergestellte Waren, immaterielle Güter sind Dienstleistungen oder (Nutzungs-) Rechte wie z. B. Nutzung gemieteter Räume. Knappe Güter sind solche, die nur in begrenzter Menge verfügbar bzw. zu erzeugen sind und deren Herstellung eine nennenswerte Kraftanstrengung benötigt. Freie Güter dagegen sind – gemessen am Bedarf – in weit überschießender, d. h. praktisch unbegrenzter Menge verfügbar.

„Wirtschaftliche“ Güter

Nur die knappen Güter zwingen zu sehr bewusstem Mitteleinsatz, deswegen sind sie die eigentlichen „wirtschaftlichen Güter“. Im Paradies benötigt man keine BWL! Eine zweite Einteilungsmöglichkeit fragt danach, ob ein Gut sich im Eigentum einzelner Personen befindet oder der Allgemeinheit. Demnach unterscheidet man zwischen privaten und öffentlichen Gütern.

Private und öffentliche Güter

Definition „private Güter“ und „öffentliche Güter“

Güter sind Mittel zur Bedürfnisbefriedigung. Private Güter sind handelbare Güter, deren Art einen Nutzungsausschluss anderer Personen zulässt. Wenn mehrere Personen das gleiche Bedürfnis haben, wird es zu einem Konkurrenzkampf um diese Güter kommen. Anders bei öffentlichen Gütern. Hier schließt die Nutzung durch eine Person/einen Staat nicht aus, dass auch andere Personen/Staaten dieses Gut konsumieren. Sie werden durch den Staat hergestellt und für alle Bürger bereit gehalten. Beispiele für öffentliche Güter sind die öffentliche Sicherheit, das Straßenverkehrsnetz, das Schulsystem. Ein Teil dieser öffentlichen Güter lässt keinen Nutzungsausschluss einzelner Bürger zu (z. B. die öffentliche Sicherheit). Ein anderer Teil der Güter dagegen könnte grundsätzlich auch von privater Seite erstellt werden. Der Staat hat aber bestimmte Lenkungsabsichten und erzeugt daher diese Güter in öffentlicher Regie. Diese Güter werden „meritorische Güter“ genannt. Beispiele hierfür sind Schulen, öffentlicher Personenverkehr, Energie- und Trinkwassererzeugung.

Knappe oder freie öffentliche Güter

Die Abgrenzung von öffentlichen und privaten Gütern hat eine Grauzone: Auch öffentliche Güter haben manchmal eine Mengengrenze, wenn die Nachfrage nach diesen Gütern das Angebot übersteigt, bleibt Platz für private Anbieter und manchmal gibt es auch zahlungswillige Käufer. Z. B. gibt es nur eine begrenzte Zahl an öffentlichen Kindergartenplätzen, diese haben lange Wartelisten. Viele Eltern suchen sich daher für ihren Nachwuchs andere Anbieter. An diesem Beispiel sieht man: Öffentliche Güter können knapp oder frei sein. Private Güter sind per Definition nicht frei, da ihr Gebrauch in die Rechte einer anderen Person eingreift. Vor dem Hintergrund der Definition von knappen Gütern lässt sich nun der Begriff „Wirtschaften“ festlegen:

Definition „Wirtschaften" und „Wirtschaftlichkeitsprinzip"

Wirtschaften ist das Treffen von Entscheidungen und die Steuerung der Umsetzung dieser Entscheidungen bei Einsatz knapper Güter. Ziel des Wirtschaftens ist eine Optimierung der Bedürfnisbefriedigung durch eine bestmögliche Versorgung. Hierzu bedarf es zweckrationalen Denkens. Der Anspruch auf durchdachtes, hinterfragbares Handeln und Entscheiden wird „Wirtschaftlichkeitsprinzip" (Synonym: Ökonomisches Prinzip) genannt.

Optimale Zweck-Mittel-Beziehung

Der im Sinne des Wirtschaftlichkeitsprinzips idealtypische Mensch ist der „homo oeconomicus". Er hat nicht nur den Anspruch an sich selbst, möglichst optimale und rationale Entscheidungen zu fällen, er will und kann auch die dazu benötigten fachlichen Sachverhalte perfekt durchschauen und in eine passende Entscheidungslogik bringen. Dabei ist es unerheblich, ob er für private oder öffentliche Zwecke tätig wird. Er ist ein Fachmann für optimale Zweck-Mittel- bzw. Input-Outputbeziehungen, gleich in welchem Lebenssachverhalt sie benötigt werden. Auch wenn sich vielgestaltige Aufgabenstellungen für den homo oeconomicus ergeben, grundsätzlich ist seine Aufgabe leicht. Die ihm zur Verfügung stehenden entscheidungswichtigen Informationen sind vollständig, transparent und richtig. Diese Welt ist natürlich nur eine Annahme, sie setzt „perfekte Märkte" voraus. Hinter dem Ökonomischen Prinzip steht als „technische" Anweisung das generelle Optimumprinzip. Dieses setzt gedanklich genau zwei zu betrachtende Objekte voraus:

Output

- **Den Output.** Er beschreibt qualitativ und der Menge nach das, was am Ende herauskommen soll. Der Output dient der Befriedigung von Bedürfnissen. Das Ausmaß dieser Befriedigung wird als Nutzen empfunden. Die Bedürfnisbefriedigung ist der eigentliche Zweck aller Anstrengungen. Output kann als Geldwert („Ertrag"), als Menge in Stückzahlen oder als Nutzen z. B. mit Zufriedenheitsäußerungen dargestellt werden.
- **Den Input.** Input sind die Mittel zur Erzeugung des Outputs. Dargestellt werden kann dieser als Geldwert („Aufwand, Kosten"), als Stückzahl oder mit Angabe der benötigten Zeit.

Das Wirtschaftlichkeitsprinzip fordert nichts anderes, als das günstigste Verhältnis von Input und Output zu erzielen. Allgemein gesprochen wird dies als „generelles Optimumprinzip" bezeichnet.

Definition generelles Optimumprinzip

Das generelle Optimumprinzip (Synonym: Generelles Extremumprinzip) lautet: Stelle das bestmögliche Verhältnis von Input und Output her (Synonym: Aufwand und Ertrag, Mitteleinsatz und Nutzen).

Das generelle Optimumprinzip lässt viele Kombinationsmöglichkeiten von Input und Output zu. Es kommt sehr auf den Einzelfall, d. h. die konkreten Input-Mittel und den beabsichtigten Output, d. h. Nutzen an, welche Mischung sich als bestmöglich herausstellt. Für zwei Fälle lässt sich der Raum der Möglichkeiten einengen:

1. Der Input ist vorgegeben. Beispiel: Es gibt nur x Euro an Haushaltsmitteln. In diesem Fall gilt es, mit den gegebenen Mitteln einen höchstmöglichen Output zu erzielen.
2. Der Output ist vorgegeben. Beispiel: Die Aufklärungsquote für Mord soll mindestens 95 % betragen. In diesem Fall sind die hierfür benötigten Mittel (Personal, Ausbildung, Sachmittel usw.) der Polizei zu bestimmen.

Diese beiden Unterfälle des generellen Optimumprinzips werden mit zwei weiteren Prinzipien beschrieben: Dem Maximum- und dem Minimumprinzip.

Maximumprinzip

Definition Maximumprinzip

Das Maximumprinzip (Synonym: Maximalprinzip) sagt: Erziele mit einem bestimmten feststehenden Input einen größtmöglichen Output!

Ein einfaches Beispiel für eine Situation mit der Anforderung der Maximierung könnten Wettspiele sein, bei denen man Fahrzeuge so konstrurieren soll, dass man mit einem Liter Treibstoff möglichst weit fahren kann. Das Adjektiv „größtmöglich" bezieht sich in vielen praktischen Fällen der Wirtschaftswelt jedoch nicht auf einen einzelnen „physikalischen" Maßstab wie den soeben genannten Treibstoffverbrauch. Physikalische Einzelmaßstäbe wie z. B. Höhe, Zeit und Weite sind eher in Sportarten oder bei naturwissenschaftlichen Experimenten der Messwert für ein Maximum, im Wirtschaftsleben dagegen wird zumeist ein praktisch brauchbarer kombinierter Nutzwert maximiert. Die Nutzwertanalyse (siehe Abschnitt 6.3.7) zeigt, wie man solche Werte ermittelt.

Nutzenmaximum als Kombination von Einzelwerten

Beispiel: Bei gegebenen Haushaltsmitteln sollen Dienst-Kfz gekauft werden. Hier wird zumeist nicht anhand des einzigen Auswahlkriteriums Geschwindigkeit das schnellste Fahrzeug gesucht, sondern dasjenige, das in einer Kombination mehrerer Kriterien an Anforderungen (Höchstgeschwindigkeit, niedriger Treibstoffverbrauch, Zahl an zumutbaren Sitzplätzen für ausgewachsene Mitteleuropäer, Komfort, Wartungsfreundlichkeit, günstige Nebenkosten usw.) am besten abschneidet.

Definition Minimumprinzip

Das Minimumprinzip (Synonym: Sparsamkeitsprinzip) lautet: Erziele einen genau bestimmten Output mit dem geringstmöglichen Einsatz von Input!

Beziehung Minimumprinzip und Wirtschaftlichkeitsprinzip

Ein einfaches Beispiel für die Anwendung dieses Prinzips ist der Auftrag, mit möglichst wenig Treibstoff genau 100 Kilometer weit zu fahren. Das Minimumprinzip steht in einem engen sachlichen Kontext zum Begriff des Wirtschaftlichkeitsprinzips. Das Minimum fordert einen möglichst geringen Mitteleinsatz bei Aufstellung und Ausführung des Haushaltsplans und ist sogar als Teil der Rechtsnorm des deutschen § 6 I HGrG und des § 7 I BHO verankert. Über die Bedeutung dieses Prinzips und seine Stellung zu dem Allgemeinen Wirtschaftlichkeitsprinzip gibt es widerstreitende Meinungen[1]. Die einen sehen das Sparsamkeitsprinzip als dem Wirtschaftlichkeitsprinzip gleichrangig. Praktisch würde das aber manchmal einen Widerspruch zum wirtschaftlichen Denken bedeuten, da das Wirtschaftlichkeitsprinzip auch je nach Sachlage und Zielen eine Maximierung von Ergebnissen und eben nicht nur eine Minimierung des Mitteleinsatzes möglich macht. Die anderen sehen das Sparsamkeitsprinzip dem Wirtschaftlichkeitsprinzip untergeordnet: Demnach bezieht sich das Sparsamkeitsprinzip auf Finanzmittel. Daher ist die „herrschende Meinung" zu bevorzugen, diese sieht das Sparsamkeitsprinzip als gleichbedeutend mit dem Minimumprinzip. Die Haushaltsverantwortlichen sind damit nicht verpflichtet, immer nur die billigste Lösung und den geringsten Mitteleinsatz vorzusehen. Wenn die Qualitätserwartungen für eine Aufgabe ein teureres Einsatzmittel verlangen, weil so langfristig die Kosten z. B. aufgrund geringerer Wartungsaufwände oder Personalkosten niedriger sein werden, muss nicht das billigste Einsatzmittel gekauft werden.

Unterschiede Minimum, Maximum und Optimum

Die Unterschiede zwischen dem generellen Optimumprinzip und seinen beiden Spezialfällen Maximum- und Minimumprinzip sind durch die folgende Abb. 2 dargestellt.

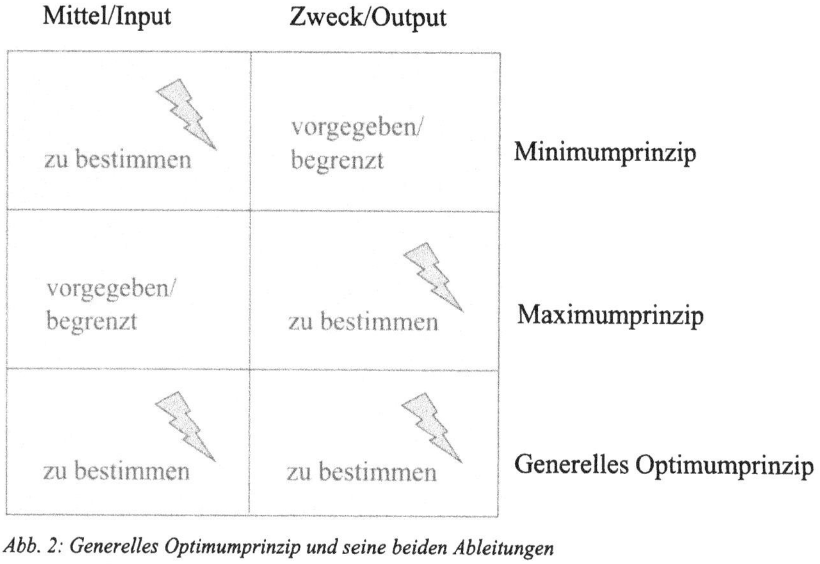

Mittel/Input	Zweck/Output	
zu bestimmen	vorgegeben/ begrenzt	Minimumprinzip
vorgegeben/ begrenzt	zu bestimmen	Maximumprinzip
zu bestimmen	zu bestimmen	Generelles Optimumprinzip

Abb. 2: Generelles Optimumprinzip und seine beiden Ableitungen

1 Siehe Schmidt, 2009, S. 19/20 f.

Keine Kombination Minimum- und Maximumprinzip

Achtung: Eine Kombination von Maximum- und Miniumprinzip bei einer einzelnen Entscheidung im Sinne von „erreiche mehr Output mit weniger Input“ bzw. „maximaler Nutzen bei geringstmöglichem Mitteleinsatz“ ist in der Welt von Wirtschaftsgütern NICHT möglich. Dies klingt für Leser mit erstmaligem Kontakt zu betriebswirtschaftlichen Themen zunächst überraschend, weil es im echten Leben durchaus Situationen gibt, in denen man mit weniger mehr erreicht. Zwei Beispiele mögen das zeigen:

Beispiel 1: Mit weniger mehr erreichen.

Durch Verringerung der Zahl von Strafgesetzen wird – alles andere als gleichbleibend vorausgesetzt – die Zahl der Straftaten sinken und damit der Prozentanteil nicht-vorbestrafter Bürger steigen.

Unabhängig vom Wahrheitsgehalt dieser Aussage ist hier zu beachten, dass Strafgesetze etwas Nicht-Physikalisches sind, also keine Güter und mithin kein Input zur Erzeugung eines Outputs. Die sehr richtige Beobachtung, dass im allgemeinen Leben manchmal gilt „weniger ist mehr“, trifft nicht auf die dem Ökonomischen Prinzip zugrunde liegende Input-Output-Beziehung wirtschaftlicher Güter zu.

Beispiel 2: Mit anderer Technik oder Organisation mehr erreichen.

Mit Einführung der „just in time“-Fertigung schaffte die Industrie in manchen Fertigungsbereichen die Lager mit Zwischenmaterial innerhalb der Fabriken ab und ließ sich die benötigten Komponenten genau dann in die Fabrik anliefern, wenn sie im Produktionsprozess benötigt wurden. Da der Aufwand für das Anlegen und Pflegen des internen Lagers sowie das Heraussuchen der benötigten Materialien entfiel, konnte der Produktionsprozess schneller und kostengünstiger gestaltet werden.

Technologiewechsel

Hier ist in der materiellen Welt beim Wechsel von einer alten zu einer neuen Zulieferlogistik mit weniger (Kosten) mehr an Output erreicht worden. Dennoch taugt auch dieses Beispiel nicht als Gegenbeweis dafür, dass es eine sinnvolle Kombination von Minimum- und Maximumprinzip „mit möglichst wenig möglichst viel erreichen“ nicht geben kann. Der Grund hierfür liegt darin, dass es in jeder der beiden Logistikwelten – also derjenigen vor und derjenigen nach Änderung der Organisation – bei höheren Outputmengen größere Kosten für den Input gibt, wie dies in der physikalischen Welt der Güter üblich ist. Durch den Technologiewechsel ändert sich in einer logischen Sekunde zwar die Situation, aber kaum angekommen in der neuen Logistikwelt, gilt wieder die Unmöglichkeit der Kombination beider Prinzipien.

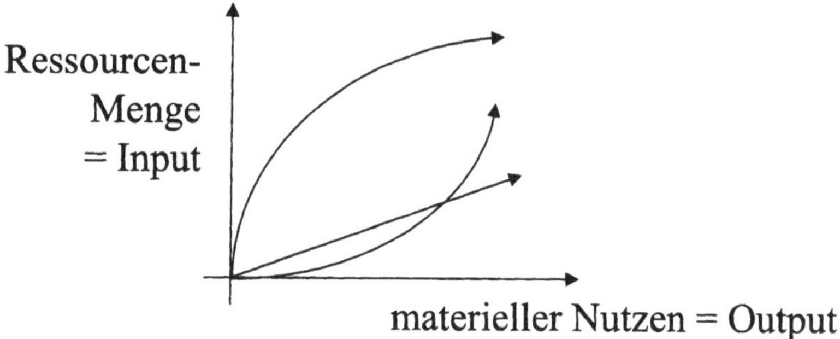

Abb. 3: Mögliche Input-Outputbeziehungen in der Wirtschaftswelt

2.1.2 Effizienz, Effektivität, Produktivität

Da nun schon das Wirtschaftlichkeitsprinzip vorgestellt wurde, sollen jetzt Kennzahlen zur Darstellung der Wirtschaftlichkeit definiert werden. Zunächst die allgemeine Wirtschaftlichkeit selbst:

Definition Wirtschaftlichkeit

Definition Wirtschaftlichkeit

Wirtschaftlichkeit bezeichnet ein Verhältnis von Output und Input. Man kann sie allgemein auf zwei verschiedene Arten ausdrücken:

- Wertmäßig
- Mengenmäßig

Die wertmäßige Darstellung bringt Geldwerte des Inputs und des Outputs zueinander in Beziehung, der Ausdruck ist ein Quotient und lautet:

$$\frac{Ergebnis}{Aufwand}$$

Die mengenmäßige Darstellung ist analog und lautet:

$$\frac{Output(menge)}{Input(menge)}$$

Produktivität

Dieser mengenmäßige Ausdruck von Wirtschaftlichkeit wird auch als „Produktivität“ bezeichnet.

Definition Produktivität in der Betriebswirtschaftslehre

Die Produktivität ist Ausdruck der Ergiebigkeit des Mitteleinsatzes anhand eines Quotienten von Einsatzmenge (Input) und Ergebnismenge (Output). Je nach Bezugsmenge kann man verschiedene Arten der Teil-Produktivität bilden. Bezieht man die Ergebnismenge auf die eingesetzte Zahl der Arbeitsstunden, so resultiert z. B. die bei personalintensiven Tätigkeiten besonders wichtige Arbeitsproduktivität. Bezieht man die Ausbringungsmenge auf die Stückzahlen eingebrachter Rohstoffe, so resultiert die Faktoreinsatzproduktivität.

Der Begriff „Effizienz" ist weitgehend ein Synonym für „Wirtschaftlichkeit", wird allerdings auch im übertragenen Sinne gebraucht. Dies sind Fälle, in denen weder Wert- noch Mengenangaben exakt bestimmbar sind, aber dennoch ein Optimierungsgedanke ausgedrückt werden soll.

Effizienz

Definition Effizienz

Die Effizienz drückt generell ein optimales Verhältnis von Mitteleinsatz zu Ertrag aus, egal, ob sich dieses Verhältnis auch quantitativ ausdrücken lässt.

In der Formelschreibweise ist die Darstellung wie folgt:

$$\frac{Ergebnis}{Mitteleinsatz}$$

Voraus zu setzen ist immer, dass die Mittel überhaupt dabei hilfreich sind, das Ergebnis erreichen zu können. Nur dann kann man sinnvollerweise von „Effizienz" sprechen. Untaugliche Mittel zu verwenden ist in jedem Fall das Gegenteil von Effizienz. Die Wirksamkeit von Mitteln auf das Ergebnis wird durch einen anderen Begriff ausgedrückt, es ist die „Effektivität":

Keine Effizienz ohne Effektivität

Definition Effektivität

Effektivität

Verhältnis von Zielerreichung(sgrad) und Zielvorgabe (Ergebnis).

Die Formelschreibweise der Effektivität lautet wie folgt:

$$\frac{angestrebtes\ Ergebnis\ (Plan)}{tatsächliches\ Ergebnis\ (Ist)}$$

Die Effektivität enthält keine Aussage darüber, ob die Zielerreichung effizient erfolgte. Denkbar ist es auch, sehr ineffizient vorzugehen, um seine Ziele auf jeden Fall vollständig zu erreichen, d. h. effektiv zu sein.

„Effektiv" muss nicht unbedingt heißen, genau 100 % eines physikalischen Maßstabes zu erreichen. Im richtigen Leben gelingt es nur sehr schwer, z. B. 100 % Fehlerfreiheit, 100 % Aufklärungsquote bei Verbrechen oder 100 % Aktualität der Daten und 250 km/h Höchstgeschwindigkeit im Straßenverkehr zu haben. Bekanntermaßen sind die letzten 5 bis 20 % an Qualität besonders teuer und oft auch gar nicht mehr für die meisten Aufgabenstellungen sehr nützlich. Zumeist setzt man sich Ziele, die bereits unter 100 % voll erreicht sein können, z. B. bei 80 % oder bei 95 %. Werden die 95 % durch eine Maßnahme verwirklicht, dann hat diese Maßnahme bereits eine Effektivität von 1

Effektivität und 100 Prozent

bzw. 100 %. „Physikalisch“ ginge sogar noch mehr Leistung, aber diese hat keinen praktischen wirtschaftlichen Nutzen mehr. Umgekehrt wird für viele Sachverhalte auch eine untere Mindestmarke festzulegen sein. Wenn diese nicht mindestens erreicht wird, wird man nicht von „effektiv“ sprechen wollen. Unterstellt, es melden sich 10 % aller Mörder allein aufgrund von Gewissensbissen (und nicht der Furcht vor Entdeckung durch die Polizei) freiwillig und gestehen alle Details ihrer Taten, dann ist eine Aufklärungsquote bei Mord von 10 % gar keine Leistung für die ermittelnde Kriminalpolizei. Ihr Einsatz wird nur dann als „effektiv“ bezeichnet werden können, wenn ihre Ergebnisse höhere Prozentsätze der Aufklärung bringen, z. B. mindestens 50 %.

Effektivität ohne Effizienz möglich

Während es eine Effektivität ohne Effizienz geben kann, ist umgekehrt Effizienz ohne Effektivität nicht denkbar. Nur wenn die eingesetzten Mittel auch tauglich sind, die gesteckten Ziele zu erreichen, können sie – im besten Falle – auch effizient sein. Die nachfolgende Abb. 4 ordnet Effektivität der Wirkungsebene (außerhalb des Betriebs) und die Effizienz der Resultatsebene innerhalb des Betriebs zu.

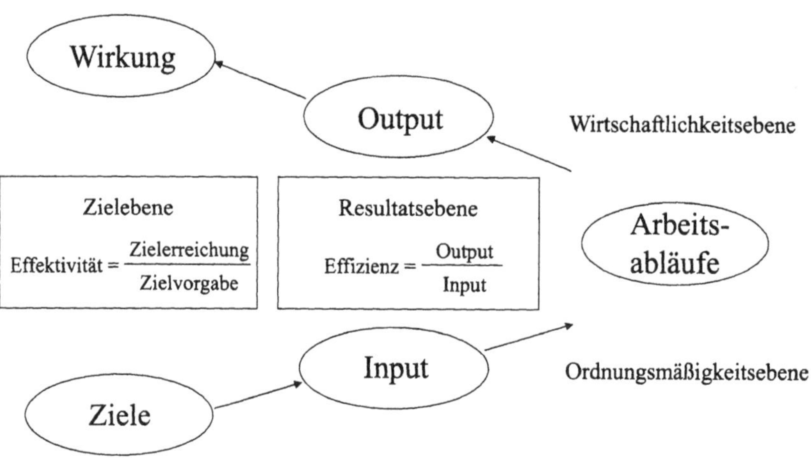

Abb. 4: Vier Ebenen der Wirkung[2]

Voraussetzungen für Effektivität und Effizienz

Folgende Voraussetzungen müssen gegeben sein, damit man Wirtschaftlichkeit, Effizienz und Effektivität messen kann:

Die **„Mechanik“ der Beziehung von Input und Output** muss möglichst genau bekannt sein. Welche Mittel müssen bereitstehen, damit ein bestimmtes Ergebnis erzielt werden kann? Die Betriebswirtschaftslehre betrachtet hierzu die Bestandteile des Input, die sogenannten (Input-)Faktoren und die zur Her-

[2] Mod. n. Buschor, 1992, S. 238

stellung des Output(-gutes) nötigen (Arbeits-)Funktionen. Hierzu wird der nachfolgende Abschnitt 2.1.3 nähere Erläuterungen bringen.

Es müssen **Ziele** bestimmt sein, und diese müssen möglichst klar, d. h. messbar, festgelegt sein. Nur so kann letztlich auch bestimmt werden, ob und in welchem Ausmaß die Ziele auch erreicht worden sind.

Rahmenbedingungen

Festlegung von **Rahmenbedingungen für erlaubte Handlungsvorschläge**. Hierzu zählen neben den Eigenschaften der Lösung selber auch die „Spielregeln", die bei der Auswahl und der Umsetzung einer bestmöglichen Lösung einzuhalten sind. Im Verwaltungsbereich zählen hierzu neben allen allgemeinen Rechtsvorschriften auch das Verwaltungsrecht und andere verwaltungsspezifische Rechtsquellen, wie z. B. das Vergaberecht und das Beamtenrecht.

Handlungsalternativen

Es müssen **Handlungsalternativen** bzw. alternative Güterkombinationen denk- und machbar sein. Wenn es nur eine Möglichkeit der Zielerreichung gibt, ist kein Platz für eine Verbesserung der Wirtschaftlichkeit und damit auch keine Optimierung des Gütereinsatzes gegeben. Je mehr Wege und Varianten erlaubt sind, je mehr Vergleichsmöglichkeiten es gibt, je offener und transparenter Informationen ausgetauscht werden und je kreativer die Entscheider sind, desto höher sind die Chancen auf bessere Wirtschaftlichkeit in der freien Wirtschaft und dem öffentlichen Bereich.

Auswahlkriterien

Festlegung von Auswahlkriterien für die Handlungsalternativen. Oft sind Entscheidungen über Alternativen kompliziert, weil nicht nur ein Leistungsmaßstab wie z. B. die Geschwindigkeit des Fahrzeugs oder der Preis ausschlaggebend ist, sondern eine Kombinationsleistung verlangt wird. Daher bedarf es eines Katalogs von Kriterien und einer Gewichtung dieser Kriterien (siehe hierzu die Nutzwertanalyse in Abschnitt 6.2.6.7 und das Entscheidungsverfahren bei Beschaffungen in Abschnitt 6.3). Die dargestellten Begriffe Effizienz, Effektivität und Produktivität kann man sowohl auf den einzelnen (Verwaltungs-) Betrieb wie auf den öffentlichen Sektor als Ganzes beziehen.

2.1.3 Stellschrauben der Optimierung: BWL-Faktoren und Funktionen

Das Optimieren von Input-Output-Entscheidungen setzt voraus, dass die Bestandteile des Input sowie die qualitative und quantitative Beziehung des Inputs zum Output bekannt sind. Da die Güterwelt sehr vielfältig ist, war es in der Entwicklung der modernen Betriebswirtschaftslehre ein wichtiger Schritt, zunächst „Schubladen" für die Inputfaktoren festzulegen, um damit mehr Übersicht in die manchmal komplexe und kleinteilige Welt der Arbeit zu bekommen. Per Konvention unterscheidet man folgende vier elementare (Input-) Faktoren und einen dispositiven Faktor. Die Elementarfaktoren sind:

Vier Elementarfaktoren der BWL

1. **Ausführende Arbeit**, d. h. die „nackte" menschliche Arbeitskraft des Personals. Aus verschiedenen Gründen ist der Mensch in den meisten Betrieben der Elementarfaktor mit dem größten Bedarf an Aufmerksamkeit. Je mehr Dienstleistungsanteile die Tätigkeit des Betriebs umfasst und je weniger diese Dienstleistung standardisierbar ist, desto wichtiger ist der Beitrag der Beschäftigten zu einem guten Output. Außerdem stellen Personalkosten in der Verwaltung oft den größten Kostenanteil dar.
2. **Betriebsmittel.** Hiermit sind Maschinen und Geräte gemeint, die zur Herstellung von Gütern benötigt werden, aber nicht selbst in diesen Gütern aufgehen und damit für die Herstellung längere Zeit – mindestens zwei Produktionsperioden – zur Verfügung stehen. Beispiele hierfür sind Gebäude, Transportmittel, (Werkzeug-)maschinen, Informationstechnik.
3. **Werkstoffe** sind Stoffe, die im Herstellungsvorgang oder im Gut selbst „verschwinden" wie Rohstoffe, Energie(-träger), Schmiermittel.
4. **Informationen.** Die enorme Bedeutung dieses vierten Faktors ist erst später in der Geschichte der Betriebswirtschaftslehre erkannt worden. Daher ist er als letzter dazugekommen und ist der einzige nicht-stoffliche Elementarfaktor. Er soll die enorme Bedeutung von Fachwissen und Steuerungsinformationen für die moderne Arbeitswelt widerspiegeln.

Diese vier Elementarfaktoren sind als Ressourcen einerseits das gegebene Ausgangsmaterial für den Leistungserstellungsprozess und „verschwinden" mit der Produktion (z. B. die Arbeitszeit der Beschäftigten, Energie, Treibstoffe), andererseits teilweise auch das selbst gestaltete Umfeld für die Arbeit des Betriebs (Maschinen, Gebäude, Informationen). Anzahl, Eigenschaften und Kosten für die Elementarfaktoren sind neben den hergestellten Gütern ein ganz wesentliches Ergebnis der betriebswirtschaftlichen Tätigkeit. So wird z. B. das Personal selbst eingestellt, ggf. aus- und weitergebildet, motiviert und geführt. Hierdurch „formt" der Betrieb in erheblichem Umfang die Qualität und die Kosten dieses Faktors. Gleiches gilt für die Informationen, teilweise aber auch für die Betriebsmittel, oft weniger für die Werkstoffe. Eine ausführliche Darstellung der betriebswirtschaftlichen Gestaltungspotenziale für das Ressourcenmanagement erfolgt in Kapitel 6.

Volkswirtschaftliche Elementarfaktoren

Die soeben vorgestellten betriebswirtschaftlichen Elementarfaktoren dürfen nicht verwechselt werden mit den volkswirtschaftlichen Elementarfaktoren. Diese sind Boden, Arbeit und Kapital.

Dispositiver Faktor

Neben den Elementarfaktoren der BWL gibt es in der Faktorenlehre der BWL noch den „dispositiven" Faktor. Das Adjektiv „dispositiv" steht für den lateinischen Ausdruck „anordnend".

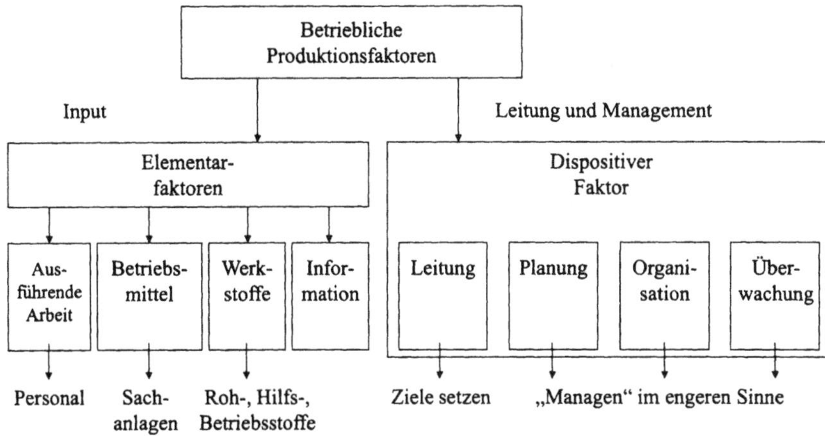

Abb. 5: BWL-Faktoren und Funktionen[3]

Der dispositive Faktor umfasst die benötigten betrieblichen Tätigkeiten zur Steuerung und wird klassisch in folgende Bestandteile zerlegt:

Vier Elemente des dispositiven Faktors

1. **Planung.** Gedankliche Vorwegnahme späterer Handlungen. Gemeint ist hier sowohl die Organisation aller logistischen Voraussetzungen zur Herstellung von Gütern (Waren und Dienstleistungen) wie auch die für den gesamten Geschäftsbetrieb benötigte Planung, d. h. Beschaffungs-, Finanz- und Absatzplanung.
2. **Organisation**. Diese umfasst die Ablauf- und die Aufbauorganisation.
3. **Überwachung/Kontrolle.** Kontrolle der Umsetzung der durch die Planung gesetzten Vorgaben, darüber hinaus auch die Einhaltung gegebener Regeln und Standards. Hierdurch gewinnt sie ggf. neue Erkenntnisse, die dann wiederum in die Planung und die Organisation einfließen können.
4. **Leitung.** Hierunter verstehen manche Autoren im engeren Sinne nur das Setzen von Zielen für die Organisation.

Einige Autoren ergänzen beim dispositiven Faktor auch noch die „Durchsetzung", weil sie es nicht als selbstverständlich erachten, dass diese stattfindet.

Management

Der dispositive Faktor beschreibt inhaltlich die Aufgaben der Leitung und des Managements. Der Begriff „Management" stammt ursprünglich aus der englischen und amerikanischen Literatur. Der Begriff „Manager" leitet sich ethymologisch wohl entweder von den lateinischen Ausdrücken „mansionem agere" (das Haus führen) oder von „manum agere" (die Hand führen) ab und ist damit praktisch eine Sammelbezeichnung für alle dispositiven Tätigkeiten[4].

---

3 Mod. n. Wöhe, 2002 , S. 81

4 Vgl. Staehle, 1999, S. 71

Bei manchen Autoren gibt es hierzu eine einzige kleine Ausnahme von diesem allumfassenden Begriffsverständnis: Demnach setzen Manager keine Ziele. Dies ist der Leitung vorbehalten.

Institutionelle und funktionale Dimension des Managements

Das Thema „Management“ kann man aus institutioneller und aus funktionaler Sicht betrachten. Die Abb. 6 zeigt diese Aufteilung. Die prozessuale Dimension bezieht sich direkt auf die Bestandteile des dispositiven Faktors.

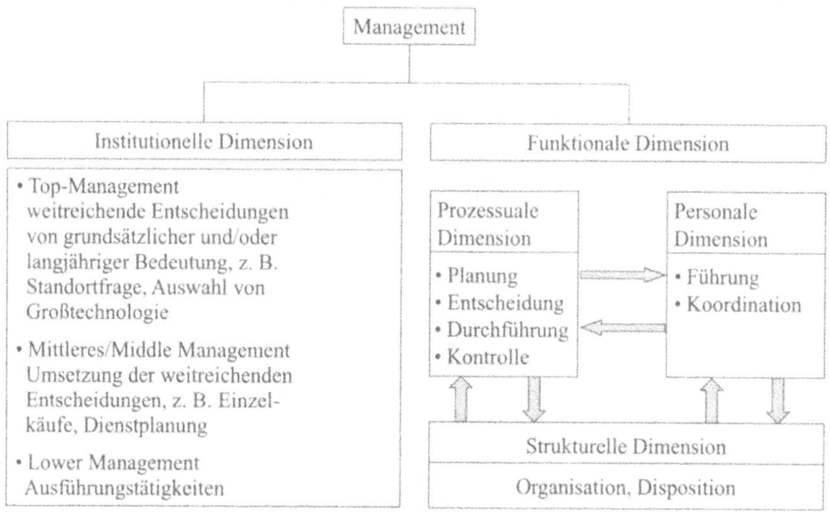

Abb. 6: Management aus institutioneller und funktionaler Sicht

Begriff „Management“ ist schillernd

Da der Begriff „Management“ schillernd ist, hat er eine besonders reiche Literatur mit Beschreibungen und Empfehlungen angeregt. Bekannt sind Untersuchungen darüber, was ein Manager eigentlich so tut und wie sich seine Arbeitsweise von derjenigen der ausführenden Beschäftigten unterscheidet. Das Ergebnis: Manager decken einen sehr großen Themenbereich ab, hier lassen sich kaum Gemeinsamkeiten finden. Aber im Arbeitsstil: Ihr Tagesablauf ist sehr unterbrochen, ein Großteil der Tätigkeiten dauert weniger als 10 Minuten, nur 10 % der Aufgaben benötigt eine Stunde und mehr[5].

Die soeben vorgestellten betriebswirtschaftlichen (Input-)Faktoren sind eine statische Betrachtung der Wirtschaftswelt. Eine dynamische Komponente kommt durch die vier betriebswirtschaftlichen Funktionen dazu, sie sind:

Beschaffung

Beschaffung. Diese Funktion „Beschaffung“ betrachtet die Bereitstellung aller Input-Ressourcen mit Ausnahme der Finanzen, diese sind wegen ihrer beson-

---

5 Vgl. Mintzberg, 1989

deren Bedeutung und ganz eigenen Charakteristik ein eigener Faktor. Im täglichen Sprachgebrauch in Betrieben wird zwar die Gewinnung und Einstellung von Personal meist nicht als „Beschaffung" bezeichnet, dennoch ist aus funktionaler Sicht auch Personal eine zu beschaffende Ressource. Zur Beschaffung gehören auch Fragen der eventuell benötigten Lagerhaltung, des Umgangs mit Lieferanten sowie im öffentlichen Bereich insbesondere die vergaberechtlichen Regeln (vgl. Abschnitt 6.4).

Produktion. Die Funktion „Produktion" bezeichnet die Arbeit der Kombination benötigter Inputfaktoren zu dem herzustellenden Gut. Hier ist der Kern des betrieblichen und technischen Geschehens die Input-Output-Beziehung. Produktion im Sinne des betriebswirtschaftlichen Produkts bezieht sich auf die Herstellung von Waren und auch gleichermaßen von Dienstleistungen. Da es eine sehr große Zahl unterschiedlicher Typen von Waren und Dienstleistungen gibt, kann eine allgemeine Betriebswirtschaftslehre zur Produktion nur wenig für alle Betriebe gleichermaßen Passendes sagen. Dies ist eine wesentliche Erklärung dafür, dass es den Drang nach Ausbildung verschiedener branchenbezogener Betriebswirtschaftslehren – auch der ÖBWL – gibt.

Absatz

Absatz. Gegenstand der Betrachtungen zum „Absatz" ist die Frage, an welche Kunden die Güter gehen und welche Gestaltungsaufgaben auf diesem Wege zu lösen sind. Der „historische" Begriff „Absatz" ist eventuell aus moderner Sicht zu eng gefasst, da er eine sehr nah am Produkt stattfindende Tätigkeit meint. Aufgrund der Absicht von Betrieben, ihre Produkte konsequent auf den Kunden auszurichten, hat sich der Begriff des „Marketing" etabliert[6]. Er umfasst inzwischen in weitgehenden Definitionen sogar auch Teile der Beschaffung und der Finanzierung, so dass hier die Einschränkung auf das „Absatz-Marketing" vorgenommen werden muss.

Finanzierung

Finanzierung. „Finanzierung" bezieht sich auf alle Aktivitäten zur Sicherung der Kapitalversorgung des Betriebs. Hierzu zählen sowohl Maßnahmen zur Versorgung mit Finanzmitteln wie auch die Planung und Beobachtung der Zeitpunkte und Betragshöhe von Geldströmen aus dem Betrieb heraus, z. B. bei Beschaffungen oder Abführung von Geld- bzw. Haushaltsmitteln oder Geldanlagen.

In privatwirtschaftlichen Betrieben sind zunächst die Beschaffung, die Produktion und der Absatz vorzufinanzieren, bevor der Verkauf von Gütern wiederum Geld in die Kassen spült. Die Vorfinanzierung kann durch Kredite oder durch finanzielle Beteiligung weiterer Eigentümer z. B. mittels Aktienausgabe geschehen. Ähnlich ist es bei denjenigen Betrieben des öffentlichen Sektors, die privatrechtlich organisiert sind. Evtl. sind hier nur Zuschüsse und andere Formen der Querfinanzierung zu beobachten, dies ist jedoch nicht unähnlich dem

---

[6] siehe hierzu Hohn, 2008, S. 6 ff.

auch bei privatrechtlichen Konzernen vorkommenden „Geflecht“ von Finanzbeziehungen mit der Konzernmutter und den Töchtern. Bei Betrieben mit öffentlich-rechtlichem Status ist der Weg i. d. R. ein anderer: Es müssen zunächst Haushaltsmittel bereitgestellt werden, und dies geschieht in der Regel durch Aufstellung und Genehmigung entsprechender Haushaltspläne im Rahmen der haushalterischen Jahresplanung.

Da alle finanzbezogenen Aktivitäten einer besonderen rechnerischen Darstellung bedürfen, stellt man das Finanzwesen am besten als Teilmenge des betrieblichen Rechnungswesens dar, wie dies in Abschnitt 6.2. erfolgt.

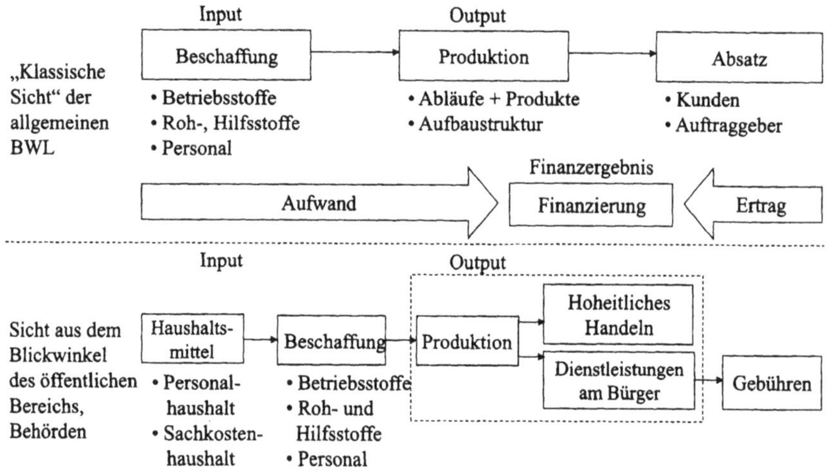

Abb. 7: Privatwirtschaftliche und öffentliche Sicht auf BWL-Funktionen

2.1.4 Definition Betrieb und Öffentliche Betriebswirtschaftslehre

Naturgesetz Knappheit

Dem wie ein Naturgesetz wirkenden Prinzip der Knappheit unterliegen alle Lebewesen. Schon primitive Einzeller und Pflanzen, erst recht die höher entwickelten Tiere, sind auf Effizienz und Effektivität angewiesen: Wer bei der Verwertung von Nährstoffen, der Konzentration eigener Kräfte bei der Aufzucht von Nachkommen und ggf. bei der Unterstützung des Rudels im Überlebenskampf gegen Fressfeinde besser ist, hat einen klaren Vorteil. Konkurrenz um knappe Ressourcen ist zwischen Individuen der gleichen Art und im Verdrängungswettbewerb zwischen verschiedenen Arten gegeben. Die Natur optimiert den Kräfteeinsatz und die Leistungsfähigkeit der Arten durch Verhalten der Individuen, der Rudel, Herden, Schwärme und Flugformationen von Zugvögeln sowie durch die Anatomie der Tiere und Pflanzen. Die Betriebswirtschaftslehre betrachtet nicht Knappheitsprobleme aller Lebewesen in allen

Lebenslagen schlechthin, sondern beschränkt sich auf eine besondere Organisationsform menschlicher Zusammenarbeit, den erwerbswirtschaftlichen Betrieb. Es gibt keine Legaldefinition des Begriffs „Betrieb", daher wird hier eine eigene Festlegung gewählt:

Definition Betrieb

Betriebe sind absichtsvoll eingerichtete und dauerhaft angelegte Wirtschaftseinheiten, deren Zweck die erwerbswirtschaftliche Herstellung von Gütern und/oder Dienstleistungen für Dritte ist.

Abgrenzende Kriterien Betrieb

„Erwerbswirtschaftlich" meint, dass die Arbeit im Betrieb der Erzielung des Lebensunterhalts zumindest der Mehrzahl der Mitarbeiter dient. Der Betrieb grenzt sich hiermit zweiseitig ab: Einerseits von Vereinen, die auch etwas „produzieren", das Produzierte aber nicht für den Lebensunterhalt erstellen. Vereine dienen im weitesten Sinne dem Vergnügen, d. h. einem sportlichen, kulturellen, politischen oder sonstigem Lebenszweck. Andererseits grenzt sich der Betrieb vom Begriff des privaten „Haushalts" ab, da ein Haushalt sich per Definition als Selbstversorger darstellt. Er produziert Güter wie ein Betrieb, aber nicht gewerbsmäßig für Dritte. Im Fehlen der Gewerbsmäßigkeit gleicht der private Haushalt den Vereinen und anderen Formen menschlicher Zusammenarbeit. Diese erzeugen oft auch einen Output, unterliegen auch der Knappheit von Inputfaktoren, sind aber nicht auf eine den Lebensunterhalt dauerhaft sichernde gewerbliche Tätigkeit für Dritte aus. Der öffentliche Haushalt ist – grob gesagt – ein Geldtopf mit Einnahmen und Ausgaben.

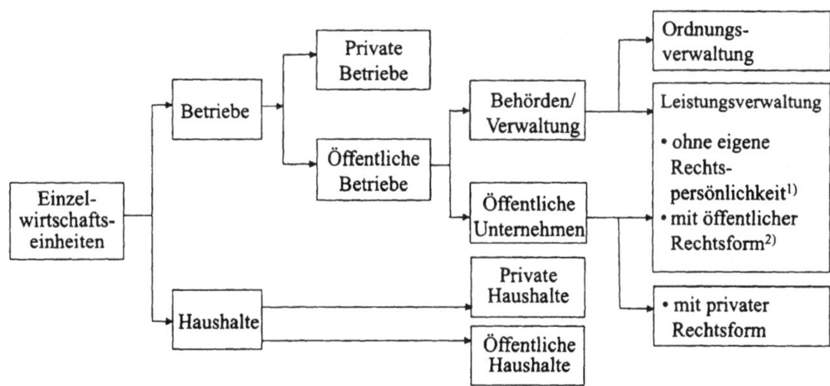

Abb. 8: Gliederung Einzelwirtschaftseinheiten Haushalt und Betrieb

Abgrenzung Betrieb - Unternehmen

Schwieriger und in der Literatur nicht diskussionsfrei ist die Abgrenzung zum Begriff „Unternehmen". Überwiegend wird der Begriff „Betrieb" als übergeordnet zum Begriff „Unternehmen“ angesehen. „Unternehmen“ bezeichnet eher den rechtlichen Rahmen einer wirtschaftlichen (Groß-)einheit, manche Autoren grenzen außerdem „Unternehmen“ auf privatrechtlich organisierte Betriebe ein. Andere sprechen aber wiederum sogar absichtlich von „Unternehmen Staat (oder Stadt xy)“. Sachlogisch betrachtet ist „Unternehmen“ eine größere Einheit. Ein Unternehmen kann mehrere Betriebe haben, während „Betrieb“ bereits die kleinste erwerbswirtschaftliche Einheit ist (z. B. „Einmann-Betrieb“) und besonders das operative Element – es wird in Betrieben produziert! – betont. Ein Betrieb kann eine oder mehrere Betriebsstätten haben, ein Unternehmen ein oder mehrere Betriebe. Oft werden die Begriffe „Betrieb“ und „Unternehmen“ auch – bei privatrechtlicher Organisationsform – synonym verwendet[7]. Hier soll im folgenden „Betrieb“ als weiter gefasster Begriff dienen, „Unternehmen“ auf jeden Fall als ein Unterbegriff derjenigen Betriebe mit privatrechtlicher Rechtsform verstanden werden.

Konzern

Der auch umgangssprachlich verwendete Begriff „Konzern“ aus dem § 18 des deutschen Aktiengesetzes beschreibt zwei oder mehr rechtlich selbständige, aber wirtschaftlich verbundene Betriebe, die unter einheitlicher Leitung stehen. Der Konzern kann gleichgeordnete Betriebe enthalten oder ein Über-/Unterordnungsverhältnis von Betrieben darstellen.

Definition Betriebswirtschaftslehre

Definition Betriebswirtschaftslehre (BWL)

Die Betriebswirtschaftslehre ist eine Realwissenschaft für alle dem ökonomischen Prinzip/Knappheitsprinzip unterliegenden Wirtschaftseinheiten. Gegenstand sind sowohl reine Beschreibungen wie auch Verfahren zur Entscheidungsfindung. Hierzu entwickelt sie einerseits eigene Methoden und Werkzeuge, andererseits bedient sie sich für ihre Zwecke aus dem Methodenschatz und bei den Werkzeugen anderer Wissenschaften.

Das Wort „Realwissenschaft“ zeigt an, dass die Betriebswirtschaftslehre sich mit lebenden Objekten der Außenwelt beschäftigt. Dies bedeutet, dass sie sich mit dem Wandel der Wirtschaft und der Betriebe auch immer wieder verändern, erweitern und verbessern muss, um ihrer Aufgabe gerecht zu werden. Außerdem muss sie sich dauernd einem Realitätstest stellen, d. h. auch ggf. mit Fehlern oder unzureichenden Werkzeugen konfrontiert zu sein und aus dieser Erkenntnis heraus Weiterentwicklungsbedarfe erkennen. Tatsächlich ist die Betriebswirtschaftslehre eine in bestimmten Bereichen sehr schnell sich entwickelnde Thematik. Sie entdeckt neue Themen für sich, übernimmt dazu Fragen, Ideen oder Werkzeuge aus anderen Wissenschaften oder aber entwickelt diese selbst. Sie enthält einerseits beschreibende, andererseits normative Elemente. Sie beschäftigt sich sowohl mit Verhalten von Handlungsträgern (Per-

---

[7] Vgl. Schauer, S. 12/13; vgl. Schierenbeck, 2008, S. 29 f.

sonen) als auch den physikalisch und mathematisch beschreibbaren Eigenschaften von Roh-, Hilfs- und Betriebsstoffen sowie Maschinen.

Tab. 5: Einordnung der BWL in das System der Wissenschaften

Realwissenschaft	Erfahrungs- (Real-) – wissenschaft	Naturwissenschaft	- Psychologie - ...
		Sozialwissenschaft	- Volkswirtschaftslehre - Betriebswirtschaftslehre - Soziologie - ...
	Geisteswissenschaft	...	
Formal-/ Idealwissenschaft	- Mathematik - Logik - ...	... ...	
Metaphysische Wissenschaft	- Theologie - Philosophie	... ...	

Abgrenzung BWL – VWL

Zusammen mit der Volkswirtschaftslehre (VWL) gehört die BWL zu den Wirtschaftswissenschaften, diese wiederum zusammen mit der Soziologie zu den Sozialwissenschaften. Inhaltlich ist die Trennung zwischen beiden Wirtschaftslehren klar zu treffen, es gibt tatsächlich nur wenige sachliche Berührungspunkte zumeist über die Mikroökonomie als Teilbereich der Volkswirtschaftslehre. Die Volkswirtschaftslehre beschäftigt sich mit dem Verhalten der Summe aller Betriebe, der Haushalte, des Arbeitsmarktes, des Staates als Instanz zur Festsetzung von Regeln und Steuerpflichten, der Nationalbank/ Zentralbank, der Devisenmärkte und der Auslandsmärkte.

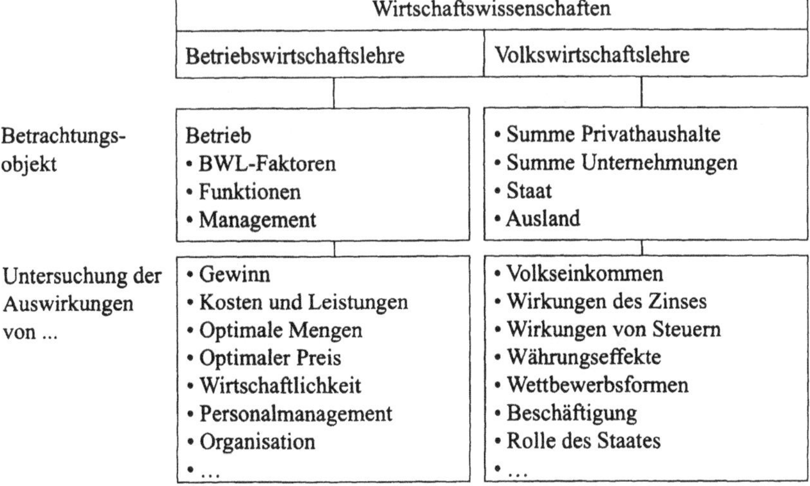

Abb. 9: Unterschiede BWL und Volkswirtschaftslehre

Aus Sicht der BWL sind die hier untersuchten Parameter (z. B. Devisen-Wechselkurse, Steuern, Arbeitsmarktregeln) „gesetzt“ und werden auf Ebene des Betriebs nicht weiter hinterfragt. Ähnlich verfährt die BWL auch mit anderen Einflüssen auf den Betrieb, wie z. B. juristischen Regeln, gesellschaftlichen Entwicklungen/Soziologie, Einzelverhalten von Personen (Psychologie, Arbeitsmedizin) Produktionsverfahren und Technologien (Ingenieurwissenschaften, Informatik). Ihre Perspektive ist immer die praktische Frage der ökonomischen Eigenschaften und der Optimierung dieser Gegebenheiten, nicht die Frage der Verbesserung der Welt als Ganzes oder der Menschen schlechthin.

Inhaltlich teilt sich die BWL traditionell in drei Bereiche

Drei Bereiche der BWL

- **„Allgemeine BWL“:** Der allgemeinen BWL liegt ganz überwiegend die Industrie-BWL als „Urtypus“ zugrunde. Je weiter eine Branche in ihrer Charakteristik sich davon unterscheidet, desto mehr abweichende Substanz haben branchenspezifische Darstellungen. Der Inhalt der Abweichungen zwischen den Branchen bezieht sich oft nur auf einzelne Funktionen. So unterscheidet sich z. B. der Typus eines Dienstleistungsbetriebs im Bereich der Produktion von einem warenwirtschaftlichen Industriebetrieb, oft auch im Marketing, der Komplexität der Beschaffung und dem Personalmanagement. Die Finanzierungsfragen sind bei beiden Branchen eigentlich grundsätzlich dieselben.
- Darstellungen zu **einzelnen Funktionen** wie Rechnungswesen, Personalwirtschaft, Produktion, Marketing usw. (mit Teilungen der Funktionen über die „klassischen“ hinaus).
- Spezialdarstellungen der Betriebswirtschaftslehre einzelner **Branchen**. Branchendarstellungen nutzen den allgemeinen Teil der BWL und gehen dann jeweils zu Besonderheiten der dargestellten Branche über. Der öffentliche Bereich besteht aus einer Vielzahl unterschiedlicher Behörden oder im öffentlichen Eigentum befindlicher privatrechtlicher Wirtschaftseinheiten mit unterschiedlicher Rechtsform (siehe Abschnitt 2.3). Ganz überwiegend gehört er trotz seiner heterogenen Zusammensetzung dem Typus der Dienstleistungswelt und nicht dem des Handels oder der industriellen, handwerklichen oder landwirtschaftlichen Warenerzeugung an. Dennoch ist er keine homogene „Branche“ im Sinne einer BWL, sondern ein weites Bündel verschiedener Betriebsformen.

Lange Zeit wurden öffentliche Organisationen von der BWL gar nicht als „Betrieb“, sondern ausschließlich als „öffentlicher Haushalt“ angesehen und keiner besonderen betriebswirtschaftlichen Betrachtung unterzogen.

1. Allgemeine BWL	
2. Funktionell • Beschaffung • Produktion • Absatz(-marketing) • Organisation - Aufbau - Ablauf • Wirtschaftsinformatik • Anlagenwirtschaft • Investition/Finanzierung • Personalwirtschaft • Rechnungswesen • Controlling • ...	3. Institutionell/Branchen • Industrie • Handel • Bergbau • Handwerk • Versicherung • Banken • Tourismus • Landwirtschaft • Dienstleistung => eine geschlossene BWL des öffentlichen Bereiches gibt es noch nicht! • ...

Abb. 10: Teilgebiete der Betriebswirtschaftslehre

Dies hat sich mittlerweile geändert. Eine geschlossene BWL des öffentlichen Bereichs gibt es aber dennoch nicht. Dies liegt nicht nur an der relativ jungen Änderung der Betrachtung, sondern sicher auch an der großen Heterogenität des öffentlichen Bereichs. Von einem mehrheitlich in öffentlichem Besitz befindlichen Stadtwerk mit privater Rechtsform und durchaus milder Gewinnerzielungsabsicht bis hin zu einem Ministerium mit reiner Büroarbeit ohne marktfähige Produkte spannen sich Management-Welten, die mindestens genauso groß sind wie diejenigen zwischen Branchen in der sonstigen Wirtschaft. Derzeit ist die ÖBWL in einer Entwicklungsphase, wo sie die Brauchbarkeit schon von der BWL entdeckter und genutzter Werkzeuge für eigene Zwecke untersucht und ggf. Anpassungen für eigene Zwecke unternimmt. Die Definition der Öffentlichen Betriebswirtschaftslehre (ÖBWL) gibt dies wieder:

ÖBWL noch jung

Definition Öffentliche Betriebswirtschaftslehre (ÖBWL)

Definition ÖBWL

Die Öffentliche Betriebswirtschaftslehre ist ein Teil der Betriebswirtschaftslehre, der die Themen der Allgemeinen Betriebswirtschaftslehre unter Berücksichtigung der Besonderheiten des öffentlichen Sektors und der im öffentlichen Eigentum stehenden Wirtschaftseinheiten betrachtet.

Neben dem Begriff der ÖBWL[8] gibt es alternativ auch die Begriffe „Verwaltungs-Betriebswirtschaftslehre“ und „Verwaltungsökonomie“, teilweise sogar auf ganz spezielle Teilgebiete des öffentlichen Bereichs gemünzte Disziplinen

[8] Die Bezeichnung „öffentliche Betriebswirtschaftslehre“ kam in den 70er-Jahren des 20. Jahrhunderts auf, s. Oettle, 1999, S. 27

wie „Militärökonomie", „Kommunalbetriebswirtschaft" usw., doch diese sind nicht so weit verbreitet.

Verwaltungs-BWL, Verwaltungsökonomie

Der Zusatz „öffentliche Verwaltung" ist auch insofern unnötig einschränkend, als der öffentliche Bereich neben „Verwaltung" auch „produzierende" Bereiche wie Bildung, Sicherheit nach innen und nach außen bei Polizei und Militär sowie weitere Formen der Dienstleistung, in geringer Zahl sogar güterwirtschaftliche Produktion (Landwirtschaft und Forsten, industrielle Beteiligungen) enthält. „Verwaltung" ist damit deutlich zu eng gegriffen, stattdessen ist hier der ganze öffentliche Sektor mit seinen sehr heterogenen Bestandteilen zu betrachten[9]. Das Adjektiv „öffentlich" kommt im Kontext der Definition unscheinbar daher, ist aber zumindest im Blick auf die Geschichte der Menschheit von einschränkender Wirkung. Eine „öffentliche" Verwaltung gibt es weltweit erst mit der Herausbildung von modernen Staaten und in Ausnahmefällen bei wenigen antiken Gesellschaften. Sie setzt voraus, dass sich die Herrschaftslegitimation über ein Land komplett von Personen (Lehnsherr, König, Kaiser, gottgleicher kirchlicher Landesherr) gelöst hat und eine Zuordnung der Verwaltung zu einem abstrakten Souverän, dem Volk, stattfindet. Dies geht praktisch nur durch Bindung des öffentlichen Sektors an entsprechende öffentliche Rechtsformen im Unterschied zu privatrechtlichen Verhältnissen, die das Land früher zum Eigentum der Kaiser und Könige machte. In Abschnitt 2.3.4 wird die geschichtliche Entwicklung des öffentlichen Sektors mit Blick auf die Beziehung zu öffentlichen Betrieben skizziert.

ÖBWL und non-profit-Unternehmen

Es findet sich in der Literatur auch die Meinung, dass der öffentliche Sektor auch die sogenannten „non-profit-Organisationen" umfasse[10]. Wie der Name schon sagt, ist das Gemeinsame der „non-profit"-Unternehmen das Fehlen einer Gewinnerzielungsabsicht[11]. Viele gemeinnützige Einrichtungen, gleich welcher Rechtsform, gehören dazu (z. B. Kirchen, Stiftungen, gemeinnützige Vereine, Parteien). Es gibt auch staatliche Einrichtungen hierunter, nicht jedoch die zweifellos ohne Gewinnerzielungsabsicht arbeitende Ordnungsverwaltung. Umgekehrt hat der öffentliche Sektor auch Betriebe mit Gewinnerzielungsabsicht. Dies zeigt, dass der „öffentliche Sektor" zwar eine Schnittmenge mit den „non-profit-Organisationen" hat, aber beide nicht komplett deckungsgleich sind und der eine nicht eine echte Teilmenge des anderen ist.

---

9 Vgl. Grunow, 2003, S. 11f.

10 Z. B. Reichard, 1999, S. 47

11 Genau genommen können auch „non-profit-Unternehmen" Gewinn anstreben und diesen dann realisieren. Das würde dem Begriff nicht widersprechen. Der eigentliche Unterschied zu profit-Unternehmen ist folgender: Sie schütten diesen Gewinn nicht an interne Anspruchsgruppen z. B. Eigentümer oder Mitglieder, aus, vgl. Badelt et. al., 2007, S. 7

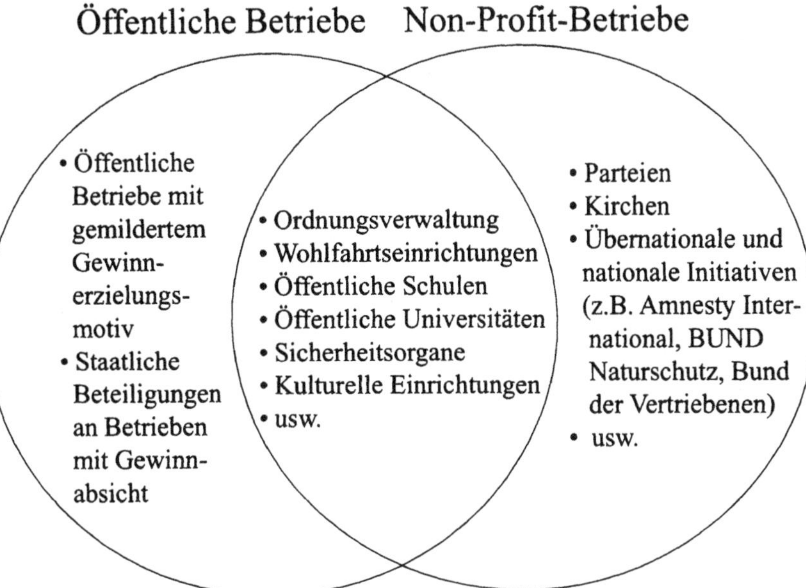

Abb. 11: Abgrenzung öffentlicher vs. Non-Profit-Betriebe

Konstituierende Merkmale eines Betriebs

Die folgende Abb. 12[12] zeigt die konstituierenden Merkmale eines Betriebsbegriffs, der sowohl öffentliche wie auch private Wirtschaftseinheiten umfasst.

Ein kleines Fragezeichen in dieser groben Klassifikation von Merkmalen kann man an der Behauptung machen, ALLE öffentliche Betriebe folgten dem Prinzip der Planerfüllung und gerade nicht dem erwerbswirtschaftlichen Prinzip: Es gibt Betriebe mit öffentlicher Beteiligung und in privater Rechtsform (siehe hierzu Abschnitt 2.3.2), die durchaus Gewinnerzielung anstreben und dieses Ziel VOR einer Planerfüllung priorisieren.

---

[12] Mod. n. Schierenbeck, 2008, S. 27. Diese Abb. findet sich ohne Literaturangabe in vielen Quellen, der Erstautor war nicht zu ermitteln.

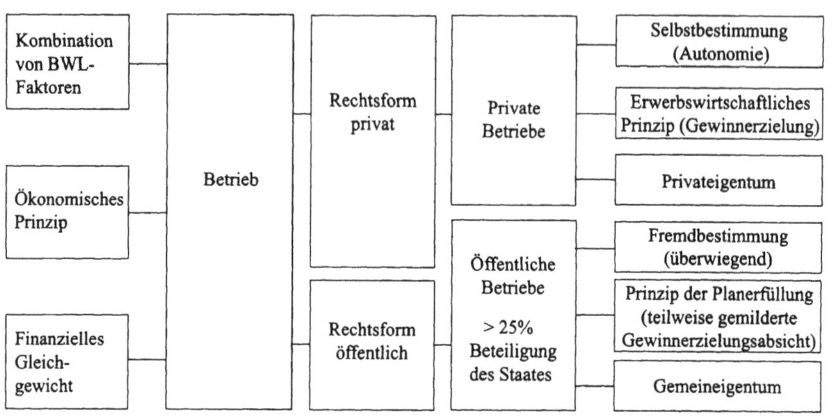

Abb. 12: Merkmale von Betrieben

Verwaltungswissenschaft und BWL

Der öffentliche Sektor als Phänomen des Zusammenlebens von Menschen in modernen Staaten legt es nahe, ihn selbst als Mittelpunkt aller zu ihrer Untersuchung benötigten Wissenschaften zu sehen. Die nachfolgende Abb. 13 zeigt das „Nachbarschaftsverhältnis" der in eine ganzheitliche Betrachtung des öffentlichen Sektors eingebrachten Wissenschaften zur ÖBWL. Diese Einordnung der ÖBWL als eine Teilmenge aller den Sektor beschreibenden Wissenschaften bedeutet, dass

- mit Hilfe der ÖBWL jeweils nur ein Teil der Eigenschaften und Verhaltensweisen der öffentlichen Verwaltung erklärt werden kann
- Erkenntnisse und Methoden anderer Wissenschaften in Betrachtungen der ÖBWL einbezogen werden müssen, um möglichst optimale betriebswirtschaftliche Entscheidungen treffen zu können.

Da die „Verwaltungswissenschaft" genannte Betrachtung der Verwaltung aus den Blickwinkeln verschiedener Disziplinen nicht wirklich zu einer geschlossenen neuen Wissenschaft mit integrierten Konzepten geführt hat und eventuell nicht in absehbarer Zeit führen wird[13], muss die ÖBWL tatsächlich auch immer mit einzelnen anderen Disziplinen in Kontakt treten. Die nachfolgende Abb. 13 gibt einen Überblick der anderen einschlägigen Wissenschaften.

---

[13] Vgl. auch Einschätzung durch Püttner, 2007, S. 11 f. ; vgl. Abschnitt 2.3.3

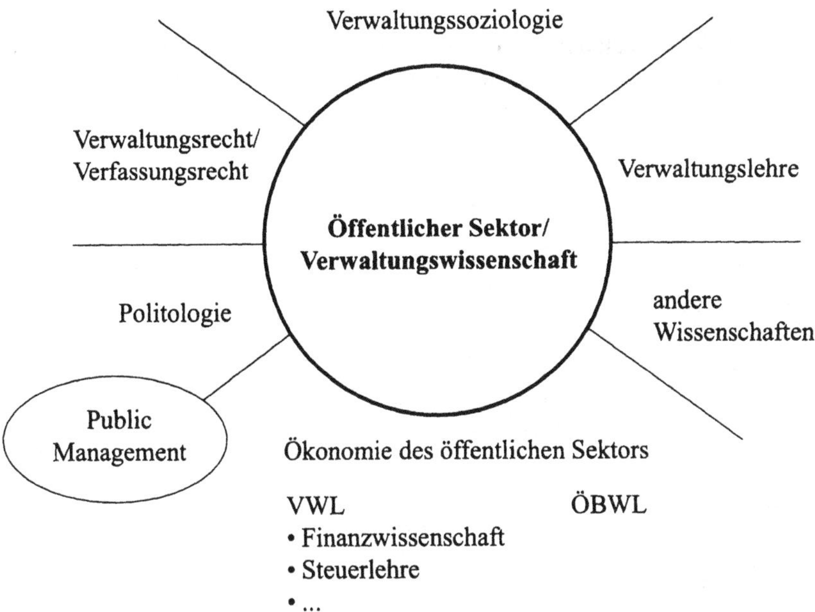

Abb. 13: ÖBWL und Nachbarwissenschaften[14]

2.1.5 Techniken und Methoden der ÖBWL

In der Literatur zur BWL werden die Begriffe „Technik“, „Methode“ und evtl. „Instrument“ verwendet. Diese Begriffe als solche sind nicht exklusiv für die BWL reserviert und werden im täglichen Sprachgebrauch für vieles verwendet. Dazu kommt, dass die inhaltlich damit bezeichneten Verfahren oft auch aus anderen Wissenschaftsbereichen entnommen sind, wo wiederum die Begriffe „Technik“, „Methode“ usw. recht freizügig verwendet werden. Hier soll dennoch eine einengende Definition verwendet werden.

Definition Technik und Methode

Definition betriebswirtschaftliche Techniken und Methoden

Eine betriebswirtschaftliche Technik ist ein handwerklicher Ansatz mit festgelegten Detail-Arbeitsschritten. Es können Varianten dieser Arbeitsschritte bestehen, dennoch ist das Vorgehen eng umschrieben und das Ergebnis „mechanisch“ zu erwarten.
Eine betriebswirtschaftliche Methode ist ein im Gegensatz zur betriebswirtschaftlichen Technik offenerer Vorgehensweg mit weniger detaillierter Festlegung einzelner Schritte. Das Ergebnis ist nicht mechanisch sicher.

---

14 Vgl. Schauer, 2008, S. 15

Vielzahl verschiedenartiger Techniken

Einige gängige Techniken sind in der nachfolgende Tabelle in Kategorien eingeteilt und ein Verweis auf die Abschnitte mit Detaildarstellungen gegeben. Zweck der Darstellung ist nicht die Vollständigkeit, sondern einen Eindruck von der Vielfalt und großen Unterschiedlichkeit zu vermitteln.

Tab. 6: Übersicht betriebswirtschaftliche Techniken[15]

Art der Technik	Beispiele	in Abschnitt
Informations-erhebungstechnik	- Interview - Fragebogen	5.2.4
Analysetechnik	- Kennzahlen(-systeme)	3.3.2
Kreativitätstechnik	- Brainstorming	5.2.2
Management-Technik	- Management by Objectivs - Management by Delegation	6.1.3
Rechentechnik	- Vermögensrechnung - Doppische Buchführung	6.2
Präsentationstechnik	- Notebook und Beamer - Overhead-Projektor	5.2.3
Entscheidungstechnik	- Entscheidung bei Ungewissheit - Entscheidung bei Gewissheit	6.3.8
Technik der Vorteilhaftigkeitsrechnung	- Kostenvergleichsrechnung - Gewinnvergleichsrechnung - Kapitalwertmethode - Nutzwertanalyse	6.3

2.2 Bedeutung öffentlicher Betriebe in der Volkswirtschaft

Rasantes Wachstum Staatsanteil

Der öffentliche Bereich hat in der Zeit nach Ende des Ersten Weltkriegs in vielen industrialisierten Staaten der Welt einen zunehmend größeren Anteil am volkswirtschaftlichen Gesamteinkommen (gemessen am Bruttosozialprodukt, BSP) für sich beansprucht. Lag der Anteil vor dem Ersten Weltkrieg in Deutschland, Großbritannien und den USA noch zwischen zehn und fünfzehn Prozent, so stieg er danach rasant an und hält sich seit den 60er-Jahren des 20. Jahrhunderts in Deutschland bei etwa fünfzig Prozent des Bruttonationaleinkommens (BNE) zu Faktorkosten[16]. Wenn man statt der Faktorkosten Marktpreise (BNE) heranzieht, verringert sich der Prozentsatz der Staatsquote etwas und erreicht in Deutschland erst im Jahr 2000 knapp ca. 50 %.

[15] Vgl. ähnliche Darstellung in Schierenbeck, 2008, S. 190

[16] Vgl. Blankart, 2008, S. 141 f.

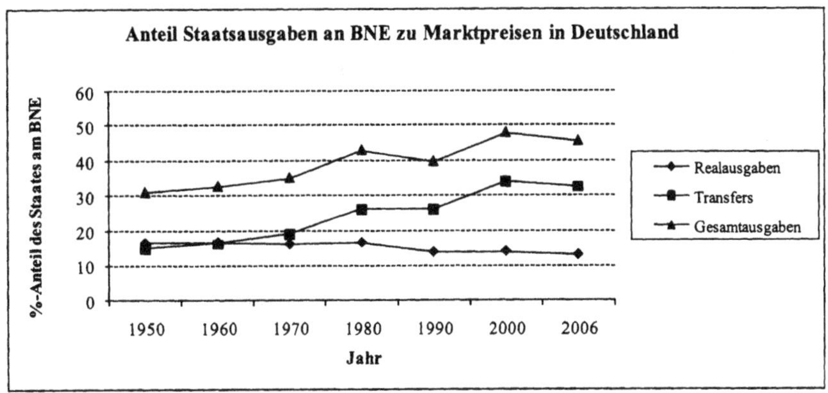

Abb. 14: Staatsanteil am Bruttoinlandsprodukt zu Marktpreisen [17]

Starkes Anwachsen Staatsausgaben

In dieser Entwicklung spiegelt sich vor allem das enorme Wachstum der Sozialausgaben wider, da der Staat immer mehr Ansprüche auf soziale Transferleistungen begründete. Der Anteil der Ausgaben für Güter und Dienste am Bruttonationaleinkommen zu Marktpreisen blieb dagegen zwischen 1950 und 2006 in einer engen Bandbreite zwischen 16,5 und 12,9 % relativ konstant, wuchs also höchstens im Gleichschritt mit dem Wachstum des BNE. Als tiefere Ursache des besonders starken Wachstums der Sozialausgaben sieht Püttner[18] nicht nur die Idee des Sozialstaates, sondern auch Zwänge aus der zunehmenden Arbeitsteilung in einer modernen Dienstleistungsgesellschaft.

Zahl öffentliche Betriebe

Tab. 7: Rechtsform der steuerpflichtigen Betriebe in Deutschland in 2007

Rechtsform	Anzahl
Einzelunternehmen	2.206.651
Gesellschaften mit beschränkter Haftung	458.218
OHGs, Gesellschaften bürgerlichen Rechts	262.964
Kommanditgesellschaften	132.851
AGs und KGaA	7.631
Sonstige Rechtsformen	72.194
Summe über alles	3.140.509

Die Zahl der steuerpflichtigen öffentlichen Betriebe mit erwerbswirtschaftlicher Ausrichtung beträgt in Deutschland ca. 6.206[19]. Die genannten Zahlen

---

17 Daten aus Blankart, 2008, S. 143

18 Vgl. Püttner, 2007, S. 34

19 „Betriebe gewerblicher Art“, Statistisches Bundesamt, 2009, S. 626

sind relativ klein im Verhältnis zu der Zahl von Betrieben in privater Hand, wie die Tab. 7 zeigt.

Ca. 18.000 öffentliche Betriebe in Deutschland

Neben den genannten 6.206 erwerbswirtschaftlichen Betrieben in der Hand von Körperschaften gibt es in Deutschland gut 12.000 Gebietskörperschaften, die zusammen mit ihren nachgeordneten – hier nicht einzeln gezählten – Behörden ebenfalls als Betriebe zu klassifizieren sind. Die Summe aller öffentlichen Betriebe beträgt damit deutlich mehr als 18.000, nicht mitgezählt sind hierbei die Beteiligungen, bei denen viele wegen überwiegend privater Eigentümerschaft nicht unter den 6.206 gezählten öffentlichen erwerbswirtschaftlichen Betrieben zu finden sind.

Tab. 8: Zahl Bundesbehörden und Gebietskörperschaften in Deutschland[20]

Art der Behörde	Anzahl	Summe
Bundesbehörden (Summe)		445
Obere Bundesbehörden	62	
Mittlere Bundesbehörden	38	
Untere Bundesbehörden	249	
Anstalten	56	
Bundesbeauftragte	49	
Gebietskörperschaften (Summe)		12.990
Bund	1	
Bundesländer	16	
Landkreise	323	
Regierungsbezirke (nur in einigen Bundesländern)	22	
Kreisfreie Städte	116	
Gemeinden	12.312	

[20] Stand 2006: Antwort auf Anfrage der FDP im Deutschen Bundestag, Drucksache 16/2945

2.3 Konstitutive Merkmale für Betriebe

2.3.1 Übersicht

Bevor ein Betrieb – öffentlich oder privat – „geboren" wird, sind einige grundlegende Entscheidungen nötig, die ihm den Rahmen für seine Existenz geben. Diese konstituierenden Entscheidungen sind in der nachfolgenden Abb. 15 aufgeführt. Betriebe des öffentlichen Sektors weisen hier Besonderheiten auf:

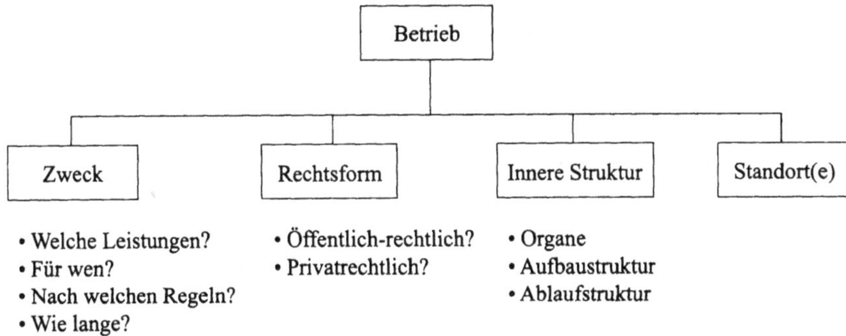

Abb. 15: Konstitutive Entscheidungen für einen öffentlichen Betrieb

- **Der Zweck:** Jeder Betrieb braucht einen Grund, weswegen er existiert, und ein – eventuell veränderliches – Leistungsprogramm. Zwecke öffentlicher Betriebe sind z. B. Verfolgung von Straftaten, Bewirtschaftung öffentlichen Parkraums, Gewährleistung der Grundversorgung mit Strom, Wasser und Gas oder öffentlicher Sicherheit. Der Zweck öffentlicher Betriebe wird zumeist von Personen und Instanzen festgelegt, die außerhalb des Betriebes verbleiben (vorgesetzte Behörde, Parlament, Stadtrat). Aus sich heraus kann ein öffentlicher Betrieb seinen Daseinszweck nicht verändern, während dies Eigentümer privater Betriebe (Einzelkaufleute, Aktionäre, Gesellschafter) können und auch gelegentlich tun, z. B. das Leistungsprogramm radikal wechseln (Preussag – von Stahlröhren zu Tourismus, Mannesmann – von Stahl zu Mobilfunk, Saab – von Flugzeugen zu Autos, Linde – von Kühlschränken zu technischen Gasen) oder das private Erwerbsinteresse aufgeben und ihren Betrieb einer Stiftung (z. B. Bertelsmann, Robert Bosch) oder den Beschäftigten (Photo Porst) übereignen. Zweck
- **Rechtsform:** Um geschäftlich tätig werden zu können, benötigt jeder Betrieb eine Rechtsform. Es gibt einen „bunten Strauß" möglicher Rechtsformen (detailierte Beschreibung in Abschnitt 2.3.2), zu unterscheiden sind private und öffentlich-rechtliche. Betrieben in öffentlichem Eigentum stehen grundsätzlich beide Rechtsformen zur Auswahl offen, privaten Betrie- Rechtsform

ben nur die privatrechtlichen. Für bestimmte Zwecke sind öffentliche Betriebe auf die öffentlich-rechtlichen Rechtsformen festgelegt, z. B. bei der Absicht hoheitliche Maßnahmen durchzusetzen.

Innere Struktur

- **Innere Struktur**: Hier sind zunächst die inneren „Organe", d. h. Entscheidungsinstanzen, sowie die Aufbau- und die Ablaufstruktur gemeint. Die Organe sind teilweise durch die Rechtsform bereits vorgegeben. Beide – öffentliche wie private Betriebe – haben aber auch nach anfänglicher Festlegung einer Struktur zu Beginn der Existenz grundsätzlich ein sehr weitgehendes Gestaltungspotenzial bei der Aufbau- und Ablaufstruktur. Dieses Potenzial gehört zu den wichtigsten Managementbereichen und wird daher in Kaptitel 4 vorgestellt.

Standort

- **Standort:** Private Betriebe sind grundsätzlich in der Wahl ihrer Standorte frei. Sie orientieren sich an Faktoren wie Verfügbarkeit von qualifizierten Mitarbeitern, Logistik der Anlieferung von Rohstoffen und Vorprodukten, Nähe zu Kunden, Belastung durch Steuern und Abgaben usw. Öffentliche Betriebe sind bei der Wahl ihres Standortes praktisch zumeist sehr eingeengt. Viele haben einen regional begrenzten „Absatzmarkt" und sind daher von vorneherein dort lokal gebunden, selbst bei der Auswahl von Liegenschaften dürften oft politische Entscheidungsträger mitwirken. Gleiches gilt für Bundesbehörden, deren geographische Standortwahl von politischen Instanzen und dort von politischen (z. B. Proporzdenken beim Bonn-Berlin-Gesetz) und viel weniger von betrieblichen Gesichtspunkten geprägt ist. Aus diesem Grund ist die Standortfrage – anders als in der allgemeinen BWL – kein Thema der Öffentlichen Betriebswirtschaftslehre.

2.3.2 Rechtsformen

Übersicht zu Bedeutung und Arten von Rechtsformen

Im privatwirtschaftlichen Bereich gehört es zu den ganz selbstverständlichen Fragen bei der Gründung eines Betriebes, welche Rechtsform er haben soll.

Definition Rechtsform

Definition Rechtsform

Die „Rechtsform ist der Obergriff für eine Vielzahl von gesetzlich normierten alternativen (Misch-) Typen eines Betriebs. Ein Betrieb kann nur eine Rechtsform haben. Durch die gesetzliche Rechtsform werden einige wesentliche Strukturmerkmale vorgegeben. Für viele Rechtsformen gibt es jeweils eigene Gesetze, z. B. das GmbH-Gesetz oder das Aktiengesetz.

Bedeutung der Rechtsform

Die Wahl der Rechtsform hat u. a. Wirkungen auf

- die Leitungsbefugnisse, d. h. Geschäftsführung und Kontrolle eines Betriebs, Organe sowie Ausmaß und Form der betrieblichen Mitbestimmung.
- die Möglichkeit der Aufnahme neuer Mitgesellschafter oder Weg der Trennung von bisherigen Mitgesellschaftern.

- die Grenzen und Möglichkeiten sowie Verfahrensweisen der Veränderung von Struktur und Aufgaben sowie der Beendigung der Existenz.
- geltende Regeln für Haftung, Beschaffungen, Kontrahierungs(-zwang).
- die Veröffentlichungspflichten (z. B. Geschäftsberichte).
- die Möglichkeit des Erzielens von Überschüssen und die Verwendung des Gewinns.
- die Höhe der (rechtsformabhängigen) Steuern sowie der Kosten der Gründung und des Fortbestehens.
- die Möglichkeit des Betriebs, zwingende Regeln auch für Personen außerhalb des Betriebs zu bewirken (im Sinne von hoheitlichen Akten).
- die Möglichkeit zur Anstellung von Beamten.
- die Erweiterung der Tätigkeit auf andere Regionen und Länder.

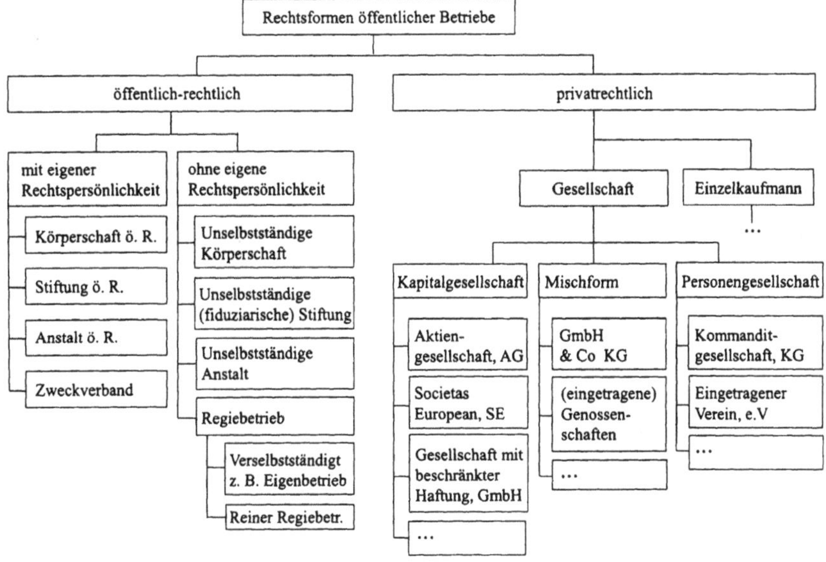

Abb. 16: Genutzte Rechtsformen öffentlicher Betriebe[21]

Auch bei Betrieben des öffentlichen Sektors – sofern sie nicht „automatisch" der Rechtsform einer Mutter-Behörde folgen sollen oder die Rechtsform be-

[21] Zur besseren Übersichtlichkeit wurden folgende im öffentlichen Bereich sehr selten vorkommende privatrechtliche Rechtsformen weggelassen: Einzelkaufmann, Stille Gesellschaft, die Partnergesellschaft, AG & Co KG, Kommanditgesellschaft auf Aktien (KG aA), Doppelgesellschaften sowie die nur in bestimmten Branchen vorkommenden Reedereien, Versicherungsverein auf Gegenseitigkeit und Bergrechtliche Gewerkschaft. Die Gesellschaft europäischen Rechts (Societas Europaea, SE) ist wegen ihres Aufmerksamkeitswertes und der Erwartungen an zukünftige Nutzung erwähnt. Sehr detaillierte Erklärung privater Rechtsformen in Klunzinger, 2009.

reits von dritter Seite, z. B. dem Gesetzgeber, festgelegt ist – ist eine gut durchdachte Auswahl der Rechtsform wichtig, um den mit der Betriebsgründung angestrebten Zielen einen bestmöglichen rechtlichen Rahmen zu geben.

Privatrechtliche und öffentlich-rechtliche Rechtsform

Zwei fundamental verschiedene Gruppen von Rechtsformen werden unterschieden: Privatrechtliche und öffentlich-rechtliche. Nur mehrheitlich und ganz den Gebietskörperschaften gehörende Organisationen können eine der öffentlich-rechtlichen Rechtsformen wählen, Bürgern stehen für ihre geschäftlichen Tätigkeiten ausschließlich die privaten Rechtsformen zu. Während die privatrechtlichen Rechtsformen der Kapitalgesellschaften und der Personengesellschaften besonders detailliert in jeweils eigenen Gesetzen standardisiert sind, trifft dies für die öffentlichen Rechtsformen weniger zu.

Öffentliche Beteiligungen an privatrechtlichen Betrieben

Der Anteil der öffentlichen Hand an privatrechtlich aufgestellten Betrieben kann theoretisch jeden beliebigen Prozentsatz annehmen. Betriebswirtschaftlich relevant ist diese Beteiligung erst dann, wenn der öffentliche Bereich unternehmerischen Einfluss auf Entscheidungen hat. Dies dürfte in den meisten Fällen erst bei Beteilungen von 20 % aufwärts der Fall sein. In Österreich unterliegen Betriebe ab 25 % Beteiligungsanteil Prüfungen durch den Österreichischen Rechnungshof.

Körperschaft öffentlichen Rechts (KöR)

Die Rechtsform einer Körperschaft öffentlichen Rechts ermöglicht eine sehr vielfältige und in sich heterogene Gruppe von Organisationen. Ihnen gemeinsam ist, dass sie personenunabhängig sind, aber dennoch von Personen oder Verbänden als Mitgliedern getragen werden und unabhängig vom Wechsel der Personen fortbestehen. Anders als bei Körperschaften privaten Rechts, z. B. den Vereinen, entsteht die KöR nicht durch Beschluss ihrer Mitglieder, sondern durch einen hoheitlichen Gründungsakt und die zumeist auch gegebene Satzung. Man kann nach Art ihrer Mitglieder vier Typen von Körperschaften unterscheiden:

Vier Typen von Körperschaften

- Gebietskörperschaft: Bund, Länder, Kreise, Gemeinden.
- Personalkörperschaft und Kollegialkörperschaft: Universitäten, Industrie- und Handelskammern, Kammern der freien Berufe wie Architekten, Ärzte, Rechtsanwälte usw.
- Verbandskörperschaft: Körperschaft, in der nicht Einzelpersonen, sondern Verbände Mitglied sind, z. B. Deutscher Städtetag.
- Realkörperschaft: Die Mitgliedschaft ergibt sich aus dem Eigentum einer natürlichen oder juristischen Person an Grundstücken oder Gebäuden, d. h. „körperlich-realen“ Dingen (z. B. Fischerei-, Landschafts-, Wasserschutzverband).

Beschlüsse mit Wirkung auf Dritte

KöR können Beschlüsse mit Wirkung für Dritte erlassen, z. B. Steuern und Gebühren erheben oder Regelungen mit materieller Gesetzeskraft erlassen (z. B. Bebauungspläne, Zulassungsregeln bei Ärzteverbänden). Körperschaften des öffentlichen Rechts sind DIE Rechtsform für Selbstverwaltungsaufgaben. Sie unterliegen aufgrund des Status als KöR aber auch der staatlichen Rechtsaufsicht und damit einer gewissen Kontrolle übergeordneter Instanzen. Eine Ausnahme hierzu und geschichtlich bedingte Besonderheit Deutschlands ist die Tatsache, dass auch für die Kirchen, Religions- und Weltanschauungsgemeinschaften die Möglichkeit geschaffen wurde, den Status einer KöR zu erhalten. Sie haben allerdings innerhalb aller KöR eine Sonderstellung und können sonst den Körperschaften öffentlichen Rechts mögliche Zwangsrechte nicht nutzen. Der Status als KöR dient bei religiösen Gemeinschaften mehr der Anerkennung gesellschaftlich besonders wertvoll empfundener Organisationen als der Durchsetzung staatlicher Gestaltungsinteressen oder der Durchsetzungsfähigkeit gegenüber Dritten.

Öffentlich-rechtliche Stiftungen

Öffentlich-rechtliche Stiftung

Wie die privatrechtliche Stiftung ist die öffentlich-rechtliche Stiftung ein für einen bestimmten Stiftungszweck betreutes Vermögen mit oder ohne („fiduziarische Stiftung") eigener Rechtspersönlichkeit. Die Stiftung entsteht aufgrund eines Rechtsaktes. Anders als bei privatrechtlichen Stiftungen (hier sind in Deutschland die §§ 80 f. des BGB und Landesstiftungsgesetze einschlägig) richten sich Details der Rechtsverhältnisse bei der öffentlich-rechtlichen Stiftung ausschließlich nach den Regelungen in ihrem Stiftungsakt und ihrer Satzung. Öffentlich-rechtliche Stiftungen haben wie auch die privatrechtlichen Stiftungen keine Mitglieder oder Benutzer, sondern Nutznießer. Zuwendungen an die Nutznießer können nur streng nach den Regeln des Stiftungszwecks und der Satzung erfolgen. Öffentliche Stiftungen besitzen oft kein Geldvermögen, sondern nur ein Sachvermögen (z. B. museale Gegenstände, Kunstgegenstände, Gebäude). Die laufenden Kosten müssen erwirtschaftet oder durch Zuschüsse und Spenden finanziert werden.

Fiduziarische Stiftung

Eine nicht-rechtsfähige „fiduziarische" Stiftung kommt durch einen Vertrag zwischen einem Stifter und einem Treuhänder („treuhänderische Stiftung") zustande. Der Treuhänder ist durch den Vertrag in der Verwendung des Stiftungsvermögens gebunden. Er hat dieses streng getrennt von seinem eigenen Vermögen zu verwalten.

Beispiele für öffentlich-rechtliche Stiftungen:
Stiftung Preußischer Kulturbesitz, Berliner Philharmoniker, Stiftung Bundeskanzler Adenauer Haus in Rhöndorf/Bonn, Volkswagen-Stiftung.

Anstalten öffentlichen Rechts (AöR)

Anstalten öffentlichen Rechts

Anstalten öffentlichen Rechts sind in Deutschland und Österreich aufgrund eines Gesetzes zumeist von Gebietskörperschaften gegründete, mehrheitlich rechtsfähige Organisationen. Ihr Daseinszweck zeigt sich in bestimmten fest umrissenen Aufgaben. Sie haben im Gegensatz zur Körperschaft organisationsrechtlich keine Mitglieder, sondern meistens nur „Benutzer" und sind für Personen wie auch Sachmittel zuständig. Anstalten werden durch Vorstände oder Direktorien geleitet, oft unterliegen diese der Aufsicht durch einen Verwaltungsrat. Zusätzlich kann auch die übergeordnete Behörde eine Rechts- und Fachaufsicht ausüben. In der Schweiz ist der Begriff „Anstalt" rechtlich nicht streng definiert, wird aber dennoch umgangssprachlich benutzt. Durch einzelne Gesetze werden aber mit dem Begriff „Anstalt" Organisationen mit verschiedener Ausgestaltung der Rechte begründet, so dass er tatsächlich eine große Bandbreite an Organisationsmerkmalen abdeckt.

Beispiele für Anstalten öffentlichen Rechts:
Rechtsfähige Anstalten sind die Fernsehsender ZDF und ARD, viele Behörden in Deutschland und Österreich mit dem Namenszusatz „Bundesanstalt", Rundfunkanstalten der Länder, oft kommunale Sparkassen. Nichtrechtsfähige Anstalten sind in Deutschland oft die Schulen und das Technische Hilfswerk THW.

„Reine" und „selbstständige" Regiebetriebe

Regiebetriebe

Das Wort „Regie" deutet an, dass betriebsfremde Instanzen die Leitung dieser rechtlich unselbstständigen Einrichtungen wahrnehmen. Man unterscheidet zwischen „reinen" und „verselbstständigten" Regiebetrieben. Reine Regiebetriebe sind Teil einer anderen Organisation, zumeist kleine abgegrenzte Aufgabenbereiche einer Kommunalverwaltung. Sie haben keine eigenen Leitungsorgane, kein eigenes Rechnungswesen (höchstens eine eigene Kostenrechnung) und kein eigenes Berichtswesen. Ihre Einnahmen und Ausgaben werden je für sich (= „unsaldiert", d. h. nach dem „Bruttoprinzip, daher wird der reine Regiebetrieb auch als „Bruttobetrieb" bezeichnet) im Haushalt der übergeordneten Einheit (zumeist kommunale Gebietskörperschaft) veranschlagt. Sie haben auch kein eigenes Vermögen. Trotz dieses reduzierten Eigenlebens haben Regiebetriebe eine Existenzberechtigung dadurch, dass die von ihnen erbrachten Leistungen sehr speziell sind und sich vom Rest der Verwaltung abheben. Daher verdienen sie oft eine besondere betriebswirtschaftliche Betrachtung. Die wenigen durch die Rechtsform ausgelösten Berichtszwänge werden in der Regel nicht reichen, Regiebetriebe auf angemessene Weise wirtschaftlich zu führen. „Unternehmerische" Entscheidungen werden zumeist nicht im Betrieb, sondern in den politischen Führungsgremien der Trägerkörperschaft getroffen. Damit benötigen sie oft viel Zeit, die Interessen der Kunden der erbrachten Leistungen spielen nicht selten eine untergeordnete Rolle[22]. Aus diesen Nachteilen erklärt sich auch, weswegen „verselbstständigte Regiebetriebe" (siehe unten) gegründet werden.

> Beispiele für reine Regiebetriebe sind:
>
> Kommunale Einrichtungen wie Schwimmbäder, Friedhöfe und botanische Gärten, Bauhöfe, Bibliotheken. Aber auch Bundesländer haben zuweilen Regiebetriebe z. B. „Staatsforste".

Verselbstständigte Regiebetriebe

„Verselbstständigte" Regiebetriebe sind „teilautonome" Regiebetriebe, für die eine gesonderte Darstellung des wirtschaftlichen Ergebnisses und des Vermögens mit Hilfe eines eigenen Rechnungswesens – oft nach Maßstab des Handelsgesetzbuches – erfolgt. Das Periodenergebnis wird als Saldo (d. h. „netto", daher auch als „Nettobetrieb" bezeichnet) in die Ergebnisrechnung der übergeordneten Organisationseinheit (z. B. Stadt, Land, Bund) eingefügt. Die Teilautonomie beschränkt sich auf den wirtschaftlichen Teil der Tätigkeit, juristisch ist auch der verselbstständigte Regiebetrieb unselbstständig. Es gibt folgende Varianten von verselbstständigten Regiebetrieben:

Varianten verselbstständigter Regiebetriebe

- Autonome Wirtschaftseinheiten
- Kommunale Eigenbetriebe auf Basis der Eigenbetriebsverordnungen und Eigenbetriebsgesetze der Länder, die auch eine eigene Betriebsleitung (Synonym: Werksleitung) mit der Aufgabe der ständigen Betriebsführung und einen oft aus Ratsmitgliedern bestehenden periodisch tagenden Betriebsausschuss haben (Synonym: Werksausschuss).
- Sondervermögen gemäß § 26 BHO bzw. entsprechender Regelungen der Landeshaushaltsordnungen. Hiernach sind Eigenbetriebe auch in Bund und Ländern möglich.

Als verselbstständigte Regiebetriebe werden öffentlichc Betriebe geführt, deren Tätigkeitsumfang den Aufwand einer gesonderten Rechnungslegung, der Höhe und des Gestaltungspotenzials nach lohnt.

Reine und verselbstständigte Regiebetriebe sind nicht rechtsfähig.

[22] Vgl. Eickmeyer & Bissinger, 2002, S. 93

Beispiele für verselbstständigte Regiebetriebe sind:
In kommunalem Eigentum befindliche Stadtwerke bzw. Energie-, Wasser- und Gaswerke sowie öffentliche Nahverkehrsunternehmen. Zudem größere Bauhöfe.

Zweckverband und Zweckgemeinde

Zweckverband und Zweckgemeinde

Der Zweckverband (Schweiz: Sehr ähnlich: Zweckgemeinde) ist eine spezielle Rechtsform des Kommunalrechts zur Zusammenarbeit von Gemeinden und regelt sich nach Landesrecht. Mitglieder können aber neben den Gemeinden auch andere Körperschaften (Bund, Länder, Anstalten) und natürliche Personen sein, wenn es dem Verband nützt. Organ der Zweckverbände ist die Zweckverbandsversammlung mit Delegierten der Mitgliedsgemeinden. Die Tagungen sind i. d. R. öffentlich. Zweckverbände haben zumeist das Ziel der Bereitstellung von Leistungen der Daseinsvorsorge und finanzieren sich durch eine satzungsmäßig bestimmte Verbandsumlage, Einnahmen z. B. durch Gebühren bei Leistungsempfängern und Zuweisungen und ggf. ergänzend durch Bereitstellung von Sachleistungen.

Beispiele für Zweckverbände:
Krankenhäuser, Rettungsdienste, Feuerwehren, Sparkassen, Schulen. Einzelne Beispiele sind der Zweckverband Bodenseewasserversorgung, Zweckverband Ostholstein, Zweckverband Rhein-Ruhr.

Aktiengesellschaft (AG)[23]

Aktiengesellschaft

Aktiengesellschaften sind juristische Personen, die ihren Mitgliedern – es reicht hierzu eine Person – gehören. Die Mitglieder von AGs stellen ihre Gesellschaftsanteile in Form spezieller Urkunden, der Aktien, dar. Aktiengesellschaften werden durch Eintragung in das Handelsregister (Österreich: Firmenbuch) begründet, als Mindestvoraussetzung gilt das Einbringen von mindestens 50.000 € Grundkapital (Österreich: 70.000 €, Schweiz 100.000 Franken). Die Summe der Nennbeträge aller Aktien entspricht genau dem Grundkapital. Die AG haftet in voller Höhe ihres Vermögens, Aktionäre i. d. R. nur mit dem Wert ihrer Aktien. Die Gesellschaftsanteile an Aktiengesellschaften sind in der Regel übertragbar, einige werden an öffentlichen strukturierten Marktplätzen, den Börsen, gehandelt. Inhaberaktien sind frei handelbar, bei den sogenannten „vinkulierten Namensaktien" muss die AG dem Kauf/ Verkauf zustimmen. Der an Börsen zu zahlende Preis hängt von Angebot und Nachfrage ab, er orientiert sich nicht am Nennbetrag der Aktie. Durch den relativ leicht zu organisierenden Handel mit Aktien sowie die Möglichkeit der Neuausgabe weiterer Aktien mit entsprechender Erhöhung des Grundkapitals können sich Aktiengesell-

---

[23] Rechtsgrundlage in Deutschland das Aktiengesetz (AktienG)

schaften bei gutem Ruf des Unternehmens sehr einfach frisches Geld besorgen. Wenn eine AG mit der Erhöhung der Zahl von Aktien nicht auch gleichzeitig die „Gefahr" einer größeren Zahl von Mitentscheidern – oder einer Verschiebung der Gewichte unter bisherigen Eigentümern – verbinden will, kann sie stimmrechtslose Vorzugsaktien ausgeben. I. d. R. wird der Mangel an Mitentscheidungsfähigkeit durch einen gegenüber der „normalen" Stammaktie höheren Gewinnanteil ausgeglichen.

Organstruktur der Aktiengesellschaft

Aktiengesellschaften haben eine dreigliedrige Organstruktur: Die laufenden Geschäfte leitet ein Vorstand aus einem oder mehreren Mitgliedern (in der Schweiz zählt der Vorstand nicht als Organ). Die Tätigkeit des Vorstands wird durch einen Aufsichtsrat (Schweiz: Verwaltungsrat) überwacht. Einmal jährlich und ggf. ausnahmsweise zu besonderen Anlässen ist vom Vorstand eine Versammlung aller Aktionäre, die Hauptversammlung (Schweiz: Generalversammlung), einzuberufen. Die Hauptversammlung beschließt über die Entlastung des Vorstandes, über die Verwendung des erzielten Gewinns – Betrag der Dividende je Aktie – und andere Fragen, z. B. Kapitalerhöhungen, Satzungsänderungen, Vergütungsstruktur des Vorstands, Wahl der Aufsichtsratsmitglieder. Die Aktionäre haben auf Hauptversammlungen umso mehr Stimmrechte, je mehr Stammaktien sie haben.

> Beispiele für Aktiengesellschaften in öffentlichem (Mit-)Eigentum:
>
> Deutschland: (ehemals) Lufthansa, Telekom und Deutsche Post sind Ausgründungen ehemals im öffentlichen Eigentum befindlicher Sondervermögen. Die Deutsche Bahn AG befindet sich noch in 100 %igem Eigentum des Bundes, an der Volkswagen AG hält das Land Niedersachsen 20 %. Zoologischer Garten Berlin.

Gesellschaft mit beschränkter Haftung (GmbH)

Gesellschaft mit beschränkter Haftung

Gesellschaften mit beschränkter Haftung sind juristische Personen mit einem (Einmann-GmbH) oder mehreren Gesellschaftern[24]. Die Gesellschafter können juristische oder natürliche Personen sein. Die Gesellschaft muss in das Handelsregister (Österreich: Firmenbuch) eingetragen sein und einen notariell beglaubigten Gesellschaftervertrag haben. Gesellschaftsanteile sind nur durch notarielle oder gerichtliche Beurkundung übertragbar, damit also wesentlich schwerer handelbar als Gesellschaftsanteile (Aktien) bei Aktiengesellschaften.

Organe der GmbH

Organe der GmbH sind der oder die Geschäftsführer, die Gesellschafterversammlung und ein Aufsichtsrat dann, wenn die Satzung dies vorschreibt oder zwingend bei mehr als 500 Beschäftigten[25]. In der Gesellschafterver-

---

[24] Rechtsgrundlage ist in Deutschland das GmbH-Gesetz

[25] Dies ergibt sich in Deutschland aus dem Drittelbeteiligungsgesetz (DrittelbG).

sammlung sind die Gesellschafter materiell anteilig durch ihre Beiträge zum Stammkapital, d. h. ihrer Stammeinlage, stimmberechtigt. Die Gesellschafter einer GmbH haften – wie ihr Namen schon sagt – nur in Höhe ihrer Gesellschafteranteile. Die GmbH ist in Deutschland die häufigste Rechtsform von Beteiligungen der Kommunen und Bundesländer.

> Beispiele für Gesellschaften mit beschränkter Haftung mit Eigentumsanteilen des öffentlichen Sektors:
>
> Flughafenbeteiligungen wie z. B. die Flughäfen Köln-Bonn, München und Berlin-Schönefeld.

Kommanditgesellschaften

Kommanditgesellschaft (KG)

Die Kommanditgesellschaft[26] ist eine Rechtsform, die zwischen zwei Typen von Gesellschaftern unterscheidet: Dem voll mit Privat- und Geschäftsvermögen haftenden „Komplementär" und mindestens einem Gesellschafter, dessen Haftung im Gesellschaftervertrag auf eine Höchstsumme begrenzt ist. Die Kommanditgesellschaft ist eine Personengesellschaft. Sie hat gegenüber Kapitalgesellschaften den Vorteil sehr geringer rechtsformabhängiger Kosten, außerdem unterliegt sie nicht der Körperschaftssteuer. Unter den öffentlichen Beteiligungen findet sie sich sehr selten.

GmbH & Co KG

GmbH & Co KG

Die GmbH & Co KG ist eine Kommanditgesellschaft, bei der anstelle eines persönlich voll haftenden Komplementärs eine Kapitalgesellschaft vertreten ist[27].

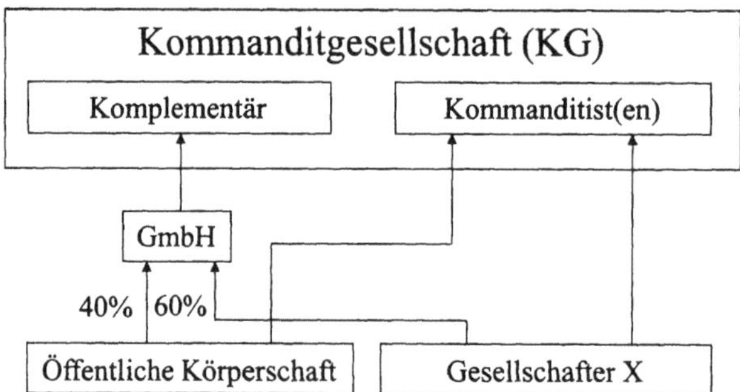

Abb. 17: Struktur Beteiligungsverflechtung einer GmbH & Co KG

---

26 Deutsche Rechtsgrundlage sind die §§ 105 – 160 HGB sowie §§ 705 – 740 BGB.

27 Deutsche Rechtsgrundlage wie bei der KG.

Die Vorteile einer KG (geringe rechtsformabhängige Kosten, Steuervorteile gegenüber Kapitalgesellschaften) kombiniert sie mit einem Haftungsausschluss des Kommanditisten.

Beispiel für GmbH & Co KG:
Liegenschaftsfond Berlin, Motorsportakademie Nürburgring.

Europäische Aktiengesellschaft (Sociatas European, SE):

Europäische Aktiengesellschaft SE

Seit 2004 gibt es die Rechtsform „Europäische Aktiengesellschaft" (SE). Diese kann aus einer AG mit mindestens einem Tochterunternehmen in einem anderen Land der Europäischen Union (EU) oder z. B. dem Zusammenschluss von zwei Unternehmen aus verschiedenen EU-Ländern entstehen. Als Grundkapital werden mindestens 120.000 € benötigt. Das Recht der SE ist auf EU-Ebene nur teilweise festgeschrieben. Erhebliche Bestandteile werden aus dem jeweils nationalen Recht ergänzt. Die Struktur der Organe kann je nach nationalen SE-Verordnungen entweder „dualistische" Rollen von Vorstand und Aufsichtsrat (wie z. B. in Deutschland und Österreich) vorsehen oder einen „monistischen" Verwaltungsrat angelsächsischen Zuschnitts, der die Funktionen des Vorstands und des Kontrollorgans in sich vereinigt. Daneben gibt es eine Hauptversammlung, in der die Aktionäre wie bei der „klassischen" Aktiengesellschaft ihre Stimmrechte ausüben. Das Mitbestimmungsrecht folgt nationalen Bestimmungen.

Vorteil einer SE gegenüber einer AG

Vorteil einer SE gegenüber einer nationalen Aktiengesellschaft ist, dass Unternehmen mit der Rechtsform SE ihren Sitz innerhalb der EU in ein anderes Land verlegen können, ohne dass sie in dem anderen Land neu gegründet werden müssen. Außerdem treten sie übernational unter einem Namen und gleicher Identität auf.

Da die Schweiz kein Mitglied der europäischen Union ist, kann keine Europäische Aktiengesellschaft ihren Sitz in der Schweiz nehmen. Schweizer Unternehmen können nur über Tochterunternehmen mit Sitz in der europäischen Union selbst Eigentümer einer SE werden.

Beispiele für Europäische Aktiengesellschaften mit Staatsbeteiligung:
Zur Zeit ist keine SE mit Staatsbeteiligung im deutschsprachigen Raum bekannt. Denkbar ist, dass die 100%ige Staatsbeteilung Deutsche Bahn AG diesen Status anstreben wird.

Genossenschaften

Genossenschaften

Genossenschaften sind juristische Personen mit dem vorrangigen Ziel der gegenseitigen Förderung ihrer Gesellschafter (Genossen)[28]. Erst zweitrangig hat die Genossenschaft selbst eine Gewinnerzielungsabsicht. Sie sind eine Mischform zwischen Vereinen und Aktiengesellschaften. In Deutschland sind nur in das Genossenschaftsregister des zuständigen Amtsgerichts „eingetragene“ Genossenschaften praktisch relevant[29]. Sie werden „eingetragene Genossenschaften (eG)“ genannt. Zur Gründung müssen mindestens sieben Gesellschafter zusammenkommen und eine Satzung erstellt werden. Die Gesellschafter statten die Genossenschaft mit einem Grundkapital aus. Dieses ist nicht fest, sondern schwankt mit der Zahl der Mitglieder, da diese mit einem Betrag zwischen einer satzungsmäßig bestimmten Mindest- und Höchstsumme beteiligt sind. Sofern die Satzung es nicht anders bestimmt, haftet gegenüber den Gläubigern nur die Genossenschaft, nicht die Gesellschafter. Grundsätzlich hat eine Genossenschaft die gleichen Organe wie eine Aktiengesellschaft: Einen Vorstand, einen Aufsichtsrat und eine Hauptversammlung, die hier „Generalversammlung“ heißt (ab 3.000 Genossen werden die Gesellschafter durch Vertreter der dann als „Vertreterversammlung“ – in der Schweiz „Delegiertenversammlung“ – abgehaltenen Generalversammlung repräsentiert). Die Gewinne werden unter den Genossen aufgeteilt, nur für Investitionen und den laufenden Geschäftsbetrieb werden Gelder zurückgehalten. Typische Genossenschaften sind Einkaufs- und Vertriebsgenossenschaften im Bereich Landwirtschaft, Handel, Banken und Versicherungen, Forstwirtschaft und neuerdings auch Beteiligungen. Gemeinden beteiligen sich dann an Genossenschaften, wenn diese z. B. im Wohnungsbau und bei der Vermögensbildung kommunale Interessen der Sozialpolitik unterstützen[30]. Mit der Rechtsform für Europäische Genossenschaften gibt es seit 2006 eine internationale Variante der Genossenschaft. Besonders „populär“ ist die Rechtsform der Genossenschaft in der Schweiz.

---

[28] In Deutschland ist die Rechtsgrundlage für eingetragene Genossenschaften (eG) das Genossenschaftsgesetz (GenG). Nicht-eingetragene Genossenschaften unterliegen den „normalen“ Regeln für Gesellschaften bürgerlichen Rechts mit dem BGB als Rechtsgrundlage.

[29] Es gibt auch, sehr selten, nicht-eingetragene Genossenschaften.

[30] Eickmeyer & Bissinger, 2002, S. 109

Beispiele für Genossenschaften mit Staatsbeteiligung:

Deutschland: Der öffentliche Bereich ist nur relativ selten in einer Genossenschaft vertreten. Beispiele sind die Genossenschaft Höhenklinik Valbella Davos, Postcon Deutschland eG, Wildbretvermarktungsgenossenschaft Kaiserslautern.

Verein, eingetragener Verein (e.V.)

Ein im Vereinsregister eingetragener Verein ist eine juristische Person. Mitglieder können natürliche oder juristische Personen sein, die Mindestzahl an Mitgliedern sind sieben. Vereine dienen nicht der Gewinnerzielung, ihre Kosten werden durch Mitgliedsbeiträge gedeckt. Organe des Vereins sind der Vorstand und die Mitgliederversammlung. Bei eingetragenen Vereinen haftet der Verein, nicht einzelne Personen. Bei nicht-eingetragenen Vereinen wird eine Gesellschaft bürgerlichen Rechts (BGB-Gesellschaft angenommen), Mitglieder haften persönlich. Gegenüber GmbHs haben Vereine den Vorteil, dass neue Mitglieder sehr leicht durch einfachen Beitritt aufgenommen werden können und dass sehr geringe rechtsformabhängige Kosten entstehen. Wenn sich der öffentliche Bereich (zumeist Kommunen) an eingetragenen Vereinen beteiligt, dann handelt es sich zumeist um Förder- und Trägervereine. Das Mitglied aus dem öffentlichen Bereich steuert dann oft neben Zuschüssen auch Sachmittel bei, z. B. die Bereitstellung von Räumen oder Personalarbeitszeit. Verein

Beispiele für eingetragene Vereine mit öffentlicher Beteiligung:

Technologiezentren, Volkshochschulen.

2.3.3 BWL-Typologie öffentlicher Betriebe

Die große Vielfalt der Leistungen von Betrieben des öffentlichen Sektors sowie die sehr große Bandbreite möglicher Rechtsformen zeigen an, dass man nicht für alle öffentlichen Betriebe die gleichen betriebswirtschaftlichen Rahmenbedingungen vorfindet. Für später folgende differenzierte Betrachtungen von Managementfragen im öffentlichen Bereich (Kapitel 3 bis 6) soll zunächst nach Faktoren mit Relevanz für das unterschiedliche betriebswirtschaftliche Verhalten gesucht werden. Diese Fragen stellen sich:

- Ist Gewinnerzielung des Betriebes möglich und gewünscht, oder handelt es sich um einen Betrieb mit Einnahmen überwiegend oder ganz aus dem Steuerhaushalt bzw. Zwangsumlagen?
- Gibt es bzgl. der erbrachten Leistung/der erstellten Produkte vergleichbare Betriebe oder gar Konkurrenz im privaten Bereich?
- Gibt es im Wesentlichen eine entgeltliche Abgabe der Produkte? Wenn „ja“, sollen nur die Kosten gedeckt werden („Gebühr“) oder darf auch Gewinn erwirtschaftet werden („Preis“)?

- Hängt die Leistungsmenge von der Nachfrage durch einzelne Wirtschaftssubjekte (Bürger oder andere Betriebe) ab, wie z. B. bei Stadtwerken, oder wird sie zentral anhand eines Planes festgelegt, in dem die Nachfrage eines öffentlichen Auftraggebers gesehen werden kann, wie z. B. in der Ministerialverwaltung, bei der Polizei oder der Bundeswehr?
- Gibt es Produktionsfaktoren in dem Betrieb, die nur im öffentlichen Bereich vorkommende Besonderheiten aufweisen (z. B. die Beschäftigung von Beamten als besondere Form des Anstellungsverhältnisses)?

Öffentliche Verwaltung und öffentliche Unternehmen

„Klassisch" in der Literatur über ÖBWL ist die Unterteilung der öffentlichen Betriebe in (a) die öffentliche "Verwaltung" im engeren Sinne (gemeint sind Behörden der Ordnungsverwaltung und Behörden der Verwaltung von Transferleistungen) und (b) öffentliche „Unternehmen" (gemeint sind öffentliche Betriebe privater Rechtsform sowie Eigenbetriebe). Daneben gibt es noch (c) öffentliche Vereinigungen und (d) andere im öffentlichen Interesse tätige Organisationen (Wohlfahrtspflege, andere non-profit-Betriebe). Eine differenzierte Betrachtung hat Reichardt[31] vorgenommen. Er unterscheidet die in Tab. 9 verkürzt dargestellten drei Typen von öffentlichen Betrieben.

Tab. 9: Typologie öffentlicher Betriebe nach Reichardt

Typ	Eigenschaft	Rechtsform(en)	Beispiele
Typ 1	Völlig unselbstständig	Nicht-rechtsfähige Anstalten und Regiebetriebe	Feuerwehr, Krankenhäuser, Theater, Museen, Versorgungsbetriebe
Typ 2	Teilweise selbstständig	Eigenbetriebe und rechtsfähige Anstalten	Kommunale Verkehrs- und Versorgungsbetriebe (Wasser und Müllabfuhr)
Typ 3	Hochgradig selbstständig	Alle privatrechtlich organisiert: Staatliche Monopolbetriebe, Eigengesellschaften mit erwerbswirtschaftlicher Zielsetzung, Eigengesellschaften mit gemeinwirtschaftlicher Zielsetzung	Energieversorgungsunternehmen, Wohnungsbaugesellschaften, Unternehmen in Staatseigentum und Monopolbetriebe, Firmen mit staatlicher Beteiligung zwischen 25% und 99 %

Einen Teil der öffentlichen Verwaltung, die klassischen „Behörden" der Ordnungsverwaltung, kennt diese Gliederung nicht. Wenn man den öffentlichen Sektor vollständiger als in Tab. 9 abbilden will, muss man diese Typologie erweitern.

---

[31] Reichardt, 1987, S. 22

Definition Ordnungsverwaltung

Ordnungsverwaltung ist derjenige Teil des öffentlichen Sektors, in dem klassische hoheitliche Leistungen erbracht werden. Das Tätigkeitsfeld umfasst Gebiete, Sachen, Personen und Rechte, die aus Gründen des Strafrechts, des Steuerrechts, verschiedener Schutzgesetze wie des Umweltschutzes, der Verkehrssicherheit auf Straßen, Wasser oder in der Luft usw. betreut werden. Besonderes Merkmal der Ordnungsverwaltung ist, dass die Betriebe immer eine öffentlich-rechtliche Rechtsform haben müssen und die Hauptleistung von privaten Anbietern nicht erbracht werden kann.

Tab. 10: Betriebswirtschaftliche Gliederung öffentlicher Betriebe

Betriebstyp	Verwaltungstyp	Aufgabenbereiche, Marktform	Einnahmen	Beispiele
Typ 1	Ordnung	Gebiets- und infrastrukturbezogene Leistungen	Steuern, teilweise Gebühren oder Umlagen	Grenzsicherung, Zoll, Umweltbehörden, Zentralbank
		Personenbezogene Leistungen	Steuern, teilweise Gebühren	Polizei, Gerichte, Gesundheitsämter
	Leistung	Staatliche soziale Transferleistungen managen	Steuern	Sozialbehörden, staatliche Rentenversicherung
Typ 2	Leistung	Erstellung echter „öffentlicher" Güter, regional kein Anbietermarkt	Gebühren	Kindergärten, Kultureinrichtungen, Senioren, Schwimmbäder
Typ 3	Leistung	Erstellung von Leistungen, für die regional kein ausreichender Anbietermarkt da wäre	Gebühren, Umsätze	Stark subventionierte Preise sollen Leistungsangebot für Alle bewirken, z. B. Nahverkehr, Kindergärten, Schulen
Typ 4	Leistung	Erstellung von Gütern, für die evtl. auch regional ein ausreichender privater Anbietermarkt da ist bzw. da wäre	Umsätze	Quersubvention für andere Regionen oder Leistungsbereiche, z. B. Strom und Nahverkehr in Stadtwerken
			Umsätze oder Gebühren je nach Rechtsform	Monopolverhinderung, z. B. kommunale Versorger bei Strom, Gas, Wasser, Müll
			Umsätze	Gewinne von „Ertragsperlen" für den Staat einbehalten , z. B. Lotteriegesellschaften, und Sparkassen

In der Regel gibt es zumindest im Kern des Tätigkeitsfeldes einer Ordnungsbehörde wegen klarer Zuständigkeitsregeln kaum Konkurrenz oder Wettbewerb zwischen verschiedenen Betrieben der Ordnungsverwaltung, so dass ein

Verdrängungswettbewerb zwischen verschiedenen Betrieben ausgeschlossen ist. Die Leistungsverwaltung umfasst ein weites Spektrum der „Leistung".

Leistungsverwaltung

Das Wort „Leistung" in Leistungsverwaltung bezieht sich nicht auf innerbetriebliche Besonderheiten dieser Verwaltungsbetriebe (auch die Ordnungsverwaltung „leistet" etwas), sondern auf die Wahrnehmung der Produkte dieser Verwaltungsbetriebe durch den Bürger, der als Einzelperson Nutznießer oder Konsument der Produkte eines Betriebs der Leistungsverwaltung ist.

Definition Leistungsverwaltung

Der Begriff Leistungsverwaltung bezeichnet denjenigen Teil der öffentlichen Betriebe, der entweder Transferzahlungen an Bürger weiterreicht oder Ersteller von Leistungen mit Konsumwert für Bürger und Betriebe ist.

Die hier gefundene Typologie enthält mit Typ 1 und 4 klar jeweils von anderen Betrieben abgrenzbare Besonderheiten: Typ 1 ist zwingend in öffentlich-rechtlicher Rechtsform zu führen, Typ 4 kann in privater Rechtsform betrieben oder ganz dem privaten Sektor überlassen werden. Der Sache nach sind Betriebe der Typen 2 und 3 je nach regionaler Marktgegebenheit Ersteller von „echten" öffentlichen Gütern oder in Konkurrenz zu privaten Betrieben aus sozialen Gründen Anbieter preiswerterer subventionierter Leistungen. Die Darstellung dieser vier Typen soll helfen, Folgendes zu erkennen:

- Zumindest Teilaspekte der betriebswirtschaftlichen Betrachtung sind für alle öffentlichen Betriebe, sogar die Ordnungsverwaltung als ansonsten weit von der Privatwirtschaft entferntem Bereich, hilfreich. Selbst Ordnungsbehörden mit einzigartigem Leistungsprofil haben intern ein Personalmanagement, ein Rechnungswesen, benötigen evtl. Controlling, ein Liegenschaftsmanagement, eine Materialwirtschaft, Werkstätten, einen Beschaffungsbereich usw. Bei ihnen sind allerdings Besonderheiten in der Zielfestlegung, im Marketing und im Personalmanagement (z. B. Beamtenstatus) zu beobachten, die in einer ÖBWL besonders zu berücksichtigen sind.
- Öffentliche Betriebe, die in Konkurrenz zu privaten Anbietern stehen oder stehen könnten und gegen Preis Dienstleistungen oder Güter an einen Markt abgeben, sind in den Typen 2 bis 4 enthalten. Die Spreizung dieser öffentlichen Betriebe in drei Typen ist dadurch gerechtfertigt, dass sie in unterschiedlicher Nähe zur Möglichkeit der Privatisierung oder/und des Erzielens von kostendeckenden Gebühren bzw. Preisen stehen.

ÖBWL für Typ 1 und Typ 2 nötig

Die öffentlichen Betriebe des Typs 3 und 4 benötigen eigentlich keine ÖBWL, da sie „mechanisch" wie privatwirtschaftliche Betriebe funktionieren. Sie werden weitgehend durch die allgemeine BWL, die BWL der Dienstleistungsunternehmen, usw. bedient. Auf sie wird im Folgenden daher weniger eingegangen. Die ÖBWL als spezielle BWL ist gerade besonders für die Typen 1 und je nach Rechtsform und Zielsetzung für die Typen 2 und 3 „gemacht".

2.3.4 Geschichte der Betriebswirtschaftslehre

Es gibt bisher keine eigene Methodengeschichte der ÖBWL in der Literatur [32].

Tab. 11: Vorgeschichte der modernen BWL[33]

Zeit	Entwicklung/Ereignis
700 v.Chr.	Vereinzelte Erkenntnisse, die man später als brauchbare Elemente einer BWL verstehen kann, finden sich schon in der antiken Philosophie und Politikwissenschaft. Hier wurden Ratschläge und praktische Tipps der zum Haus gehörenden Dinge (Wort „oikos" heißt Haus auf Griechisch) der Sphäre einer Ökonomie zugerechnet.
Ab 900 n.Chr.	Erste systematische schriftliche Quellen der BWL beschreiben die Handels- und Rechentechniken. Eine arabische Handelslehre um ca. 900 und die gedruckte Darstellung der doppelten Buchführung (Pacioli, Venedig, 1494).
Ab ca. 1200	Handlungswissenschaft mit Schwerpunkt auf (im heutigen Sprachgebrauch) Volkswirtschaftslehre und der Frage, wie man das Einkommen des Landesherrn mehren könne. Die Anteile der Betriebswirtschaft darin waren rein vergangenheitsorientiert und beinhalteten im Kern Buchhaltungs- und Rechenverfahren.
Ab ca. 1500	„Politische Ökonomie" wird im Fach Ethik an einigen Hochschulen gelehrt.
Ab ca. 1700 bis zum 18. Jahrhundert	Kameralismus/der Kameralwissenschaft, eine deutsche Spielart des französischen und englischen Merkantilismus[34]. Er ist keine geschlossene Lehre, sondern multidisziplinär technisch, rechtlich, naturwissenschaftlich und betrieblich. Kern waren Ideen für die Finanzierung der teuren stehenden Heere und der aufwendigen Hofhaltung des absolutistischen Landesherrn (z. B. des Fürsten oder Königs). In modernen Begriffen ausgedrückt, griff der Kameralismus folgende Themen auf: Finanzwissenschaft und Steuerlehre (Erhebung von Zöllen und Abgaben), Polizeywissenschaft (damals Begriff für die Verwaltungslehre) und Wirtschaftsförderung vor allem gewerblicher (d. h. nicht land- und forstwirtschaftlicher) Wirtschaft mit dem Ziel, zukünftig höhere Steuererträge zu erzielen[35], Bevölkerungs- und Einwanderungspolitik. Als Maßnahmen wurden Investitionen in Infrastrukturvorhaben (Straßen, Kanäle) und auch in einzelne gewinnträchtige Betriebe des Landesherrn propagiert. Während in England und Frankreich ein Außenhandelsüberschuss durch die Förderung von Exporten und das Behindern von Importen z. B. durch Zölle, ein wichtiges Mittel der Vermehrung von Staatseinnahmen darstellte, war im Heiligen Römischen Reich deutscher Nation eine aktive Bevölkerungspolitik (Peuplierung) zur Vermehrung der Zahl von Untertanen nach den desaströsen Verwüstungen des 30-jährigen Krieges Teil der Maßnahmen.
19. Jahrhundert bis 1898	Im Zuge der Industrialisierung entstehen im ausgehenden 19. Jahrhundert sehr komplexe und große Industriebetriebe. Die nationalen und internationalen Handelsbeziehungen – auch durch die weltweite koloniale Expansion – wachsen rasant. Zumeist aufgrund der Initiative von Industrie- und Handelskammern werden im deutschsprachigen Raum die ersten Handelshochschulen in St. Gallen, Wien, Aachen und Leipzig im Jahr 1898 gegründet. In den USA ist die Wharton School of Finance and Commerce in 1881 das Startdatum moderner BWL.

32 Vgl. Bräunig, 1999, S. 39

33 Vgl. Schneider, 1999

34 Vgl. Söllner, 2001, S. 16

35 Vgl. Oettle, 1999

Der Grund hierfür mag in der großen Spreizung von Betriebstypen und Produkten des öffentlichen Sektors liegen, hier bieten sich eher Einzelbetrachtungen z. B. der Ministerialbürokratie, der Stadtverwaltung, der städtischen Bauhöfe usw. an. Daher wird die Geschichte der ÖBWL hier entlang der allgemeinen Geschichte der BWL dargestellt.

Tab. 12: Besondere ideengeschichtliche Impulse der BWL für die ÖBWL [36]

Ansätze/Zeit	Inhalt	Vertreter
Faktortheoretisch ca. 1900 bis 1955	Optimale Kombination der Produktionsfaktoren. Ingenieurwissenschaftliche Überlegungen zur Produktionsssteigerung einer güterwirtschaftlichen Industriebetriebswirtschaftslehre. Das Ford'sche Fließbandsystem und die vom Reichsausschuß für Arbeitsstudien (REFA) unternommenen Arbeitsstudien sind Zeichen dieser Zeit.	Gutenberg
Arbeitsorientiert ca . 1970	Kultur- und Führungsfragen, Motivation und Arbeitszufriedenheit der Beschäftigten, Betonung auch der „weichen Faktoren" im Betrieb.	Schein, Herzberg
Marketing-orientiert ca. 1970	Als nach Ende des 2. Weltkriegs während der 50er Jahre der Zustand des gröbsten Mangels an Konsumgütern beseitigt werden konnte und die Kunden wählerischer wurden, gerieten die Produzenten zunehmend in eine Situation des Konkurrenzdruckes. Von daher brach sich die Idee Bahn, konsequent vom Verkauf her die Produktauswahl und -Erstellung zu steuern.	Meffert
IT- und prozess-orientiert ab ca. 1980	Die „elektronische Revolution" brachte seit den 70er Jahren des vorigen Jahrhunderts in größerem Umfang Computer in die Arbeitswelt. Sie konnten nicht nur bisherige Arbeitsabläufe elektronisch abbilden, sondern eröffneten – so die Idee des „business reengineering" von Hammer & Champy – ganz neue „revolutionäre" Möglichkeiten der Ablaufgestaltung mit deutlichem Effizienzvorteil. Schlagworte dieser Entwicklungs-Linie sind „workflow-Systeme sowie als Schlüsseltechnologie das Internet und damit verbunden eCommerce („dot-com Revolution") und eGovernment.	Bill Gates Hammer & Champy
Strategie-, planungs- und controlling-orientiert ab ca. 1970 ff.	Nach Deckung aller kriegsbedingten Versorgungslücken und Bedarfe geriet die Nachkriegsindustrie in eine doppelte Zange: Einerseits immer komplexere und teurere Produktion und andererseits immer größere Unsicherheit, ob sich diese Investition angesichts zunehmender Konkurrenz und unberechenbar werdender Kunden je „rechnen" wird.	Strategieberatungs-unternehmen
Managerorientiert ab ca. 1970	Vielzahl von „Gurus" mit einer großen Zahl von Büchern über einzelne Managementfragen[37].	Peter Drucker

Bisher keine „Geschichte der ÖBWL"

Menschen und sogar Tiere handeln in vielen Situationen rational im Sinne des ökonomischen Prinzips. Viele große Kulturleistungen der Frühzeit, z. B. der Bau der Pyramiden, der Bau der chinesischen Mauer, die über Jahrhunderte

[36] Sehr lesenwerte Geschichte der BWL-Funktionen in Deutschland in Lingenfelder, 1999.

[37] Gute Übersicht z. B in Kennedy, 1998.

wachsenden Handelsimperien der Phönizier und Katharger, die Handelsaktivitäten der Venezianer sind ohne praktizierte betriebswirtschaftliche Techniken, d. h. geplante Anstrengungen zur Optimierung der Faktorkombination Arbeit und Betriebsmittel, nicht zu denken. Allerdings sind keine umfassenden Quellen über das dahinter stehende Denken und die Form der Wissensvermittlung an die antiken Berufskollegen bekannt[38].

Daher konzentriert sich die „offizielle" Geschichte der BWL an bekannten, durch Schriften oder andere direkte Kulturzeugnisse überlieferte Fakten vornehmlich der westlichen Welt. Und diese wissenschaftliche Geschichte ist sehr jung im Vergleich zur Philosophie, Theologie und Rechtswissenschaft. Die moderne Volkswirtschaftslehre dagegen ist als geschlossene Wissenschaft kaum älter als die BWL, ihre „Vorläufer" sogar jünger. Die nachfolgende Tab. 11 zeigt wichtige Wegpunkte in der Vorgeschichte der BWL.

Mit der auch im nicht-deutschsprachigen Ausland noch vor dem Beginn des 20.Jahrhunderts erfolgten Gründung von Hochschulen und Lehrstühlen für Betriebswirtschaft, zumeist als Handelshochschulen, ging eine nun transparentere und dynamischere Entwicklung betriebswirtschaftlicher Ideen und Techniken einher. Die Tab. 12 enthält schlagwortartig besondere ideengeschichtliche Akzente der Betriebswirtschaftslehre[39].

2.4 Staat und Verwaltung

2.4.1 Geschichte Verwaltung(-slehre) und Staat

Die Geschichte des öffentlichen Sektors ist – wie die Geschichte der Staaten – keine geradlinige und in allen Ländern der Welt gleichförmige Entwicklung. Vielmehr gibt es über die Jahrtausende hinweg teilweise Vor- und Rückwärtsbewegungen sowie erhebliche kulturelle Unterschiede[40]. Nachfolgend wird der Gang der Dinge nicht allgemein, sondern nur aus der Perspektive der deutschsprachigen Länder dargestellt. Die Management-Geschichte lässt sich unter vier Gesichtspunkten betrachten:

---

38 Sehr wohl aber gibt es fragmentarisch historische Darstellungen zeitgenössischer Autoren über die Organisation der Erstellung dieser großartigen Bauleistungen in der Antike.

39 Stark mod. n. Hopfenberg, 2000, S. 43

40 Aktuell sind in mehreren Staaten starke Tendenzen zur Auflösung gefestigter Strukturen zu sehen, z. B. in Somalia, Haiti, Jemen. Es gibt also keine zwangsläufige Entwicklung hin zu dem westlichen Staatsmodell, sondern auch Gegenbewegungen.

Keine geschlossene moderne Verwaltungswissenschaft

Theoriegeschichte des öffentlichen Sektors: Beginnend mit ersten schriftlichen Quellen von Aristoteles (384–324 v. Chr.) war lange Zeit die Sichtweise auf die Verwaltung vornehmlich ethisch-moralisch. Mit dem Ende der Ständegesellschaft im ausgehenden Mittelalter entwickelte sich eine mehr erfahrungsorientierte umfassende Verwaltungs- und Staatswissenschaft, in Deutschland ist sie im 18. und frühen 19. Jahrhundert als „Staats- und Policeywissenschaft" bezeichnet worden. Diese bunte, sich aber als einheitlich verstehende Lehre zerfiel im späteren 19. Jahrhundert in mehrere sich selbstständig weiterentwickelnde Richtungen: Eine staatstragend normative Staatsrechtslehre des damaligen Obrigkeitsstaates, die Kameralistik als Vorläuferin der heutigen Finanzwissenschaft sowie die Ökonomik, die später in die theoretische Volkswirtschaftslehre und Wirtschaftspolitik einmündete[41]. Die „ältere Verwaltungslehre" des späteren 19. und des frühen 20. Jahrhunderts ist nach heutigen Einteilungskategorien eine Mischung aus Staatslehre, Weltgeschichte, Staats- und Verwaltungsbeschreibung, Verwaltungsrecht, Volkswirtschaftslehre und politischer Programmatik[42]. Vorherrschend war die juristische staatspositivistische Staatsrechtslehre, daneben wurden rein pragmatische Darstellungen ohne kritisches wissenschaftliches Hinterfragen publiziert. Nach Ende des Zweiten Weltkriegs etablierte sich eine aus den USA kommende Politikwissenschaft, zusammen mit der modernen Soziologie „entdeckten" sie in den 60er- und 70er-Jahren über die Institutionenlehre die Verwaltung. Ihr Interessenschwerpunkt galt allerdings eher großen politischen Programmen (Public Policies) und später – in Deutschland – einer als „integrierte Entwicklungsplanung" versuchten und gescheiterten Globalsteuerung. Da diese politikwissenschaftliche Verwaltungsforschung die inneren Strukturen des öffentlichen Sektors nicht in ihre Betrachtungen einbezog, konnte hier eine pragmatisch-managementorientierte ÖBWL Platz greifen. Sie ist Teil einer neueren Verwaltungslehre, die weiterhin nicht integriert ist, sondern eher aus der Summe vieler wissenschaftlicher Einzeldisziplinen, unter anderem auch der BWL und der VWL, besteht. Sie ist interdisziplinär nur locker verbunden und hat jeweils in ihren Heimatdisziplinen – also z. B. der allgemeinen BWL, der Rechtswissenschaft – oft nur ein Randdasein, zudem fehlt in Deutschland ein großes nationales Institut für eine integrativ betriebene Verwaltungswissenschaft[43].

Beziehungsgeschichte des öffentlichen Sektors zum Staat: Hinsichtlich der Beziehung der Verwaltung insgesamt zu dem politischen Auftraggeber lassen sich vier Typen darstellen, die gleichzeitig Entwicklungsphasen vom Mittelalter bis in die Neuzeit sind:

---

41 Vgl. Bogumil & Jann, 2009, S. 28 f.

42 Vgl. Püttner, 2007, S. 9

43 Vgl. Püttner, 2007, S. 11 bzw. S. 13. Mit der KGSt gibt es aber für den kommunalen Bereich eine große pragmatisch-wissenschaftliche Einrichtung.

- Landesherrliche Verwaltung (Privileg des Landesherrn), „der Staat bin ich“, Landeskasse mit der privaten Schatulle des Landesherrn identisch.
- Bürokratische Herrschaft, an Recht und Gesetz und nicht physischen Zwang gebunden, Max Weber hat diese als effektivste Herrschaftsform beschrieben (siehe Abschnitt 2.4.2). Max Weber definiert Staat wie folgt: „Staat soll ein politischer Anstaltsbetrieb heißen, wenn und insoweit sein Verwaltungsstab erfolgreich das Monopol legitimen physischen Zwanges für die Durchführung der Ordnung in Anspruch nimmt“[44].
- Totalitäre Herrschaft mit zumindest teilweise planwirtschaftlichen Elementen, formal bestehendes Recht und Gesetz sind praktisch dem Willen einer totalitären Partei unterworfen, die das formale Recht nach Belieben leben oder brechen kann. Die Verwaltung versteht sich praktisch als vollziehender Arm der parteilichen Herrschaft des Landes.
- Demokratie. Da im Zuge der Reformanstrengungen durch das New Public Management zunehmend betriebswirtschaftliches Denken in den öffentlichen Sektor Einzug hält, bezeichnen einige Autoren diese Phase der Entwicklung als „Merkatokratie“[45].

Staat als „politischer Anstaltsbetrieb“

Diese vier Schritte der geschichtlichen Entwicklung haben Deutschland und Österreich komplett durchschritten. Die Schweiz hatte das Glück oder die Tüchtigkeit, eine totalitäre Diktatur nicht im eigenen Land erleben zu müssen.

Starkes Eigenleben der Verwaltung gegenüber der Politik

Der oft schroffe Wechsel von einer zur nächsten Herrschaftsform hat in den deutschsprachigen Ländern keineswegs auch zu einem kompletten Umbau oder Neuanfang des öffentlichen Sektors geführt. Der öffentliche Sektor hat vielmehr ein starkes Eigenleben entwickelt und ist in erheblichem Ausmaß unberührt von der aktuellen Staatsform und Politik geblieben. Dieses Phänomen ist kulturspezifisch und unterscheidet sie von den angelsächsischen Ländern. Bei der Civic-Culture-Administration der Vereinigten Staaten oder Großbritanniens ist die Verwaltung durch ein bis heute fortbestehendes politisches System, die Demokratie, bestimmt worden. Verwaltung hat dort weniger Eigenleben gegenüber der Politik entwickeln können. Bei der kontinentaleuropäischen Verwaltung in Frankreich oder Deutschland ist eine relative Kontinuität der Kernverwaltung über alle Wechsel der politischen Systeme hinweg – Monarchie, Republik, Diktatur, Demokratie – zu sehen[46]. Die relativ starke Eigenkultur der Verwaltung in Österreich und Deutschland mag auch dazu geführt haben, dass die Verwaltung sich gegenüber dem Managementdenken in der

Verwaltung hat gegenüber Politik starkes Eigenleben

---

44 Vgl. Treiber, 2007, S. 121

45 Der Begriff bedeutet so viel wie „Herrschaft der Kaufleute/Betriebswirte“ und ist kritisch gegenüber einem stärker betriebswirtschaftlich orientierten Denken im öffentlichen Sektor gemeint.

46 Vgl. König, 2008, S. 88

Privatwirtschaft abgekapselt hat. „Denn in den USA hat es den typisch deutschen Gegensatz zwischen Verwaltung und Management nie gegeben“[47].

Geschichte der Staatsaufgaben und -verantwortung: Die Entwicklung des öffentlichen Sektors lässt sich auch in Beziehung zur Entwicklung von vier Aufgabenbereichen des Staates in ihrer geschichtlichen Reihenfolge[48] sehen:

Vier Aufgabenbereiche des Staates

- Genuine (Kern-)Staatsaufgaben im Bereich des Machtmonopols, d. h. Gesetzgebung, Rechtsprechung, Polizei, Verteidigung, Finanzverwaltung. Dieses ist der geschichtlich älteste und für das Leben und Überleben des Staates selbst kurzfristig und unmittelbar wichtigste Aufgabenbereich.
- Infrastrukturaufgaben
- Bildung, Gesundheitsfürsorge und soziale Wohlfahrt
- Bereitstellen von weiteren öffentlichen Gütern, um damit gewünschte sachpolitische Zielzustände, wie z. B. gleichartige Entwicklung in allen Landesteilen, Ausgleich zwischen den Generationen zu fördern.

Aus der Perspektive des öffentlichen Sektors als Leistungsersteller kann man folgende drei Grundtypen der Verantwortung unterscheiden[49]:

- Erfüllungsverantwortung
- Gewährleistungsverantwortung
- Auffangverantwortung

Leistungsstaat und Aufgabenkritik

Der alle Aufgaben selbst anbietende Staat übernimmt die volle Erfüllungsverantwortung („Leistungsstaat“). Mit dem stetigen Ansteigen der Wünsche an den Staat sowie in Erkenntnis der finanziellen und organisationspraktischen Probleme einer stetigen weiteren Ausdehnung seines eigenen „Produktionsprogramms“ ist die Zeit zum Hinterfragen von Aufgaben („Aufgabenkritik“) und zum Überdenken des Prinzips der Eigenfertigung gekommen. Dies ist der Hintergrund des Konzepts vom Gewährleistungsstaat:

---

47 Vgl. Jann, 2006, S. 36/37

48 Vgl. Schauer, 2008, S. 63

49 vgl. Schuppert, 2001, S. 401 ff.

Definition Gewährleistungsstaat

Gewährleistungsstaat

Der Begriff „Gewährleistungsstaat" drückt einen Rollenwechsel weg vom Wohlfahrts- oder Leistungsstaat aus. Der Gewährleistungsstaat soll zwar für die Bereitstellung öffentlicher Leistungen sorgen, im Einzelfalle aber nicht immer selbst die Erstellung der Leistung übernehmen. In der Regel konzentriert er sich auf die „Kernaufgaben" des staatlichen Gewaltmonopols und der Infrastrukturversorgung. Die Verantwortung für die Erstellung der übrigen weiterhin von ihm zu gewährleistenden Angebote kann er als „kooperativer Staat" fallweise in einer gestuften Verantwortungsstruktur mal der staatlichen Verwaltung, mal dem nicht-staatlichen Bereich (privater gewerblicher Sektor und non-profit Organisationen) übergeben.

Gewährleistungsstaat ist ideologisch neutral

Die Idee des Gewährleistungsstaates ist politisch „neutral" in dem Sinne, dass sie weder einseitig liberales (Entstaatlichungs-) oder einseitig sozialistisch/sozialdemokratisches (Ver-)Staatlichungsverständnis transportiert[50] und damit den politischen Antagonismus vermeidet. Damit sagt dieses Konzept allerdings auch nicht, wo die Grenze des Staates ist, sondern nur, dass er selbst die Grenze der Eigenproduktion definieren muss.

Auffangverantwortung

Als „lockerstes" Aufgabenverständnis ist die Auffangverantwortung zu verstehen. Der Staat wird nur dann tätig, wenn sich ein Problem bei der Wahrung oder Herstellung des Gemeinwohls einstellt. Ansonsten zieht er sich zurück. Es kommt zu einer deutlichen Aufgabenverminderung des Staates, wenn er die Randbedingungen für den Interventionsbedarf sehr streng festlegt.

2.4.2 Bürokratie und Bürokratiebegriff

Kaum ein Begriff wird in Bezug auf die öffentliche Verwaltung schlechthin, aber auch in Bezug auf die Arbeitsweise von Betrieben im öffentlichen Bereich so oft gebraucht wie „Bürokratie". Der Begriff ist schillernd:

[50] Vgl. Schedler & Proeller, 2003, S. 31 ff.

Definition Bürokratie

Der Begriff „Bürokratie" wurde erstmals durch den Franzosen de Gournay (1712 bis 1759) populär. Er setzt sich aus den Wortbestandteilen „Büro"[51] und dem aus einem altgriechischen Ausdruck für „Herrschaft" stammenden „Kratie" zusammen, mithin ist die Übersetzung „Büroherrschaft". Er ist ursprünglich gegen Behörden gerichtet und verächtlich gemeint. Karikiert werden sollen die polizeistaatliche Bevormundung und volksferne Verwaltung des absolutistischen Staates im 19. Jahrhundert. Starre, unflexible und übertrieben feinteilige Regelungswut sowie sachfremde und unwirtschaftliche Arbeitsweisen sollen durch „Bürokratie" kritisiert werden.

Bürokratie im weiten und im engen Sinne

Dem Wortsinne nach umfasst „Bürokratie" nur die echt „verwalterischen" Typen von Betrieben im öffentlichen Sektor, also die Ordnungsverwaltung und die Verwaltung der Transferzahlungen. Ergänzend kann auch allgemein die Verwaltung in öffentlichen und privaten Betrieben gemeint sein. In der engsten Begriffsvariante ist vor allem die Ministerialbürokratie als bürokratischste Bürokratie gemeint. Der deutsche Soziologe Max Weber (1874-1920) sieht die öffentliche Bürokratie als den Träger einer rationalen, an das Gesetz gebundenen Machtausübung. Sein Bürokratiemodell enthält folgende Elemente[52]:

Elemente des Weber'schen Bürokratiebegriffs

- Die Amtsgeschäfte sind betriebsmäßig organisiert. Sie werden kontinuierlich und nach festen Regeln ausgeführt. Die Amtsführung erfolgt nach abstrakten Regeln, die das Handeln unpersönlich, aber berechenbar machen.
- Die Amtsgeschäfte sind arbeitsteilig, nach festen Regeln organisiert,
- die Beschäftigten sind in eine Amtshierarchie eingebunden.
- Die Verwaltungs- und Betriebsmittel sind im Besitz des Staates, keinesfalls im Eigenbesitz der Bürokraten.
- Die Inhaber eines Amtes können sich dieses Amt nicht aneignen.
- Es gilt das Prinzip der Aktenmäßigkeit (Schriftlichkeit).

Bürokratie als Fortschritt

Max Weber besetzt den Begriff „Bürokratie" positiv und sieht darin für den Bürger einen großen Fortschritt gegenüber der Willkürherrschaft von absolutistischen Herrschern oder einer Cliquenwirtschaft. Einige der Gestaltungsmerkmale der Weber'schen Bürokratie sind in der Kritik, weil sich mit den Stärken auch Schwächen verbinden. Diese sind:

- Regelgebundene öffentliche Betriebe (Ordnungsverwaltung, Management von Transferzahlungen) laufen Gefahr, evtl. zu weitgehend an den prakti-

---

[51] Ursprünglich wohl abgeleitet von „burre", dem französischen Wort für grobes Wolltuch. Hiermit wurden Schreibtische bezogen. „buereau" wurde dann das Wort für den ganzen Schreibtisch und später auch für die Stube und die ganze Behördenwelt.

[52] Vgl. Treiber, 2007, S. 133

schen Wert der Mechanik einer „logischen“ Regelableitung aus allgemeinen Gesetzen zu glauben. Ein gehöriger Schuss Pragmatik und ein guter Kontakt zum Bürger oder Kunden bzw. dem eigentlichen Zweck der Regel gehört zu einem zielorientierten Regelvollzug dazu.

- Es ist ein mancherorts vorhandener Irrglauben, dass vorhandene rechtliche Regeln alle offenen Gestaltungsfragen schon abdecken. Das Management muss offen dafür sein, den Freiraum zur Bestimmung von Zielen hinter den Zielen zu nutzen und daraus ggf. Konsequenzen abzuleiten.
- Büroprinzip versus Kollegialprinzip[53]: Teamarbeit ist in öffentlichen Betrieben des Typs 1 und 2 noch nicht so verbreitet wie in der Privatindustrie. Kombiniert mit dem Schriftlichkeitsprinzip entsteht wahrscheinlich ein vermeidbarer Aufwand für innerbetriebliche Kommunikation, die direkter im Team evtl. qualitativ sogar besser und vom Aufwand her geringer wäre.
- Die Feinteiligkeit der Aufgaben- und Funktionsteilung innerhalb des öffentlichen Sektors überschreitet eventuell das sinnvolle Maß. Ganzheitliche Vollzüge („Prozessdenken“ und Ergebnisdenken) laufen Gefahr, zu kurz zu kommen. Diese gilt es daher zu stärken. Eine besonders auffällige und strenge Teilung ist das Ressortprinzip. Dies führt dazu, dass auch die unterstützenden Bereiche (Personal, Organisation, IT) in jedem Ministerium einzeln vorhanden sind, obwohl gerade aus ihrer Bündelung erhebliche Synergieeffekte erwachsen könnten.

Ressortprinzip

Definitionen Ressortprinzip

Das Ressortprinzip besagt Folgendes: Jedes Ministerium in Deutschland organisiert und verantwortet sich und seinen nachgeordneten Bereich selbstständig (Art. 65 S. 2 GG).

2.5 Reformansätze

2.5.1 Übersicht

Der Begriff „Reform“

„Reform“ ist der lateinische Begriff für „Umgestalten“. Er besagt nichts weiter, als dass sich etwas ändert. Die Fragen nach dem „Was“, „Warum“ und „Wozu“ sind damit noch nicht beantwortet. Er ist im Bereich der Staats- und Verwaltungsgeschichte auch immer nur vor dem Hintergrund des jeweils vorhergehenden Zustands und der landesspezifischen gesellschaftlichen Entwick-

[53] Vgl. Körber, 1998, S. 99 f.

lung zu verstehen. Nach dem Schwerpunkt der historischen Verwaltungsreformen der Neuzeit[54] kann man folgende Typen unterscheiden:

Gebiets-/ Territorialreform

- **Gebiets-/Territorialreform:** Diese Reformen betreffen die Gebietskörperschaften und zielen auf eine Veränderung des Zuschnitts und/oder der Zuständigkeiten dieser Behörden ab. Mit den im Laufe der Geschichte häufigen territorialen Erweiterungen oder Schrumpfungen von Staatsgebieten sind natürlich auch wohl fast immer entsprechende Veränderungen der Verwaltung einhergegangen, ohne dass man immer das Wort „Reform" hierfür verwenden möchte. In Deutschland hat es in den letzten beiden Jahrhunderten mehrere Gebietsreformen gegeben, teils bedingt oder ermöglicht durch größere politische Umwälzungen. So wurden nach dem zweiten Weltkrieg in der Bundesrepublik teilweise neue Bundesländer (Bremen, Nordrhein-Westfalen, Baden-Württemberg usw.) geformt, und in der DDR 15 Bezirke statt der zuvor bestehenden Länder gebildet. Später gab es dann in der alten Bundesrepublik in allen Bundesländern eine Kommunalreform mit erheblichen Veränderungen des Zuschnitts der Kommunalverwaltung und Verkleinerung der Zahl von Verwaltungseinheiten (eine Reform der Zahl von Bundesländern scheiterte allerdings), und mit dem Ende der DDR wurden die vor Einrichtung der 15 Bezirke bestehenden Länder wieder aus der Taufe gehoben. Betriebswirtschaftlich betrachtet ist der wesentliche Effekt einer reinen territorialen Änderung, dass sich die Zahl der zu betreuenden Bürger, die Wegstrecken sowie ggf. die aufgrund der Wirtschaftskraft und der Geographie betroffenen Aufgaben erweitern oder verkleinern und damit die Auslastung der öffentlichen Betriebe – mittelbar also auch die Stückkosten von Verwaltungsprodukten – ändern.

Strukturreform

- **Strukturreform:** Sie betreffen die Aufbaustruktur der Behörden(-welt) sowie die Ein- und Abgrenzung von Aufgaben zwischen öffentlichen Betrieben. Eine in Deutschland sehr bekannte und nachhaltig wirkende Strukturreform fand im Zuge der vielschichtigen Stein-Hardenbergischen Reformen in Preußen von 1808 bis 1825 statt. Ein neuer Zuschnitt der Kabinettsressorts in die Ministerien für Inneres, Finanzen, Krieg, Justiz und Äußeres sowie die Einführung des „Ressortprinzips" erlaubte es, dass diese als oberste Fachbehörden in der Folgezeit ihren „Unterbau" in Ruhe und ohne kraftzehrende Kompetenzstreitigkeiten untereinander optimieren konnten. Dies wurde erst durch die nach Ideen aus Frankreich übernommene weitgehende innere Autonomie der Ressorts möglich[55].

---

[54] Die Neuzeit beginnt nach einer Einteilung in den Geschichtswissenschaften ca. 1500 mit einer Reihe nachhaltig wirkender Umwälzungen (Entdeckung Amerikas, Reformation durch Martin Luther, Erfindung des Buchdrucks).

[55] Vgl. Püttner, 2007, S. 73

- **Binnenreform:** Ein Beispiel für Binnenreformen oder Binnenreform-Anteile vielschichtiger Reformbemühungen der Verwaltung ist die stärkere Bindung der Verwaltung an rechtliche Vorgaben. Diese ist z. B. lokal schon durch den Hohenstaufer Friedrich II. im Königreich Sizilien in 1220 u.a. durch die sogenannten Assisen von Capua vorgenommen worden. Die Wirkung bleibt auf Sizilien beschränkt. Im Zuge der Stein-Hardenbergischen Reformen in Preußen wurde dort ebenfalls die Ausrichtung am Verwaltungsrecht vertieft und die Schriftlichkeit des Verwaltungshandelns verankert. Ohne Ergebnis „versandet" ist dagegen im damaligen West-Deutschland eine unter dem Stichwort „integrierte Gesamtsteuerung" geführte Diskussion in den 60er und 70er Jahren des vorigen Jahrhunderts, die Vielzahl der öffentlichen Betriebe Deutschlands einer stärker integrierten Gesamtsteuerung zu unterwerfen.

Die unter dem weltweit gebräuchlichen Stichwort „New Public (Sector) Management" bekannt gewordene fast programmatische Durchdringung des öffentlichen Bereichs mit ökonomischem Denken ist ein Beispiel für eine Binnenreform.

Begriff New Public Management

Definition Public (Sector) Management und New Public Management

Public (Sector) Management (PM) ist – grob gesagt – der englische Ausdruck des deutschen Begriffs für das einzelbetriebliche Management öffentlicher Betriebe, d. h die ÖBWL. PM hat allerdings überschießende Anteile, weil es ergänzend auch Aspekte des politisch-administrativen Systems als Ganzes einschließt, dafür aber wieder einschränkend weniger detaillierte operative Fragen der Ausführungsebene aufgreift[56]. Letztlich kann man ÖBWL und PM aber gleichsetzen, beide sind multidisziplinär und offen für Varianten und Weiterentwicklungen.

New Public Management (NPM) ist ein Sammelbegriff für eine Vielzahl von nationalen Ansätzen, die Schwächen des klassischen Verwaltungsmanagements, d. h. des „old" Public Managements, zu überwinden. Charakteristisch für NPM-Ansätze ist trotz aller Verschiedenartigkeit im Detail die Forderung nach einem Wechsel von einer Input- zu einer Output-Orientierung[57] der „klassischen" Verwaltungsbetriebe.

Der „klassischen" Verwaltung werden durch die Ideengeber des New Public Management u. a. die Vorherrschaft juristisch-bürokratischer statt flexibler ergebnisorientierter fachlicher Führung, eine übertrieben feinteilige Arbeitsteilung bei fehlendem Blick für die Abläufe zwischen Input und Output, Mängel

---

56 Trotz Unterschieden in Nuancen sind Public Management und ÖBWL weitgehend deckungsgleich, die Grenzen verschwimmen, siehe Reichard, 1999, S. 51.

57 Vgl. Schedler & Proeller, 2003, S. 5

in der strategischen Planung, ungenügende Innovationskraft in Managementfragen, zu schwach ausgeprägte systematische Leistungsanreize und zu wenig kooperatives Führungsverhalten angelastet[58]. Die Tab. 13 zeigt exemplarisch einige Unterschiede zwischen „klassischer" und moderner Verwaltung.

Tab. 13: Unterschiede klassische und. moderne Verwaltung

Bereich	Klassische Verwaltung	Moderne Verwaltung
Aufgabenbereiche	Genau abgegrenzt, kein Wettbewerb	Wettbewerbsähnliche Elemente
Finanzsteuerung	Detaillierte starre Einzelbudgets	Flexibles Globalbudget
Führungskultur	Juristisch und bürokratisch	Fachliche Spezialisten, Manager
Gestaltungsimpulse	Dienstprinzip	Unternehmerisches Denken
Hierarchie	Tief, viele Hierarchieebenen	Flach, wenige Hierarchieebenen
Kundenorientierung	Bürger als „Untertan"	Bürger als „Kunde"
Leistungsanreize	Starres Fixum	Leistungsabhängige Entgeltanteile
Organisation	Aufbaustruktur Ablaufstruktur	Abläufe gehen vor Aufbaustruktur
Produktsteuerung	Viele Teil-Zuständigkeiten	Ein Produktverantwortlicher
Rechnungswesen	Kamerale Ein-/Auszahlungsrechnung	Echte Werteverbräuche mit Doppik
Staatliche Aufgaben	Alles – selber – machender Staat	Gewährleistungsstaat
Verantwortung	Zentrale Verantwortung	Möglichst dezentrale Verantwortung

Die Gründe für die derzeit in vielen westlichen Industrieländern zu beobachtende langjährige „Konjunktur" der Ansätze für eine ökonomische Binnenreform von Verwaltung sind u. a. folgende:

Gründe für langjährigen Reformdruck

- Der dramatische Anstieg der Verschuldung von Staaten, deren Staatsanteil am BIP schon sehr hoch ist (vgl. Abschnitt 2.2). Die Spielräume werden enger und die öffentlichen Aufgaben selbst stellen ein erhebliches – wenn auch nicht das größte unter den Ausgabentreibern – potenzielles Volumen für Ansätze zur Erhöhung der Wirtschaftlichkeit dar.
- Einzelne Einheiten der öffentlichen Betriebe werden immer größer oder/ und komplexer, so dass sie einen höheren Bedarf an leistungsfähigeren Steuerungssystemen sowohl im Inneren wie von außen haben.
- Im anglo-amerikanischen Schrifttum hat die sehr innovative Phase neuer Managementlehren in den 80er- und 90er-Jahren des 20. Jahrhunderts auch für den öffentlichen Sektor interessante Ideen hervorgebracht[59].
- Die Durchlässigkeit der Grenzen zwischen klassischer Verwaltungskarriere, in Deutschland praktisch im Behördenbereich oft noch immer mit einer relativen Monostruktur von Juristen im Management, und dem privaten Sektor ist gering. Neue Ansätze bedürfen daher besonderen Druckes und

[58] Vgl. Schauer, 2008, S. 61.

[59] Gute Übersicht in Kennedy, 1998

besonderer Verpackung und Umsetzungsbegleitung, um in den öffentlichen Bereich hineintransportiert und sinnstiftend umgesetzt zu werden. Während es manchen Vertretern der vorherigen Kultur im öffentlichen Bereich schon zu weit geht – sie sprechen Abschätzig von „Merkatokratie" – ist der Weg nach Einschätzung anderer noch weit.

Kern der Reformbemühungen

Am Beispiel des in Abb. 18 zur wirkungsorientierten Steuerung dargestellten Zusammenhangs kann man den Kern aller Reformbemühungen gut erkennen:

- Den Blick des Erstellers (öffentlicher Betrieb) auf die erwünschten Wirkungen beim Besteller (Bürger) trotz der langen Wirkungskette verbessern
- Den Blick der Besteller auf die Kosten der Umsetzung durch höhere Transparenz der verwaltungsinternen Vorgänge verbessern
- Die Leistungserstellung selber optimieren

Tab. 14: Länderspezifische Bezeichnungen für aktuelle Reformkonzepte

Begriff	Herkunft/ Verwendung	Erläuterung
New Public Management	Großbritannien, Neuseeland, USA und weltweite Wirkung	Starke Betonung auf Privatisierung und Outsourcing
Tilburger Modell	Niederlande, Deutschland	Die Verwaltungsmodernisierung der niederländischen Stadt Tilburg wurde von der KGSt mit großer Breitenwirkung als Modell für deutsche Kommunen dargestellt, „Ursprung" der deutschen Übernahme von Gedanken des New Public Management
Verwaltungsinnovations-programm	Österreich OberösterreichischeLandesverwaltung	Stärkere und konsequente Ausrichtung des Verwaltungshandelns an beabsichtigten Wirkungen. Ergebnisverantwortung der Verwaltung stärken
Wirkungsorientierte Verwaltungsführung	Schweiz	Ab ca. 1993 mit ersten Projekten im kommunalen Bereich
Neues Steuerungsmodell (NSM)	Deutschland: Verwendung u. a. im Bundesland Nordrhein-Westfalen und Hessen	u.a. Doppisches Rechnungswesen für Kommunen und einige Bundesländer

Schlanker Staat und Aktivierender Staat

In Deutschland gab es auf Bundesebene vor dem jetzt gebräuchlichen Begriff des Neuen Steuerungsmodells die als Programme der Bundesregierungen deklarierten Vorhaben „Schlanker Staat"[60] und „Aktivierender Staat"[61]. Es gibt auch schon Vorschläge für ein neues umgreifendes Konzept: „Governance"

---

60 Regierungszeit Helmut Kohls mit großen Privatisierungsprojekten, z. B. bei der Deutschen Post AG, der Deutschen Telekom AG und der Deutschen Bahn AG.

61 Regierungszeit Gerhard Schröders mit Schlagworten, wie z. B. „effizienter Staat", „neue Verantwortungsteilung" und „mehr Bürgerorientierung".

wird als Nachfolgemodell des Neuen Steuerungsmodells bezeichnet[62]. Neben schon bekannten Elementen früherer Ansätze (Privatisierung, Outsourcing in Private Public Partnershipmodellen) wird hier ergänzend die Idee des Gewährleistungsstaates sowie das Steuern netzwerkartiger Strukturen im Bereich der öffentlichen Betriebe eingewoben.

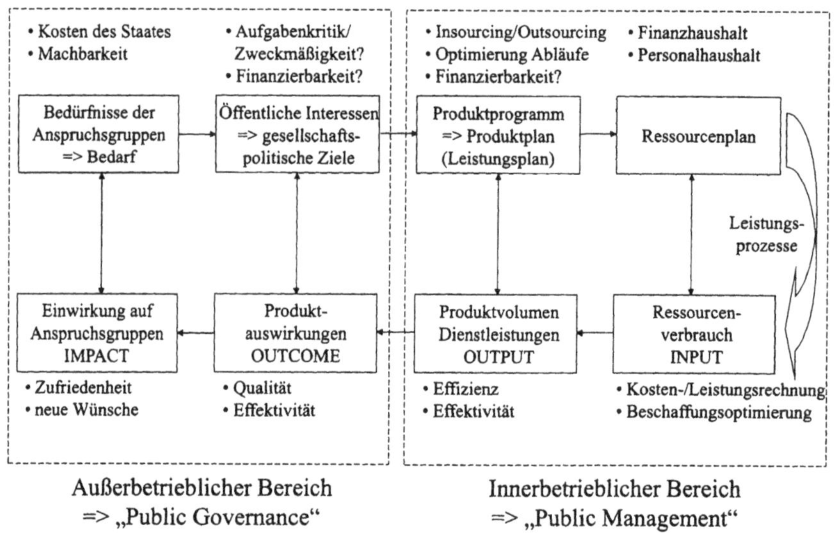

Abb. 18: Wirkungsorientierte Verwaltungsführung63

2.5.2 Elemente des New Public Managements

Die unter dem Namen „New Public Management“ (NPM) oder den anderen nationalen Varianten dieses Begriffs verfolgten Ansätze sind kein geschlossenes Konzept, sondern ein mehr oder weniger lockeres Bündel von Maßnahmen. Manche davon sollen innerhalb von Betrieben (Binnendimension) wirken, andere betreffen die Beziehung zwischen öffentlichen Betrieben untereinander, zwischen öffentlichen und privaten Betrieben (Außendimension) oder dem öffentlichen Sektor und der Politik. Die Abb. 19 zeigt eine Übersicht dieser drei Wirkungsrichtungen.

Es gibt nationale Unterschiede in der Schwerpunktsetzung des New Public Management: In den angelsächsischen Ländern wird der Ansatz einer markt-

---

62 Vgl. Dincher et al., 2010, S. 166/167

63 Mod. n. Schauer, 2008, S. 75

orientierten Entwicklung mit Zielerrichtung Outsourcing, Privatisierung usw. stärker betont (Außendimension), während in Deutschland das Finanzmanagement (Kosten- und Leistungsrechnung, Doppik, Controlling) und andere Elemente neuer Steuerungsmodelle, wie produktorientierte Haushalte auf Länderebene, im Vordergrund stehen[64].

Außen- und Binnendimension des New Public Managements

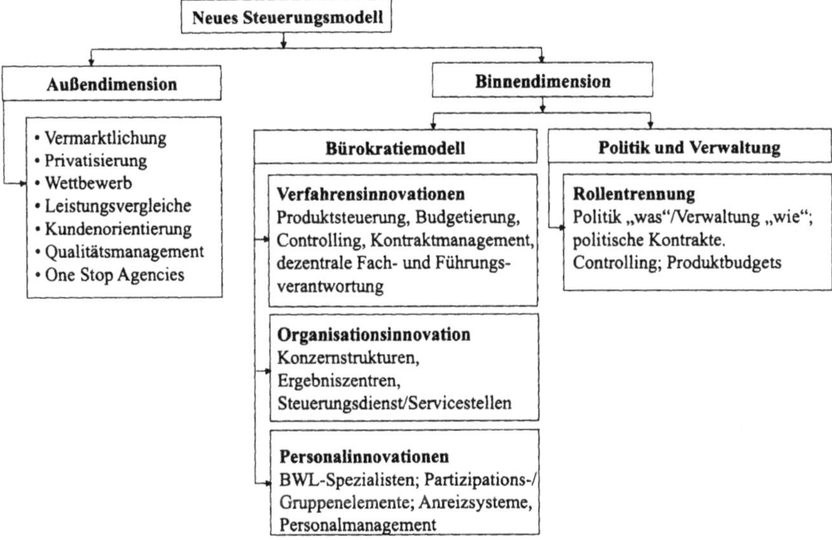

Abb. 19: Binnen- und Außendimension des neuen Steuerungsmodells[65]

Die Elemente der Außendimension des NPM sollen wie folgt wirken:

Leistungsdruck für den öffentlichen Sektor

Vermarktlichung, Wettbewerb und Leistungsvergleiche: Öffentliche Betriebe sollen unter heilsamen Druck eines echten oder simulierten Wettbewerbs vor dem Schiedsrichter eines Anbietermarktes gesetzt werden. Dies bedeutet, evtl. öffentliche Betriebe des Typs 3 und 4 in eine privatrechtliche Rechtsform zu bringen oder die Aufgaben durch den privaten Sektor erledigen zu lassen. Wo dieser echte Markt für öffentliche Leistungen bisher nicht existiert, soll dieser Markt künstlich hergestellt oder simuliert werden, z. B. durch Vergleichskennzahlen im Rahmen eines Benchmarkings und andere interne Steuerungswerkzeuge.

---

64 Vgl. Reichard & Röber, 1999, S. 372

65 Vgl. Bogumil, J. & Kuhlmann, 2006, S. 353

Privatisierung ist der Weg: Statt einen künstlichen Anbietermarkt unter öffentlichen Betrieben herzustellen gleich die einem echten Marktdruck ausgesetzten privaten Betriebe in die Erstellerrolle öffentlicher Aufgaben nehmen.

Qualitätsmanagement, Kundenorientierung und one-stop-Agencies (Bündelung aller Dienste in einer einzigen Anlaufstelle für den Bürger, Bürgerbüro): Die Verbesserung der Leistung öffentlicher Betriebe soll durch Druck von der „Kundenseite", d. h. der Bürger oder nachfragender anderer Behörden bzw. der Wirtschaft, erfolgen.

Änderung im Verständnis der Aufgaben des Staates

Vermarktlichung, Privatisierung und Outsourcing sind Ausdruck einer Änderung im Verständnis über die Aufgaben des Staates: Er ist bei öffentlichen Aufgaben nicht immer automatisch auch der „Produzent" und muss in Eigenregie Leistungen erbringen, sondern kann durch geschickte Einbeziehung Dritter, d. h. der Wirtschaft und geeigneter non-profit-Organisationen, öffentliche Güter erstellen lassen. Abgesehen von den Kernbereichen des hoheitlichen Machtmonopols (Polizei, Militär, Finanzverwaltung) kann er die Nachteile seiner eigenen Organisationsmerkmale durch Einbeziehung Dritter mit besseren Managementkapazitäten oder strukturellen Kostenvorteilen umgehen und so effizienter und evtl. sogar effektiver das von ihm angestrebte allgemeine Wohlfahrtsniveau erreichen. Diese Idee wird mit dem Begriff „Gewährleistungsstaat" schlagwortartig beschrieben (vgl. Abschnitt 2.4.1).

Binnendimension

Die Binnendimension teilt sich in zwei Bereiche: Zunächst ist eine Veränderung der Binnenwelt im eigentlichen Kern der Ordnungsverwaltung (öffentliche Betriebe vom Typ 1) und Transferleistungen betreuende Verwaltung (öffentliche Betriebe vom Typ 2) angestrebt:

Output- und Outcomeorientierte Steuerung

- Verfahrensinnovation: Hiermit ist vor allem eine Veränderung der inneren Steuerungsmechanismen hin zu mehr output- und outcomeorientierter Steuerung (Ergebnis- und Wirkungssteuerung) beabsichtigt. Die Sacharbeit leistenden Bereiche öffentlicher Betriebe sollen mehr Verantwortung auch für die finanziellen Aspekte ihrer Arbeit bekommen. Sie müssen Finanz- und Sachziele gleichermaßen verfolgen. Daher benötigen sie einerseits auch dezentrale Verantwortung, systematische Mitsprache und -entscheidung bei ihrer Finanzausstattung (Globalbudget) und professionelle Controllingwerkzeuge zur Information über die Wirkung ihrer Entscheidungen auf Kosten und Qualität.

Konzernstruktur und Beteiligungsmanagement

- Organisationsinnovation: Hiermit sind sowohl innerbetriebliche wie überbetriebliche Aspekte der Verwaltungsorganisation angesprochen. Das „lockere" Miteinander vieler gleichrangiger oder nur an dünnen Fäden der „Fach- und Rechtsaufsicht" miteinander verwobener unübersichtlicher Verwaltungshierarchien soll in straffere, besser ergebnisorientiert steuerbare Komplexe im Stile gut geführter Konzerne der Privatwirtschaft überführt werden. Die Kritik zielt auf schlechte Steuerungsstrukturen und Unübersichtlichkeit im öffentlichen Sektor. Ein besonders leicht verständliches

Beispiel sind die vielen Beteiligungen von Kommunen an privatrechtlich organisierten Betrieben sowie die Führung ihrer Regiebetriebe: Zum einen entziehen sich die Kommunen mit diesen unkonsolidierten „Nebenhaushalten"[66] der demokratischen Kontrolle der Parlamente und Räte, zum anderen ist eine gute Führung und Steuerung dieses unübersichtlichen Geflechts ohne entsprechende Steuerungsinstrumente wie z. B. ein Beteiligungsmanagement gar nicht möglich. Strukturell sollte die Leitung einer großen Einheit im öffentlichen Sektor, z. B. Kommune oder Bundesbehörde, im Sinne einer auf Führungs- und Steuerungsfragen spezialisierten „Konzernspitze" professionalisiert werden. Der „Bauchladen" von Regiebetrieben und unselbstständigen Einheiten sollte mit mehr Ergebnisverantwortung gegenüber der Konzernspitze belastet werden, im Gegenzug dafür aber größere Entscheidungsspielräume haben (Dezentralisierung) und Finanzverantwortung bekommen (dezentrale Budgets). Das gleiche Prinzip gilt innerbetrieblich. Hier stehen der Betriebsleitung einerseits der Querschnittsbereich (Organisation und innerer Dienst, Personalmanagement, Haushaltsmanagement) und andererseits der fachliche Apparat gegenüber. Durch die stärkere Trennung der Instanzen kann das Ersteller-Besteller-Prinzip wirken, die Fachbereiche und der Querschnittsbereich müssen ihre Leistung „verkaufen" und geraten dabei unter Qualitäts- und Kostendruck. Dieser Druck soll Ideen zur Verbesserung aller Aspekte betrieblichen Handelns freisetzen und ihnen zur Umsetzung verhelfen.

Leistungsmotivation, Fachkarrieren, moderne Personalführung

- Personalinnovation: Der öffentliche Bereich in manchen Ländern hat noch vorrangig Juristen in allgemeinen Leitungsfunktionen, eine angemessene Rolle für technische, naturwissenschaftliche und wirtschaftliche Spezialisten in der Leitung von öffentlichen Betrieben ist selten. Zu oft werden aufgrund von allgemeinen Beförderungsregelungen „Generalisten" oder Fachfremde in Funktionen berufen, die eigentlich langjährige einschlägige Berufserfahrung voraussetzen. Die starke Bindung insbesondere des historisch ältesten Typs öffentlicher Betriebe, der Ordnungsverwaltung, an das Recht, hat die geringere Bedeutung des Juristischen für die Berufsqualifikation in der Leistungsverwaltung lange übersehen lassen. Mehr materielle Anreize zur Leistungsmotivation sowie partizipative Elemente einer modernen Personalführung sollen zudem die allgemeine Leistungsbereitschaft steigern.

Managerialismus oder Legalismus

Diese drei Binnenelemente sind teilweise miteinander verzahnt, isolierte Einführung nur einzelner Bausteine kann evtl. wirkungslos bleiben. Vielen Bausteinen liegen Managementvorstellungen zugrunde, die zuerst für die Privatwirtschaft entwickelt bzw. dort eingesetzt wurden und als allgemeingültig,

---

[66] Manchmal übersteigt das Volumen der kommunalen Beteiligungen die Summe der im öffentlichen Haushalt geführten Vermögenswerte. Damit kann die Verwaltung sich – für mehr als 50 % der tatsächlich durch die Verwaltung gesteuerten Sachmittel – der Kontrolle durch die Stadträte entziehen.

d. h. sowohl im privaten wie auch im öffentlichen Bereich sinnvoll erachtet werden. Tendenziell sollen sie einerseits eine größere Steuerbarkeit, Effektivität und Effizienz bewirken, andererseits die Gestaltungsräume des Managements im öffentlichen Sektor bewusster machen und vergrößern. Als Schlagwort wird die Forderung nach Nutzung universaler Managementmethoden auch im öffentlichen Bereich als „Managerialismus“ bezeichnet. Zumindest teilweise ist Managerialismus als Gegenbegriff zum „Legalismus“ überwiegend juristisch geprägter Denkweisen im öffentlichen Sektor zu sehen. „Managerialistisches“ Managementdenken im öffentlichen Bereich und auch ein bewusster Transfer von betriebswirtschaftlichem Denken in den öffentlichen Bereich hinein hat schon deutlich vor der New Public Management-Zeit stattgefunden[67], neu ist allein die „Wucht“ des Transfers.

Ertüchtigung der Politik zu strategischem Controlling und Kontraktmanagement

Als dritten Baustein strebt das New Public Management eine konsequente Trennung zwischen Politik (Strategie) und Verwaltung (operative Umsetzung) sowie eine Ertüchtigung der Politik im strategischen Controlling des öffentlichen Sektors an. Die Politik soll strategische Vorgaben für erwartete Ergebnisse (Zielerreichung und Wirkung) der Verwaltung machen, z. B. produktorientierte Haushalte beschließen. Dies ist eine Abkehr von der geldorientierten (Input-)Steuerung mit klassischen kameralen Haushalten, bei denen tatsächlich keine enge Koppelung zwischen Geld und erwarteten Ergebnissen besteht. Über die zu erstellenden Leistungen des öffentlichen Sektors sollen Vereinbarungen, quasi-vertragliche Kontrakte, geschlossen werden. Dieses Kontraktmanagement gibt es sowohl zwischen Politik und öffentlichem Sektor als auch innerbetrieblich. Letztlich soll die Politik durch eine spezifischere Vorgabe an den öffentlichen Sektor sowie das Kontraktmanagement eine wesentlich präzisere und verbindlichere Steuerung erreichen und die öffentlichen Betriebe erhalten eine konkretere Zielvorgabe als allein durch generelle gesetzliche oder satzungsgemäße Aufgaben.

---

[67] Z. B. hat der amerikanische Präsident Wilson schon im Jahre 1887 gefordert, „... to make the [government] business less unbusiness-like“, siehe Lüder, 2007, S. 198.

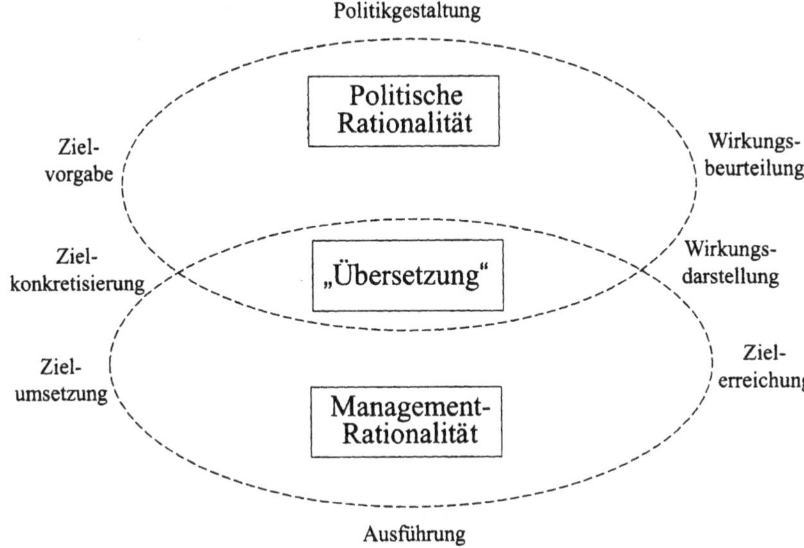

Abb. 20: Integration von Politik und Verwaltungsmanagement[68]

2.5.3 Ergebnisse des New Public Managements

Derzeit keine Gesamtbewertung der Erfolge des NPM möglich

Die Reformphase des New Public Managements ist noch nicht abgeschlossen. Weder in Österreich, der Schweiz noch Deutschland gibt es eine „offizielle" systematische ganzheitliche Evaluation (fundierte Beurteilung) der Reformbemühungen. Der Grund hierfür mag das Fehlen eines verbindlichen geschlossenen Gesamtkonzepts sein oder die Beteiligung der in demokratischen Staaten schwer ganzheitlich zu steuernden Gliederungsebenen von Kommunen bis hinauf zur Bundes- bzw. Zentralstaatsebene. Folgende Fragen nach Ergebnissen sind zu stellen:

Erfolg des NPM schlechthin: Eine im Jahr 2007 durchgeführte breit angelegte Fragebogenuntersuchung der Wirkungen des Neuen Steuerungsmodells zehn Jahre nach Einführung in deutschen Kommunen berichtet Folgendes[69]:

Keine generellen Spareffekte

- Zu nachhaltig wirksamen Spareffekten ist es nicht gekommen. Die Untersuchung klärte allerdings nicht genau, ob diese Situation isoliert dem NSM zuzuschreiben ist oder ob die Kommunen evtl. erreichte Kosteneinsparun-

68 Vgl. Schedler & Proeller, 2003, S. 55

69 Bogumil et al., 2007. Einbezogen wurden Antworten von 870 Bürgermeistern und Landräten, 667 Personalratsvorsitzenden, 519 Jugendämtern und 782 Behörden der unteren Bauaufsicht.

gen gleich wieder durch vermehrtes Ausgabeverhalten konsumierten oder in ihren sonstigen Sparanstrengungen z. B. bei sozialen Transferleistungen bzw. freiwilligen Leistungen, nachließen und damit letztlich per Saldo keinen Spareffekt erzielten.

Leistungsqualität und Bürgernähe verbessert

- Die Produktqualität hat zugenommen, weil viele erfolgreiche Änderungen durchgeführt wurden, beispielsweise Bürgerbüros. Diese Änderungen waren teilweise allerdings schon alte Vorschläge aus früheren Jahren, die sich jetzt aber erst im Reformklima des NPM durchsetzen konnten.

Höhere Transparenz

- Kommunen mit schon erfolgter Einführung von Elementen des neuen Steuerungsmodells haben eine bessere Informationslage über ihre Kostenstruktur, die Verwaltungsleistungen und wichtige Kennzahlen ihrer Betriebe. Der Transparenzgewinn wurde allerdings nicht unmittelbar durch Veränderung der Steuerung genutzt.

Auf Landes- und Bundesebene gibt es derzeit keine vergleichbar umfassende Evaluation.

Kommunen sind vermutlich NPM-freundlicher als Bund

Beurteilung der Erfolge des NPM auf einzelnen Gliederungsebenen des Staates – Bund, Land/Kanton und Kommunen im Vergleich zueinander. Insgesamt ist deutschlandweit über alle drei Ebenen Bund, Länder und Kommunen der Umsetzungsstand unterschiedlich, keine Ebene hat in allen Bereichen alle Elemente des Bausteinkastens des NPM eingeführt. Der Bund scheint langsamer und weniger konsequent als die Länder zu handeln und diese sind wiederum hinter den schnellsten der Kommunen zurück. Ähnliches ist in der Schweiz und Österreich zu beobachten. Das Gesagte ist eine subjektive Einschätzung. Es gibt kaum „wissenschaftlich" zu nennende empirische Belege, weil es keine entsprechend angelegten Untersuchungen hierzu mit weiter Abdeckung öffentlicher Betriebe gibt. Dies mag zum Teil auch daran liegen, dass es keine standardisierten Instrumente gibt, der öffentliche Sektor selbst hat kein sehr starkes Interesse an einer Selbstbewertung und der Untersuchungsgegenstand „Modernisierungserfolg" ist selbst nur schwer zu fassen[70].

Beurteilung einzelner Instrumente: Einzelne Instrumente des NPM sowie die Auswahl und Verzahnung mit anderen Bausteinen des NPM, die ein Betrieb einführt, sind individuell. Ohne einen Blick darauf, ob diese Instrumente auch passend gestaltet sind, ist eine wertende Aussage und damit auch eine vergleichende Beurteilung schwierig. Daher sollen vorhandene punktuelle Aussagen zum Erfolg einzelner Instrumente im Zusammenhang mit Erläuterung ihrer Details in Kapitel 3 bis 6 erfolgen.

Beurteilung der Erfolge ganzer Länder im Vergleich: Die deutlichen Unterschiede in den Ausgangsvoraussetzungen der Staaten und den Schwerpunkten der nationalen Ansätze des NPM macht eine pauschale Aussage nicht möglich.

---

70 Diese und weitere – auch methodische – Probleme der Evaluation erläutert Banner, 2007.

Z. B. haben angelsächsische und nordische Länder zu Beginn des 21. Jahrhunderts deutliche Rückgänge der Personalkosten im öffentlichen Bereich erzielt[71], zentraleuropäische nicht. Dies ist teilweise wohl auch mit einer dort stärkeren Outsourcing-Bemühung erklärbar.

Beurteilung des Konzepts: Das neue Steuerungsmodell und New Public Management rufen positive wie negative Kritik am Konzept selbst hervor. Das ganze Spektrum der Literatur und Meinungen hierzu lässt sich nicht in Kürze darstellen, wohl aber zwei Extrempositionen der Meinungen unkommentiert aufzeigen: Die neuen Instrumente für mehr Transparenz und Steuerbarkeit werden nicht selten gelobt[72], wenn auch gelegentlich die Kosten für ihre Einführung und die Nutzung hinterfragt werden. Kritik richtet sich darauf, dass die Besonderheiten des öffentlichen Bereichs bei der Forderung nach flächendeckendem Einsatz der betriebswirtschaftlichen Prinzipien nicht genügend mitbedacht worden seien und die „mikropolitischen" Randbedingungen für Entscheidungsträger anders seien als unterstellt. Alles zusammengenommen sei der Ansatz naiv und unterschätze die Komplexität der Situation in öffentlichen Betrieben[73]. Eine andere Zielrichtung hat Kritik, die die innere Stimmigkeit des Konzepts hinterfragt.

Konzeptimmanente mögliche Konflikte

Manche intendierte Wirkungen der Elemente von NPM können gegeneinander wirken. Die größere Freiheit des Managements im öffentlichen Sektor kontrastiert teilweise mit der Aufforderung an die Politik zu einer stärkeren strategischen Zielvorgabe und Kontrolle[74]. Eine höhere Mitarbeiterzufriedenheit kann im Widerspruch stehen zu einer höheren Kundenzufriedenheit, wenn Öffnungszeiten oder Beschwerdemöglichkeiten ausgedehnt werden[75].

2.6 Rechtliche Verankerung der ÖBWL

Es gibt in Deutschland keine einheitliche Wirtschaftsverfassung und kein Gesetzeswerk, das alle Regeln für öffentliche Betriebe bündelt. Die Rechtsquellen für die Anwendbarkeit des ökonomischen Prinzips selbst sowie für einzelne Techniken und Methoden finden sich verstreut. Wenn man eine logische Hierarchie und Sortierung sucht, dann ist folgende Systematik möglich:

---

71 Vgl. Reichard & Röber, 2007, S. 382/383

72 Z. B. Reichardt, 2007, S. 32 ff.

73 Z. B. Kimmerle, 2003, S. 20 ff.

74 Reichard & Röber, 1999, S. 375

75 Bogumil & Kuhlmann, 2006, S. 354

Kein einheitliches Gesetzeswerk für ÖBWL

Allgemeine Verfassungsregeln mit Wirkung für die ÖBWL: Als grundlegende Festlegung des öffentlichen Sektors auf sparsames und damit wirtschaftliches Handeln wird in Deutschland Art. 14 II GG („Eigentum verpflichtet. Sein Gebrauch soll zugleich dem Wohl der Allgemeinheit dienen") gesehen. In Österreich mit seiner auf mehrere Gesetze verteilten Verfassung regelt Entsprechendes § 4 I BMG[76] mit klaren Worten: In den Bundesministerien und den ihnen nachgeordneten Behörden ist auf Sparsamkeit und Wirtschaftlichkeit zu achten. In Deutschland regelt das Grundgesetz in Art. 114 II GG die Aufgaben und Berichtspflichten des Bundesrechnungshofs gegenüber Regierung und Bundestag (Österreich: Rechnungshofgesetz). Neben diesen älteren verfassungsrechtlichen Bestimmungen sind recht neu die in Art. 91 GG hinzugekommenen Kann-Bestimmungen für Benchmarking („Vergleichsstudien") auf Bundes- und Landesebene (Art. 91d GG) und ein gemeinsames IT-Netz von Bund und Land (Art. 91c GG). Das Erstaunliche ist, dass solche im Bereich der Privatwirtschaft eigentlich selbstverständlichen Kann-Regeln sogar verfassungsrechtlichen Rang haben. Dies ist nur vor dem Hintergrund eines „harte" Grenzen lebenden Ressortprinzips zwischen den Ministerien und ihren nachgeordneten Behörden (siehe Abschnitt 2.4.1) zu verstehen.

„Einfallstor" für ÖBWL in die Praxis

Haushaltsbezogene Gesetze, Verordnungen und Erlasse: Haushaltsbezogene Rechtsquellen sind das zentrale „Einfallstor" für betriebswirtschaftliche Regelungen mit praxisrelevanter Wirkung in allen öffentlich-rechtlich geführten Betrieben des öffentlichen Sektors. § 6 I des Haushaltsgrundsätzegesetzes (HGrG) verpflichtet Gebietskörperschaften zu einer wirtschaftlichen und sparsamen Haushaltsführung. Gleichsinnige Regeln finden sich in der Bundeshaushaltsordnung (BHO) und den entsprechenden Landes-Haushaltsordnungen (LHOs) sowie den Kommunalverfassungen. Darüber hinaus ermöglicht das Haushaltsgrundsätzegesetz – § 6a HGrG – die globale Budgetierung. § 33a HrGrG erlaubt neben der Kameralistik den Einsatz des kaufmännischen (doppischen) Rechnungswesens. § 7 II BHO schreibt angemessene Wirtschaftlichkeitsuntersuchungen für finanzwirksame Maßnahmen vor, die allgemeinen Verwaltungsvorschriften des Bundesministeriums der Finanzen nennen als Methoden hierfür z. B. die Kostenvergleichsrechnung, die Nutzwertanalyse und die Kapitalwertmethode . Die Einhaltung dieser Regel durchzusetzen und bei der Umsetzung zu helfen bzw. diese zu koordinieren ist Aufgabe des Haushaltsbeauftragten, der in jedem mittelbewirtschaftenden Betrieb öffentlichen Rechts einzurichten ist (§ 9 BHO).

Spezielle deutsche Reformgesetze auf Landesebene

Allgemeine bündelnde Reformgesetze: Hiermit sind Gesetze angesprochen, die flankierend oder einleitend zu reformfreudigen Programmen der (Landes-) Regierungen gehören und eine Mehrzahl von Methoden, Instrumenten und

---

[76] BMG = Österreichisches Bundesgesetz über die Zahl, den Wirkungsbereich und die Einrichtung der Bundesministerien

Techniken vorschreiben. Beispiel hierfür sind das Dritte Gesetz zur Reform der Berliner Verwaltung vom 17.5.1999, das Länderorganisationsgesetz Brandenburg, das Verwaltungsmodernisierungsgrundsätzegesetz Sachsen-Sachsen-Anhalt 2003 und das Verwaltungsreform-Grundsätze-Gesetz 1999.

Rechtsquellen innerhalb von Betrieben: Je nach Rechtsform öffentlicher Betriebe sind betriebsinterne weitere Rechtsquellen wie Satzungen, Verordnungen, Dienstanweisungen usw. vorhanden, in denen Einzelbetriebe für sich bestimmte Instrumente und Methoden der ÖBWL festschreiben können, z. B. die Standard-Doppik oder eine angenäherte Version als Methode der externen Rechnungslegung bei Regiebetrieben.

Keine eindeutige Legaldefinition von „Wirtschaftlichkeit"

Trotz vieler Rechtsquellen, in denen der Begriff „Wirtschaftlichkeit" vorkommt, gibt es keine zwingende und über die allgemeine Begriffsfestlegung der ÖBWL hinausgehende konkrete Legaldefinition[77]. In der Literatur neigt mancher Autor dem Sparsamkeitsprinzip zu, andere sowohl dem Maximumprinzip und dem Minimumprinzip und manche eher der ganzen Bandbreite des generellen Optimumprinzips. Eine konsequente Verankerung des ökonomischen Prinzips im Verwaltungsrecht sowie eine Klärung möglicher Konflikte mit anderen geltenden Regeln des öffentlichen Rechts hat nicht stattgefunden. Zu den Konfliktzonen gehören z. B.:

Konflike ÖBWL-Denken mit Verwaltungsrecht

- Das Ressortprinzip: Hierdurch stellt jedes im eigenen Bereich autonome Ministerium mit den ihm nachgeordneten Behörden auch Querschnittsleistungen zunächst einmal selbst her. Zwar gibt es inzwischen insbesondere im IT-Bereich einige übergreifende Dienstleistungen, aber das Prinzip als solches bleibt bestehen.
- Das Verhältnis von Wirtschaftlichkeitsdenken und einzelnen Regeln bzw. gelebten Auslegungsweisen des öffentlichen Vergaberechts. Ein Verwaltungsbetrieb kann ohne öffentliche Ausschreibung Leistungen dann beziehen, wenn ein für ihn geöffneter Rahmenvertrag der Verwaltung mit bestimmten Lieferanten besteht. Wenn nun Kenntnis über einen Anbieter besteht, der die gleiche Leistung billiger verkaufen würde als der per Rahmenvertrag lieferbereite Verkäufer, darf ein öffentlicher Betrieb nicht einfach diese billigere Bezugsmöglichkeit nutzen. Er kann (a) trotz des höheren Preises aus dem Rahmenvertrag beziehen (denn es gilt die Fiktion der Wirtschaftlichkeit trotz erwiesenem billigerem Angebot) oder er muss neu ausschreiben – mit ungewissem Ausgang und evtl. durch den Aufwand der Ausschreibung selbst höheren Kosten.

[77] Vgl. Schmidt, 2009, S. 19 f.

MS ZIEL
30

3 Ziele und strategische Steuerung

3.1 Ziele und Aufgaben

Das Wirtschaftlichkeitsprinzip setzt zwingend voraus, dass Entscheidungsverantwortliche zunächst Ziele setzen, bevor dann die von den Zielen abgeleitete Frage nach der optimalen Ziel-Mittel-Kombination gestellt und sinnvoll beantwortet werden kann (vgl. Abschnitt 2.1.2).

Definition (Betriebs-)Ziele

Ziele eines Betriebs sind Aussagen über gewollte, nur durch Handlungen herstellbare Zustände oder Entwicklungen. Ziele müssen hinreichend präzise formuliert sein, um eindeutig feststellen zu können, ob sie erreicht wurden. Ziele müssen hinreichend realistisch sein, um nicht von vornherein den Betrieb zum Scheitern zu verurteilen. Andererseits können sie ein erhebliches Maß an Unsicherheit in sich tragen, ob und wann sie erreicht werden können. Betriebe haben zumeist Ziele mit Dauercharakter, selten sind betriebliche Ziele auf das einmalige Erreichen eines Zustandes oder Ereignisses ausgerichtet[78].

Ziele erfüllen eine Reihe von Funktionen[79]:

- **Entscheidungsfunktion:** Ziele grenzen den Aufgabenbereich einer Organisation ein und stellen Kriterien bei der Bewertung von Entscheidungsoptionen dar.
- **Koordinationsfunktion:** Ziele ermöglichen als Handlungsanleitung und über eine Hierarchie von Teilzielen die Koordination der Handlungen aller Organisationsmitglieder.

Ziele erfüllen viele Funktionen im Steuerungsprozess

---

78 Aber es gibt auch solche Einmal-Ziele bei Betrieben im öffentlichen Sektor. Ein Beispiel hierzu: Das Ministerium für innerdeutsche Beziehungen. Es wurde mit der deutschen Wiedervereinigung überflüssig.

79 Vgl. Bea & Haas, 2005, S. 73 ff.

- **Bewertungs- und Kontrollfunktion:** Mit Hilfe von Zielen lassen sich Vorgaben für Organisationsmitglieder formulieren, anhand derer nachträgliche Soll-Ist-Vergleiche möglich sind. Ziele sind damit auch eine Voraussetzung von Leistungsbeurteilungen.
- **Motivationsfunktion:** Ziele schaffen eine Identifikation der Mitglieder mit der Organisation. Sie erzeugen Gemeinsamkeit bis hin zu einem starken, einheitlichen „Wir-Gefühl".
- **Informationsfunktion:** Ziele stellen Informationen sowohl für Organisationsmitglieder als auch die Anspruchsgruppen (Politik, Bürger, Kunden, eigene Beschäftigte usw.) dar.
- **Legitimationsfunktion:** Ziele beinhalten gegenüber Mitgliedern und Außenstehenden von Organisationen Rechtfertigungen für das Handeln der Organisation.

Betriebe haben zumeist mehrere Ziele

Da Betriebe oft komplexe Organisationen sind, haben sie sehr selten nur ein einziges Ziel. Aus diesem Grund lohnt sich ein Blick auf die Arten von Zielen und die Frage ihrer Beziehung untereinander.

Arten von Zielen

Hierarchie der Ziele

Die Einteilung von Zielen lässt sich an folgenden Kriterien festmachen[80]:
Zielhierarchie: Oberziele, zu denen der übergeordnete Zweck (die so genannte „Mission") und das gewünschte Zukunftsbild (die so genannte „Vision") der Organisation gehören sowie Zwischen- und Unterziele, die für die Bereiche und Abteilungen einer Organisation gelten (vgl. Abb. 21).

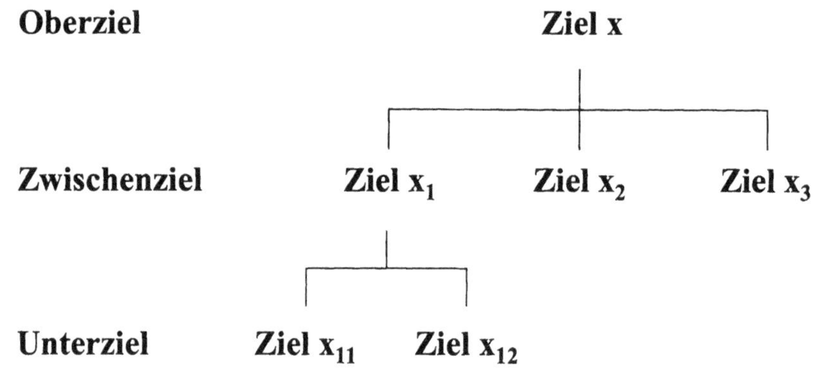

Abb. 21: Zielabhängigkeiten

80 Vgl. auch Jung et al., 2008, S. 135

Fristigkeit: Kurz-, mittel-, und langfristige Ziele entsprechend dem bis zu ihrer Erfüllung angestrebten Zeitraum. Meist wird ein Zeitraum bis zu einem Jahr als kurzfristig und bis zu drei oder vier Jahren als mittelfristig bezeichnet.

Kurz-, Mittel- und Langfristziele

Zielinhalt: Formal- und Sachziele (vgl. Abb. 22). Formalziele haben allgemeinen Charakter und unterscheiden sich wenig zwischen verschiedenen öffentlichen Betrieben und sogar zwischen öffentlichen und privaten Betrieben. Zu ihnen gehören beispielsweise die Einhaltung gesetzlicher und interner Regeln, die Mitarbeiterzufriedenheit oder der Schutz von Jugend und Familie. Sachziele bringen spezielle inhaltliche Ausrichtungen einer Organisation zum Ausdruck. Hierzu gehören Leistungsziele, also das Angebot einer bestimmten Menge und Qualität von bestimmten Produkten, wie z. B. der Verhinderung von Kriminalität durch die Polizei von Atlantis, und Erfolgsziele, wie die Aufklärungsquote von Straftaten durch die Polizei.

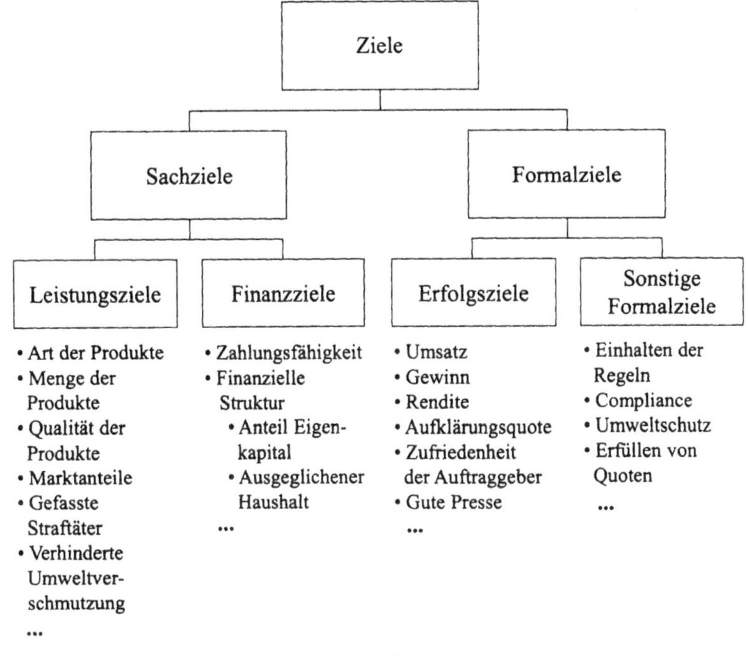

Abb. 22: Zielinhalte von Formal- und Sachzielen[81]

Denjenigen Betrieben des öffentlichen Sektors, die zur Ordnungsverwaltung gehören, wird eine weitgehende Orientierung an Sachzielen zugeschrieben, während der Privatwirtschaft eine hauptsächliche Orientierung an Formalzielen, insbesondere dem der Gewinn- oder Umsatzmaximierung, unterstellt

Sachziele prägen den öffentlichen Sektor mehr als Formalziele

[81] Zuordnung der Zielarten zu Formal- und Sachzielen nach Schierenbeck, 2008, S. 78 f.

wird[82]. Einige öffentliche Betriebe der Leistungsverwaltung, z. B. in Eigenbetriebsform geführter Einrichtungen, sowie sicher einem sehr großen Anteil der in privater Rechtsform geführten Organisationen, haben aber im Gegensatz zur Ordnungsverwaltung durchaus auch eine ernste Gewinnerzielungsabsicht.Dazu zählen im öffentlichen Eigentum stehende Sparkassen, Energieerzeuger, Bahnen, Lotterien. Diese wird oft von ebenso starken Sachzielen begleitet, so dass hier zumeist nur von einem „gemilderten" Gewinnziel gesprochen werden kann[83]. Das Ziel, überhaupt zahlungsfähig zu bleiben, haben private wie öffentliche Betriebe. Dies ist nicht gleichbedeutend mit der Aussage, dass jeder Betrieb für sich alleine schon die Zahlungsfähigkeit aus eigener Kraft darstellen können will. Im öffentlichen Sektor ist das Ziel der eigenständigen Sicherstellung der Zahlungsfähigkeit eindeutig nicht gegeben. Im Bereich der Ordnungsverwaltung und demjenigen Teil der Leistungsverwaltung, die Transferzahlungen weiterleitet, gibt es in der Regel keine eigenen Einnahmen in nennenswerter Höhe. Und selbst große Teile derjenigen Leistungsverwaltung, die entgeltliche Leistungen abgeben, haben nicht auf der Ebene einzelner Betriebe, aber sehr wohl auf der Ebene des „Konzerns" der Gemeinde oder Stadt das Ziel, sich aus eigenen Mitteln finanzieren zu können.

Das Liquiditätsziel quält konzernverbundene Betriebe nicht so sehr wie Einzelbetriebe

In der Privatwirtschaft müssen sich alleinstehende Betriebe zwangsläufig mindestens das langfristige Ziel der Sicherung ihrer Liquidität aus eigenen Mitteln setzen. Erreichen sie dieses Ziel nicht, verlieren sie ihre Existenz. Eine Ausnahme: Für Betriebe im Konzernverbund gilt das Untergangsszenario nicht zwangsläufig. Manche Konzerntöchter können sich oft über Jahrzehnte den Luxus leisten, Verluste zu schreiben. Die Konzernmütter retten sie Jahr für Jahr wieder aus der Zahlungsunfähigkeit, so wie Kommunen die oft chronisch defizitären Nahverkehrsbetriebe, Kindergärten und Schwimmbäder finanziell unterstützen. Bekannte Beispiele für langjährig defizitär arbeitende private Betriebe sind der Autohersteller Opel im Konzernverbund der amerikanischen Mutter GM und die ehemalige Kühlmöbelsparte des Dax-Konzerns Linde AG. Erst die Liquiditätsprobleme ihrer Mutterkonzerne können solche Betriebe in Existenzgefahr bringen.

Trotz aller individuellen Unterschiede können Betriebstypen bestimmte Ziele bzw. Zielsysteme zugeordnet werden. Die Abb. 23 zeigt das.

---

82 Vgl. z. B. Hieber, 2003, S. 35; Budäus, 1999

83 Siehe Überlegungen hierzu von Schuster, 2006, S. 53

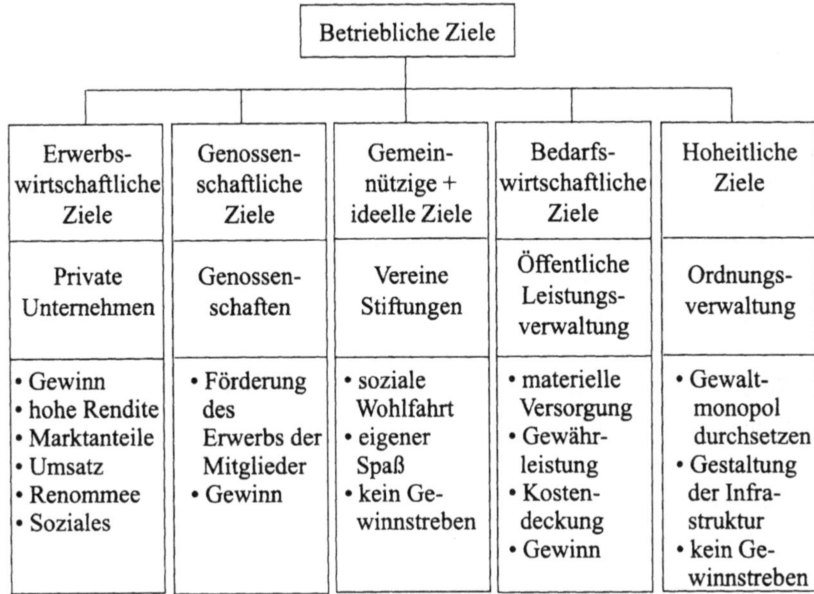

Abb. 23: Unterschiedliche Ziele je nach Betriebstyp

Zielbeziehungen: Sich gegenseitig fördernde (konkordante), hemmende (konfliktäre) und zueinander neutrale Ziele (vgl. Abb. 24).

Zielbeziehungen sind konkordant, neutral oder konfliktär

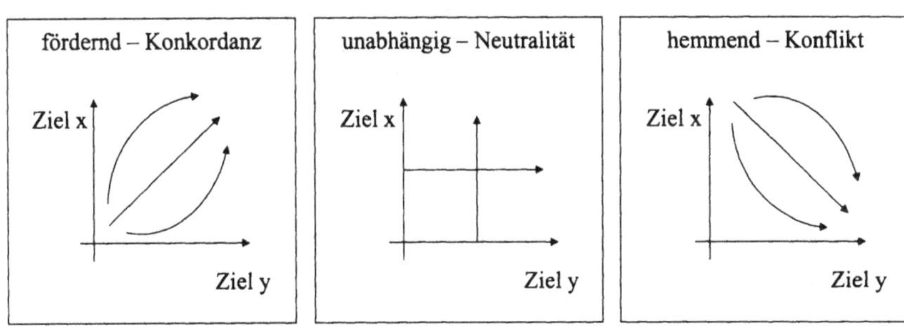

Abb. 24: Arten von Zielbeziehungen

Da Betriebe häufig mehrere Ziele haben, ist die Wahrscheinlichkeit groß, dass es nicht nur fördernde Zielbeziehungen gibt. Insbesondere Erfolgs- und sonstige Formalziele können leicht untereinander in Konflikt geraten (z. B. Umweltschutz vs. Gewinn). Aber auch innerhalb der Sachziele sind viele „klassische" Konflikte bekannt: Umsatzwachstum und Gewinnwachstum stehen für viele Betriebe als alternative Formalziele zur Entscheidung an. Sachziele im Konflikt mit Formalzielen. So können formale Schutzziele für Organisationsmitglieder hemmend auf sachliche Wirtschaftlichkeitsziele wirken, z. B. der

Schutz der Gesundheit von Polizisten mit dem polizeilichen Einsatzziel, gefährliche Straftäter dingfest zu machen.

Beispiel: Beziehungen der Sachziele der Wasserschutzpolizei Atlantis

Die Wasserschutzpolizei in Atlantis hat nach erster Sichtung der gesetzlichen Grundlagen im Wasserschutzpolizeigesetz Atlantis (WSPG) und des Auftrages durch den Innenminister folgende mögliche Ziele in willkürlicher Reihenfolge aufgelistet:

- Einhalten der Verkehrsregeln auf dem Wasser (§ 2 WSPG)
- Gefahrenabwehr für Mensch und Natur
- Einhalten der Regeln für Gefahrguttransporte (§ 4 II WSPG)
- Rettung von Menschenleben
- Befreiung von der Quallenplage
- Einhalten der Fangquoten von Fischen
- Wirtschaftlichkeit
- Vereinbarkeit von Beruf und Familie
- Befreiung der Gewässer von Piraterie
- Bekämpfung der Kriminalität in der Sportschifffahrt (§ 10 WSPG)
- Gutes Ansehen bei der gesetzestreuen Bevölkerung
- Erster Platz im nationalen Polizei-Fußball-Turnier

Bitte entscheiden Sie, welche dieser möglichen Sachziele tatsächlich zu Zielen der Behörde werden sollen und in welchem Verhältnis sie zueinander stehen! Stellen Sie das Ergebnis graphisch dar!

Es gibt oft Alternativen zu einmal getroffenen Zielfestlegungen

Die Analyse der Ziele ergibt als mögliche Lösung die in Abb. 25 wiedergegebenen Beziehungen der Sachziele. Darüber hinaus gibt es in der Liste drei Formalziele: „Wirtschaftlichkeit", „gutes Ansehen bei der gesetzestreuen Bevölkerung" und „Vereinbarkeit von Beruf und Familie". Das Ergebnis ist nicht die einzige mögliche Lösung, Alternativen sind denkbar. Folgende Regeln bei der Übernahme von Vorschlägen in die endgültige Liste der Ziele gelten:

- Gesetzliche Ziele sind immer verbindlich. Hier unterscheidet sich der öffentliche Bereich nicht vom privaten Sektor, nur gibt es für Betriebe im öffentlichen Bereich mehr von außen kommende Vorgaben für die Sachziele.
- Zielvorschläge, die in einem konfliktären Verhältnis stehen, sind besonders streng daraufhin zu prüfen, ob nicht ein konfliktverursachendes Ziel komplett ausscheiden kann. Beide Ziele „leiden" unter dem Konflikt und können deswegen sowieso nicht zu 100% umgesetzt werden.

Nicht jeder Vorschlag für ein Ziel muss übernommen werden

- Zu triviale oder zu randständige Zielvorschläge sollten mutig aus der endgültigen Liste der Ziele entfernt werden. Je kürzer die Liste der Ziele ist, desto höher ist die Chance, die wichtigen Ziele auch tatsächlich zu erreichen, da sich der Betrieb auf eine geringere Zahl verschiedener Aufgaben konzentrieren kann[84]. Außerdem steigt mit wachsender Zahl von Zielen auch die Wahrscheinlichkeit von konfliktären Zielbeziehungen, die der Leitung des Betriebs viel mehr Aufmerksamkeit abverlangen kann als konkordante Ziele. Im Beispiel wurden die Vorschläge „Bekämpfung der Quallenplage“ und „Gewinn des Polizei-Fußball-Turniers“ als Ziel abgelehnt.

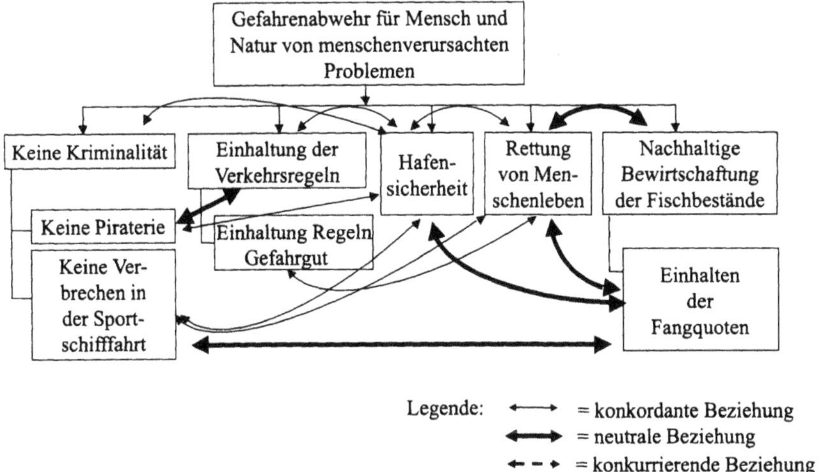

Abb. 25: Beziehungen der Sachziele Wasserschutzpolizei Atlantis

Bei den Formalzielen gibt es eine deutliche konkurrierende Zielbeziehung zwischen dem gesellschaftspolitisch gewollten Ziel der Vereinbarkeit von Beruf und Familie mit den Sachzielen und mit dem Ziel der betrieblichen Wirtschaftlichkeit. Da man mit wirtschaftlich geschickter Führung der Polizei mehr aus den gegebenen Haushaltsmitteln für die Sachziele „herausholen“ kann, ist die Beziehung zu ihnen konkordant, s. Abb. 26.

---

84 Die Zahl möglicher Zielbeziehungen untereinander wächst mit steigender Zahl von Zielen rasant: 2 Ziele können nur eine Beziehung untereinander haben, 3 Ziele haben untereinander 3 Zweier-Beziehungen (1 – 2, 1 – 3, 2 – 3), 10 Ziele kombinieren sich in 45 und 15 Ziele in genau 105 möglichen Zweier-Beziehungen. Wenn x für die Zahl der Ziele und y für die Zahl der Zielbeziehungen steht, dann errechnet sich die Zahl der möglichen Zielbeziehungen nach der Formel $y = 0,5\,x^2 - 0,5\,x$. In der Schreibweise der Kombinatorik lässt sich das mit dem Ausdruck $x!/((x-2)! * 2)$ berechnen.

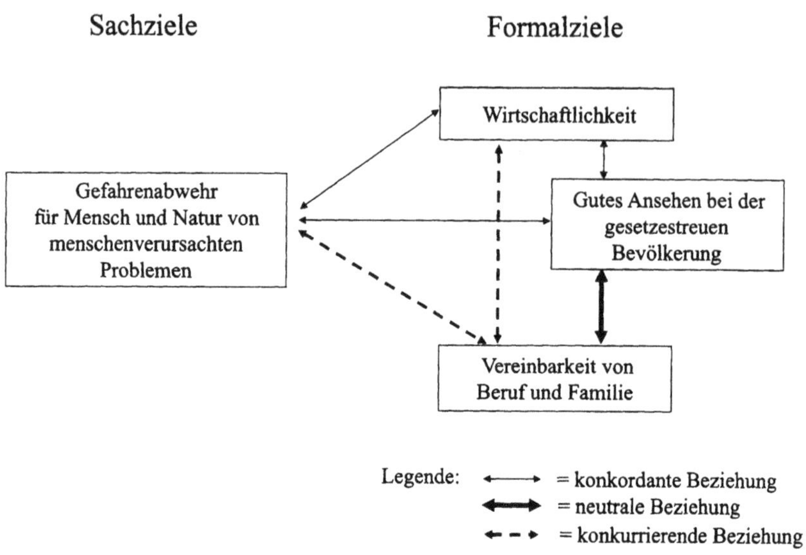

Abb. 26: Bsp. Atlantis: Beziehung Formal- und Sachziele

Außerbetriebliche Einflussnahme auf Ziele sehr stark

Im privaten Sektor prägen die Eigentümer und die Kundenwünsche bzw. die Wahrnehmung, was der (Kauf-)Kunde wünscht, die sachlichen Betriebsziele. Im öffentlichen Bereich ist die Lage nicht so übersichtlich: Der Einfluss einer Vielzahl von"Stakeholdern" (englisch für „Anspruchsgruppen") ist sehr bedeutsam[85]. Der öffentliche Betrieb muss sich viel stärker als der private Betrieb an gesellschaftlichen Kräften orientieren, die Zielansprüche äußern und über entsprechende Macht zur Durchsetzung ihrer Interessen verfügen[86]. Zielansprüche sind z. B.:

- Die Zufriedenheit der Bürger/Kunden mit den Leistungen der Organisation.
- Die Einhaltung finanzieller Rahmenbedingungen oder spezieller – die Einhaltung festgelegter Budgets.
- Die Einhaltung rechtlicher, gesellschaftlicher und umweltbezogener Rahmenbedingungen.
- Die Zufriedenheit der Organisationsmitglieder, zu der unter anderem die Entlohnung, die Arbeitsplatzgestaltung, die Art der Mitarbeiterführung und das Organisationsklima beitragen.
- Die Einhaltung von Informationspflichten oder allgemeiner gesagt, die Befriedigung von Informationsbedürfnissen der Stakeholder.
- Die Steigerung des Gemeinwohls.

---

[85] Vgl. Scholz, 2000, S. 74

[86] siehe ausführlicher zu den Anspruchsgruppen Abschnitt 4.1

Bei der Formulierung von Zielen kann dem **SMART-Prinzip** gefolgt werden. SMART ist aus den Anfangsbuchstaben folgender Zieleigenschaften zusammengesetzt[87]:

Das SMART-Akronym benennt Auswahlregeln für Ziele

- Spezifisch: Es sollte klar sein, was genau erreicht werden soll, indem spezielle Effektivitäts- oder Effizienzfaktoren benannt werden.
- Messbar: Die Effektivitäts- oder Effizienzfaktoren sollten messbar gemacht werden können, so dass sie eindeutig quantitativ erfassbar sind.
- Akzeptiert: Ziele sollten innerhalb der Organisation so weitgehend wie möglich in ihrer Angemessenheit gleich beurteilt werden.
- Realistisch: Die angestrebten Zielgrößen sollten anspruchsvoll (keine Selbstläufer), aber auch erreichbar formuliert werden.
- Terminiert: Der Zeitraum bis zur angestrebten Erreichung der Zielgröße sollte, genauso wie die hierfür Verantwortlichen, festgelegt werden.

Zielbildungsprozess

Konkrete Ziele werden nach dem Stakeholder-Ansatz dann in einem Aushandlungsprozess zwischen den Anspruchsgruppen festgelegt und priorisiert. Dies geschieht zuweilen und zwischen einigen Anspruchsgruppen in expliziten Verhandlungsrunden, zuweilen aber auch durch eine implizite Berücksichtigung von einzelnen Stakeholder-Interessen in der Zielformulierung durch die Leiter einer Organisation. Insofern ist der Verhandlungsprozess für Ziele offen oder verdeckt.

Gegenüber dem privaten Sektor haben öffentliche Betriebe, insbesondere diejenigen mit öffentlich-rechtlicher Rechtsform, die besondere Situation, dass ein Teil der Betriebsziele durch Gesetze (z. B. Polizeigesetz Atlantis) oder andere Rechtsquellen extern vorgegeben ist. Dies hat drei Aspekte:

Externe Vorgabe von Betriebszielen durch Gesetze oder andere Rechtsquellen

---

87 Vgl. Hettl, 2008, S. 35. Es gibt gerade in der englischsprachigen Übersetzung des Akronyms „SMART", eine Reihe von anderen, insgesamt aber ähnlichen Interpretationen, wie S – significant, stretching; M – meaningful, motivational; A – agreed-upon, achieveable, action-oriented; R – reasonable, rewarding, results-oriented; T – tangibe, trackable.

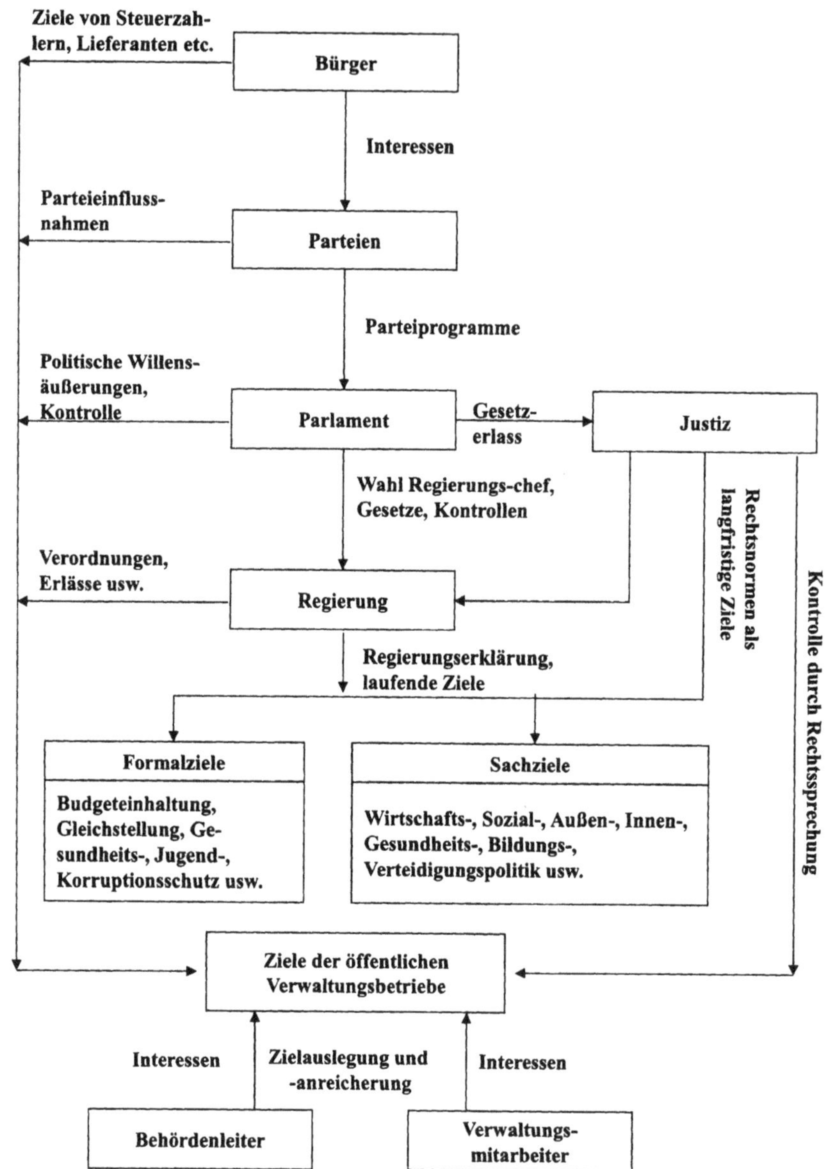

Abb. 27: Zielbildungsprozess für Betriebe im öffentlichen Sektor

- Der öffentliche Betrieb ist einem öffentlichen Zielbildungsprozess unterworfen, der außerhalb seiner eigenen Kontrolle stattfindet (vgl. Abb. 27)[88].

88 Vgl. Schauer, 2008, S. 47, in Anlehnung an Reinhard, 1977, S. 39

Gesetze wirken auf Formalziele privater und öffentlicher Betriebe

- Externe Anspruchsgruppen öffentlicher Betriebe haben also die Möglichkeit, über politische Gremien, die Trägerkörperschaften oder eine öffentliche Diskussion über deren zweckmäßige Auslegung, einen zwingenden Einfluss auf die Sachziele eines öffentlichen Betriebs zu nehmen. Bei den Formalzielen besteht dieser Einfluss ebenso, allerdings unterscheiden sich hier öffentliche Betriebe nicht grundsätzlich von privaten: Viele gesetzliche Vorgaben für Formalziele treffen Betriebe aller Branchen und Eigentümer gleichermaßen.
- Der für private Betriebe selbstverständliche eigene Zielbildungsprozess findet in öffentlichen Betrieben oft gar nicht statt, obwohl die externen Zielvorgaben durchaus Freiräume lassen und dieser eigene Zielbildungsprozess innerhalb der gegebenen Freiräume dringend notwendig erscheint. Dies hängt letztlich oft mit einer zu formellen „Denke" zusammen, die weder die tatsächlichen sachlichen Regelungslücken von Gesetzen als Gestaltungsauftrag begreift noch sich aus der auch bequemen Passivität des angeblich rein mechanischen Vollzugs von Aufträgen lösen möchte.

Nicht jedes gesetzliche Ziel führt zu einem Auftrag für den öffentlichen Sektor

Der Vollständigkeit halber ist zu erwähnen, dass nicht jedes öffentliche Ziel zu einer Aufgabe für einen öffentlichen Betrieb führen muss. Es gibt öffentliche Ziele, die auch gleichzeitig private Ziele sind und daher zumindest teilweise auch ohne öffentlichen Auftrag erledigt werden können, z. B. die individuelle Gesundheitsvorsorge, das Streben nach materiellem Wohlstand, Verfügbarkeit von Lebensmitteln und Gegenständen des täglichen Gebrauchs, das Retten Ertrinkender vor der Küste.

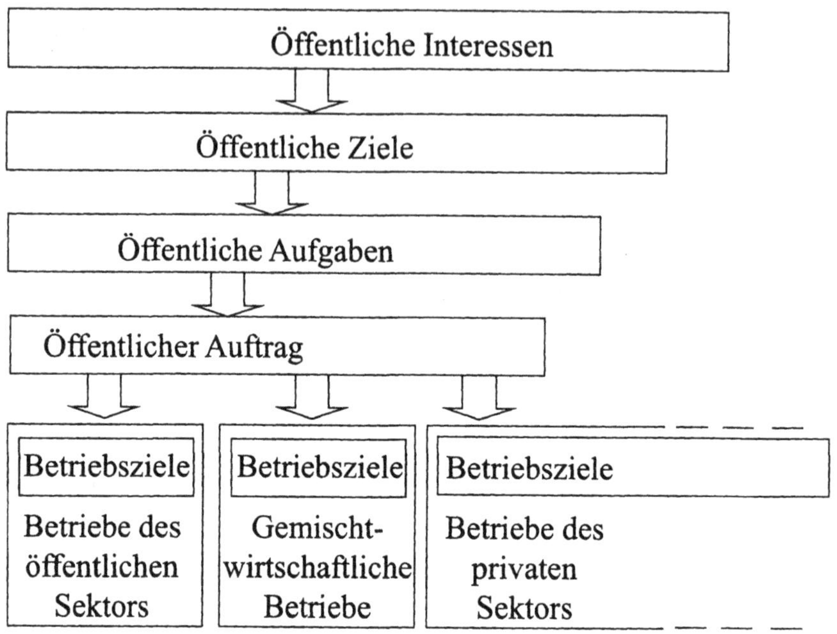

Abb. 28: Weg von öffentlichen Interessen zu Betriebszielen

Zielerfüllung weckt eventuell neue (Ziel-) Ansprüche

Selbst wenn öffentliche Ziele Güter betreffen, die der private Bereich nicht schon von sich aus herstellt, kann der öffentliche Bereich immer noch den privaten Bereich beauftragen oder bisher nicht eigenständig lebensfähige Organisationen dabei unterstützen, ohne hier mit eigenen Betrieben in die Rolle des Produzenten zu schlüpfen (z. B. Zuschüsse oder Sachmittel wie mietfreie öffentliche Turnhallen für Vereine, Beteiligungen an privatrechtlich organisierten Betrieben). Abb. 28 zeigt die möglichen Wege, auf denen öffentliche Interessen zu betrieblichen Zielen werden. Betriebe setzen Ressourcen (Produktionsfaktoren) ein, um die gesetzten Ziele, die sich aus den Bedürfnissen bzw. politischen oder lebensweltlichen Absichten von Anspruchsgruppen ergeben, zu erreichen. Mit ihrer Hilfe werden Arbeitsabläufe (Arbeitsprozesse) „gefüttert", die in die Erstellung von Leistungen (Verwaltungsprodukten) münden. Diese Verwaltungsprodukte haben wiederum unmittelbar Wirkungen auf die Ziel(erfüllung) des öffentlichen Betriebs, wobei das Erfüllen von Zielen wiederum neue Bedürfnisse der Anspruchsgruppen hervorrufen oder schon vorhandene wachsen lassen kann. Diese Zusammenhänge lassen sich in einer Wirkungskette darstellen (vgl. Abb. 29)[89]:

---

[89] Vgl. Schedler & Proeller, 2006, S. 75

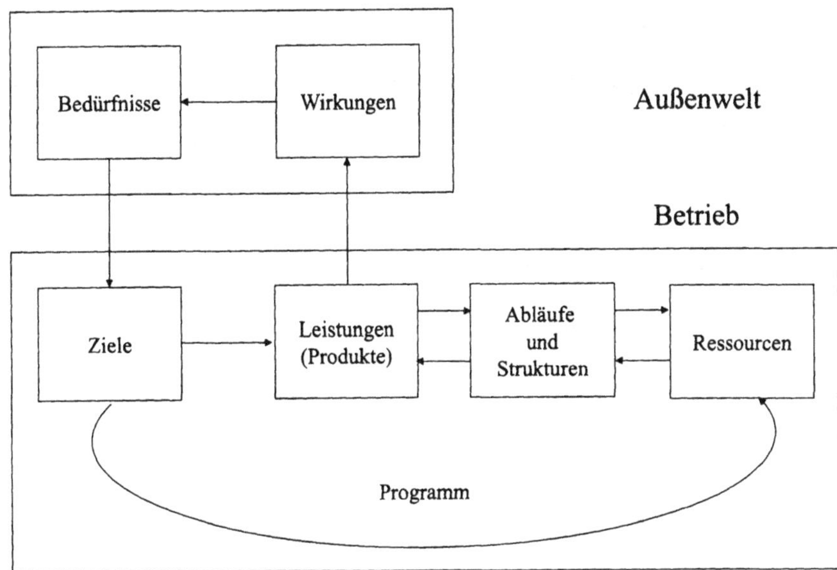

Abb. 29: Wirkungskette im Steuerungsprozess

In dieser Wirkungskette sind folgende Elemente enthalten:

Maßnahmenprogramm

- **Ressourcen** (BWL-Faktoren): Die in der Verwaltung eingesetzten betriebswirtschaftlichen Faktoren, also Personal-, Sach- oder finanzielle Mittel und Informationen.
- **Abläufe** (Arbeitsprozesse): Die täglichen internen Handlungen in der Verwaltung, wie z. B. die Bearbeitung von Akten eines Bauantrags.
- **Leistungen**: Das unmittelbare, von Dritten sichtbare Ergebnis eines Bündels von Aktivitäten, die in der Regel zu (Verwaltungs-)Produkten zusammengefasst werden, wie z. B. eine Festnahme verdächtiger Personen durch die Wasserschutzpolizei, ein Entscheid über den Bauantrag durch das Bauamt, das Ausstellen eines Personalausweises, der Gesetzentwurf aus der Ministerialbürokratie.
- **Wirkungen**: Das in der Außenwelt auftretende mittelbare Ergebnis der Erbringung einer oder mehrerer Leistungen durch die Verwaltung, wie Verminderung der Gefahr durch Straftäter, die nachgeprüfte Einhaltung der Bauvorschriften bei Bauten und die erleichterte Möglichkeit der Identifikation von Personen durch einen gültigen Personalausweis.

Ein Bündel solcher zusammenhängender (Maßnahmen-)Elemente wird auch als „(Maßnahmen-)Programm" bezeichnet. Allgemeiner gesprochen sind sie ein Bestandteil der Strategie einer Organisation.

Definition Strategie

Strategien sind geplante wichtige Maßnahmenbündel des Betriebs zur Erreichung der langfristigen Ziele[90]. Strategien treffen vor allem Aussagen zum Tätigkeitsbereich, den Vorgehensweisen zur Erreichung der Ziele, den benötigten Ressourcen und Fähigkeiten sowie den Wettbewerbsvorteilen[91].

Die Ausgestaltung einer Strategie vollzieht sich im Rahmen des strategischen Managements, das Antworten auf vier Fragen finden muss[92]:

Vier Kernfragen des strategischen Managements

1. Was wollen wir erreichen? (betrifft Wirkungen)
2. Was müssen wir tun? (betrifft Leistungen bzw. Produkte)
3. Wie müssen wir etwas tun? (betrifft Aufbau- und Ablauforganisation)
4. Was müssen wir einsetzen? (betrifft Ressourcen)

Politik beeinflusst massiv strategisches Management des öffentlichen Betriebs

Es ist dabei zu beachten, dass im strategischen Management des öffentlichen Sektors aufgrund der Separierung von Politikbereichen und der Gewaltenteilung sowohl Politiker als auch Verwaltungsakteure ihren strategischen Einflussbereich mit anderen Akteuren teilen müssen. Die „logisch“ eigentlich als zumindest teilweiser Zielgeber außerhalb des Betriebs befindliche Politik und das innerbetriebliche Management stehen bei öffentlichen Betrieben je nach Politiknähe des Betriebs in einem mehr oder weniger engen wechselseitigen Verhältnis, das oft auch ein Spannungsverhältnis sein kann. Managemententscheidungen unterliegen in vielen Fällen auch politischen, nicht nur den im privatwirtschaftlichen Bereich üblichen betriebswirtschaftlichen, Kriterien. Ziele werden dadurch über das sonst „übliche Ausmaß“ hinaus häufig mehrdeutig und widersprüchlich[93], die Zahl der Ziele wird auch nicht selten dadurch größer und die Steuerung komplizierter.

3.2 Strategische Steuerung

3.2.1 Aufgaben der Steuerung

Um mit möglichst hoher Wahrscheinlichkeit die Betriebsziele zu erreichen, muss ein Betrieb zielorientiert gesteuert werden. Diese zielorientierte Steuerung wird strategische Steuerung genannt.

---

[90] Vgl. Welge & Al -Laham, 2008, S. 16

[91] Vgl. Johnson et al., 2008, S. 9

[92] Vgl. Hopp & Göbel, 2000, S. 85

[93] Vgl. Thom & Ritz, 2006, S. 52

Zielorientierte Steuerung

Definition strategische Steuerung

Strategische Steuerung ist die systematische und planvolle Ausrichtung des betrieblichen Geschehens auf die Betriebsziele. Strategische Steuerung umfasst alle relevanten betrieblichen Faktoren und alle betrieblichen Funktionen. Diese werden so kombiniert und eingesetzt, dass die Ergebnisse der betrieblichen Leistungsprozesse und der internen Prozesse möglichst zielkonform sind. Die Steuerung muss Abweichungen vom optimalen Weg erkennen und dann Mittel einsetzen, um diese Abweichungen zu korrigieren. Steuerung ist die Kernaufgabe des Managements.

Der **Steuerungsprozess** im öffentlichen Bereich lässt sich in Anlehnung an die Wirkungskette wie folgt darstellen (vgl. Abb. 30)[94]:

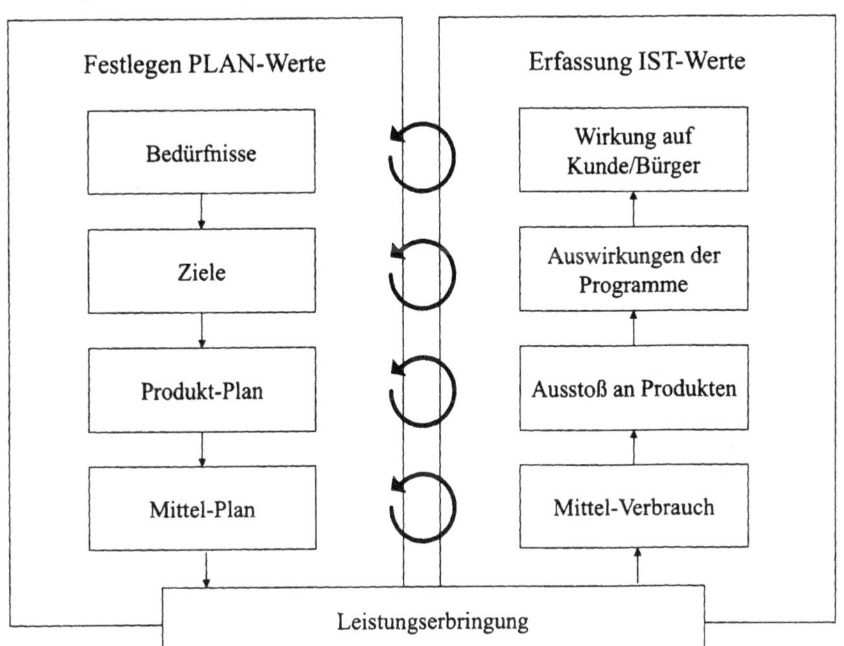

Abb. 30: Steuerungsprozess im öffentlichen Sektor

Steuerung ist oft nicht trivial. Zum einen ist schon der einfache Überblick bei der Menge von steuerungsbedürftigen Sachverhalten schwer. Dazu kommt noch, dass die Dynamik von deren Zusammenwirken oft nicht intuitiv einge-

---

94 Vgl. Schedler & Proeller, 2006, S. 133

schätzt werden kann[95]. Aus diesem Grunde bedarf das Management geeigneter Steuerungswerkzeuge.

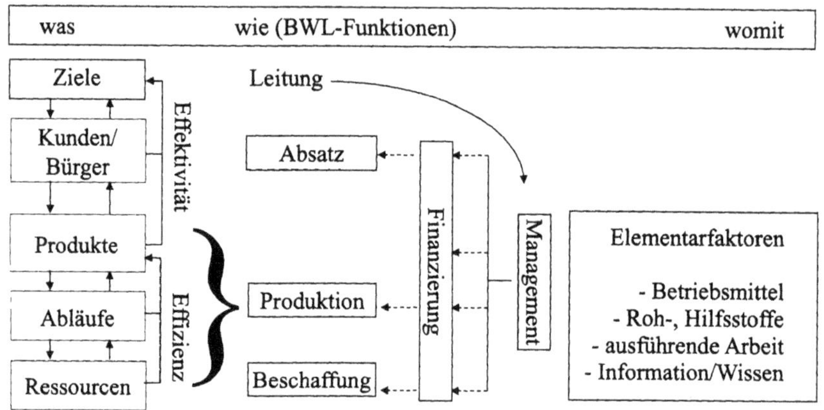

Abb. 31: Übersicht betrieblicher Steuerungsobjekte

3.2.2 Steuerungsinformation durch Controlling

Übersicht

Die Schritte „Planung, Organisation, Kontrolle" gelten als wesentlicher Teil des klassischen Managementprozesses[96]. Diese Schritte der Steuerung sind hochgradig von guten und stimmigen Informationen abhängig. Die Anforderungen an die Informationsversorgung sind im Laufe des letzten Jahrhunderts zunehmend komplexer geworden, so dass sich allein für diesen Aspekt der Steuerung ein eigener Begriff etablierte: Controlling.

---

[95] Dörner, 2005, S. 22–32, zeigt in Planspielen typische Fehler von überforderten Führungskräften auf. Versuchspersonen im Planspiel „Tanaland" wurden als afrikanische Dorfbürgermeister in Tsetsefliegen-verseuchten Gegenden mit schwacher Bevölkerung und schlechten Böden eingesetzt und hatten eine Vielzahl von zusammenhängenden Problemen zu steuern. Die „Logik des Misslingens" bestand bei den Versagern im Bürgermeisteramt u. a. auch darin, einerseits die Zusammenhänge der Probleme nicht richtig zu verstehen und andererseits zu schnell an zu vielen Stellschrauben zu drehen. Die Trägheit der Systemreaktion wurde oft unterschätzt, wenn dann aber die Übersteuerung des Systems sichtbar wurde, war oft die Katastrophe nicht mehr abwendbar. Fehler wurden dann zumeist bei den anderen gesucht ...

[96] Vgl. Ulrich & Fluri, 1995, S. 5 ff.

Definition Controlling

Controlling[97] ist eine Informationsversorgungsfunktion zur Unterstützung der Leitung und des Managements. Aufgaben des Controlling sind die Koordination der Planung, der Plan-Umsetzungskontrolle und Abweichungsanalyse, die Beratung von Führungskräften in Fragen der Steuerung sowie die Entwicklung, der Einsatz und die Pflege von Werkzeugen zur Informationsversorgung.

Controlling ist mehr als Kontrolle

Die Definition des Controlling enthält zwar auch eine Plan-Umsetzungs-Kontrolle, dies bedeutet aber keineswegs, dass die Begriffe „Controlling" und „Kontrolle" gleichzusetzen sind. Bestimmte Arten von Kontrolle (z. B. Kontrolle des Einhaltens von Vorschriften, wie dies Aufgabe der Innenrevision ist) gehören gar nicht zum Controlling. Controlling bezeichnet die gesamte Koordination von Planung, Kontrolle und Informationsversorgung, um die Führungsfähigkeit von Organisationen zu verbessern[98]. An die Stelle einer vergangenheitsorientierten, an Fehlern und Schuldigen, auf Anklagen und Strafen ausgerichteten Kontrolle tritt das zukunftsorientierte, planerische, steuernde und an Beratung der Entscheider ausgerichtete Controlling[99]. Controlling ist damit eine wichtige Unterstützungsfunktion für das strategische Management eines Betriebs. Es setzt direkt am Steuerungsprozess an und gestaltet diesen mit. Die Hauptaufgabe im Controlling ist die Entwicklung, der Einsatz und die Pflege von Instrumenten zur Planung, Kontrolle und Informationsversorgung. Controlling fungiert dabei als Klammer verschiedener Instrumente der Steuerung. Die Ansprüche an diese Steuerung im öffentlichen Bereich unterliegen derzeit im Rahmen der Ideen des New Public Managements einem grundlegenden Wandel von der Inputsteuerung zur Outputsteuerung[100]. Sie verlangt ein höheres Maß an Entscheidungsfähigkeit des Managements und bringt daher auch neue Steuerungswerkzeuge aus dem privaten Sektor in den öffentlichen Bereich, wie zum Beispiel Kosten- und Leistungsrechnung, dezentrale Budgetierung, Qualitätsmanagement oder Personal- und Organisationsmanagement.

Controlling als Funktion und als Aufgabe

97 Obwohl sich der englische Begriff im deutschsprachigen Raum erst seit den 50er Jahren des vorigen Jahrhunderts findet und sich Controlling als Funktion verstärkt erst seit den 1970er Jahren verbreitete, ist er eigentlich doch sehr alt: Schon ab ca. 1500 finden sich „Comptroller" an europäischen Höfen, siehe zum Begriff und der Geschichte des Controlling Lingnau, 1999.

98 Vgl. Horváth, 2009, S. 74

99 Vgl. Hopp & Göbel, 2000, S. 72

100 Vgl. Schedler & Poeller, 2006, S. 131 ff.

Zu unterscheiden ist zwischen Controlling als Funktion und Controlling als Aufgabe. Die Funktion des Controlling ist „eigentlich“ Aufgabe des Managements. Jeder Manager muss selber controllen, die Verantwortung für die betrieblichen Entscheidungen liegt bei ihm. Je größer und komplexer jedoch ein Betrieb ist, desto eher wird man diese Funktion auch durch ausschließlich im Controlling tätige Beschäftigte durchführen lassen. Controller haben hierbei zumeist eine Stabsfunktion, sie handeln dann als „Lotse“ der Leitung. Sie sind zudem Vermittler und Moderator zwischen der Leitung, den einzelnen Abteilungen und Fachbereichen und für das operative Controlling verantwortlich[101]. Im Unterschied zum Manager haben sie keine Linienverantwortung.

Vorgehensweise der Einführung eines Controlling

Die Einführung eines effektiven und gleichzeitig effizienten Controllingsystems stellt für Betriebe oft eine große Herausforderung dar. Zu empfehlen daher ein Vorgehen des „learning by doing“ [102]. Vorzuschlagen ist,

- schrittweise vorzugehen und sich anfangs auf ausgewählte Bereiche zu beschränken.
- stets zu klären, welchem Adressaten welche Information bei welcher Entscheidung helfen soll, bevor viele Kennzahlen mit großem Aufwand erhoben werden.
- auch kommunale Ausgliederungen und Beteiligungen in ein gesamtkommunales zentrales Controlling einzubeziehen, um durch den Vergleich von Kennzahlen eventuell notwendige strukturelle Korrekturen (z. B. Rechtsformveränderungen), einen Erfahrungsaustausch zwischen unterschiedlichen Bereichen und die Durchsetzung zentraler Rahmenbedingungen (Haushaltskonsolidierung, IT-technische Standards, einheitliche Grundsätze der Personalentwicklung) zu ermöglichen.
- viele Informationen an unterschiedlichen Stellen (Fachämter, Statistikstelle, Kämmerei, Hauptamt, Eigenbetriebe usw.) zu sammeln, zu bündeln und für die Adressaten verständlich aufzubereiten.
- Controlling nicht als Einbahnstraße zu verstehen, sondern auch einzelnen Beschäftigten und Bereichen die Beurteilung der eigenen Arbeitsergebnisse zu ermöglichen. Controlling sollte gleichzeitig zentral und dezentral durchgeführt werden, wobei zwischen beiden Ebenen ein ständiger Austausch notwendig ist.
- Controlling als Frühwarnsystem zu betreiben, bei dem es wichtiger ist, im Einzelfall relevante Adressaten (Produktverantwortliche, Führungskräfte, Politik) möglichst frühzeitig über sich abzeichnende Fehlentwicklungen zu informieren als vollständige und detaillierte Daten zu gewährleisten.

---

[101] Vgl. Müller, 2006, S. 63

[102] Vgl. Gerstlberger et al., 1999, S. 80 f.

Darüber hinaus ist es wichtig,

- Standards für Controllingsysteme sowie einzelne Kennzahlen möglichst nicht betriebsindividuell, sondern zur Erleichterung der Vergleiche mit anderen (Benchmarking) durch Übernahme allgemein verfügbarer Definitionen übernehmen. Die KGSt leistet dies durch den Benchmark-Ring für Kommunen.
- Qualitätsbeurteilungen von Steuerungssystemen von öffentlichen Betrieben in Ergänzung oder Konkurrenz zu den Rechnungshöfen durchzuführen. Solche intern aufgebauten Kontrollsysteme sind noch selten vorzufinden.

3.2.3 Zeithorizonte der Steuerung

Nach der Dauer lassen sich drei Zeithorizonte der Steuerung unterscheiden[103]:
Unbestimmter Zeithorizont: Die Auftraggeber öffentlicher Betriebe legen oft deren Aufgaben auf unbestimmte Frist fest.

Drei Zeithorizonte

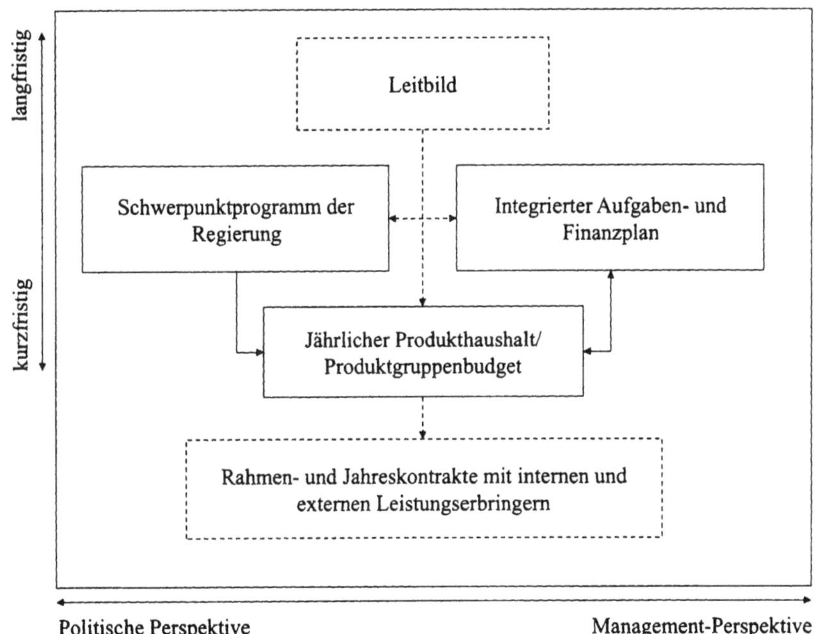

Abb. 32: Zusammenspiel von Steuerungsinstrumenten

Mittelfristplanung: Sie bezieht sich auf die zukünftige Entwicklung der nächsten 3 bis 4 Jahre. In der Regel erarbeitet eine Regierung zu Beginn einer

---

103 Vgl. Mastronardi, 1999, S. 449 ff.

Legislaturperiode ein Schwerpunktprogramm, welches nicht notwendigerweise in allen Einzelheiten veröffentlicht wird. Es enthält die wesentlichen politischen Vorhaben, mit denen sich die Regierung mittelfristig profilieren möchte. Auf mittlere Frist ist auch ein integrierter Aufgaben- und Finanzplan ausgerichtet, der die Kosten, Leistungen und Wirkungen des Schwerpunktprogramms für die mittlere Frist erfasst. Dieser Plan wird rollierend erstellt und enthält

- die prognostizierte und angestrebte Entwicklung der zentralen Leistungs- und Wirkungsindikatoren.
- die prognostizierte und angestrebte Entwicklung der Finanzen.
- die notwendigen Maßnahmen zur Korrektur der prognostizierten Entwicklungen, damit die angestrebten erreicht werden.
- die künftigen Problemfelder und dafür vorhandenen Handlungsspielräume.

Jahresfrist: Die Schiene der jährlichen Steuerung bezieht sich mittels Haushaltsplan oder Budget auf das kommende Jahr. Den Verwaltungsstellen werden für bestimmte Produkte oder Produktgruppen ein Globalbudget und ein Leistungsauftrag zugewiesen. Die Budgethoheit liegt grundsätzlich beim Parlament. Abb. 32 zeigt die Zusammenhänge zwischen Fristigkeit und den Steuerungsinstrumenten auf[104].

3.3 Informations- und Steuerungsmittel

3.3.1 Verpflichtung auf die Betriebsziele

Leitbilder

Ziele zu haben, ist das eine. Die eigenen Ziele darzustellen und Akzeptanz für sie bei Außenstehenden und den eigenen Beschäftigten einzuwerben, ist ein anderes. Ein Mittel des Brückenschlags und des Werbens für die eigenen Aufgaben sind Leitbilder.

Definition Leitbild

Leitbilder sind schriftlich ausgestaltete Zukunftsentwürfe, die einen von allen Anspruchsgruppen (z. B. Übergeordnete Behörde, Leitung, Beschäftigte, Bürger/Kunden) getragenen Zielzustand eines Betriebs darstellen[105]. Leitbilder sollen sowohl nach innen als auch nach außen förderlich auf die Erreichung der Betriebsziele wirken.

---

[104] Vgl. Schedler & Proeller, 2006, S. 154

[105] Vgl. Hopp & Göbel, 2008, S. 60

Bei der Erstellung von Leitbildern empfiehlt sich das Ansprechen von drei Entwicklungsfeldern[106]:

Programmatischer Entwicklungspfad

Der **programmatische Entwicklungspfad**, der die grundlegenden, noch relativ abstrakten inhaltlichen Zielsetzungen des betrieblichen Handelns beinhaltet, die sich aus einem Auftrag („Mission“) bzw. einer Zielvorstellung („Vision“) herleiten lassen. In Kommunen können beispielsweise folgende Profile angesprochen werden:

- Positionierung als hoheitliche Spitze versus Auftragnehmer für die Bürger
- Leistungsprofil als Produzent versus Gewährleister
- Handlungsprofil als reaktiv („erst dann was tun, wenn was passiert“) versus proaktiv (schon im Vorfeld eigeninitiativ tätig werden)
- Entwicklungsprofil als evolutionär versus revolutionär

Konstitutioneller Entwicklungspfad

Der **konstitutionelle Entwicklungspfad** beinhaltet die organisatorischen Rahmenbedingungen. Elemente zur Profilierung der Konstitution für Kommunen sind beispielsweise:

- Offenheit als Ausprägung zwischen geringer und starker Bürgerbeteiligung
- das Verhältnis von Politik und Verwaltung als Ausprägung zwischen einem Neben- oder Miteinander
- der Organisationstyp als strukturorientiert versus prozessorientiert
- die Differenzierung als Ausprägung zwischen einer einheitlichen und einer stark differenzierten Organisation

Kultureller Entwicklungspfad

Der **kulturelle Entwicklungspfad** bezieht sich auf die Organisationskultur, die im Wesentlichen aus Werten und Normen besteht. Elemente zur Profilierung für Kommunen sind hier:

- Offenheit als Ausprägung zwischen traditionsbestimmter und zukunftsorientierter, offener Kultur.
- die politische Kultur als Ausprägung zwischen positionell und diskursiv.
- die Binnenkultur der Verwaltung als Ausprägung zwischen klassisch-bürokratisch und Dienstleistungskultur.
- die Differenzierung als Ausprägung zwischen spitzenorientierter Einheitskultur und differenzierten Werthaltungen.

Gerade die in einer Organisation gemeinsam entwickelten Leitbilder können eine hohe Identifikationswirkung bei den Beschäftigten bewirken.

---

[106] Vgl. Heinz, 2000, S. 28 ff.

Kontraktmanagement

Kontraktmanagement

Die Steuerung von Leistungen wird mit der Planung dieser Leistungen eingeleitet. Wenn die Erstellung Zulieferungen anderer Betriebe oder Zuarbeit verschiedener Instanzen im Hause erfordert, entsteht der Bedarf nach möglichst hoher Verbindlichkeit der Planungen. Eine Methode ist daher, in einem Vereinbarungsprozess durch quasi-vertragliche „Kontrakte" zwischen dem internen Auftraggeber und dem internen Auftragnehmer das Vorhaben abzusichern.

Definition Kontraktmanagement

Kontrakte sind quasi-vertragliche Vereinbarungen zwischen Besteller und Ersteller von Leistungen. Gegenüber der kontraktfreien Vereinbarung haben sie durch den höheren Grad an Förmlichkeit und Detailliertheit der Festlegungen auch einen höheren Grad an Verbindlichkeit. Da sie einen partnerschaftlichen Vereinbarungsweg vorsehen, erlauben sie sowohl „Kundenwünsche" als auch Bedarfe des Erstellers zu berücksichtigen. Kontrakte sind keine rechtsverbindlichen Verträge im Sinne des Privatrechts und keine Verwaltungsvereinbarungen.

Inhalt der Kontrakte

Das Kontraktmanagement beinhaltet für einen Zeitraum geschlossene Zielvereinbarungen zwischen Organisationseinheiten zumeist unterschiedlicher Hierarchiestufen. Kontraktmanagement wird sowohl zwischen verwaltungsinternen Einheiten, zwischen Politik und Verwaltung als auch zwischen Verwaltung und dritten Organisationen eingesetzt[107]. Inhalt der Kontrakte sind Globalbudgets und Leistungsvereinbarungen. Ein Kontrakt enthält Aussagen über Qualität, Quantität und zeitliche Verfügbarkeit der zu erstellenden Produkte sowie eine Kontraktsumme, die dem Leistungserbringer zur Verfügung steht. Der Oberbegriff zu „Kontrakt" lautet „Leistungsvereinbarung":

Leistungsvereinbarung

> *„Als Leistungsvereinbarungen werden alle Aufträge, Kontrakte und Vereinbarungen bezeichnet, die Aufgaben, Kompetenzen und Verantwortung zwischen Politik, Verwaltungsführung, Verwaltungseinheiten und Dritten regeln. Die Leistungsvereinbarungen konkretisieren die übergeordneten und operativen Ziele, die zu erbringenden Leistungen und die dafür zur Verfügung gestellten Mittel. Verwaltungsintern kommt den Leistungsvereinbarungen die Funktion von Management-Vereinbarungen zu, im Verhältnis zu Dritten sind es Verträge"*[108].

Kontrakte können für unterschiedliche Zeiträume geschlossen werden. Mittelfristige Rahmenkontrakte über das grundsätzliche Verhältnis zwischen Leis-

---

107 Vgl. Neisser & Hammerschmid, 1998, S. 568

108 Schedler & Proeller, 2006, S. 156

tungserbringer und -bezieher können durch Jahreskontrakte ergänzt werden, welche die Produkte in Menge und Qualität für das jeweilige Jahr detailliert regeln. Während der Laufzeit eines Kontraktes sollte sich die Politik üblicherweise nicht in die Kontrakterfüllung einmischen. Arbeitsteilig sollte sich die Politik auf die Formulierung von Zielen und Budgets beschränken und die Erarbeitung der Zielerreichung den Betrieben überlassen. Bei Änderungen von politischen Zielen und Forderungen kann es dennoch zu Änderungen gegenüber den in Kontrakten festgehaltenen Leistungswünschen der Politik kommen. Kontrakte sind dann nicht einseitig zu ändern. Änderungen müssen gemeinsam vereinbart werden und sind dem Parlament zu berichten. Bei Nicht- oder Schlechterfüllung von kontraktierten Leistungen stellt sich die Frage nach Sanktionsmöglichkeiten, insbesondere da Kontrakte in der Regel keinen formalen Vertrag darstellen.

Management by Objectives

Management by Objectives

Die Steuerung einer Organisation über Ziele wird in der Managementlehre als Management by Objectives (MbO) bezeichnet. Management by Objectives (Führen durch Zielvereinbarung) ist ein Konzept, das in den 1950er Jahren von Peter Drucker entwickelt worden ist[109]. Hierbei werden für jede Abteilung und für jeden Mitarbeiter Ziele definiert, welche in einem bestimmten Zeitraum erfüllt werden sollen. Zumeist werden keine genauen Vorgaben über den Weg zur Zielerreichung gemacht und Leistungsbeurteilungen hängen von der Zielerreichung ab[110]. Ziele tragen dann dazu bei, dass sich Mitarbeiter selbst organisieren und kontrollieren können. Beim Vorhandensein schwer zu operationalisierender und bei konkurrierenden Zielen stößt MbO allerdings an praktische Grenzen als Steuerungsinstrument (vgl. Abschnitt 6.1.3).

3.3.2 Steuerung mit Kennzahlen

Die Ziele eines Betriebs sollen möglichst präzise und messbar festgelegt sein. Sofern möglich, soll eine Messung der Zielerreichung mit Kennzahlen vorgenommen werden. Hierzu können das betriebliche Rechnungswesen oder eigens für das Controlling gebildete Kennzahlen – zumeist relativ einfache mathematische Ausdrücke – eingesetzt werden[111].

---

[109] Vgl. Rau, 2007, S. 104

[110] Vgl. Jung et al., 2008, S. 403

[111] Ausnahmen hiervon sind im Operations Research sowie in Randbereichen der Statistik zu finden.

Definition Kennzahlen

Kennzahlen sind numerische Werte, die für einen IST-Zustand oder für einen Ziel- und Planwert sprechen. Man unterscheidet zwischen drei Typen von Kennzahlen: Grundzahlen, durch einfache mathematische Operationen abgeleitete Zahlen und Verhältniszahlen.

Beispiele für die in der Definition erwähnten Kennzahlentypen sind[112]:

Verhältniszahlen besonders informationsreich

- **ursprüngliche Zahlen:** Preise, Kosten, Mengen oder Entfernungsmaße
- **abgeleitete Zahlen:** Summen, Mittelwerte oder Differenzen
- **Verhältniszahlen:** Entweder Beziehungszahlen (z. B. Kosten/Stück), Gliederungszahlen (z. B. Untermengen x in Prozent zur Gesamtmenge y), Indexzahlen (z. B. Preissteigerungsraten, d. h. der Preis zu einem Zeitpunkt x bezogen auf den Preis des gleichen Produkts zum Zeitpunkt y) oder Richtzahlen (Vergleichszahlen, z. B. die durchschnittliche Bearbeitungszeit eines Vorgangs in einer ähnlichen Behörde).

Oft sind ganz einfache, aber für viele Fragestellungen gleichermaßen verwendbare Kennzahlen von hohem Wert. Ein Beispiel ist die durch Differenzbildung entstandene abgeleitete Kennzahl „Wertschöpfung"". Die Formelschreibweise hierfür lautet:

Wertschöpfung

$$Wertschöpfung = Gesamtleistung - Wert\ der\ Vorleistungen$$

Die Wertschöpfung drückt aus, welchen Beitrag ein Betrieb zum Wert des Endprodukts beigesteuert hat. Der Betrag der Wertschöpfung steht den Anspruchsgruppen (Eigentümer, Beschäftigte, Fiskus, usw.) als „Kuchen" zur Verfügung. Tendentiell haben teurere Güter auch eine höhere Wertschöpfung als Produkte im Niedrigpreissektor. Mit der Wertschöpfung eng verbunden ist die als Verhältniszahl gebildete „Fertigungstiefe", in Formelschreibweise:

Fertigungstiefe

$$Fertigungstiefe = \frac{Wertschöpfung * 100}{Gesamtleistung}$$

Sie besagt, wieviel Prozent des Endwertes erstellter Leistungen im Betrieb selbst erzeugt wurden. Bei komplexen Produkten wie z. B. dem Fahrzeugbau haben viele Hersteller eine niedrige Fertigungstiefe, bei den personenbezogenen Dienstleistungen ist die Fertigungstiefe dagegen oft sehr hoch.

Einen besonders großen Aussagewert können Verhältniszahlen haben, da sie durch den Bezug des Zählers auf den Nenner von den Grundzahlen losgelöste übertragbare Informationen vermitteln.

---

112 Vgl. Tauberger, 2008, S. 118 f.

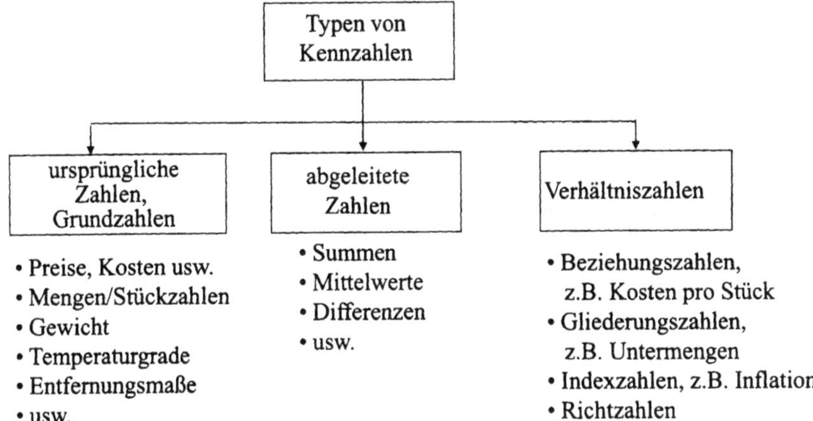

Abb. 33: Typen von Kennzahlen

Kennzahlensysteme

Werden mehrere Einzelkennzahlen hierarchisch miteinander verknüpft und die Verknüpfung als Bericht benutzt, so spricht man von Kennzahlensystemen. Die Kennzahl an der Spitze der Hierarchie ist eine „Spitzenkennzahl", die sämtliche Informationen in höchster Verdichtung zeigt. Die darunter liegenden Kennzahlen helfen bei der Erklärung des Zustandekommens. Wenn man das Beispiel der Verhältniskennzahl „Gesamtkosten pro Jahr" als Spitzenkennzahl nimmt und zu einem Kennzahlensystem erweitern will, kann man folgende alternative Wege gehen:

Erzeugen von Kennzahlensystemen

- Aufgliederung der Spitzenkennzahl: Die Gesamtkosten werden als Summe der Stückkosten verschiedener Produkte (Einzelkosten) und als Gemeinkosten pro Jahr aufgesplittet.
- Ersetzung: Die Gesamtkosten werden als Produkt der Stückzahl mit den Gesamtkosten pro Stück dargestellt.

Im privaten Sektor haben die Kennzahlensysteme der Fa. Du-Pont (Gewinn als Spitzenkennzahl) oder die Analyse des Return on Investment (ROI) Bekanntheit erlangt[113]. Für Betriebe ohne Gewinnerzielungsabsicht sind sie nicht verwendbar, daher wird hier als Beispiel ein Kennzahlensystem im Rahmen des Projektcontrolling verwendet. Hintergrund: Durch ein Projektcontrolling sollen grundsätzlich Standards der Projektplanung und des Reporting für Projekte erreicht sowie die Einhaltung dieser Standards geprüft werden. Zudem soll hierdurch die Wirtschaftlichkeit eines Projekts und die Qualität der Projektarbeit ermittelt werden. Das dargestellte Kennzahlensystem liefert hierfür ein unterstützendes Zahlengerüst.

---

[113] Darstellung dieser und anderer Kennzahlensysteme z. B. in Perridon & Steiner, 2004 , S. 585

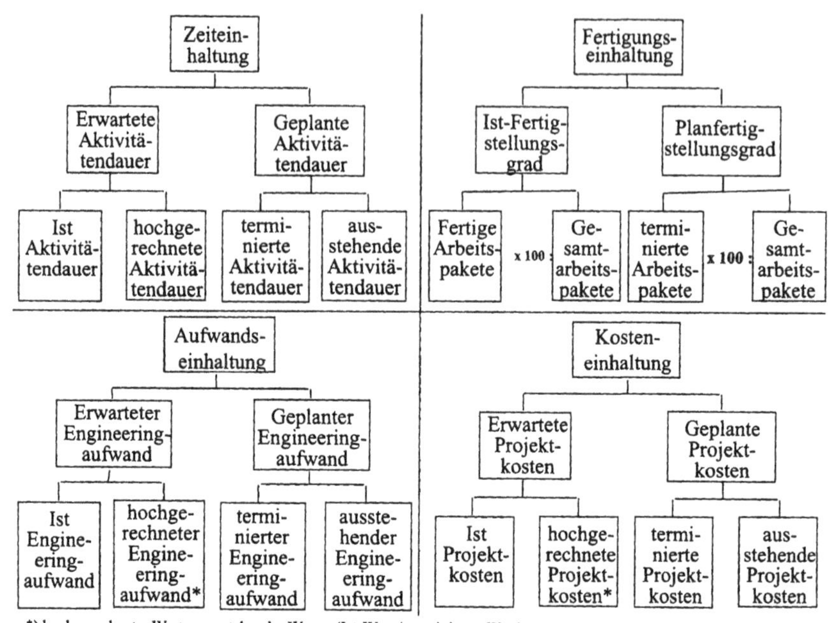

Abb. 34: Bsp. Kennzahlensystem: Projektkennzahlen

Kennzahlen des Rechnungswesens als Kennzahlensystem

Schon lange vor dem Einzug modernen Controllingdenkens im privaten und öffentlichen Sektor existierten Kennzahlen(-systeme) in Gestalt des „klassischen" Rechnungswesens: Im öffentlichen Bereich der Betriebe mit öffentlich-rechtlicher Rechtsform als Kameralistik (Einnahme- und Ausgabenrechnung) und im privaten Sektor die doppelte Buchführung (Doppik). Darüber hinaus sind auch die Kosten-Leistungsrechung, Planungsverfahren und Betriebsstatistiken Kennzahlen(-gebirge). Eine nähere Darstellung dieser Verfahren findet sich in Abschnitt 6.2.

Qualitätskennzahlen

Ein weiterer strukturierter Satz an Kennzahlen ist das von der European Foundation for Quality Management (EFQM) entwickelte EFQM-Modell für Excellence[114] und seine spezielle Anpassung für den öffentlichen Bereich, der CAF-Ansatz. Beide werden in Abschnitt 4.1.2 erläutert.

Kennzahlen zu Effizienz und Effektivität gefordert

Bei der Bildung von Kennzahlen ist darauf zu achten, dass diese auch das ganze Spektrum der Ziele abbilden. Insbesondere sollten nicht nur rein statistische Daten, sondern möglichst auch Kennzahlen zur Messung der Effizienz

[114] Vgl. hierzu Tomenendal, 2009a

und Effektivität unter Einbezug der Leistung und finanzwirtschaflicher Aspekte eingesetzt werden[115].

Benchmarking

Kennzahlen erhalten häufig erst im Vergleich mit anderen geeigneten Betrieben Aussagekraft, hier kann „Benchmarking" nützlich sein.

Definition betriebliches Benchmarking

Benchmarking im Bereich der BWL ist eine Methode, bei der Kennzahlen oder andere Maßstäbe zur Bewertung von Produkten (Gütern und Dienstleitungen), Abläufen und anderen Untersuchungsgegenständen auf Kosten, Qualität, Nutzen usw. mit vergleichbaren Betrieben verglichen werden. Ziel des Benchmarking ist es, aus diesem Vergleich Maßstäbe und Lehren für den eigenen Betrieb zu finden.

Von anderen lernen

Benchmarking zielt darauf ab, die eigene Leistungsfähigkeit einer Organisation hinsichtlich ihrer Effizienz und Effektivität zu bewerten und ggf. systematisch von anderen Organisationen zu lernen. Es können verschiedene Arten von Benchmarking unterschieden werden[116]:

Arten des Benchmarking

- Internes und externes Benchmarking: Internes Benchmarking beinhaltet einen Vergleich von ähnlichen Organisationseinheiten innerhalb einer Organisation, also zum Beispiel aller Versorgungsämter eines Landes. Während bei einem solchen Vorgehen in der Regel eine gute Verfügbarkeit von Daten gewährleistet ist und ein interner Wettbewerb angefacht wird, so werden Schwächen, die alle internen Einheiten gleichermaßen haben, nicht aufgedeckt. Dies ist nur bei einem externen Benchmarking möglich, bei dem Leistungen eben auch mit externen Einheiten verglichen werden, also beispielsweise zwischen öffentlichen und privaten Müllentsorgern. Praktisches Hemmnis für ein externes Benchmarking ist oft die Verfügbarkeit von Daten: Zum einen mögen die Informationen vertraulich sein, weil sie z. B. ein sachliches oder geschäftliches Betriebsgeheimnis bergen. Zum anderen ist denkbar, dass die Kennzahlen in Nuancen anders definiert bzw. gerechnet werden, so dass evtl. Äpfel mit Birnen verglichen werden.
- Quantitatives und qualitatives Benchmarking: Beim quantitativen Benchmarking sind messbare Input- und Outputgrößen der Inhalt von Leistungsvergleichen, also beispielsweise die Anzahl von Mitarbeitern oder die Kosten in vergleichbaren Abteilungen mit ähnlichen Aufgaben. Qualitatives

---

115 s. Kritik an Kennzahlen der Botanischen Gärten der Universität, Hessischer Landesrechnungshof, 2010, S. 207.

116 Vgl. von Bandemer, 1995, S. 221 f.

Benchmarking zielt auf die Qualität von Leistungen ab, die sich letztlich in der Zufriedenheit von Stakeholdern wider spiegelt.

Voraussetzungen für Benchmarking

Eine wesentliche Voraussetzung für ein erfolgreiches Benchmarking ist die Auswahl von wirklich vergleichbaren Einheiten, insbesondere bei externen Benchmarks. Hierfür müssen in der Regel zunächst Teileinheiten auf der Basis einzelner Aufgaben gebildet und analysiert werden. Dies können zum Beispiel diejenigen mit dem größten erwarteten Verbesserungspotenzial sein und/oder diejenigen, bei denen Informationen über leistungsfähigere externe Einheiten vorliegen. Der Vergleich wird dann auf der Basis von Kenngrößen vorgenommen, welche z. B. von Beratern oder branchenspezifischen Organisationen (z. B. der KGSt für den kommunalen Bereich) zur Verfügung gestellt oder aufbereitet werden. Auf Basis des Vergleichs lassen sich Verbesserungsmöglichkeiten ermitteln, die in eine Organisationsoptimierung einbezogen werden sollten (vgl. zum Ablauf eines Benchmarkings Abb. 35). Um hierfür Akzeptanz zu schaffen, ist eine grundsätzliche Offenheit innerhalb der Organisation für ein Benchmarking und das damit angestrebte Lernen von anderen Organisationen eine notwendige Voraussetzung. Besteht innerhalb einer Organisation die Tendenz, eigene Schwächen kaschieren und lediglich eigene Stärken bestätigt haben zu wollen, so werden sich Gründe finden lassen, die Vergleichbarkeit mit anderen Einheiten in Frage zu stellen und aus dem Vergleich resultierende Verbesserungsmöglichkeiten ausschließen zu können.

Benchmarking

1. Festlegung eines überschaubaren Bereichs
2. Identifikation der Bewertungskriterien
3. Auswahl der zu vergleichenden Einrichtungen
4. Ermittlung der Kenngrößen der eigenen und der zu vergleichenden Organisationen
5. Vermittlung der Ergebnisse
6. Entwicklung von Maßnahmen
7. Umsetzung und Überprüfung

Abb. 35: Ablauf eines Benchmarking-Prozesses

Praktische Wirkung von Kennzahlen und Benchmarking

Kennzahlen und Benchmarking entfalten im öffentlichen Bereich der Kernverwaltung tatsächlich bisher nur geringen Veränderungsdruck. Die Gründe hierfür sind vielfältig. Das Prinzip Freiwilligkeit und eine fehlende systematische Koppelung an Belohnungs- oder Sanktionsstrukturen, z. B. die Bewilligung von Hausmitteln, mögen einen Teil der Ursachen darstellen, ebenso evtl. die Nicht-Vergleichbarkeit von Kennzahlen. Für die Bundes- und die Landesebene gibt es in Deutschland auch keine Entsprechung für die durch die KGSt organisierten freiwilligen Vergleichsringe[117].

Gemeinkostenwertanalyse

Gemeinkosten-wertanalyse

Häufig ist ein Benchmarking eingebettet in eine umfassende Analyse der Kosten. Die Gemeinkostenwertanalyse (GWA) wurde von der Unternehmensberatungsgesellschaft McKinsey & Co. in den 1970er Jahren entwickelt und bis heute vielfach in Organisationen angewandt[118].

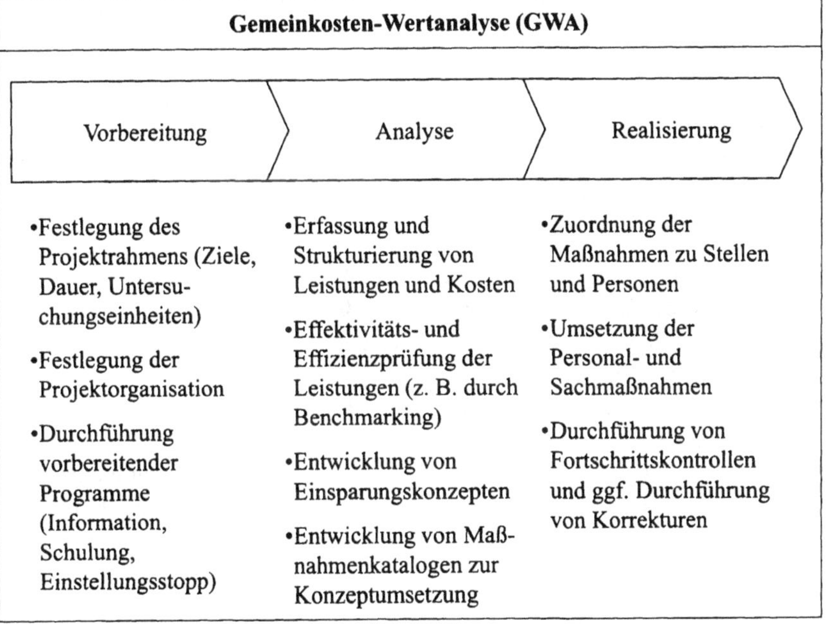

Abb. 36: Ablauf einer Gemeinkosten-Wertanalyse (GWA)

---

[117] Vgl. Bogumil, 2004, S. 394 f.

[118] Vgl. Schwarz, 1983, S. 4

Ziel dieser Methode ist es, Einsparungen in den Gemeinkosten einer Organisation zu erzielen, indem der Nutzen von Aktivitäten in den Steuerungs- oder sekundären Geschäftsprozessen ihren Kosten gegenüber gestellt und nicht zielgerechte Leistungen abgebaut werden. Der Ablauf einer GWA lässt sich in drei Schritten darstellen (vgl. Abb. 36)[119]. Im ersten Schritt wird unter anderem auch das Ziel eines GWA-Projektes definiert, welches meistens in der Senkung der Gemeinkosten um einen zweistelligen Prozentsatz besteht. Empirische Untersuchungen haben gezeigt, dass diese Größenordnungen in vielen Projekten auch erreicht wurden. In der Analysephase können übliche Methoden der Datenerhebung bei Prozessverbesserungen angewandt werden.

3.3.3 Steuerung mit Balanced Scorecard

Die Balanced Scorecard („ausbalancierte Wertematrix") ist ein von Kaplan & Norton in 1992 vorgestelltes kennzahlenbasiertes Steuerungsinstrument, mit dessen Hilfe die Aktivitäten über Ziele in verschiedenen Bereichen beobachtet und ggf. besser auf die Vision und Strategie einer Organisation ausgerichtet werden können. Der Name dieses Steuerungsinstruments drückt aus, dass

- die unterschiedlichen Perspektiven und Ansprüche von unterschiedlichen Anspruchsgruppen gleichgewichtig dargestellt werden.
- die Ableitung von Aktivitäten aus der Vision und der Strategie einer Organisation mit Hilfe von Wertungslisten vorgenommen wird, die im Wesentlichen aus SMARTen Zielen bestehen.

Gegenüber einzelnen Kennzahlen oder Kennzahlensystemen weist die Balanced Scorecard die Besonderheiten auf, dass

- sie Kennzahlen aus verschiedenen Perspektiven, insbesondere auch nicht-finanziellen, kombiniert.
- zwischen den Kennzahlen und Perspektiven Ursache-Wirkungs-Beziehungen bestehen.
- die dargestellten Kennzahlenbereiche besonders wichtige Handlungsfelder des Betriebs darstellen und diese Handlungsfelder die Wertschöpfungskette vom Input über Zwischenschritte zum Output abbilden.

Die Standard-Balanced Scorecard sortiert die Kennzahlen nach vier Perspektiven (vgl. Abb. 37)[120]:

1. Aus **finanzieller Sicht** werden die Ansprüche der Kapitalgeber einer Organisation sowie die Ergebnisse der betrieblichen Tätigkeit berichtet.

---

[119] Vgl. Niedereichholz, 2003, S. 243 f.; Schwarz, 1983, S. 11

[120] Vgl. Kaplan & Norton, 1997, S. 9

2. Aus der **Kundensicht** werden die Ansprüche der Kunden im Hinblick auf Leistungen der Organisation, z. B. gemessen an Produktqualität, Zufriedenheitsbefragungen oder Preis-Leistungs-Verhältnissen, betrachtet.
3. Die **Prozessperspektive** zeigt Kennzahlen zu innerbetrieblichen Abläufen.
4. Aus der **Lern- und Entwicklungsperspektive** wird die Leistung des Betriebs und der Beschäftigten zur kontinuierlichen Verbesserung betrachtet.

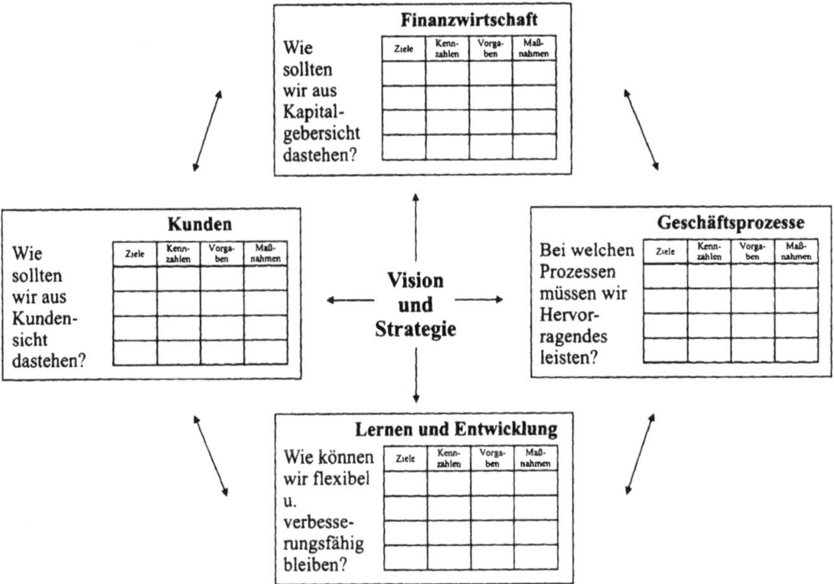

Abb. 37: Balanced Scorecard nach Kaplan & Norton

Die Balanced Scorecard kann wesentlich dazu beitragen, die Transparenz der Leistungserstellung einer Organisation zu erhöhen. Gerade auch für den öffentlichen Bereich bietet die Balanced Scorecard durch ihren integrierten Ansatz gute Einsatzmöglichkeiten. Die ausgewogene Betrachtung verschiedener Perspektiven ermöglicht die Abbildung des gegenüber privatwirtschaftlichen Betrieben häufig heterogeneren Zielsystems der öffentlichen Institutionen. Da das Konzept der Balanced Scorecard flexibel ist, erlaubt es eine Anpassung an die Besonderheiten der Betriebe des öffentlichen Sektors.

Balanced Scorecard erhöht Tansparenz

Spezielle Balanced Scorecard für den öffentlichen Sektor

Für den öffentlichen Bereich gibt es je nach Art des öffentlichen Betriebs verschiedene Vorschläge für eine vom Standardmodell abweichende Fassung der

Balanced Scorecard öffentlicher Sektor

Balanced Scorecard. Ein Beispiel ist in Abb. 38 dargestellt[121]. Hier wurden folgende Perspektiven verwendet:

- „Lernen und Entwicklung" – alternativ hierzu könnte auch die Perspektive „Ressourcen" mit dem Finanz- und Personalhaushalt verwendet werden.
- „Interne Verwaltungsprozesse" – ergänzend hierzu könnte man auch die Aufbaustruktur nennen.
- Kunden- bzw. Bürgerperspektive „Wirkungsorientierung und Anspruchsgruppen" – alternativ hierzu könnte auch „Gemeinwohlorientierung" formuliert werden.
- „Wirtschaftlichkeit und Gesetzmäßigkeit" – alternativ hierzu ist an objektiven Wirkungen des Verwaltungshandelns zu denken, wie z. B. „Aufklärungsquoten" bei der Polizei oder erreichte Abschlüsse in Hochschulen.

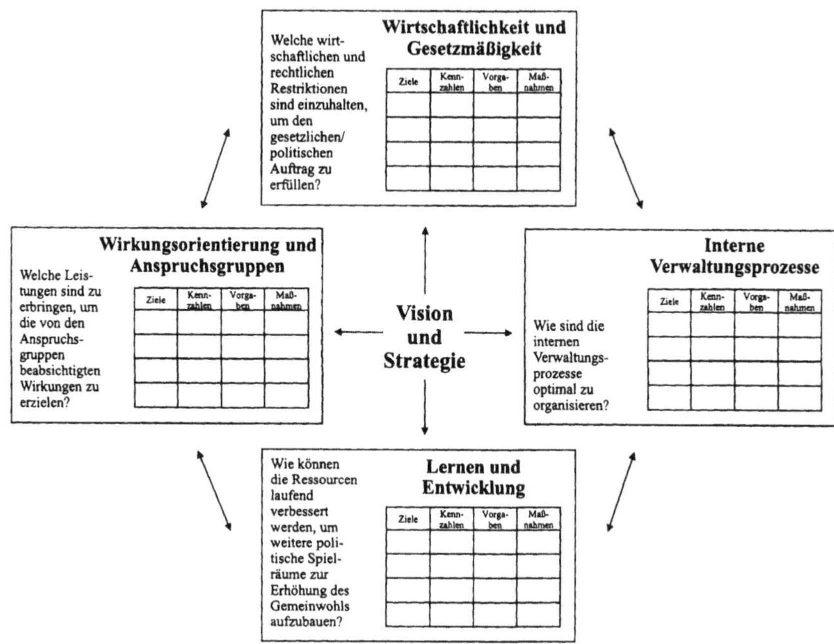

Abb. 38: Spezielle Balanced Scorecard für den öffentlichen Sektor

Denkbar ist auch, Balanced Scorecards mit mehr als vier Perspektiven zu gestalten, um damit auch weiteren Bereichen zu mehr Aufmerksamkeit zu verhelfen. Die einzelnen Scorecards werden dann für den speziellen öffentlichen

---

[121] Vgl. Thom & Ritz, 2006, S. 185

Betrieb gestaltet. Ein Beispiel für einen Auszug einer Scorecard aus dem Bereich „Lernen und Entwicklung“ zeigt Abb. 39[122].

Ziele	Kennzahlen	Vorgaben	Maßnahmen
Sanierung von Grünanlagen zur Verbesserung der Erholungsnutzung	Anteil der Projekte a) im Zeitplan b) im Kostenplan	Alle Projekte a) im Zeitplan b) im Kostenplan Ist: a) 57% im Zeitplan b) 65% im Kostenplan	Berichte über Abweichungen anfordern Detailmaßnahmen je Projekt formulieren ...
Sicherstellung der Sauberkeit in öffentlichen Grünanlagen, auf Wegen und Plätzen	Anzahl Reinigungsgänge an wichtigen Punkten pro Woche	206 Ist: 145	Schaffung der Voraussetzungen für zusätzliche Reinigungsgänge ...

Abb. 39: Beispiel für einen Detailauszug aus einer Scorecard

Ursache-Wirkungs-Beziehungen in Balanced Scorecards

Ursache-Wirkungs-Beziehung

Bei der konkreten Ausgestaltung der Balanced Scorecard für eine Organisation ist darauf zu achten, dass die Perspektiven nicht nur durch Kennzahlen „aufgefüllt“ werden, die in ihrer Gesamtheit zwar ausgewogen, aber untereinander in keinem Zusammenhang stehen. Die gewählten Kennzahlen und Perspektiven sollten vielmehr relevante Zweck-Mittel- bzw. Ursache-Wirkungs-Beziehungen darstellen. Die Kennzahlen entstammen dann einem betriebsspezifisch entwickelten Wirkungsmodell[123]. Ein Beispiel hierfür ist in der nachfolgenden Abb. 40 enthalten[124].

---

[122] Vgl. Gottbehüt, 2002, S. 106

[123] Vgl. Thom & Ritz, 2006, S. 182

[124] Vgl. Scherer, 2002, S. 20

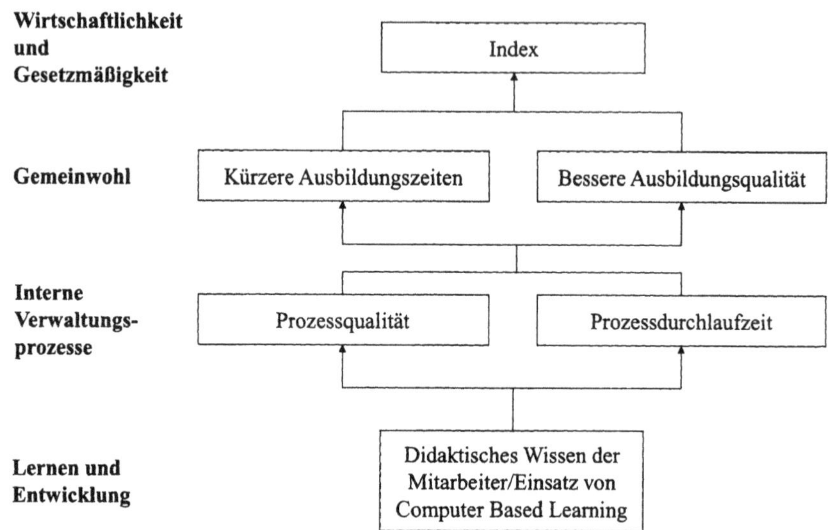

Abb. 40: Strategiebaum einer öffentlichen Ausbildungsinstitution

Die in einer Balanced Scorecard zu beobachtenden Ursache-Wirkungs-Beziehungen sind durch eine betriebsspezifische Analyse zu erarbeiten, bevor man die richtigen Kennzahlen und ihre Beziehung untereinander auswählen kann.

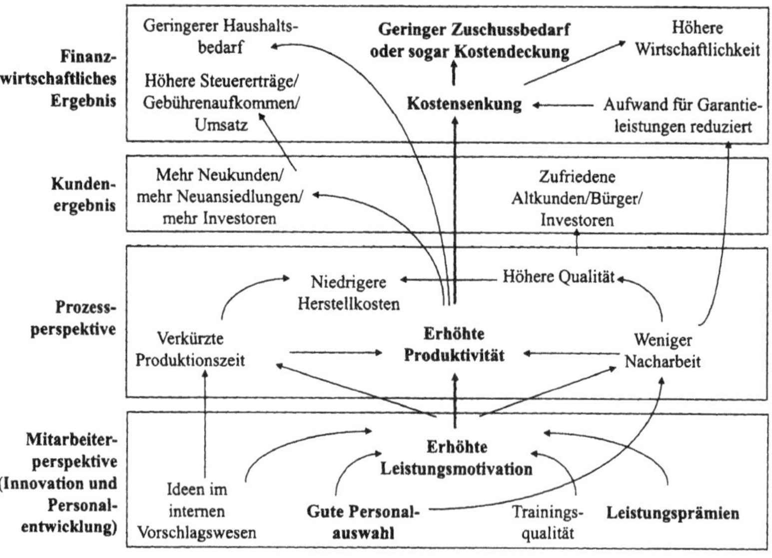

Abb. 41: Prinzipdarstellung Ursache-Wirkungs-Beziehung

Je einmaliger ein öffentlicher Betrieb in seiner Art ist, desto weniger kann man auf bereits vorhandene Beispiele anderer Betriebe zurückgreifen. Die nötige Eigenarbeit zur Gestaltung einer individuellen Scorecard ist oft eine schwierige Hürde, aber die Belohnung für diese Mühe ist ein sinnvoll interpretierbares Zahlenwerk anstelle eines „Friedhofes" von punktuellen Einzeldaten.

Darstellung der Balanced Scorecard als Cockpit

Die übersichtliche Darstellung von Kennzahlen, auch der Balanced Scorecard, in „Cockpit"-Systemen kann die Kommunikation über die aufgeführten Daten sehr unterstützen[125]. Ein Cockpit-System enthält als Darstellung z. B. Ampeln oder Rundinstrumente ähnlich wie Tachometer auf dem Armaturenbrett (englisch: Dashboard) eines Autos oder im Cockpit eines Flugzeugs. Üblicherweise werden ca. fünf bis sieben Kennzahlen in einem Cockpit-System berichtet. Es können beispielsweise folgende Inhalte abgebildet werden[126]: Cockpit

- Inputgrößen: Personal, Finanzen, Sachmittel.
- Prozessinformationen: Kapazitätsauslastungen, Wartezeiten, anstehende Aufgaben, Beschwerden, Projektfortschritte.
- Ergebnisgrößen: Finanz-, Mengen- und Qualitätsinformationen nach Institution, Aufgabenfeld, Produkt oder Produktgruppe.
- Wirkungsgrößen: Zufriedenheitsdaten, Verhaltensinformationen.
- Vergleichende Informationen: Dienststellenvergleiche, Zeitvergleiche, Größenvergleiche.

Balanced Scorecards und Cockpits geben – wenn sie gut auf die betriebsspezifischen Gegebenheiten zugeschnitten sind – praxisrelevante und hoch aggregierte Informationen über Zustände und Zielerreichungsgrade des Betriebs. Welche Maßnahmen zu welchem Zeitpunkt zu treffen sind, ob man gegebene Ziele mit gleicher Priorität weiterverfolgt oder zwischenzeitlich Änderungen im Zielgefüge eingetreten sind, können sie nicht darstellen. Daher wertet es diese Instrumente nicht ab, wenn man feststellt, dass die Betriebsführung neben ihnen noch weitere Erkenntnisquellen benötigt.

---

[125] Vgl. Schedler & Proeller, 2006, S. 188

[126] Vgl. Thom & Ritz, 2006, S. 178 f.

SERVICE

4 Produkt- und Kundenmanagement

4.1 Anspruchsgruppen

Die Ziele öffentlicher Betriebe beziehen sich auf öffentliche Zustände oder Ereignisse. Entweder haben sie direkt mit Menschen zu tun (Versorgung mit Gütern und Dienstleistungen, Schutz des Lebens, Einhalten von Regeln) oder Personen(gruppen) außerhalb des öffentlichen Bereiches haben aktives Interesse daran (z. B. Umwelt, Kulturgüter usw.). Zum Verständnis der Erwartungen an die Leistungen öffentlicher Betriebe ist daher zunächst ein Blick auf die Anspruchsgruppen (englisch: Stakeholder) und ihre Erwartungen zu richten. Die Zugehörigkeit zum öffentlichen Sektor bedingt im Vergleich zu privaten Betrieben eine viel größere Zahl und Spreizung der Anspruchsgruppen. Diese Erkenntnis erklärt Besonderheiten bei der Zielfindung, sie ist auch bei der Steuerung der Betriebe von großer Bedeutung. Die Anspruchsgruppen der öffentlichen Betriebe kann man in folgende Kategorien einteilen:

Anspruchsgruppen (Stakeholder)

- Politische Entscheidungsträger und übergeordnete Instanzen, die direkt auf Entscheidungsträger in dem Betrieb einwirken können.
- Die Öffentlichkeit, ein Mix aus politischen und materiellen Interessen von politischen Gruppen und Verbänden.
- Die Beschäftigten im öffentlichen Bereich.
- Bürger und andere, z. B.gewerbliche Kunden.
- Informations- und Managementdienstleister

Diese Anspruchsgruppen haben ganz unterschiedliche Interessen und Möglichkeiten der Einwirkung auf Ziele und Produkte öffentlicher Betriebe. Die Festlegung oder Neu-Justierung von Betriebszielen, die Ableitung von Aufgaben daraus und die Festlegung auf Produkte ist in privatwirtschaftlichen Betrieben weitgehend eine betriebsinterne Angelegenheit, öffentliche Betriebe dagegen haben je nach Art ihrer Aufgaben in viel stärkerem Maße öffentliche Meinungen und Einflussnahmen externer Instanzen auf ihre strategischen Festlegungen zu erwarten.

Einwirkung von außen auf Ziele, Aufgaben und Produkte

In diesem Kapitel 4 soll der Betrachtungsschwerpunkt allgemein auf Produkten als solchen und punktuell auf Produkten für bestimmte Anspruchsgruppen liegen. In Kapitel 7 wird dann erläutert, wie einige der Anspruchsgruppen unabhängig von produktbezogenen Betrachtungen Wirkung auf das Management der Betriebe entfalten.

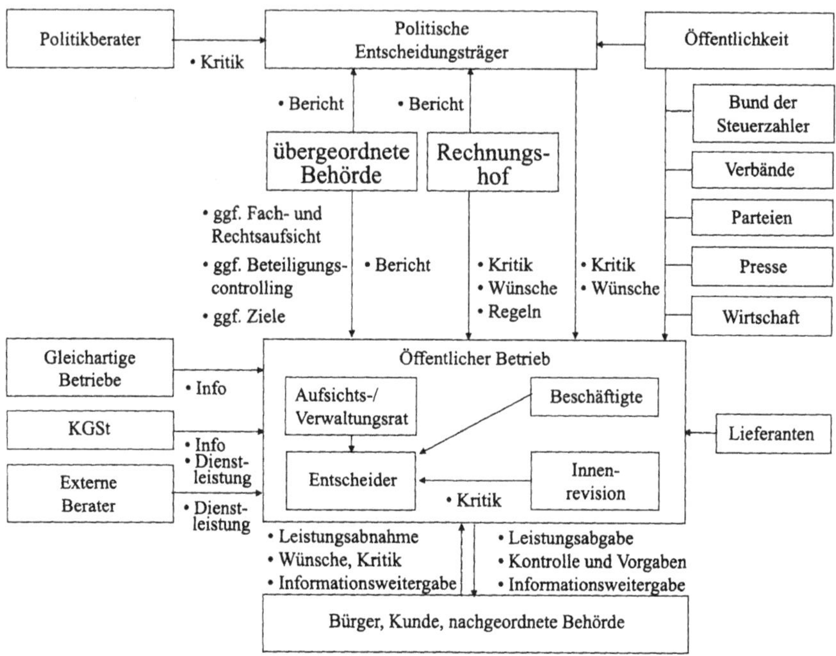

Abb. 42: Übersicht der Anspruchsgruppen öffentlicher Betriebe

4.2 Produkte

Übersicht

Produkte und Produktplan

Ein zentraler Gedanken der Reformen im öffentlichen Bereich ist es, die Betriebe des öffentlichen Bereichs stärker auf die Wirtschaftlichkeit und Qualität ihrer Arbeit sowie die Wünsche der Adressaten betrieblicher Leistungen, zumeist entweder in der Rolle als echter Kauf-Kunde oder Bürger, zu lenken. Daher soll auch im öffentlichen Bereich das Ergebnis der Arbeit, eine Dienstleistung oder eine Ware, mehr in den Mittelpunkt der Managementbetrachtung gerückt werden und die Betrachtung nicht mehr ausschließlich auf Einhalten der internen Regeln gerichtet sein. Dieses wird durch die „programmatische" Verwendung des Begriffs „Produkt" für öffentliche Leistungen verdeutlicht[127]. Für Zwecke der internen Berechnung von Kosten im Rahmen der Kosten-

[127] Der Begriff „Service" im Dienstleistungsbereich wird oft praktisch synonym verwendet

Leistungsrechnung (s. Abschnitt 6.2.4) werden Produkte aufgelistet und in einen Produktplan des Betriebs geschrieben.

Definition Produkt und Produktplan

Produkte sind betriebliche Endleistungen, die Nutzen für interne oder externe Kunden stiften und die Aufgaben des Betriebs erfüllen. Interne Produkte sind Leistungen im Bereich Organisation, Personal und Haushalt (OPH) und verbleiben im Innenbereich des Betriebs. Externe Produkte (Synonym: Fachprodukte) werden für Bürger, übergeordnete Instanzen, Wirtschaft oder Öffentlichkeit erstellt und sind von außen wahrnehmbar. Die zusammenfassende Darstellung aller Produkte eines Betriebs wird „Produktplan" genannt. Produktpläne dienen u.a. der Festlegung von Zeitaufschreibungskategorien und der Kostenträgerrechnung in der Kosten-Leistungsrechnung.

Standard-Produktplan

Da die Kommunen einander in der Grundstruktur sehr ähnliche öffentliche Betriebe sind ist es möglich, für sie einen betriebsübergreifenden Standard-Produktplan zu entwerfen. Am 23.11.2003 hat die Innenminister-Konferenz in Deutschland einen gemeinsamen Produktrahmen beschlossen, s. Abb. 43. Die KGSt hat hierzu in 2007 Beispiele für Wirkungsziele und Kennzahlen veröffentlicht[128].

Standards für Produkte

Öffentliche Betriebe mit Alleinstellungsmerkmalen der Aufgaben müssen ihre Produktpläne selbst entwickeln. Zumeist finden sich aber für die internen Verwaltungsprodukte (Organisation, Personal, Haushalt, kurz OPH-Produkte) innerhalb der Ressorts Vorgaben, so dass für Betriebe der Ordnungs- und Leistungsverwaltung oft „nur" die Fachprodukte individuell zu bestimmen sind. Das Festlegen des genauen Produktinhalts ist bei Dienstleistungen manchmal nur durch Klärung vieler Detailfragen möglich. Details könnten z. B. die Tageszeit der Sprechstunden/der Öffnung des Bürgerbüros sein, die höchstmögliche Bearbeitungsdauer bis zu einer Rückmeldung, die gesprochenen Fremdsprachen der Beschäftigten, das Tragen von Dienstkleidung bei Erbringen der Leistung, die höchstzulässige Zahl von Fehlern, die Behandlung von Beschwerden usw.

Spielräume der Gestaltung für Kunden nutzen

Es ist eine zentrale Forderung des New Public Management, die Produkte im Rahmen des wirtschaftlich Sinnvollen auf die Wünsche der internen und externen Kunden abzustimmen. Selbst wenn Aufgaben und die zu ihrer Erfüllung benötigten Produkte einen gesetzlichen Hintergrund haben und daher als solche unveränderlich sind, kann es noch erheblichen Spielraum für den Betrieb bei der Gestaltung des „wie" der Leistungserbringung geben. Diesen Spiel-

128 erschienen als KGSt Materialien 1/2007

raum gilt es, sowohl nach den Gesichtspunkten der Wirtschaftlichkeit als auch der Kundenfreundlichkeit zu nutzen.

Abb. 43: Produktrahmenplan Kommunen Deutschland[129]

Gefahr: Politik steuert nicht mit Produkten

Das Vorhandensein eines Produktplanes allein bewirkt nicht, dass die Politik öffentliche Betriebe fortan über Produkte steuert. Eine umfangreiche Untersuchung in deutschen Kommunen brachte das Ergebnis, dass durch das neue Steuerungsmodell kaum politische Systemeffekte festzustellen waren[130]. Die Politik steuerte weiterhin nicht über Produkte oder Kontrakte die Verwaltung, sondern einzelfallbezogen und direkt. Ein ergänzender Befund war ein überkomplexes Produkt-Berichtswesen und teilweise eine nicht-Deckung von Organisationsstrukturen und Produktstrukturen. Die Politik nahm daher diese Instrumente nicht an, die Werkzeuge des Neuen Steuerungsmodells wurden von der Politik eher als verwaltungsinterne Besonderheiten gesehen. Wenn es zwischen dem Ersteller und dem Besteller zu formellen Absprachen über die Details bei Dienstleistungen gibt, dann spricht man von „Service Level“.

Service Level

---

129 Verkürzt, erstellt aus Produktrahmenplan der Innenministerkonferenz 21.11.2010.

130 Vgl. Bogumil et al., 2007, S. 302 f.

Definition Service Level (Management)

Als „service level“ werden innerbetrieblich oder mit Kunden von außerhalb vereinbarte Details der Erbringung von Dienstleistungen bezeichnet[131]. Den gesamten Prozess des Vorschlagens, Aushandelns und Steuerns dieser Vereinbarungen nennt man „Service Level Management“. Der Begriff ist im IT-Bereich stark verbreitet, kann aber genausogut auf andere Arbeitsfelder übertragen und dort verwendet werden.

Innerbetriebliche Service Level Vereinbarungen sind im öffentlichen Sektor wahrscheinlich noch sehr selten, sogar im IT-Bereich sind sie nicht sehr verbreitet[132]. Dies kann man einerseits positiv deuten, in dem man eine hohe Flexibilität und Toleranz vermutet, innerbetriebliche Leistungen so zu nehmen, wie sie kommen. Ergänzend mag allein schon durch Dienstanweisungen und andere Vorgaben genug Klarheit darüber herrschen, was zu tun und was zu erwarten ist. Oder formelle Service Level Vereinbarungen werden durch weichere Formen der Abstimmung überflüssig. Andererseits könnte es darauf hindeuten, dass die Rolle des „internen Kunden“ nicht sehr stark gelebt wird und daher die internen Leistungsempfänger keine starke Rolle spielen.

Exkurs: Produkte für Politische Entscheidungsträger

Der öffentliche Sektor – insbesondere die Betriebe des Typs 1 (Ordnungsverwaltung) – sind direkt der demokratisch gewählten Exekutive unterstellt und damit sehr politiknah. Die Politik hat viele Berührungspunkte mit der Verwaltung – ob nun in der Regierung oder in der Opposition. Aus diesem Grund ist ein Blick auf die Politik als Kunden und die von ihr in Anspruch genommenen Produkte selbst lohnenswert. Hierzu soll die Forschung bemüht werden:

Definitionen Politikforschung über Polity, Politics und Policy

Die Politikforschung ist stark beeinflusst durch die angloamerikanische Literatur, daher werden einige zentrale Begriffe unübersetzt aus dem Englischen übernommen. Politikforschung wird demnach in drei Bereiche unterteilt: „Polity“ ist in der Regierungsforschung die institutionelle Dimension mit rechtlichen Rahmenbedingungen sowie den inoffiziellen Verhaltensregeln, „Politics“ die Betrachtung der handelnden Personen sowie der politischen Institutionen und „Policy“ die Frage nach dem Output, also den Politikergebnissen[133].

---

[131] Zwischenbetriebliche Vereinbarungen im öffentlichen Sektor werden als Verwaltungsvereinbarungen bezeichnet und sind von dieser Darstellung ausgenommen.

[132] Vgl. Koll, 2010, S. 7.

[133] Vgl. Korte & Fröhlich, 2004, S. 13 f.

Eine sehr anschauliche Darstellung der Verzahnung von Politik und den „Verwaltung" genannten politiknahen öffentlichen Betrieben, vor allem den Ministerien, zeigt die Abb. 44. Hiernach ist der ganze Zyklus des Erzeugens politischer Ergebnisse – bis auf die Entscheidung und die politikinternen Vorgänge selber – potentiell durch die Verwaltung begleitet[134].

Verwaltung ist Mitspieler im Policy-Circle

Besonders stark ist sie beim Entdecken oder Aufzeigen politischer Probleme, bei der Hilfe zur Erarbeitung von Lösungsvorschlägen und Gesetzentwürfen, natürlich bei der Umsetzung der Politik in Handeln des öffentlichen Sektors sowie ggf. bei der Nachschau der Ergebnisse mit einer Bewertung und Kontrolle des Erreichten.

Produktkritik mit Portfoliotechnik

Nicht jede gegenwärtig geleistete oder dem öffentlichen Bereich angetragene neue Aufgabe muss tatsächlich auch zukünftig unhinterfragt erledigt werden. Das zielorientierte strategische Management erfordert die Bereitschaft, über die Zweckmäßigkeit und die Wirtschaftlichkeit von Aufgaben nachzudenken. Dieses Nachdenken sollte strukturiert und nachvollziehbar sein. Für den kommunalen Bereich hat die Kommunale Gemeinschaftsstelle (KGSt, siehe Abschnitt 7.4.1) hierfür die so genannte „Produktkritik" entworfen, in deren Rahmen eine Wirkungsanalyse des öffentlichen Leistungsangebots anhand der angestrebten Ziele vorgenommen und damit die Ausrichtung des Ressourceneinsatzes auf die strategischen Ziele der Kommune verbessert werden soll[135].

Portolios mit 4, 9 oder mehr Feldern

Ein wesentliches Instrument hierzu ist eine Portfoliomatrix, die in verschiedenen Formen angewandt werden kann. Als „Portfoliomatrix" werden Darstellungen bezeichnet, in denen vier, neun oder beliebig mehr Felder zwei Bewertungsdimensionen (z. B. erste Dimension: Zukünftiger Bedarf nach dem Produkt und zweite Dimension: Versorgungsintensität) und mindestens zwei Zustände in diesen Dimensionen eingetragen sind. Die Produkte werden anhand der Dimensionen und der Einschätzung des Zustandes einsortiert.

Versorgungs-Intensitäts-Portfolio

In der Abb. 45 ist ein Beispiel, das „Versorgungsintensitäts-Portfolio", abgebildet. In den Zellen dieses vier-Felder-Portfolios stehen Empfehlungen, sogenannte „Normstrategien", als Entscheidungsvorschläge für die Zukunft von Produkten, die in diesen Zellen sind. Mit Hilfe des Versorgungsintensitäts-Portfolios können Aufgaben und Produkte nach der heutigen und zukünftigen Versorgungsintensität gegliedert werden, wodurch aus Abweichungen zwischen der heutigen und der zukünftigen Versorgungsintensität Sparpotenzial und Entwicklungspotenzial ermittelt werden können.

---

134 Vgl. Bogumil & Jann, 2004, S. 26 f.

135 Vgl. Rau, 2007, S. 159

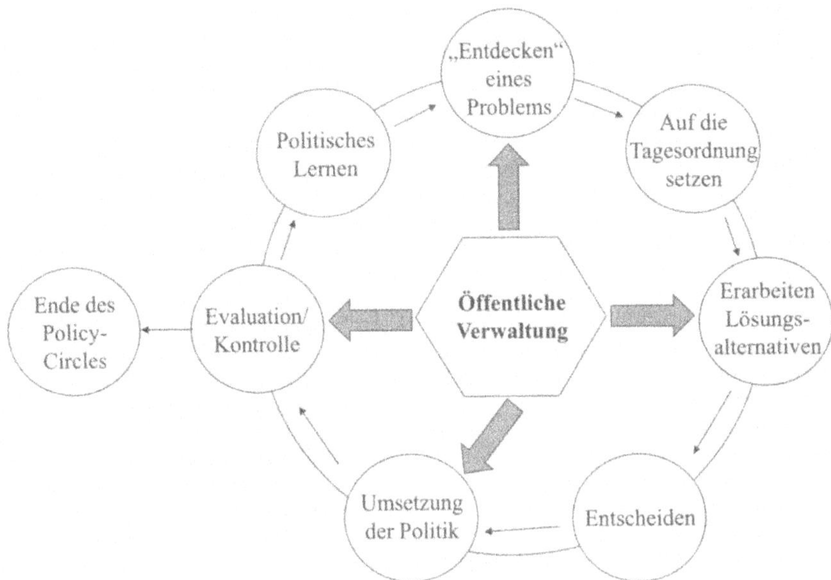

Abb. 44: Öffentliche Verwaltung als Teil des Policy-Circles

Die heutige Versorgungsintensität lässt sich anhand von Indikatoren, wie z. B. der heutigen Dichte des Versorgungsnetzes, bestehender Versorgungsengpässe, gegenwärtiger Wartezeiten und derzeitiger Kundenzufriedenheit, bestimmen. Für die zukünftige Versorgungsintensität sind Indikatoren, wie z. B. die Entwicklung der Zahl der Leistungsempfänger, die möglichen Konsequenzen von Versorgungsengpässen, die Bereitschaft der Kunden zur Bezahlung der angebotenen Qualität, die Sicherheitsrisiken bei geringer Qualität oder schlechter Versorgung und Trends bei den Kundenwünschen, relevant. Das Ergebnis einer Produktportfolioanalyse lässt sich dann in einem Entscheidungsprozess über das Ausmaß des Angebots von einzelnen Produkten nutzen.

Legitimations-Bedarfsportfolio

Ein weiteres Beispiel ist das in Abb. 46 dargestellte „Legitimations-Bedarfs-Portfolio". Es bewertet Aufgaben oder Produkte anhand von zwei Dimensionen: (1) Der politischen Legitimation der öffentlichen Einrichtung im Aufgabenfeld und (2) dem zukünftigen Bedarf an einem öffentlichen Engagement im Handlungsfeld. Die politische Legitimation könnte zum Beispiel gemessen werden an der Rechtsgrundgrundlage für ein Tätigwerden, der Akzeptanz des Angebots durch die Kunden/Bürger, dem laut geäußerten Anspruch auf öffentliche Leistungen durch politisch gewichtige Anspruchsgruppen, politischen Mehrheiten und dem politischen Widerstand beim Abbau dieser Leistungen.

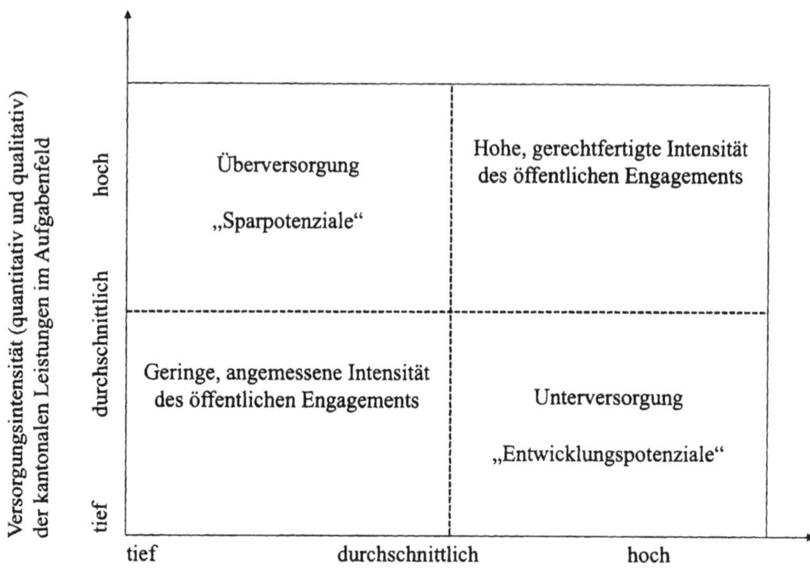

Abb. 45: Versorgungsintensitäts-Portfolio[136]

Den zukünftigen Bedarf bzw. Nutzen des öffentlichen Engagements könnte man z. B. messen am zukünftigen Einfluss auf das Gemeinwohl, der zu erwartenden Nachfrage nach den Leistungen und den zu erwartenden negativen Konsequenzen beim Abbau des Engagements[137].

Das Legitimations-Bedarfs-Portfolio und das Versorgungsintensitäts-Portfolio sowie weitere Portfolios wurden beispielsweise in der Praxis für die strategische Entscheidungsfindung in der bernischen Kantonsverwaltung in den 1990er Jahren verwendet[138].

---

136 Entnommen aus Thom & Ritz, 2006, S. 68

137 Vgl. Thom & Ritz, 2006, S. 65 f.

138 Vgl. zur Darstellung der entsprechenden Fallstudie Thom & Ritz, 2006, S. 64 ff.

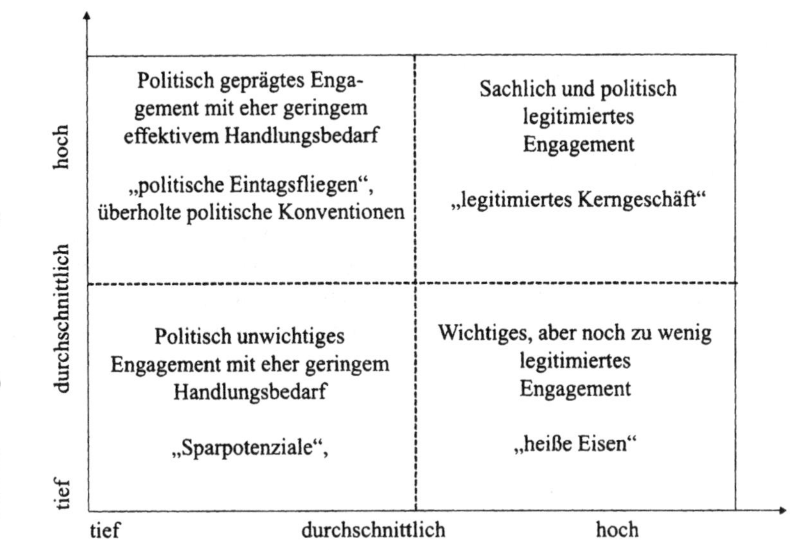

Abb. 46: Legitimations-Bedarfs-Portfolio[139]

Aufgabenerledigung durch andere

Bei der Entscheidung über die Durchführung von bestimmten Aufgaben einer Behörde ist noch zu beachten, dass möglicherweise andere Organisationen diese Aufgaben (auch oder teilweise) erfüllen und damit zur Zielerreichung der betrachteten Behörde mit beitragen. Diese Situation ist nicht selten im öffentlichen Bereich: Da die öffentlichen Interessen sehr weit gespannt sind und neben ordnungspolitischen Fragen auch einen großen Teil sozialer, gesundheitsförderlicher, kultureller sowie verkehrs- und wirtschaftserleichternder Themen aufgreifen, findet sich eine Vielzahl von privaten Interessenten, die in Vereinen und anderen Organisationsformen ebenfalls Engagement in diesen öffentlichen Themen zeigen und praktische Arbeit leisten. Es ist sowohl wirtschaftlich wie gesellschaftspolitisch nützlich, dieses Engagement zu nutzen und ggf. zu stärken.

---

139 Entnommen aus Thom & Ritz, 2006, S. 66

Beispiel der Zielerfüllung durch Aufgabenerledigung anderer

Im Beispiel der Insel Atlantis betrachtet die dortige Wasserschutzpolizei „Lebensrettung“ von Menschen als eigenes Ziel. Nun stellt sich die Frage, welche Aufgaben daraus abzuleiten sind. Hier hilft auch ein Blick auf andere Organisationen: Die privatrechtlich als Verein organisierte Lebensrettungsgesellschaft von Atlantis stellt bereits Rettungsringe am Strandufer auf. Außerdem versorgt sie die Badestrände in der Badesaison durch Lebensretter. Krankenhäuser von Atlantis haben sich auf die medizinische Behandlung von Personen mit Unterkühlung eingestellt und behandeln Verbrennung der Haut durch Quallengift. Für die Wasserschutzpolizei bedeutet dies, dass sie diese Tätigkeitsfelder nicht als eigene Aufgabe begreifen muss, sondern nur gelegentlich überprüft, wie die Nachbarorganisationen ihre Aufgaben erfüllen.

4.3 Qualitätsmanagement

Mit der produktorientierten Steuerung von Betrieben ist nicht nur die Frage der Wirtschaftlichkeit der Erstellung von Produkten und des ganzen Betriebs, sondern auch der Kundenorientierung und Leistungsverbesserung verbunden. Alle genannten Aspekte fasst der Begriff der „Qualität“ zusammen:

Qualität und Qualitätsmanagement

Definition Qualität und Qualitätsmanagement[140]

Qualität ist gemäß DIN 55350 „... die Beschaffenheit einer Einheit bezüglich ihrer Eignung, festgelegte oder vorausgesetzte Erfordernisse zu erfüllen“. Qualitätsmanagement ist eine ganzheitliche und kontinuierliche Vorgehensweise zur Betrachtung von Menschen, Prozessen, Strukturen, Entscheidungen und Ergebnissen im betrieblichen Bereich. Ausgehend von Erwartungen externer und interner Kunden werden die Produkte sowie ggf. alle das Ergebnis beeinflussenden Managementbereiche bewertet. Erkenntnisse aus dieser Bewertung werden zur Verbesserung benutzt.

Ergebnis-, Prozess- und Strukturqualität

Der Qualitätsbegriff lässt sich in die Bereiche Ergebnis-, Prozess- und Strukturqualität herunterbrechen. Neu für manche Betriebe im öffentlichen Sektor ist die Einbeziehung einer externen Sichtweise in die Beurteilung der eigenen Leistungen, weil man sich bisher nur aus der Binnensicht betrachtete und Außenstehenden kein Urteilsvermögen oder gar Mitspracherecht über die eigenen Leistungen zubilligte (außer den vorgesetzten Instanzen). Qualitätsmanagement will dies gerade ändern. Wichtig ist dabei, die Kunden des Betriebs zu

---

[140] Eigene Definition in Anlehnung an die vom CAF-Netzwerk benutzte Definition.

bestimmen: Da im öffentlichen Sektor oft viele Anspruchsgruppen Beziehungen und Meinungen zur Leistung eines Produkts haben können ist es wichtig, den eigentlichen Kunden zu identifizieren bzw. verschiedene Kundentypen auszumachen, z. B. den Auftraggeber, den Leistungsempfänger, die Betroffenen und eventuell die gerade nicht Betroffenen, und die Meinung dieses Kundentypen in ein ganzheitliches System zu bringen, um sie differenziert bewerten zu können.

Ganzheitlicher Qualitätsansatz TQM

In der Geschichte der Entwicklung des Qualitätsbegriffes ist der weitestgehende „philosophische" Ansatz derjenige des „Total Quality Management", TQM. Er fordert, alle Bereiche des betrieblichen Managements dem Qualitätsgedanken unterzuordnen. Konkrete Handlungsanleitungen bietet TQM nicht, weil es auf branchen- und betriebsindividuelle Lösungen ankommt.

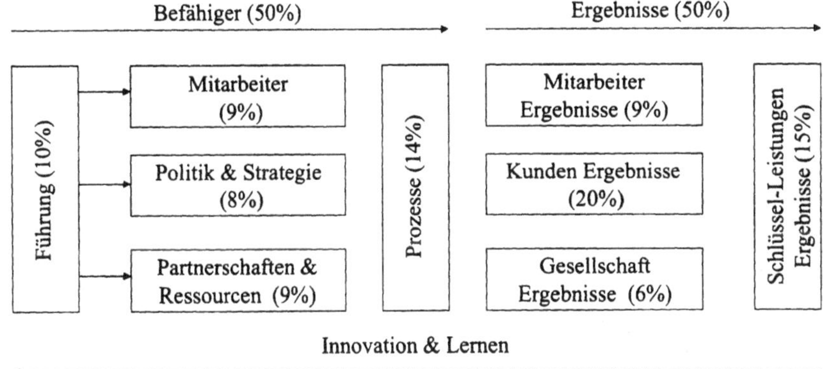

Abb. 47: Gewichtung der Bereiche im Qualitätsmanagement nach EFQM[141]

EFQM

Den TQM-Gedanken hat seit 1988 die European Foundation for Quality Management (EFQM) übernommen und in einen laufend fortgeschriebenen ganzheitlichen Selbstbewertungsansatz überführt. Die Abb. 47 zeigt die in unterschiedlicher Nähe zum eigentlichen Produkt befindlichen betriebsinternen Bereiche, unterteilt in „Befähiger" und „Ergebnisse". Die aufgezeigten Prozentanteile der Gewichtung kann man betriebsindividuell verändern, sie sind nur als unverbindlicher Vorschlag zu verstehen. Die EFQM bietet ein Selbstbewertungssystem, um eine Bestimmung des Qualitäts-Standorts eines Betriebs durchzuführen. Dieses System wird für den privaten wie für den öffentlichen Bereich eingesetzt, verwendet hat es z. B.die Stadt Hamburg[142].

---

141 mod. n. Broekmate et al., 2001, S. 249

142 In 1999 Einführung eines EFQM-ähnlichen Ansatz, s. Broekmate et al., 2001, S. 281 f.

Common Assessment Framework

Alternativ dazu – im Ergebnis aber sehr ähnlich – gibt es basierend auf dem EFQM-Ansatz in Europa speziell für den Öffentlichen Bereich ein eigenes standardisiertes Werkzeug, das Common Assessment Framework (CAF). Dies wird seit 2006 in Deutschland durch das Bundesverwaltungsamt betreut[143].

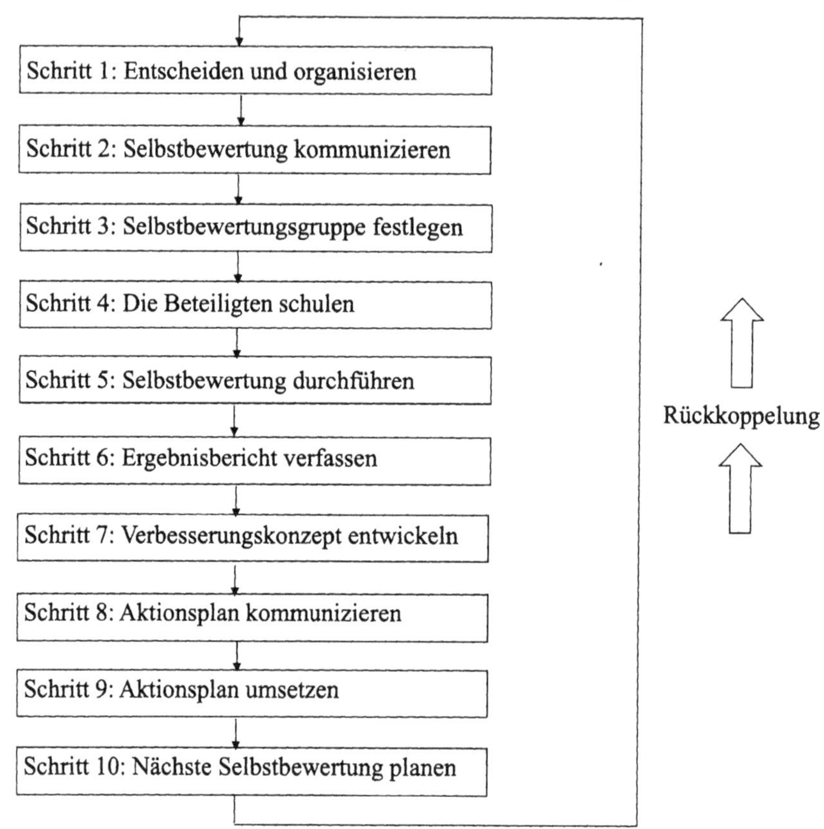

Abb. 48: Schritte des CAF-Ansatzes[144]

Allumfassender oder fokussierter Ansatz

Im deutschsprachigen Raum wird das System und seine Nutzung durch das CAF-Netzwerk unterstützt, es bietet u.a. Informationen über Schulungen zur Vorbereitung, ein Selbstbewertungs-Werkzeug und Durchführungshilfen. Die Schritte der Durchführung einer Selbstbewertung sind in Abb. 48 dargestellt. EFQM und CAF bieten nach Durchführung von Selbstbewertungen und Verbesserungen eine Qualitäts-Zertifizierung an. Diese Zertifizierungen haben

[143] www.caf-netzwerk.de

[144] Nach Darstellung des deutschen CAF-Netzwerkes im Internet, www.caf-netzwerk.de; dort ist auch ein Selbstbewertungs-Leitfaden zum Downloaden verfügbar.

ihren Schwerpunkt in der Darstellung der Selbstbewertung, der Sammlung von Verbesserungsideen und Steuerungsabsichten.

Qualitäts-Zertifizierung nach DIN ISO 9001

Dagegen hat die hier nicht näher vorgestellte Zertifizierung um die Basis-Norm DIN ISO 9001 herum den Schwerpunkt auf eine Dokumentation der Qualitätsmanagement-Prozesse gelegt, Ergebnisverbesserungen sind nicht im Zertifizierungsnachweis enthalten. Sachlich sind alle Zertifizierungen nur Augenblickaufnahmen eines Zustandes. Weil Qualität laufend gesteuert und verbessert werden sollte, haben diese Zertifizierungen nicht den Status, selber DAS Qualitätsmanagement zu sein, sondern zum Teil einen Demonstrationscharakter. Diese Demonstration kann aber ein Zeichen setzen und Ansporn für das Weiterleben des Qualitätsgedankens nach der Zertifizierung sein.

Da die Ansätze der EFQM, CAF und DIN ISO 9001 ganzheitlich sind ist es eventuell empfehlenswert, in einem ersten Schritt nicht alle qualitätsrelevanten Bereiche gleichzeitig zu untersuchen. Dies könnte einen Betrieb überfordern und eventuell auch Bereiche einbeziehen, die kein großes Potential für Verbesserungen aufweisen. Um punktgenauer auf typische Problemzonen der Qualität zuzugehen hat die KGSt zusammen mit der Bertelsmann-Stiftung den Vorschlag erarbeitet, auf kommunaler Ebene zunächst nur die Ergebnis-Bereiche Kundenzufriedenheit, Mitarbeiterzufriedenheit, den spezifischen Leistungsauftrag sowie die Wirtschaftlichkeit zu betrachten[145].

Relativ geringe Anzahl öffentlicher Betriebe mit Qualitätszertifikat

In der Praxis öffentlicher Betriebe ist die Zahl der Zertifizierungen im Qualitätsmanagement noch sehr gering, in Deutschland haben z. B. am Jahresanfang 2010 erst 6 Bundesbehörden von über 400 einen vollständigen CAF-Prozess durchlaufen[146]. Obwohl die Nachfrage nach Qualitäts-Selbstbewertungen höher ist als die nach formellen Zertifizierungen, ist es dennoch nur eine kleine Anzahl der öffentlichen Betriebe, die dieses Thema konsequent aufgreift. Empfohlen wird eine Verstärkung der freiwilligen Form durch mehr Transparenz und Öffentlichkeit zum Thema der Qualität öffentlicher Services, weil dann die Anspruchsgruppen öffentlicher Betriebe in der Lage wären, sich selbst ein Bild über den Bedarf eines Qualitätsmanagements in einzelnen Betrieben zu machen. Hierzu könnte eine „Stiftung Verwaltungstest“ eingerichtet werden, die analog zur „Stiftung Warentest“ Information und Öffentlichkeitsdruck gleichermaßen erzeugen könnte[147].

Werkzeuge des Qualitätsmanagements

Praktische Werkzeuge des täglich gelebten Qualitätsmanagements können u.a. regelmäßige Kundenbefragungen, das Einrichten von Beschwerdestellen, ständige interne Arbeitsgruppen mit dem Auftrag zur Erarbeitung von Verbesse-

---

145 Vgl. Broekmate et al., 2001, S. 51 f.

146 Vgl. Stein, 2010, S. 22

147 Vgl. Bogumil, 2004, S. 396

rungsvorschlägen („Qualitätszirkel"), Etablieren eines Qualitätsbeauftragten, das Befördern einer Betriebskultur mit dem Anspruch der ständigen Verbesserung, ein innerbetriebliches Vorschlagswesen sowie der systematische Vergleich mit anderen gleichartigen Betrieben (Benchmarking) sein. In produzierenden Betrieben können auch technisch ermittelte „Ausschussquoten" oder Abweichungsmaße sowie Rückläufer innerhalb der Garantiezeit wertvolle Hinweisgeber für Qualitätsfragen sein.

4.4 Marketing im öffentlichen Bereich

In der privatwirtschaftlichen Welt am Markt konkurrierender Betriebe hat sich in zunehmend gesättigten Märkten, wo die Käufer und nicht die Verkäufer das Geschehen bestimmen, eine konsequente Ausrichtung auf die Kundenbedürfnisse als überlebenswichtig herausgestellt. Als betriebliche Funktion übersteigt diese Ausrichtung den Rahmen des traditionellen Absatzes bzw. Vertriebs, ein neuer umfassenderer Begriff setzte sich hierfür durch: „Marketing".

Definition Marketing und Social Marketing

(Verwaltungs-)Marketing allgemein ist die zielorientierte Steuerung des einzelnen Betriebs von der Sichtweise der außenstehenden Anspruchsgruppen her. Die produktbezogenen Bedürfnisse und Wünsche der aktuellen und potenziellen externen Anspruchsgruppen bilden den Ausgangspunkt des Handelns, die Adressatenorientierung hat erste Priorität[148]. „Social Marketing" zielt auf einen Bewußtseins- und Wertewandel der Gesellschaft und ist nicht nur aus der Perspektive eines einzelnen Betriebs, sondern der öffentlichen Betriebe insgesamt begründet[149].

Im Folgenden soll das Marketing des einzelnen öffentlichen Betriebs, nicht das eher gesellschaftliche Ziele verfolgende Social Marketing behandelt werden.

Bedarf nach Marketing im öffentlichen Bereich

Die Einsicht in den Bedarf für Marketing und die Nutzung dieses Begriffs für den öffentlichen Bereich sind zunächst nicht selbstverständlich, da nach bisherigem Verständnis ein Großteil des öffentlichen Sektors – die staatliche Kernverwaltung in den Gebietskörperschaften – bestimmten direkten wettbewerblichen Zwängen gerade nicht unterliegt. Diese Einschätzung wandelt sich aber in den letzten Jahren deutlich: Es gibt eine Konkurrenz der regionalen Standorte sowohl innerhalb als auch zwischen Staaten, weil die Globalisierung den

[148] mod. n. Hohn, 2006, S. 3. Diese eigene Definition ist auf Besonderheiten des öffentlichen Bereichs zugeschnitten.

[149] Vgl. Schauer, 2008, S. 145 f.

privaten Unternehmen mehr Freiheiten der Standortwahl lässt und angesichts schwacher Wachstumsraten die Gebietskörperschaften um Ansiedlung neuer und das Verhindern des Abzugs ansässiger Privatunternehmen kämpfen. Gleiches gilt angesichts des Alterns der Gesellschaft im Wettbewerb der Standorte um junge Familien mit Kindern, die letztlich wieder für die Wirtschaftsentwicklung tatkräftige Arbeitskräfte stellen können[150]. Daneben stehen und standen schon immer außerhalb der Kernverwaltung angesiedelte öffentliche Betriebe mit privater Konkurrenz (viele kommunale Eigenbetriebe, die als Versorgungs-, Verkehrs- und Gesundheitsanbieter tätig sind) in vollem oder teilweisem Wettbewerb. Dieser kann durch regionale Vorteile öffentlicher Anbieter – z. B. lokaler Stadtwerke versus landesweiter Energieversorger – oder Zuschüsse als Ausgleich defizitärer Ergebnisse für die öffentlichen Betriebe leichter erträglich sein, dennoch stehen sie hier stärker unter dem Druck, kundenorientiert zu handeln, als viele Bereiche der Kernverwaltung.

Marketing als Managementansatz will insbesondere vier Gestaltungsbereiche des Betriebs beeinflussen[151]:

vier Gestaltungsbereiche des Marketing

Die Produktpolitik: Hier sind zwischen den meisten öffentlichen Betrieben und der privaten Welt sehr große Unterschiede zu beobachten: Die Gestaltungsfreiräume und die Möglichkeit, auch aufgrund eigener Entscheidung komplett aus bestimmten Produktwelten aus- und in andere einzusteigen, haben viele Betriebe der Ordnungs- und Leistungsverwaltung nicht. Die „Kunden" in diesem Bereich sind zumeist Zwangskunden, die mangels konkurrierender öffentlicher Anbieter auch keinen Veränderungsdruck eines Käufermarktes entfalten können. Dennoch gibt es auch Ausnahmen: Z. B. können Kultureinrichtungen und Universitäten innerhalb weiter Grenzen ihr Angebot verändern und an Bedarfe anpassen. Bei vielen anderen öffentlichen Betrieben mögen kleinere und freiwillige Aufgaben mit den dazugehörenden Produkten disponibel sein. Ansonsten sind es aber die Politik oder vorgesetzte Instanzen, z. B. die Trägerkörperschaften, die die Produktpolitik der ihnen nachgeordneten Betriebe entscheiden. Wenn man diese übergeordnete Instanz als „Kunden" (wenn auch evtl. nicht Abnehmer) der Produkte sieht, dann ist dies auch ein ganz anderes Geschäftsmodell als dasjenige eines privaten Marktes mit autonomen Entscheidern, die Kunde und Abnehmer in einem sind. Praktisch ist die Welt der vom öffentlichen Sektor angebotenen Produkte deutlich weniger dynamischen Veränderungen unterworfen als die der privatwirtschaftlich erzeugten Angebote. Dennoch findet, wenn auch sehr viel langsamer und nur in bestimmten marktnahen Segmenten, eine Produktpolitik statt, die von der Anwendung systematischer strategischer Ansätze der Entscheidungsfindung

Produktpolitik

---

[150] Vgl. Mäding, 2006

[151] Vgl. Schierenbeck, 2008, S. 304

über die Produktentwicklung wie der Stärken-Schwäche/Chancen-Risiko – Analyse – s. Abb. 49 – profitieren kann.

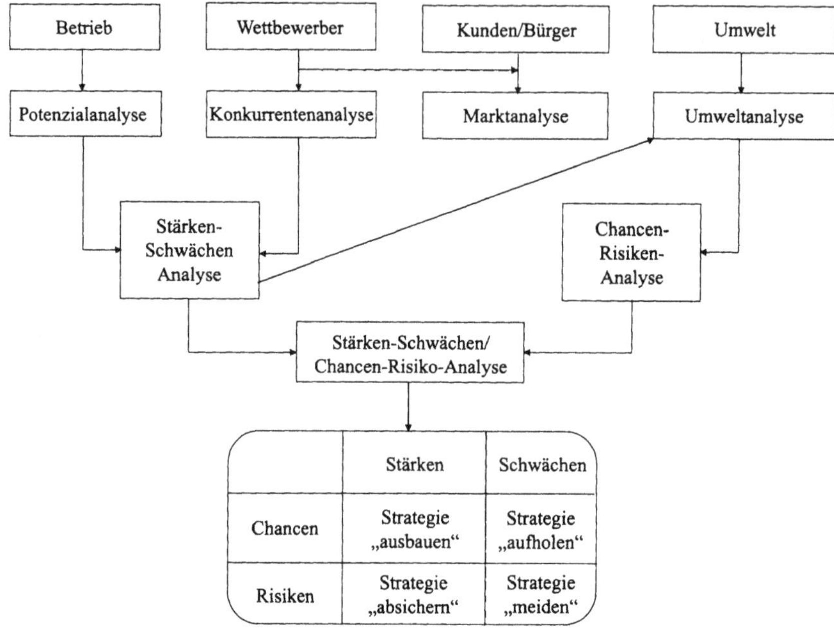

Abb. 49: Stärke-Schwäche-Chance-Risiko Analysen der Produktpolitik[152]

Kontrahierungspolitik

Kontrahierungspolitik: Dieser Begriff umfasst alle Aspekte des Zustandekommens der Vereinbarung über die Abnahme des Produkts. In der Welt privater Produkte ist der Preis ein ganz zentraler Bestandteil der Kontrahierungspolitik. Dies ist gerade im öffentlichen Bereich zumeist ganz anders: Viele Betriebe geben ihr Produkt kostenfrei oder gegen eine Gebühr ab, die die Selbstkosten nicht überschreiten darf. Ein Großteil der Produkte sind Zwangsprodukte, der Kunde hat keine Wahlfreiheit und muss sie abnehmen. In der Gebührenhöhe haben öffentliche Betriebe oft durchaus Gestaltungspotential, allerdings in sehr engen Bandbreiten. Auf Seiten der Abnehmer öffentlicher Leistungen ist die Gebühr oft auch kein so bestimmender Zufriedenheitsfaktor, weil man die Kosten nicht durch „Kauf“ bei alternativen öffentlichen Anbietern umgehen kann. Ausnahmen zu dem Gesagten gibt es natürlich auch: Zum einen gibt es einen interregionalen und punktuell auch internationalen Wettbewerb um die Höhe von Gebühren analog dem Wettbewerb um geringere Belastung der Wirtschaft mit Steuern und Abgaben. Kunden sind hier international tätige Firmen, die sich das Land für die Durchführung ihrer gebühren- und

---

[152] Vgl. Hohn, 2006, S. 26

steuerpflichtigen Tätigkeiten aussuchen können. Ein Beispiel sind Fondsanbieter, die zwischen Luxemburg, Irland, der Schweiz, Deutschland und anderen Ländern wählen können, um ihre Produkte genehmigen zu lassen. Gebührenhöhe und Geschwindigkeit der Entscheidung sind für sie Unterscheidungsmerkmale der Behörden. Gleiches gilt im Wettbewerb der Kommunen um Neuansiedlungen von Gewerbe. Alle Gebühren und die Abläufe bei Genehmigungen können unter anderem den Ausschlag für die Standortwahl geben. Näher an der privaten Welt sind öffentliche Anbieter mit marktfähigen Produkten, z.B Strom- und Gasversorger, die zudem private Konkurrenz haben. Sie sind nach der Liberalisierung der Netze in noch höherem Maße als vorher in einem Preiswetttbewerb mit überregionalen Anbietern.

Distributionspolitik

Distributionspolitik: Distributionspolitik umfasst die Logistik der Lieferung vom Betrieb an den Kunden und der Zugangswege des Kunden zum Betrieb. Hier hat der öffentliche Bereich auch und gerade in der Kernverwaltung mit dem Stichwort „eGovernment" und seinen vielfältigen Möglichkeiten der Erleichterung von Behördenangelegenheiten für Kunden (Bürger, Behörden, Wirtschaft) ein erhebliches Gestaltungspotential entdeckt, das noch stärker ausbaufähig ist. Auch andere Wege der Erleichterung von Zugangsmöglichkeiten, wie z. B. fahrbare Stadtteilbüros (oder „rollende Rathäuser", „rollende Bibliotheken, „ rollende Kinderspielstätten") usw. sind gelungene Marketingideen und gleichzeitig Versorgungsleistungen des öffentlichen Bereichs.

Kommunikationspolitik: Kommunikationspolitik umfasst ein weites Spektrum von Maßnahmen. „Tue Gutes und rede darüber" gehört ebenso dazu wie eine für die Kunden verständliche Sprache, spezielle Kommunikationswege zu Randgruppen (z. B. muttersprachliche Ansprechpartner für Personen mit Migrationshintergrund), Anbieten von „Tagen der offenen Tür", ein aktiver Kontakt zur Presse (Public Relations), Gestaltung von Messen, usw.

Marketing-Mix

Die Festlegung von betriebsindividuellen Maßnahmen aus diesen vier Handlungsfeldern nennt man den „Marketing-Mix" des Betriebs. Dieser Marketing-Mix hat in einigen Bereichen eventuell auch eine enge Beziehung zum Qualitätsmanagement, manche Werkzeuge wie z. B. das Beschwerdemanagement haben sowohl einen Qualitäts- wie einen Marketingnutzen.

PRO-ZESSE
5a

5 Ablaufmanagement und Aufbaustruktur

5.1 Ablaufgestaltung und Produktion

5.1.1 Gestaltungsprinzipien der Ablaufoptimierung

Übersicht und Definitionen

Nachdem die Ziele eines Betriebs festliegen und die zur Zielerreichung dienenden Aufgaben sowie die dafür nötigen Produkte bestimmt sind, stellt sich die Frage, wie man diese in einer arbeitsteiligen Welt erstellt. Die Antwort darauf lautet: „Organisation".

Definition Organisation(en)

Organisationen sind „soziale Gebilde, die dauerhaft ein Ziel verfolgen und eine formale Struktur aufweisen, mit deren Hilfe die Aktivitäten der Mitglieder auf das verfolgte Ziel ausgerichtet werden sollen"[153].

Drei Schichten der Organisation

Die in dieser Definition angesprochene Zielorientierung ist ein Ausdruck der instrumentellen Sicht auf eine Organisation, nach der diese über ihre Ordnung einen Beitrag zur Zielerreichung für die Organisationsmitglieder leistet. Organisationen sind aus dieser Sicht ein Mittel zur Gestaltung einer öffentlichen Verwaltung. Daneben existiert die funktionale Sicht der Organisation, nach der Organisieren, wie auch Planen und Kontrollieren, eine Managementfunktion bzw. -tätigkeit innerhalb eines sozialen Gebildes darstellt. Schließlich spricht man von der institutionalen Sicht auf Organisation, wenn das soziale Gebilde als Institution, also als Resultat des Organisierens im Mittelpunkt steht[154].

Aufbau- und Ablauforganisation

Aus institutionaler Sicht ist ein Unterschied zwischen der Aufbau- und Ablauforganisation zu machen.

---

[153] Kieser & Walgenbach, 2007, S. 6

[154] Vgl. auch Bea & Göbel, 2006, S. 2 ff.; Schulte-Zurhausen, 2005, S. 1 ff.

Definition Aufbauorganisation

Die Aufbauorganisation (Synonym: Aufbaustruktur) beinhaltet die Untergliederung einer Institution in Instanzen, d. h. Teileinheiten wie Abteilungen und Stellen, und ordnet ihnen Aufgaben und Kompetenzen zu[155].

Definition Ablauforganisation

Die Ablauforganisation (Synonym: Ablaufstruktur) ist „die räumliche und zeitliche Strukturierung der zur Aufgabenerfüllung erforderlichen Arbeitsprozesse“[156]. Die Ablauforganisation ist damit das dynamische Element der Organisation und beschreibt das für die Leistungserstellung erforderliche Zusammenwirken von einzelnen Tätigkeiten zwischen Input und Output.

Aufbau- und Ablauforganisation betrachten verschiedene Gesichtspunkte der gleichen betrieblichen Welt. Durch die Aufbauorganisation wird ein Rahmen abgesteckt, welcher aber noch große Entscheidungsspielräume für die konkreten Abläufe enthält. Die Gestaltung dieser Abläufe erfolgt im Rahmen der Ablaufplanung, bei der die Abläufe entlang der einzelnen Hierarchieebenen immer detaillierter ausgearbeitet werden[157].

Traditionelle Verwaltung ist funktions-, nicht ablauforientiert

Der traditionelle Verwaltungsaufbau ist funktions- (aufbau-) und nicht ablauforientiert. Er folgt im Wesentlichen den in Max Webers Bürokratietheorie erwähnten Aufbaugrundsätzen der Regelgebundenheit, des Hierarchieprinzips und des Prinzips der spezialisierten Arbeitsteilung. Als Nachteile dieser Orientierung werden heute häufig die mangelnde Kundenorientierung, rechtliche Überregulierung, Verantwortungsdelegation, Verschiebung und Verzögerung von Entscheidungen, aufwändige Koordination und Kommunikation sowie mangelnde Kooperation und Abstimmung genannt[158]. Hieraus ergibt sich die Forderung, Abläufe vor der Aufbaustruktur als organisatorisches Gliederungskriterium in den Vordergrund zu stellen.

Aufbau- und Ablauforganisation hängen eng zusammen

Ob in einer Organisation zunächst die Aufbau- oder Ablauforganisation festgelegt werden sollte, ist jedoch nicht eindeutig zu beantworten. Als Grundregel könnte man formulieren, dass man umso eher die Abläufe vor dem Aufbau festlegen sollte, je flexibler organisationsinterne Regeln und je dynamischer der Fortschritt in den relevanten Produktionsverfahren ist. In diesen Fällen sind die unten beschriebenen „radikaleren“ Ansätze des Business Process

---

[155] Vgl. Schulte-Zurhausen, 2005, S. 14

[156] Scholz, 2000, S. 24

[157] Vgl. Laux & Liermann, 2005, S. 180 f.

[158] Vgl. Stember, 2007, S. 298

Reengineering und der prozessorientierten Organisation geeignet. Aber auch, wenn die Aufbauorganisation zuerst festgelegt wird, müssen die grundsätzlich möglichen Abläufe und die daraus entstehenden Folgen bereits antizipiert werden.

Definition Prozess(-ablauf), Vorgang

„Ein Prozess ist die zielgerichtete Verknüpfung von Aktivitäten, die innerhalb eines festgelegten Zeitraumes zu einem definierten Ergebnis führen"[159]. In der öffentlichen Verwaltung wird anstelle von „Prozess" oder „Ablauf" häufig auch der Begriff des Vorgangs verwendet. Dies ist die kleinste operationalisierte Einheit einer Verwaltungsmaßnahme mit einem abgeschlossenen, aufgabenbezogenen Arbeitsergebnis.

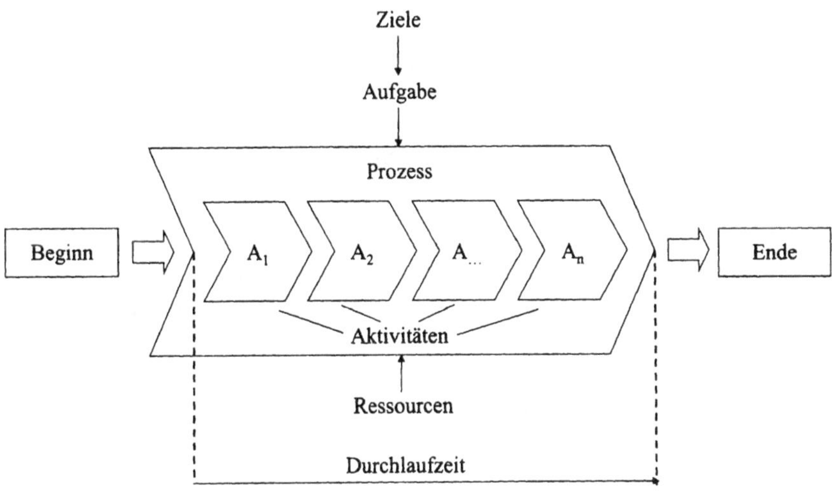

Abb. 50: Merkmale eines Prozesses[160]

Prozesse sind durch folgende Merkmale charakterisiert (vgl. Abb. 50)[161].

- Jeder Prozess hat ein zuvor definiertes Ziel. Hieraus lässt sich die Aufgabe ableiten, die durch die Aktivitäten des Prozesses erfüllt werden soll (Beispiel für Ziel: Entscheidung über einen gestellten Bauantrag; Beispiel für Aufgabe: Erstellen der dafür entscheidungsrelevanten Unterlagen). Kein Prozess ohne Ziel

159 Hopp & Göbel, 2008, S. 209

160 Vgl. Vahs, 2009, S. 230

161 Vgl. Hopp & Göbel, 2008, S. 209 f.; Schulte-Zurhausen, 2005, S. 52 f.; Vahs, 2009, S. 229 f.

- Jeder Prozess beginnt mit einem auslösenden Ereignis (Beispiel: Strafanzeige wegen Diebstahl eines Sportboots).
- Ein Prozess beschreibt die Verarbeitung vom Input zum Output. Der Input ist ein „Rohstoff" und wird zu einem im wörtlichen oder übertragenen Sinne für Dritte brauchbaren Produkt mit höherem Wert als der „Rohstoff" (Beispiel für Input: Strafanzeige als Informationsgrundlage und Arbeitskraft ausgebildeter Ermittler; Beispiel für Wertzuwachs: Ermittlungsergebnisse sind ein Informations-Mehrwert gegenüber Informationen in Strafanzeigen; Beispiel für Output: Brauchbare Unterlagen zur Eröffnung eines Strafverfahrens).
- Der Input eines Prozesses startet mit mindestens einem Beginn (Sender, Lieferant), der Output wird an mindestens eine Ende-Station (Empfänger, Kunde, Bürger) weiter gereicht (Bsp: Antragsteller ist Beginn und Ende).
- Die Prozessabwicklung erfolgt durch die Verknüpfung zielgerichteter Aktivitäten (Beispiel Antrag: Antrag entgegennehmen, entscheidungsrelevante Informationen beschaffen, Antrag prüfen, Entscheidungsvorlage erstellen, Genehmigung oder Ablehnung aussprechen, Bescheid zustellen).
- Zur Leistungserstellung sind Ressourcen notwendig, das heißt Personal und Sachmittel, Informationen und Methoden.
- Die Zeitspanne zwischen Prozessbeginn und -ende heißt „Durchlaufzeit".

Prozesse werden nach ihrem Beitrag zur Wertschöpfung klassifiziert. So gibt es folgende Klassen (vgl. auch Abb. 51):

Primär-/Kern-/ Geschäftsprozesse

Primäre Geschäftsprozesse (auch genannt: Primärprozesse, Kernprozesse oder einfach nur Geschäftsprozesse): Dies sind Prozesse, deren Aktivitäten einen direkten Bezug zum Leistungsauftrag einer Verwaltung besitzen und damit einen direkten Beitrag zur Wertschöpfung leisten. Sie enthalten die Entwicklung, Erstellung und Transformation der Leistung der Organisation. Sie sind auf externe Kunden gerichtet, das heißt, sie haben Schnittstellen zu den externen Anspruchsgruppen der Organisation. Als Beispiele von Kernprozessen in öffentlichen Verwaltungen können genannt werden[162]:

- Entwicklung von Konzepten für Stadtentwicklung, Sicherheit, Umwelt etc.
- Planung von Schulen, Universitäten, Straßen, Kindergärten
- Förderung von Familien und Jugend, der Wirtschaft, des Wohnbaus, erneuerbarer Energien
- Gewährung von Sozialleistungen
- Erteilen von Erlaubnissen, Befreiungen, Genehmigungen für Bauvorhaben
- Wohnraumkontrolle, Verkehrsüberwachung, Baudurchführung
- Melde- und Anzeigeprozesse für Einwohner und Gewerbe

---

162 Vgl. Becker et al., 2009, S. 36

Sekundäre Geschäftsprozesse (auch: Sekundärprozesse, Hilfs-, Supportprozesse): Diese Prozesse haben eine Unterstützungsfunktion für die Primärprozesse. Sie sind aus Kundensicht nicht unmittelbar wertschöpfend, sind jedoch notwendig, damit primäre Geschäftsprozesse ausgeführt werden können. Hierbei unterscheidet man prozessbezogene Sekundärprozesse, die als interne Dienstleistung direkt innerhalb einzelner Kernprozesse aufgerufen werden können, von prozessübergreifenden Sekundärprozessen, die eher Rahmenbedingungen für die Handlungsfähigkeit der Organisation als Ganzes erzeugen, indem sie notwendige Ressourcen für Steuerungs- und Primärprozesse bereit stellen. Beispiele für sekundäre Geschäftsprozesse sind die Bereitstellung von Personal, Finanzressourcen, Wissen, IT-Ressourcen, Roh-, Hilfs- und Betriebsstoffen sowie allgemeine administrative Prozesse.

Steuerungsprozesse

Steuerungsprozesse (auch: Führungsprozesse, Managementprozesse): Dies sind Prozesse von Planung, Steuerung und Controlling der Organisationsaktivitäten, die direkt von der Verwaltungsführung oder von den nachgelagerten Aufgabenbereichen wie Anwendungssystem- und Organisationsgestaltung oder dem Controlling ausgeführt werden. Strategische Führungsprozesse umfassen Aufgaben wie die Leitbild- und Strategieentwicklung oder Personalpolitik; die operativen Führungsprozesse dienen dann zur Konkretisierung, Operationalisierung und Kontrolle der strategischen Ziele.

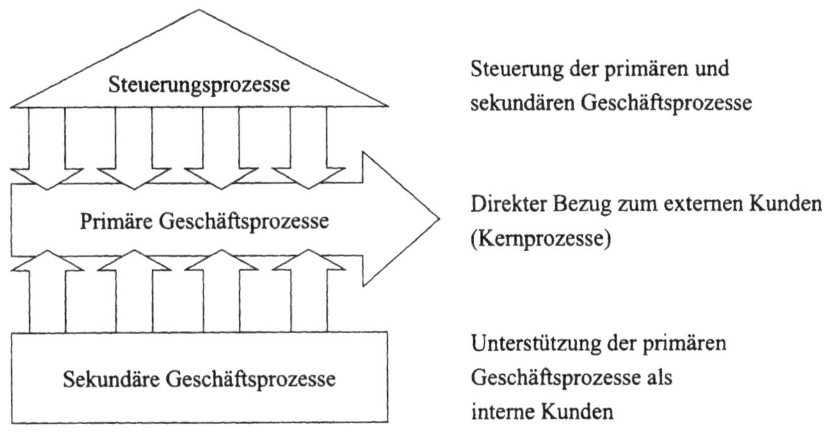

Abb. 51: Prozesstypen[163]

Beziehung Prozess – Produkt

Zwischen Prozessen und Produkten bestehen unterschiedliche Beziehungen: Zum einen kann ein Prozess immer mit einem bestimmten Produkt in Verbindung stehen, wie zum Beispiel bei der Durchführung einer Festnahme, oder

---

[163] Vgl. Picot et al., 2008, S. 300

auch mit mehreren Produkten, wie z. B. wenn der Sekundärprozess zur Vorbereitung eines Schiffes der Wasserschutzpolizei für eine Dienstfahrt verschiedene Produkte „bedient“ (Tanken, Funktionskontrolle der Maschinen usw.). Zum anderen lassen sich Prozesse, die immer zu einem oder mehreren Produkten führen, von solchen unterscheiden, die kein zählbares Produkt haben oder selbst das Produkt sind, wie zum Beispiel Überwachungstätigkeiten ohne Aufgriff oder Verhaftung Verdächtiger.

Gestaltung von Prozessen

Für die Gestaltung von Prozessen gibt es Vorgehensmodelle wie das in Abb. 52 dargestellte Vier-Phasen-Modell[164].

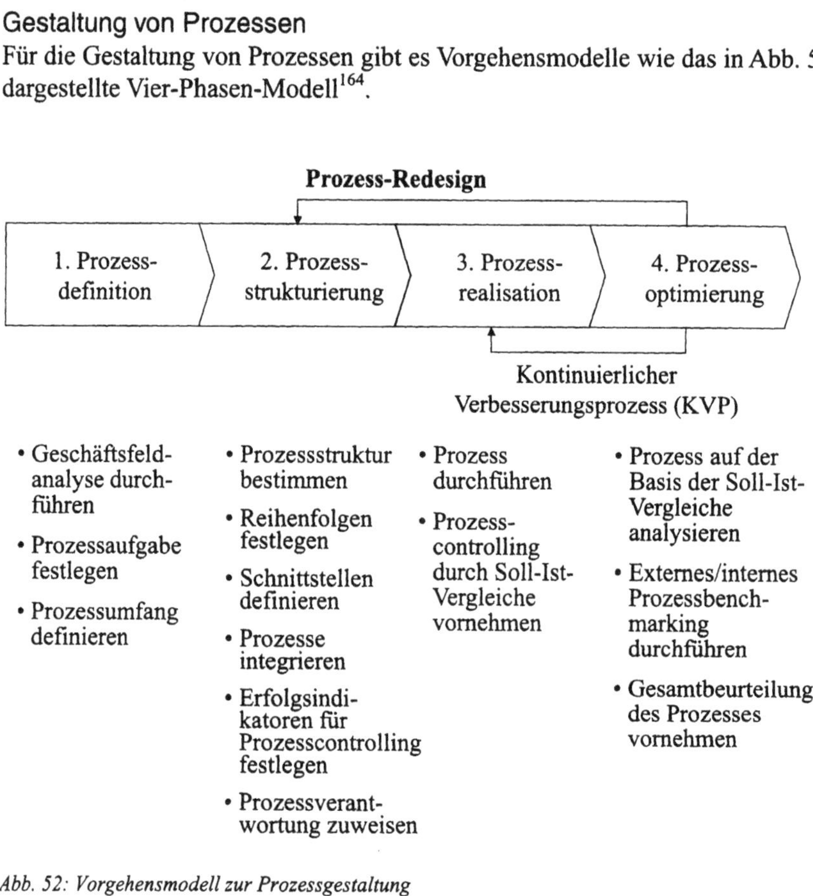

Abb. 52: Vorgehensmodell zur Prozessgestaltung

In einer ersten Phase werden Prozesse identifiziert, die im Weiteren aus Zielen und Aufgaben abgeleitet und definiert werden sollen. Für einzelne Prozesse sind die Prozessaufgabe sowie der Prozessumfang festzulegen. Prozesse werden so auch gegeneinander abgegrenzt. In der zweiten Phase werden die Pro-

---

[164] Vgl. Hopp & Göbel, 2008, S. 211 ff.; zu den Phasen auch Gaitanides, 2007, S. 149 ff.

zesse entlang der ihnen zugehörigen Aktivitäten strukturiert, bevor sie im dritten Schritt realisiert werden. Zur Realisierung gehört auch das Controlling der Prozesse anhand zuvor festgelegter Indikatoren. Werden Soll-Ist-Abweichungen festgestellt, zum Beispiel hinsichtlich der Durchlaufzeit, erfolgt eine Optimierung der Prozesse. Kleinere Prozessverbesserungen werden im Rahmen eines kontinuierlichen Verbesserungsprozesses (KVP) unmittelbar in die Realisierung bestehender Prozesse aufgenommen. Größere Optimierungsmaßnahmen führen zu einem Prozess-Redesign, d. h. zu einer Neustrukturierung von Prozessen oder sogar zu deren Neudefinition. Prozessverbesserungen können durch verschiedene Ansätze erreicht werden (vgl. Abb. 53)[165]:

- **Eliminieren:** Einzelne Prozessschritte werden auf ihre Notwendigkeit zur Aufgabenerfüllung überprüft und wenn möglich eliminiert. Dies können vor allem Aktivitäten sein, die die Übergabe von Informationen zwischen Medien beinhalten, so genannte Medienbrüche. Es kann auch vorkommen, dass zur Qualitäts- und Ergebnissicherung eines Prozesses Aktivitäten hinzugefügt werden, wie zum Beispiel die Durchführung von Kontrollen.
- **Integrieren:** Zur Schnittstellenminimierung werden Aktivitäten, die auf verschiedene Ressourcen zugreifen, integriert, also zum Beispiel von zwei Bearbeitern auf einen.
- **Parallelisieren:** Die Arbeitsteilung in einem Prozess wird erhöht, wenn zuvor sequenziell durchgeführte Aktivitäten parallelisiert werden. Dies ist möglich, wenn als Input eines nachfolgenden Prozessschrittes nicht der (gesamte) Output des vorherigen Prozessschrittes benötigt wird.
- **Beschleunigen:** Es werden Arbeitsmittel, wie zum Beispiel elektronische Medien, bereit gestellt, die eine effizientere Aufgabenerledigung in bestehenden Prozessschritten ermöglichen. Die Durchlaufzeit eines Gesamtprozesses wird in der Regel durch die Vermeidung von Warte- und Liegezeiten zwischen einzelnen Aktivitäten verkürzt.
- **Ändern der Reihenfolge:** Das Vorziehen von bisher nachgelagerten Aktivitäten kann zu einer optimierten Abfolge führen.
- **Auslagern:** Wenn einzelne Aktivitäten in andere Prozesse oder im Rahmen von Outsourcing an andere Organisationen ausgelagert werden, können sie an der neuen Stelle möglicherweise besser und schneller erledigt werden.

---

[165] Vgl. Bleicher, 1991, S. 196; Gadatsch, 2005, S. 15; Schulte-Zurhausen, 2005, S. 125

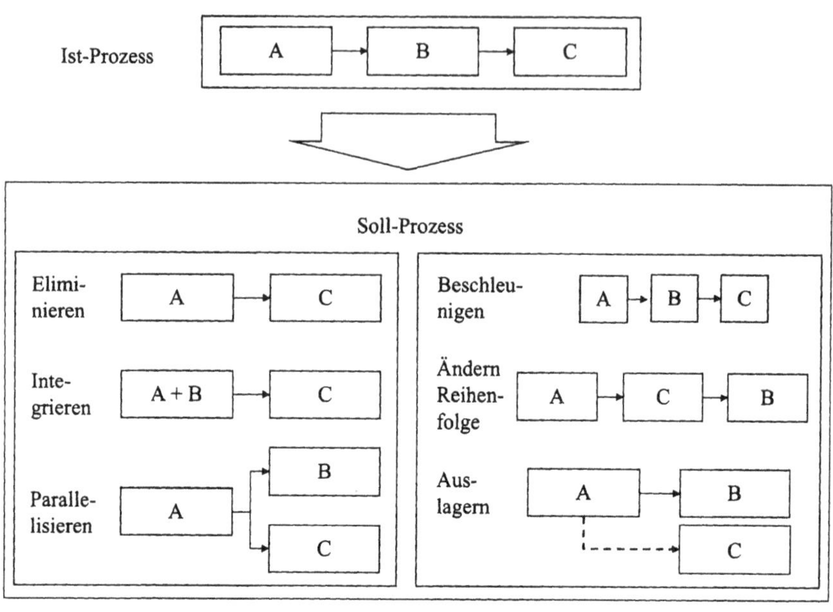

Abb. 53: Ansatzpunkte zur Prozessoptimierung (A, B, C = Prozesse)

Oft großes Verbesserungspotenzial in der Schriftgutverarbeitung

Häufig gehen Verwaltungen bei Prozessoptimierungsvorhaben davon aus, dass sie nicht alle ihrer vielen Prozesse – Kommunalverwaltungen haben oft mehrere 1.000 verschiedene Prozesse – erfassen und verändern müssen, sondern nur einige davon auswählen können. Untersuchungen haben jedoch gezeigt, dass in einzelnen ausgewählten Prozessen meist nur geringes Reorganisationspotenzial liegt, das direkt ausgeschöpft werden kann. Schwachstellen haben häufig nicht nur mit den speziellen fachlichen Inhalten einzelner Prozesse zu tun, sondern mit allgemeinen Problemen der Schriftgutverwaltung und der allgemeinen Vorgangsbearbeitung, die sich in vielen Prozessen wiederfinden. Daher sollte man abwägen, ob man nicht besser an der gesamten Prozesslandschaft einer Organisation ansetzen und Verbesserungen durchführen sollte, die viele Prozesse gleichzeitig betreffen[166]. Dies steigert zwar den Aufwand und das Risiko des Vorhabens nicht unerheblich, bringt aber auch bei Gelingen nachhaltigere Erfolge.

Vier Intensitätsstufen geplanter Veränderungen

In Abhängigkeit davon, in welchem Umfang Prozessveränderungen in einer Organisation vorgenommen werden, können vier Intensitätsstufen von Veränderungen unterschieden werden (vgl. Abb. 54)[167].

---

166 Vgl. Becker et al., 2007, S. 40 ff.

167 Vgl. Heuermann & Herrmann, 2003, S. 202; auch Reiß, 1997a, S. 41

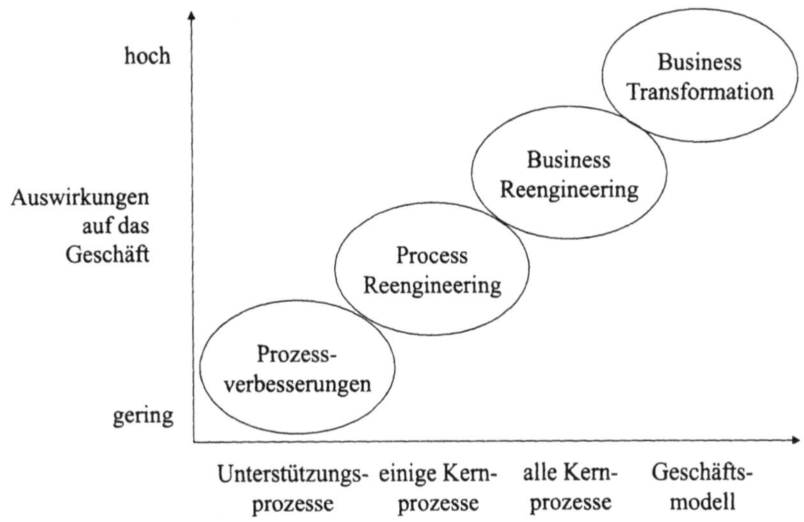

Abb. 54: Intensitätsstufen geplanter Veränderungen

Einfache Prozessverbesserungen

Auf der untersten Stufe, bei der es lediglich um die Verbesserung von Unterstützungsprozessen mit geringen Auswirkungen auf das gesamte Geschäft geht, spricht man von einfachen Prozessverbesserungen. Als Urvater der Gedanken zur Prozessverbesserung kann der amerikanische Ingenieur und Begründer des Scientific Management, Frederick Winslow Taylor, angesehen werden[168].

Definition Taylorismus

„Taylorismus" ist eine vom Namen Taylors abgeleitete Bezeichnung für eine Art der Prozessorganisation, bei der alle Ablaufschritte sehr feinteilig vorstrukturiert und stark arbeitsteilig festgelegt sind. Der Begriff wird teilweise synonym mit dem Begriff „scientific management" benutzt und bezeichnet im Positiven eine alle Vorteile der Arbeitsteilung und funktionalen Trennung ausschöpfende rationale Methode der Ablaufgestaltung. Im Negativen bezeichnet es eine übertriebene, sinnzerstörende und Zusammenhänge unnötig zerhackende Ablaufgestaltung. „Bürokratie" im negativen Sinne ist eine Form des Taylorismus von Schreibtischtätigkeiten. Als Gegenbewegung zum Taylorismus in diesem negativen Sinne ist die „Human Relations" Bewegung zur Humanisierung der Arbeitswelt zu sehen.

---

168 Vgl. zu den Grundaussagen des Taylorismus beispielsweise Scholz, 2000, S. 155 ff.

Trennung von Kopf- und Handarbeit

Er hatte bereits zu Beginn des 20. Jahrhunderts versucht, auf Basis von Experimenten industrielle Fertigungsabläufe zu optimieren. Zu Taylors Prinzipien gehörte es beispielsweise, Hand- und Kopfarbeit zu trennen und von den Kopfarbeitern auf Basis von Zeit- und Bewegungsstudien der Handarbeiter Reorganisationen zu initiieren und laut Tests ungeeignete Arbeiter weiter zu bilden oder anders einzusetzen.

Eine Weiterentwicklung der Gedanken Taylors und eine stärker strategisch ausgerichtete Denkweise fand dann zu Beginn der 1990er Jahre mit den Methoden des Reengineering statt. Bezieht sich das Reengineering lediglich auf einige Kernprozesse, spricht man von „Process Reengineering".

Business Process Reengineering

Definition Business (Process) Reengineering (BPR)

Business Process Reengineerung bezeichnet ein Vorgehen, bei dem alle Kernprozesse (Primärprozesse) Gegenstand der Optimierung sind. Dieses ist eine besonders radikale Form der Optimierung.

Business Transformation

Der Übergang zur Business Transformation, die zudem alle Managementprozesse und damit das gesamte Geschäftsmodell in Frage stellt, ist fließend.

Namensgeber von „Reengineering" sind die Unternehmensberater Michael Hammer und James Champy, die 1993 den Bestseller „Reengineering the Corporation" verfassten. Inhaltlich bezeichnet BPR weniger ein eindeutiges und geschlossenes Konzept als vielmehr eine charakteristische Vorgehensweise, die organisationsspezifisch zu interpretieren und anzuwenden ist[169]: Beim BPR werden bestehende Abläufe fundamental überdacht und die Organisation wird im Hinblick auf ein strategisches Ziel radikal neu gestaltet, indem vor allem Kernprozesse, die einen Wettbewerbsvorteil generieren, neu definiert werden. Das angestrebte Ergebnis sind Verbesserungen um Größenordnungen (z. B. wird oft die Zahl 30 % genannt) in den Bereichen (Stück-) Kosten, Qualität, Service und Zeit.

Prozessverantwortlicher

Hammer und Champy empfehlen das Mitwirken verschiedener BPR-Beteiligter in Rollen, die von unterschiedlichen Beteiligten oder auch kombiniert wahrgenommen werden können[170]: Der Leader – ein Manager aus dem oberen Führungskreis, von dem der Auftrag und die Motivation für die Reengineering-Anstrengungen ausgeht, bestimmt einen Prozessverantwortlichen, der ein Reengineering-Team zusammenstellt. Dieses Team befasst sich jeweils mit der Neugestaltung eines der ausgewählten Geschäftsprozesse. Sie erledigen dies mit Unterstützung des „Reengineering-Zaren" – eines Beschäftigten, der in der Organisation für die Entwicklung von geeigneten

169 Vgl. Tomenendal, 2009a, S. 182

170 Vgl. Hammer & Champy, 1994, S. 134 ff.

Reengineering-Techniken sowie für die Realisierung von Synergien zwischen getrennten Reengineering-Projekten zuständig ist – und unter der Leitung des Lenkungsausschusses – einem aus oberen Führungskräften bestehenden Gremium, welches Richtlinienentscheidungen trifft, die BPR-Strategie für die Gesamtorganisation formuliert und ihren Fortschritt überwacht.

Keine Erfolgsgarantie bei BPR-Vorhaben

BPR erfreute sich in der Praxis mancher privater Betriebe in den 1990er Jahren großer Beliebtheit. Kritisch wird jedoch häufig eingewendet, dass zahlreiche BPR-Projekte ihre anspruchsvollen Ziele letztlich verfehlten, weil das mechanistische Top-Down-Vorgehen von „Organisations-Ingenieuren" missachtete, dass Organisationen auch durch erfahrungsbasierte, organische Bottom-Up-Prozesse gekennzeichnet seien, die insbesondere für eine kontinuierliche Fortführung von Neuerungen sorgten[171].

5.1.2 Exkurs: Dokumentenverarbeitung im Geschäftsgang

Eine Besonderheit im öffentlichen Sektor ist der Geschäftsgang von Dokumenten. Da die öffentliche Verwaltung eine streng gelebte Schriftlichkeit hat, ist der Ablauf von Schriftstücken stark durchorganisiert. Hier soll ein standardisierter Dokumentenlauf[172] mit seinen Stationen und Bestimmungsmerkmalen grob nachgezeichnet werden. Den Lauf des elektronischen oder als Papierstück erstellten Dokuments (interne Post) oder von extern kommender Schreiben zeigt die Abb. 55.

- Ausgangspunkt ist das Aufsetzen eines Dokuments mit seinem fachlichen Inhalt. Das **Geschäftszeichen** identifiziert den einem Dokument übergeordneten Vorgang, es zeigt den verantwortlichen Bereich und die Sachkategorie. Da mehrere Dokumente zu dem Vorgang gehören können, enthält das Geschäftszeichen auch eine Dokumentennummer.
- Bestimmung des **Dokumentenlaufwegs**: Dieser wird durch die Mitzeichnungsleiste dokumentiert, auf der sich die per Geschäftsverteilungsplan zu beteiligenden Stellen sowie evtl. weitere nach eigenem Ermessen einzubeziehende Instanzen befinden.
- **Geschäftsgangsvermerke** auf dem laufenden Schriftstück legen das Zeichnungsrecht fest, sagen dem nächsten in der Kette, ob er z. B. zurückrufen möge, und bestimmen die Art der Erledigung (vor/nach Abgang vorzulegen, zum Geschäftsgang).
- Die **Schlusszeichnung** nimmt derjenige vor, der für den gesamten Vorgang die Verantwortung hat.

---

171 Vgl. Tomenendal, 2009, S. 183

172 Bundesministerium des Innern, 2000

- **Verfügungen** sagen etwas zur Behandlung des Dokuments selbst, z. B. die Behandlung des Dokuments nach der Schlusszeichnung (zu den Akten oder auf Wiedervorlage).

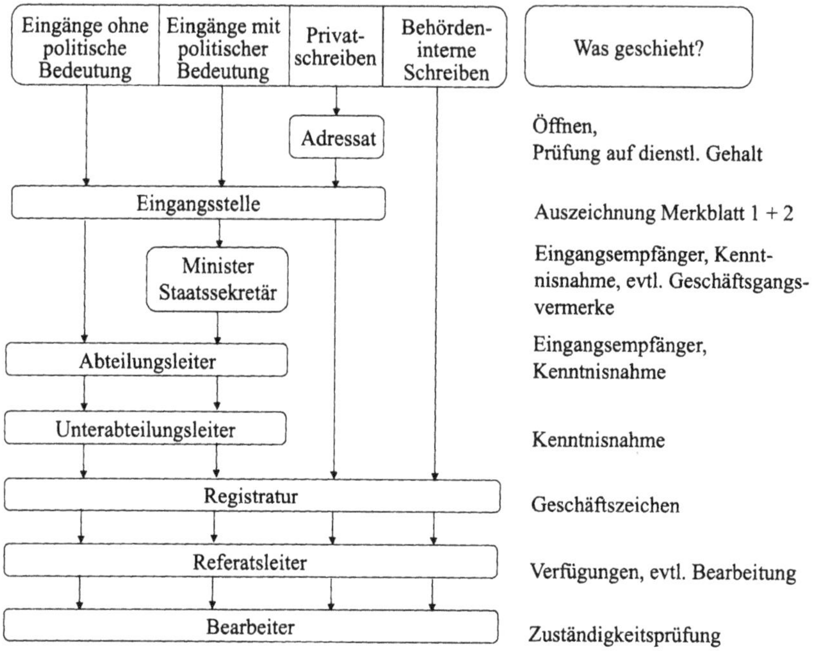

Abb. 55: Bearbeitungslauf von Schreiben in Bundesministerien[173]

5.1.3 Beratungsansätze zur Analyse und Verbesserung der Abläufe

Idee der prozessorientierten Organisation

Prozessorientierte Organisation

Während Business Reengineering als punktuelle Reorganisation verstanden wird, stellt kontinuierliches Prozessmanagement die grundlegenden Ideen des Reengineering permanent in den Mittelpunkt des Organisierens[174]. Man spricht in diesem Fall auch von der „prozessorientierten Organisation", welche die Arbeitswelt nach dem Reengineering charakterisiert[175].

173 Mod. n. Lamers, 2007, S. 111

174 Vgl. Osterloh & Frost, 2006, S. 99

175 Vgl. Hammer, 1997, S. 24 f.

Definition prozessorientierte Organisation

In einer prozessorientierten Organisation kennen alle Beschäftigten die Prozesse und richten ihr Denken und Handeln primär an ihnen aus. Funktionale Organisationsprinzipien werden durch eine konsequente Konzentration auf bereichsübergreifende Geschäftsprozesse ersetzt[176]. Hierdurch werden fragmentierte Verantwortungen für einzelne Funktionen aufgelöst und sogar unternehmensinterne und –externe Grenzen relativiert. Das Prinzip widerspricht klar dem klassischen Denken von Behörden, die zumeist in funktionalen Trennungen sowie Entscheidungs-Hierarchien und weniger in Arbeitsabläufen zwischen organisationalem In- und Output leben.

Structure follows process

Die Grundidee der prozessorientierten Organisation lässt sich durch eine 90°-„Drehung" der klassischen funktional und hierarchisch orientierten Organisation erklären: „Geschäftsprozesse (Vorgänge), die in der funktionalen Organisation quer zu den vertikal angelegten verrichtungsorientierten Abteilungen verlaufen, werden nun zum Gliederungsprinzip, das den Fluss von Material, Informationen, Operationen oder Entscheidungen abbildet"[177]. Anstelle von „process follows structure" (die Ablauforganisation richtet sich nach der Aufbauorganisation) tritt nun das Prinzip „structure follows process" (die Aufbauorganisation richtet sich nach der Ablauforganisation), vgl. Abb. 56.

Prozess-Segmentierung

Prozesse sollten möglichst durchgängig innerhalb einer Organisationseinheit stattfinden, damit die aufwendige Überschreitung von Schnittstellen zwischen verschiedenen Organisationsbereichen vermieden werden kann. Entsprechend der Komplexität des Bearbeitungsvorgangs einzelner Objekte oder Objektgruppen werden Prozesse nach Produkt-, Kunden- oder Lieferantengruppen in Varianten segmentiert. Die ganzheitliche und integrative Bearbeitung von Prozessen bzw. Prozessvarianten soll die Servicequalität des Prozesses verbessern und seine Durchlaufzeit verringern. Die Prozesse werden an dem Kunden – sei es ein interner oder ein externer – der Organisation ausgerichtet. Die Wertschöpfung des Prozesses erfasst den Kundennutzen. Prozesse sichern damit eine kunden-/bürgerorientierte bzw. outputorientierte Rundumbearbeitung.

---

[176] Vgl. Gaitanides, 2007, S. 49 ff.

[177] Gaitanides, 2007, S. 51

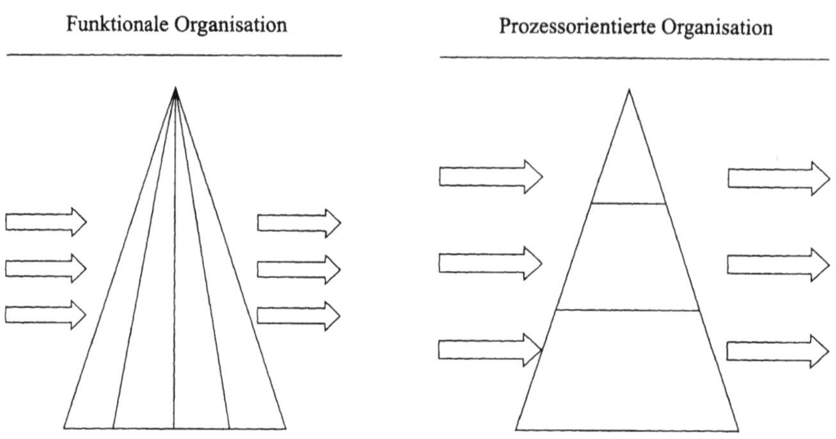

Abb. 56: „90 Grad-Drehung" funktional zu prozessual[178]

Prozess-Team

Ein Prozess wird in der prozessorientierten Organisation von einem Prozess-Team vollständig bearbeitet. Ein Prozess-Team besteht aus Beschäftigten unterschiedlicher Fachbereiche. Diese werden aber nicht – wie sonst üblich – fachlichen Einheiten zugeordnet, sondern agieren als Sach-Bearbeiter (Case Worker) oder Sach-Manager (Case Manager) verantwortlich für eine bestimmte Anzahl von sinnvoll zusammengefassten Prozessaktivitäten. Während der Sach-Bearbeiter die operative Verantwortung trägt, übernimmt der Prozess-Manager bzw. -Eigentümer Prozessdesign, Gestaltung und Aktualisierung sowie die Wissensvermittlung und Schulung der Sach-Manager hinsichtlich Struktur, Ablauf und Kooperation[179]. Prozessorientierung setzt voraus, dass Sachbearbeiter eigene Entscheidungen treffen können. Dies wiederum benötigt ausreichend groß bemessene Handlungsspielräume der Beschäftigten und die Kompetenz, ihre Prozessaktivitäten eigenständig auszuüben. Diese Kompetenz wird gelegentlich auch „Empowerment" genannt.

Definition Empowerment (deutsch etwa „Bevollmächtigung")

Empowerment ist (Mode-) Begriff der Organisationslehre und der Motivationspsychologie. Er besagt, dass Beschäftigte mehr dezentrale Verantwortung als bisher erhalten und ausdrücklich ermuntert werden, über die Grenzen ihrer bisherigen engen Zuständigkeit hinaus ganzheitliche „Eigentümerschaft" über „von Anfang bis Ende" – Abläufe, zu zeigen.

---

178 Osterloh & Frost , 2006, S. 32

179 Vgl. Hammer, 1997, S. 97

Ebenso bedarf es eventuell einer besonderen Motivation der Beschäftigten zu prozessorientiertem Denken, z. B. einer leistungsorientierten Entlohnung, bei der das Prozessergebnis als Grundlage der Leistungsmessung dient[180]. Zusammengefasst ist die prozessorientierte Organisation ein Input-Transformations-Output-Modell, in dem Kundenbedürfnisse und Lieferantenleistungen den Input liefern, der in verschiedenen Prozessvarianten transformiert wird, bis der Output, also erfüllte Kundenwünsche, entstanden ist (vgl. Abb. 57).

Leistungsorientierte Entlohnung

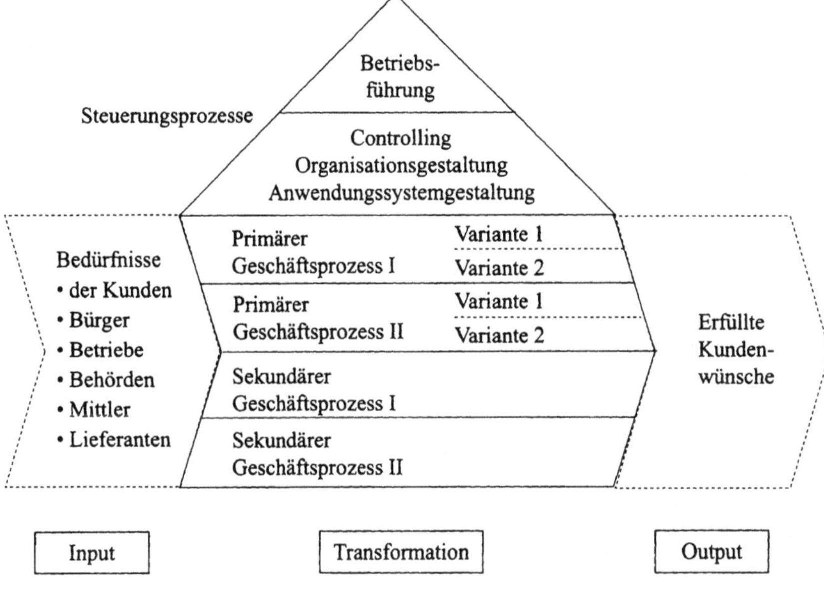

Abb. 57: Schema einer prozessorientierten Organisation[181]

Die Prozessorganisation hat mit der systematischen Prozessgliederung, des Hereinnehmens der Kunden und Lieferanten in das Organigramm sowie der steigenden Informatisierung der Prozesse drei wesentliche Merkmale[182].

Die angesprochene Informatisierung von Prozessen, d. h. Unterstützung durch IT-Technik, ist ein wesentlicher Treiber und ermöglicht in vielen Fällen erst die

IT-Unterstützung

180 Vgl. Gaitanides, 2007, S. 53

181 In Anlehnung an Becker et al., 2007, S. 39 und Osterloh & Frost, 2006, S. 101

182 Vgl. Osterloh & Frost, 2006, S. 100 ff.

„echte" prozessorientierte Organisation. Insbesondere ermöglicht sie dezentralen Datenzugriff, wie zum Beispiel mittels IT-Groupware.

Definition Groupware

„Groupware" sind Informationssysteme zur gezielten Unterstützung von Gruppenarbeit, beispielsweise in Prozess-Teams[183]. Groupware besteht aus spezifischen Software-Applikationen und teilweise der dazu gehörigen Hardware. Groupware unterstützt insbesondere die Kommunikation, Koordination und Kooperation zwischen den Teammitgliedern und kann entsprechend dieser Ziele auch klassifiziert werden. Während z. B. Videokonferenz-, E-Mail- oder Bulletin-Board-Systeme vor allem der Kommunikation dienen, unterstützen spezielle Datenbanken und Workflow-Management-Werkzeuge die Koordination sowie Gruppeneditoren und Entscheidungs- und Sitzungsunterstützungssysteme die Kooperation[184].

Beispiele für IT-Groupware im öffentlichen Bereich sind z. B. elektronische Polizei-Führungssysteme und allgemeine Vorgangsbearbeitungssysteme, wenn sie den Zugriff von Beschäftigten aus mehreren verschiedenen Bereichen zulassen und Arbeitsabläufe strukturiert unterstützen, z. B. Verteilerkreise für Nachrichten kennen, selbsttätig auf nächste Arbeitsschritte und weitere zu beteiligende Personen hinweisen, ggf. automatisch für nächste Aufgaben benötigte Daten anbieten und den Vollzug von Arbeitsschritten anderer an Beteiligte am Gesamtgeschehen berichten. Ein zentraler Begriff der Organisationslehre ist auch derjenige des „Workflow":

Definition Workflow(-Systeme), Vorgangsbearbeitungssysteme

„Ein Workflow ist ein formal beschriebener, ganz oder teilweise automatisierter Geschäftsprozess. Er beinhaltet die zeitlichen, fachlichen und ressourcenbezogenen Spezifikationen, die für eine automatische Steuerung des Arbeitsablaufs auf der operativen Ebene erforderlich sind. Die hierbei anzustoßenden Arbeitsschritte sind zur Ausführung durch Mitarbeiter oder durch Anwendungsprogramme vorgesehen"[185].

Management von Workflows

Während also ein Geschäftsprozess beschreibt, „was" in einer Organisation zu tun ist, um die Strategie effektiv umzusetzen, beschreibt der Workflow, „wie"

183 Osterloh & Frost, 2006, S. 118

184 Vgl. Lehnert, 2009, S. 242; Osterloh & Frost, 2006, S. 122

185 Gadatsch, 2005, S. 41

dies geschehen soll. Das Management von Workflows kann auch als Konzept zur operativen Umsetzung des Business Reengineering angesehen werden, ohne dass jede Business-Reengineering-Maßnahme zwangsläufig in einer Umsetzung durch Workflow-Management münden muss. In der Verwaltungspraxis findet konsequentes Prozessmanagement derzeit nur geringe Anwendung. Als Gründe hierfür werden genannt[186]:

- Die enorme Spannbreite von öffentlichen Leistungen auf unterschiedlichen Ebenen, woraus sich viele Sonderfälle ergeben, die sich standardisierter Prozessoptimierung teilweise entziehen.
- Die teilweise fehlende Bereitschaft zur Ablösung traditioneller funktionaler Organisationsstrukturen sowie fehlendes Know-how bei Mitarbeitern und Verwaltungsleitungen für Prozessanalysen und -optimierungen. Öffentliche Betriebe haben manchmal eine tendenziell technologie- und innovationsfeindliche bzw. unerfahrene und daher besonders vorsichtige und änderungs-ängstliche Kultur.
- Die Macht-, Autoritäts- und Einflussstrukturen, die teilweise als wichtiger erachtet werden als Prozessveränderungen. So besteht häufig Widerstand gegen die „Durchleuchtung" von Arbeitsvorgängen.
- Der teilweise nur schwer zu erbringende und vorab diskussionsfest zu machende Wirtschaftlichkeitsnachweis von Prozessveränderungen.

Machtstruktur gegen Prozesse

Serviceorientierte Architektur

Arbeitsabläufe werden in der modernen Arbeitswelt in immer stärkerem Ausmaß durch Informationstechnologie (IT) unterstützt, Organisations- und IT-Fragen sind oft eng verzahnt. Bei Einführung neuer oder Änderung alter Abläufe ist im Vorfeld zu klären, ob die Abläufe ohne oder mit IT gestaltet werden sollen. Wenn IT zum Einsatz kommen soll sind die Möglichkeiten der IT und die fachlich-organisatorischen Gestaltungsabsichten abzugleichen. Da IT-Vorhaben in der Erstellung und im Betrieb sehr hohe Kosten haben können, sind die fachlichen Wünsche auch daraufhin auszurichten, die IT-Kosten im Griff zu behalten. Ein anspruchsvolles Konzept für eine stärkere Standardisierung von Abläufen und Reduzierung der IT-Kosten ist der Ansatz der „Serviceorientierten Architektur".

---

186 Vgl. Stember, 2007, S. 303 f.

Definition Serviceorientierte Architektur (SOA)

Der Begriff „Serviceorientierte Architektur" bezeichnet einen organisatorisch-technischen Gestaltungsanspruch, Geschäftsabläufe mit möglichst hohem Ausmaß an Gleichteile-Standardisierung durch IT unterstützen zu können. Dies setzt voraus, dass die Arbeitsabläufe tatsächlich ein hohes Maß an Gleichartigkeit haben und auch behalten werden.

In herkömmlichen Organisationen existiert häufig ein 1:1 Verhältnis von Geschäftsabläufen zu IT-Verfahren, jeder Ablauf hat seine eigene IT-Anwendung. Hierbei werden in vielen Abläufen vorkommende gleichartige Teilprozesse, wie z. B. eine Genehmigung oder der elektronische Versand von Unterlagen, mehrfach entwickelt und betrieben. Die IT-Anwendungen laufen eventuell auch auf verschiedenen technischen Architekturen, die jeweils nur exklusiv von einem einzigen IT-Verfahren genutzt werden. Die Architektur einer solchen IT besteht aus isolierten technischen „Silos" für jede Anwendung, ggf. jeweils mit komplizierten Schnittstellen zu anderen Anwendungen.

Dienste

Der SOA-Ansatz plädiert dafür, dass bereits auf der Fachseite nach gleichartigen Abläufen gesucht wird und unerhebliche Unterschiede von Abläufen möglichst durch eine vollständige Standardisierung beseitigt werden. Auf der IT-Seite werden ergänzend und unabhängig davon die den Fach- bzw Querschnittsaufgaben zugrundeliegenden Geschäftsprozesse in fein granulare Teilprozesse aufgeteilt. Diese Teilprozesse werden IT-technisch in sogenannten „Diensten" (englisch „services") umgesetzt. Die Dienste sind miteinander technisch lose gekoppelt, so dass man durch die Kombination der Dienste neue Geschäftsprozesse unterstützen kann. Durch die Modularität können sich ansonsten verschiedene Geschäftsprozesse bestimmte gemeinsame Teilprozesse (z. B. Genehmigung, Versagung, Versand Bescheide) teilen.

Vorteile SOA

Vorteile: Durch die Zerlegung in gleichartige Teilprozesse wird die Komplexität der IT-Verfahren und Schnittstellen verringert, das Verstehen der Teilprozesse wird wegen des Wiedererkennenswertes bei Anwendern und der IT erhöht. Wenn erst einmal eine große Anzahl fertiggestellter Teilprozesse existiert, können neue Abläufe relativ schnell mit schon bewährten Teilprozessen gestaltet werden. Die mögliche Geschwindigkeit und Flexibilität bei Veränderungen wird aufgrund der Kombination von bereits bestehenden bzw. bewährten Diensten gesteigert. Ebenfalls ist mit langfristig verringerten Kosten durch die (Wieder-) Verwendung von Diensten und damit verringerten Pflege- und Wartungsaufwänden zu rechnen.

Beispiel SOA in der deutschen Bundesverwaltung[187]

Der Rat der IT-Beauftragten hat im Frühjahr 2009 eine „Rahmenarchitektur IT-Steuerung Bund" beschlossen, welche ressortübergreifend ein gemeinsames Architekturverständnis definiert. Das darin beschriebene Metamodell der Rahmenarchitektur beruht auf einem sogenannten Dienstemodell, welches „als Zwischenschicht zwischen geschäftlicher und technischer Ebene fungiert" und damit einer SOA entspricht. Zur „Ableitung von Diensten aus Geschäftsprozessen" hat die Beauftragte der Bundesregierung für Informationstechnik im Mai 2010 einen methodischen Leitfaden der Rahmenarchitektur IT-Steuerung Bund veröffentlicht.

Zentrale Dienstleister, wie z. B. das Bundesverwaltungsamt, erbringen schon seit Jahren in der öffentlichen Verwaltung Dienste, die zuvor von mehreren Ressorts oder Behörden je einzeln für sich geleistet wurden. Hierzu gehören u. a. spezifische Fachaufgaben wie die länderübergreifende Darlehensverwaltung nach dem BAföG oder auch Querschnittsaufgaben wie die Bearbeitung von Beihilfeangelegenheiten der Beschäftigten, wie sie gleichartig in jeder Behörde anfallen.

Herausforderungen SOA

Herausforderung: Der fachliche und technische Anspruch der höheren Standardisierung und Modularisierung ist groß. Auf der Fachseite ist Kompromissbereitschaft und manchmal ein Nachgeben zugunsten von Vorteilen anderer nötig. Im öffentlichen Sektor lebt das Ressortprinzip sehr stark, ressortübergreifende IT-Dienstleister haben daher einen heterogenen Kundenkreis. Das Fachmanagement muss geschlossen hinter dem Ansatz stehen, sonst wird es schwer, das Vorgehen durchzuhalten. Bei der Einführung einer SOA ist daher eine von allen Beteiligten getragene effektive Abstimmungs- und Eskalationsschiene zur Steuerung von Diensten, Prozessen, Regeln und organisatorischen Angelegenheiten ein erfolgskritischer Faktor. Hierin liegt ein höheres Risiko der Erstellung gegenüber konventionellen Ansätzen. Außerdem sind die Kosten der Erstellung einer kleineren SOA-Architektur höher als bei einer kleineren konventionellen Architektur. Die Kosten amortisieren sich jedoch i. d. R. bei einer größeren Zahl unterstützter Prozesse und/oder hohen Nutzungswerten. Geschäftsprozesse in der öffentlichen Verwaltung reichen teilweise über mehrere Ressorts bzw. Behörden. Hinzu ergeben sich erhöhte Anforderungen an Sicherheit und Datensicherheit, da jeder Teilprozess den Ansprüchen desjenigen Nutzers mit den jeweils höchsten Ansprüchen genügen muss.

[187] PDF-Dokumente „IT-Steuerung Bund" sowie „Rahmenarchitektur IT-Steuerung Bund" als Download verfügbar unter www.cio.bund.de

5.1.4 eGovernment für innovative Abläufe

Ein ganz zentrales Schlagwort in der aktuellen Entwicklung von Abläufen der Ordnungs- und Leistungsverwaltung ist „eGovernment".

Definition eGovernment

eGovernment ist nach der „Speyerer Definition"[188] die Abwicklung geschäftlicher Prozesse im Zusammenhang mit Regieren und Verwalten (Government) mit Hilfe von Informations- und Kommunikationstechniken über elektronische Medien[189].

Dabei geht es, wie in Abb. 58 dargestellt, sowohl um Prozesse innerhalb des öffentlichen Sektors („Government to Government": G2G), als auch um jene zwischen diesem und der Bevölkerung („Government to Citizen": G2C), der Wirtschaft („Government to Business": G2B) sowie zu Organisationen des Dritten Sektors („Government to Non-Government-Organizations"/"Non-Private-Organizations": G2N)[190].

World Wide Web

Als elektronische Medien werden vor allen Dingen das World Wide Web (WWW) mit elektronischer Post (eMail), elektronischem Datenaustausch (Electronic Data Interchange, EDI) und darauf abgestimmte Datenbanksysteme genutzt. Es kommen aber auch jegliche andere Netzwerke (Intranet oder Extranet), andere elektronische Datennetze (z. B. interaktive Fernsehdienste), Sprachtelekommunikationsnetze (über Call Center oder Interactive-Voice-Response-Systeme) oder elektronische Offline-Lösungen (Disketten, CD-ROM oder DVD) in Frage.

---

188 Die Bezeichnung bezieht sich auf die Deutsche Hochschule für Verwaltungswissenschaften in Speyer.

189 Von Lucke & Reinermann, 2000, S. 1

190 Übersicht vieler eGovernment-Services in Zechner, 2007

eGovernment	Bevölkerung Bürger	Staat Verwaltung	Zweiter Sektor Wirtschaft	Dritter Sektor NPO/NGO
Bevölkerung Bürger	C2C	C2G	C2B	C2N
Staat Verwaltung	G2C	G2G	G2B	G2N
Zweiter Sektor Wirtschaft	B2C	B2G	B2B	B2N
Dritter Sektor NPO/NGO	N2C	N2G	N2B	N2N

Abb. 58: eGovernment in einem „X2Y"-Beziehungsgeflecht[191]

Innerhalb der Behördenwelt gibt es das europäische Netz Tesla, zwischen Bundes- und Landesbehörden den IVBV (Informationsverbund der Verwaltung). Anwendungsfelder des eGovernment finden sich vor allem in drei Bereichen (vgl. Abb. 59)[192]:

- **Information (E-Information):** Hier findet eine einseitige Datenbereitstellung von der öffentlichen Einrichtung ausgehend statt. Dies können zum Beispiel Bürgerinformationssysteme für die Bevölkerung oder Wirtschaftsinformationssysteme zur Wirtschaftsförderung sein. IVBV
- **Kommunikation (E-Communication):** Hier bestehen mehrseitige Kommunikations- und Partizipationsmöglichkeiten, wie zum Beispiel durch E-Mails, webbasierte Diskussionsforen und Chatrooms oder Interactive-Voice-Response- oder Videokonferenzsysteme.
- **Transaktion:** Hierunter fallen Online-Transaktionsdienste, wie die Bereitstellung und Annahme von Formularen (E-Forms) z. B. im Formularserver des Bundesverwaltungsamtes, die elektronische Bearbeitung eines Antrags oder Auftrags mit Hilfe von elektronischen Akten, Workflow- und Groupware-Lösungen (E-Transactions), elektronische Marktplätze (z. B. das

---

[191] Von Lucke & Reinermann, 2000, S. 2

[192] Vgl. Becker et al., 2007, S. 21

„Kaufhaus des Bundes“) und elektronische Bezahlung bzw. Auszahlung (E-Commerce).

E-Workflow

Alle Anwendungsfelder nutzen die elektronischen Geschäftsprozesse (E-Workflow) und es finden sich auch elektronische Formen von demokratischen Prozessen, wie der Einsatz von elektronischen Medien im Wahlkampf oder bei der Durchführung von Wahlen und Volksabstimmungen (E-Democracy).

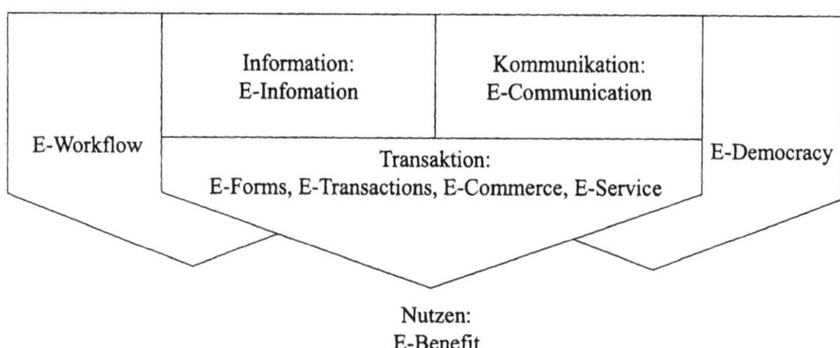

Abb. 59: Anwendungsfelder von eGovernment[193]

Als Nutzen von eGovernment soll ein Mehrwert für Bürger, Wirtschaft und Verwaltung erreicht werden (E-Benefit). Dieser besteht[194]

für Bürgerinnen und Bürger aus

- der Verbesserung der Bürger- und Kundenorientierung durch „wohnortnahen“ Bürgerservice und Multikanalzugang über „Bürgerportale“ der Kommunen sowie Spezial-Meldeverfahren einzelner Behörden, z. B. mit ELSTER als elektronischer Steuererklärung in Deutschland.
- der besseren Möglichkeit der Partizipation, z. B. an virtuell durchgeführten Planungsverfahren.
- der größeren Transparenz der Verwaltung durch Bereitstellung vieler Informationen (Informationsdienste, Vordruckbereitstellung, Veröffentlichung von Rechtsvorschriften, elektronische Kommunikation).
- der einfacheren Durchführung von Massengeschäften, z. B. Melderegisterauskünften, Auskünften aus dem Liegenschaftsbuch und der Liegenschaftskarte (E-Benefit).

---

[193] Von Lucke & Reinermann, 2000, S. 3

[194] Vgl. Stember et al., 2008, S.109 f.

für die Wirtschaft aus

Verkürzung Melde- und Genehmigungspflichten

- der Verkürzung von Genehmigungen durch elektronische Abwicklung.
- der Abwicklung von Meldepflichten (z. B. Statistik- und Steuerdaten) direkt aus eigenen IT-Anwendungen entweder über eMail oder eigene geschützte elektronische Meldewege.
- der Chance auf neue Projekte aufgrund von Informationen rund um Ansiedlungsmöglichkeiten.
- der Bündelung von Dienstleistungen in besonderen Service-Bereichen für die Wirtschaft.

die öffentlichen Betriebe aus

- der Unterstützung der Mandatsträger durch Ratsinformationssysteme und geografische Informationen sowie der Transparenz der Ratsarbeit für eine breite Bürgerschaft.
- einem Wissensspeicher durch Einrichtung von internen Portalen (Intranet): Wiederfinden von relevanten internen Informationen der Verwaltung (von Ortsrecht bis zu Verfügungen des Oberbürgermeisters).
- der Digitalisierung interner Prozesse, z. B. Stellen von Urlaubsanträgen, interne Bewerbung, Anmeldung zu Fortbildungsveranstaltungen, Bestellung von Büromaterial (elektronische Beschaffung).
- dem Nutzen der Behördennetze durch Betriebe der Ordnungsverwaltung. Auf europäischer Ebene gibt es TESLA, in Deutschland den Informationsverbund der Bundesverwaltung IVBV.

Prozessoptimierung durch eGovernment

eGovernment ist ein wesentlicher Auslöser und Wegbereiter für Prozessoptimierung in der Verwaltung, denn mit den neuen Technologien werden Informations-, Kommunikations- und Interaktionsvorgänge vereinfacht und mit der Umsetzung digitaler Prozesse können bestehende ineffizente Verwaltungsstrukturen wirkungsvoll überbrückt werden[195]. eGovernment kann als Mittel zur Verwaltungsmodernisierung und als Grundlage neuer Formen von vernetzter kommunaler Leistungserstellung wirken. Es kann eine 'virtuelle Verwaltung' entwickelt werden, die vorgefundene institutionelle Abgrenzungen überwindet und damit einen Zusatznutzen schafft[196]. eGovernment-Infrastrukturen haben somit das Potenzial der Prozessintegration für interne und externe Prozesse und sind daher ein gutes Werkzeug für Veränderungen im Rahmen des New Public Management[197]. Zur Verwaltungsmodernisierung hat das Informa-

---

[195] Vgl. Stember, 2007, S. 299

[196] Vgl. von Lucke & Reinermann, 2000, S. 6

[197] Vgl. Becker et al., 2007, S. 23

tionsbüro von d-NRW im Rahmen einer wissenschaftlichen Begleitforschung zehn Leitlinien zu eGovernment entwickelt[198]:

Zehn Leitlinien zu eGovernment

1. eGovernment entwickelt sich gegenwärtig in einer neuen Dimension. Die sich herausbildende technische Infrastruktur macht es leichter als zuvor, Arbeitsvorgänge und Informationsflüsse über räumliche und organisatorische Grenzen hinweg zu führen.
2. Verwaltungsleistungen werden künftig in vernetzten Strukturen erbracht, deren Zuschnitt im Einzelnen noch offen ist. Um die Vorteile solcher Strukturen auszuschöpfen, bedarf es intensiver Kooperation. Jedoch brauchen hierfür die gewachsenen territorialen Grundstrukturen der öffentlichen Verwaltung nicht verändert zu werden.
3. Über die einzelnen Verwaltungsebenen hinweg wird sich eine Verwaltungsarchitektur durchsetzen, deren Kennzeichen die Trennung von Produktion und Vertrieb von Leistungen ist.
4. Nach dem Grundsatz "no wrong door" werden Bürgern und Unternehmen einheitliche Anlaufstellen angeboten.
5. Für die Zusammenarbeit in allen Bereichen der öffentlichen Verwaltung ergibt sich die Chance, Effizienzgewinne zu erzielen durch Shared Services, durch Teilauslagerungen und durch die gemeinsame Nutzung von Informationen und anderen Ressourcen.
6. Die Diskussion über angemessene Architekturen für die eGovernment-basierte vernetzte Verwaltung ist noch in vollem Gange.
7. Die Vorteile neuer von eGovernment ermöglichter Verwaltungsarchitekturen erschließen sich erst, wenn man konsequent von den Geschäftsprozessen (Vorgängen) auf der Arbeitsebene der Verwaltung ausgeht, anstatt die Aufbaustrukturen in den Vordergrund zu rücken, innerhalb derer diese Prozesse ablaufen.
8. Vernetzte Erstellung von Verwaltungsleistungen kann es erforderlich machen, die Verantwortlichkeit für die Leistungserstellung und damit auch die Zuständigkeit hierfür neu zu regeln.
9. Die vernetzte Verwaltung erfordert ein Höchstmaß an Standardisierung.

Möglichkeiten und Grenzen der vernetzten Verwaltung können durch konstruktives Erproben und Experimentieren erschlossen werden.

Anforderungen der KGSt an eGovernment Gemeinschaftsstelle

Die Kommunale Gemeinschaftsstelle KGSt (s. Abschnitt 7.5.1) hat ebenfalls Anforderungen an das eGovernment erarbeitet. Eine Festlegung ist, dass Steuerungs-, Leitungs- und Unterstützungsprozesse konsequent differenziert werden sollen. Eine weitere Forderung ist, dass eine eGovernment-basierte Prozessoptimierung auf Basis einer durchgängigen Prozessorganisation in der Art durchgeführt werden soll, dass so genannte Front-Office- von Back-Office-Aktivitäten getrennt werden, d. h. Aktivitäten mit direktem Kundenkontakt von

---

198 Vgl. Klinger, 2008, S. 113 ff.

jenen ohne Kundenkontakt[199]. So könnten Kommunen künftig gemeinsame Organisationseinheiten für Back-Office-Bereiche schaffen, während nur noch der Ansprechpartner des Bürgers als Front-Office vor Ort agiert.

Barrieren für eGovernment

Der Einführung von eGovernment in der öffentlichen Verwaltung stehen jedoch Barrieren gegenüber, wie technische Hindernisse, regulative Rahmenbedingungen, mentale Bedenken Einzelner und hinderliche kulturelle Faktoren der gesamten Organisation. Dies führt dazu, dass teilweise eGovernment-Anwendungen, wie zum Beispiel e-Procurement (elektronische Beschaffung) in öffentlichen Verwaltungen, trotz erheblicher Nutzen- und Einsparpotenziale, noch wenig implementiert sind[200].

5.2 Techniken Prozessverbesserung und -dokumentation

Für die Darstellung und Dokumentation von Abläufen bieten sich eine Reihe von Techniken an, die in Analyse-, Kreativitäts-, Darstellungs- und Erhebungstechniken untergliedert werden können.

5.2.1 Analysetechniken

Übersicht

Als erste Analysetechnik kommt eine Betrachtung der verschiedenen Dimensionen der Organisation in Frage. Aus verschiedenen Ausprägungskombinationen dieser Dimensionen ergeben sich Betrachtungsbereiche für die weitere Prozessanalyse. So spannt beispielsweise der Würfel in Abb. 60 einen Raum mit neun verschiedenen Kombinationsmöglichkeiten auf.

Jede dieser Möglichkeiten markiert eine Variante für zu analysierende Geschäftsprozesse.

---

[199] Vgl. Klinger, 2008, S. 114 f.

[200] Vgl. Wirtz et al., 2008

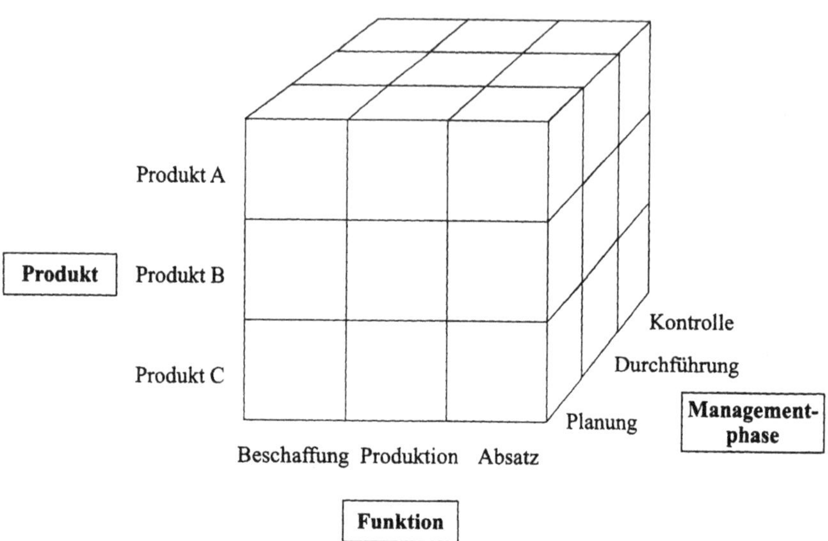

Abb. 60: Betrachtungsdimensionen für die Prozessgestaltung

Prozessgestaltung

Portfolioanalyse

Portfolioanalysen wurden ursprünglich für Anlageportfolios in der Finanzwirtschaft entwickelt. Sie wurden dann auch auf andere Fragestellungen übertragen, vor allem als strategisches Analyseinstrument für Fragen des Marketing und der Positionierung von Geschäftseinheiten und Produkten. Das graphische Vorgehen der Erstellung eines Portfolios ist einfach: In einer Matrix mit vier oder neun Felder (seltener auch mehr, z. B. 16) werden jeweils die internen Stärken einer Organisation den externen Möglichkeiten gegenüber gestellt. In Abschnitt 4.2 wurden Portfolios schon als Instrument der „Produktkritik" vorgestellt. Auch auf die Ebene von Aufgaben, Prozessen und Funktionen lässt sich die Idee der Portfolioanalyse übertragen und nutzen (vgl. Abb. 60)[201]. Die Positionen der Kreise entsprechen den Einordnungen für einzelne Aufgaben, die Größe der Kreise gibt die Höhe des Aufwands wieder, der durch die Wahrnehmung der jeweiligen Aufgabe entsteht.

---

201 Vgl. Bundesministerium des Innern, 2007, S. 397

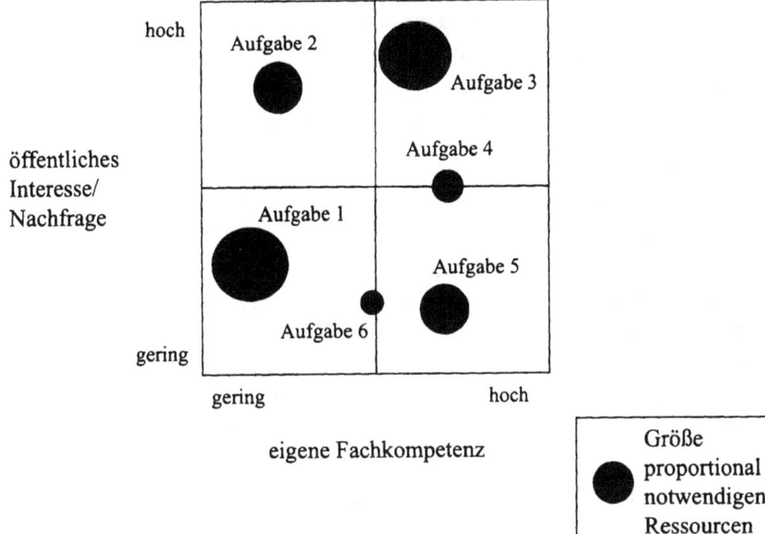

Abb. 61: Portfoliobetrachtung

Aus der Portfoliobetrachtung ergeben sich dann einige Fragen, wie z. B.

- Welche Aufgaben können bei der gegebenen Organisation wegfallen, da keine öffentliche Nachfrage danach besteht (gilt in Abb. 61 eventuell für Teile von Aufgabe 1)?
- In welchem Quadranten kommen neue Aufgaben hinzu?
- Welche Aufgaben können oder sollten einem Outsourcing unterzogen werden, da die gegebene Organisation nicht genug eigene Fachkompetenz zu ihrer Durchführung bereit hält (gilt in Abb. 61 eventuell für Aufgabe 2)?
- Für welche Aufgaben sollten eigene Fachkompetenzen stärker heraus gebildet werden?
- Welche Aufgaben sollten unbedingt weiter von der gegebenen Organisation durchgeführt werden, eventuell unter dem Einsatz zusätzlicher Ressourcen (gilt in Abb. 61 eventuell für Aufgabe 3)?

5.2.2 Kreativitäts- und Moderationstechniken

Übersicht Kreativitätstechniken

Anregung innovativen Denkens

Kreativitätstechniken dienen zur Ideenfindung und Problemlösung einfach strukturierter Aufgaben mit mehreren möglichen Lösungen und sollen das produktive Denken und die Konkretisierung erster Ergebnisse fördern. Kreativitätstechniken werden fast immer in Gruppen angewandt, da das durch sie speziell zu erschließende Ideen- und Gestaltungspotenzial durch Gruppeneffekte wie gegenseitiges geistiges Anregen sowie das Auslösen von Assoziationen erschlossen werden soll[202]. Die Gruppen werden meist von einem Gruppenleiter oder Moderator geführt, der mit Hilfe von Moderationstechniken und Medien den Ablauf von Gruppensitzungen mit dem Ziel bestmöglicher Ergebnisse professionell steuert[203]. Zu den Aufgaben eines Moderators gehört es,

Aufgaben des Moderators

- die zur Situation (Thema, erwartetes Ergebnis usw.) passenden Spielregeln und Medien (zum Beispiel Flipchart, Pinnwand, Whiteboard, Overhead, Beamer und Notebook) auszusuchen.
- unterstützende Rahmenbedingungen zu schaffen.
- Transparenz über die Ausgangslage und das Vorgehen herzustellen.
- für die Einhaltung der Spielregeln zu sorgen.
- alle Teilnehmer zum aktiven Mitmachen zu motivieren.
- Redeanteile und gegenseitiges Zuhören zu steuern.
- Beziehungen zwischen den Teilnehmern zu beobachten und Spannungen zu glätten.
- einen adäquaten Wechsel zwischen Arbeits- und Entspannungsphasen herzustellen.
- die Ergebnisse bzw. Inhalte einer Gruppensitzung zu sichern (helfen).

Zu den im Weiteren betrachteten Kreativitätstechniken gehören Brainstorming, Brainwriting, Mind-Mapping und der morphologische Kasten[204].

Brainstorming

Brainstorming

Brainstorming ist eine Ideensuch- und Kreativitätstechnik, die das Finden von innovativen Ideen im Rahmen einer Gruppensitzung fördert. Die Durchführung sollte unter Beachtung folgender Regeln ablaufen:

- Festlegung der Gruppenstärke auf minimal fünf und maximal 12 Teilnehmer, die unterschiedliche Kenntnisse und Erfahrungen mitbringen.
- Beachtung einer ausgewogenen hierarchischen Zusammensetzung des Teilnehmerkreises, um kommunikative Hemmungen zu vermeiden.
- Bekanntgabe der Sitzungsregeln zu Beginn der Sitzung.
- Festlegung der Sitzungsdauer auf minimal 10 und maximal 30 Minuten.
- Herstellung einer ungezwungenen Arbeitsatmosphäre.

---

202 Dies ist auch ein Auswahlkriterium von Aufgaben für Kreativitätstechniken. Fragen bei denen es ein eindeutiges „richtig“ oder „falsch“ gibt, wie z. B. mathematische Aufgaben, sind zumeist KEINE für Kreativitätstechniken geeigneten Probleme.

203 Vgl. Olfert, 2009, S. 91 f.

204 Vgl. zu den Beschreibungen der Kreativitätstechniken zum Beispiel Becker, 2009, S. 620 ff.; Bundesministerium des Innern, 2007, S. 354 ff; Niedereichholz, 2003, S. 263 ff.; Olfert, 2009, S. 92 ff.; Schulte-Zurhausen, 2005, S. 557 ff.

- Bereithaltung von ausreichendem Material zur Dokumentation (Stifte, Flipchart, Karten) der Ergebnisse und Durchführung der Dokumentation durch eine nicht am kreativen Prozess beteiligte Person.

Bei der Durchführung eines Brainstormings sind einige Regeln unbedingt zu beachten:

Regeln des Brainstorming

- Freier Lauf der Fantasie und spontane Äußerung von Ideen.
- Quantität vor Qualität.
- Verbot jeglicher Kritik oder Killerphrasen (wie zum Beispiel „Das haben wir noch nie gemacht!" oder „Das funktioniert doch nie!").
- Unmittelbare und für alle sichtbare Dokumentation der Ergebnisse.
- Volle Ausnutzung der eingeplanten Zeit.

Brainstorming wird von einem Moderator geleitet und in drei Vorgehensschritten durchgeführt (siehe Abb. 62).

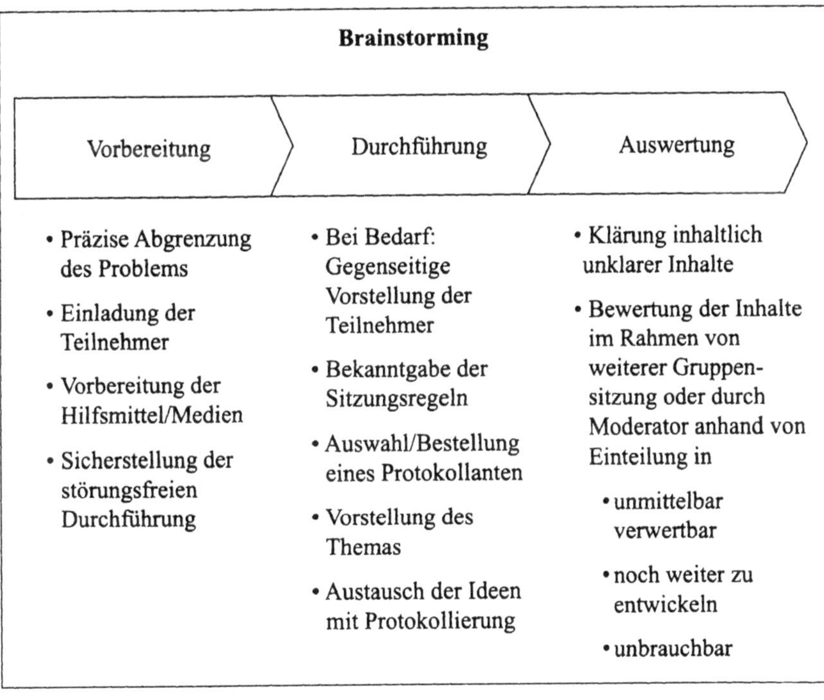

Abb. 62: Ablauf eines Brainstormings

Es eignet sich besonders für einfach strukturierte Problemstellungen während aller Phasen einer Organisationsuntersuchung. Die Methode ist leicht durchzuführen, stellt keine hohen Anforderungen an die Methodenkenntnisse der Teilnehmer und liefert oft eine hohe Anzahl von Ideen und Lösungsvorschlägen in relativ kurzer Zeit. Sie erfordert allerdings aufgrund der ungefilterten Sammlung von Ideen eine Nachbearbeitung. Auch sind gruppendynamische Effekte, z. B. non-verbale Kritik und Versuche der Selbstdarstellung Einzelner und damit eine negative Beeinflussung der Ergebnisse nicht ausgeschlossen.

Brainwriting ist eine Abwandlung der Brainstorming-Methode, bei der die Ideensammlung nicht verbal, sondern schriftlich vorgenommen wird. Zumeist wird Brainwriting in Form der „Methode 635“ beschrieben, bei der

Methode 635

- 6 zu einer Gruppensitzung eingeladene Teilnehmer
- 3 Ideen oder Lösungsvorschläge auf Vordrucke schreiben, die
- 5-mal weiter gereicht und von den anderen Teilnehmern weiter entwickelt werden.

Brainwriting: Methode 635

Vorbereitung	Durchführung	Auswertung

• Präzise Abgrenzung des Problems
• Einladung der Teilnehmer
• Erstellung eines geeigneten Vordrucks
• Sicherstellung der störungsfreien Durchführung
	• Bei Bedarf: Gegenseitige Vorstellung der Teilnehmer
	• Bekanntgabe der Sitzungsregeln
	  • 5-minütige Schreibphase: 3 Vorschläge pro Teilnehmer
	  • 5-mal Weitergabe an Nachbarn und Weiterentwicklung der Ideen
		• Klärung inhaltlich unklarer Inhalte
		• Bewertung der Inhalte im Rahmen von weiterer Gruppensitzung oder durch Moderator anhand von Einteilung in
		  • unmittelbar verwertbar
		  • noch weiter zu entwickeln
		  • unbrauchbar

Abb. 63: Ablauf eines Brainwritings nach Methode 635

Die Methode lässt sich analog auch mit einer anderen Zahl von Teilnehmern und Ideen durchführen, dann könnte man z. B. bei Vermindern aller Zahlen um 1 analog von einer „Methode 524“ sprechen. Durch die Weitergabe der Vordrucke können Assoziationsketten entstehen, die innovative Lösungen hervorbringen. Mit Ausnahme der Teilnehmeranzahl und der für alle ständig sichtbaren Ergebnisdokumentation sind die Prinzipien und Regeln hier dieselben wie beim Brainstorming. Der Ablauf der Methode kann wiederum in drei Phasen dargestellt werden (siehe Abb. 63).

Collective Notebook

Eine Abwandlung der Methode 635 ist das so genannte Collective Notebook (deutsch „gemeinsames Notizbuch"), bei dem die Teilnehmer sich nicht zu einem Zeitpunkt in einem Raum treffen, sondern die Problemstellung schriftlich zugesendet bekommen und in einem vorgegebenen Zeitraum (je nach Dringlichkeit des Problems mehrere Tage bis Wochen) ihre Ideen notieren und per E-Mail oder elektronischer Foren an andere Teilnehmer weiter reichen.

Brainwriting eignet sich wie Brainstorming als Ideensuch- und Kreativitätstechnik besonders für einfach strukturierte Problemstellungen. Wie das Brainstorming ist auch das Brainwriting unkompliziert durchzuführen und erfordert wenig methodisches Wissen der Teilnehmer. Durch die strenge Vorgabe der Anzahl der zu liefernden Vorschläge können auch zurückhaltende Personen in gleichem Maße wie extrovertierte Teilnehmer ihre Ideen äußern. Als Nachteile sind wiederum die aufwändige Nachbearbeitung sowie die durch die formalen Vorgaben stärker eingeschränkte Spontaneität der Beteiligten zu nennen. Oft orientieren sich auch die Teilnehmer zu stark an den Ideen der Vorgänger.

Mind Mapping

Intuitiv-bildhaftes Denken

Das von Tony Buzan entwickelte Mind Mapping[205] ist eine Arbeits- und Darstellungsmethode, die sprachlich-logisches mit intuitiv-bildhaftem Denken verbindet und sowohl als strukturierende Dokumentationstechnik zur Aufarbeitung bekannter Informationen (zum Beispiel aus einem Brainstorming) als auch als Kreativitätstechnik zur Entwicklung neuer Ideen eingesetzt werden kann. Mind Maps enthalten das Kernthema als Schlüsselwort oder Bild im Zentrum, von dem aus sich Hauptäste mit weiteren Unterästen verzweigen und so detailliertere Informationen hierarchisch strukturiert darstellen (s. Abb. 64).

Nach einer kreativen Ideensammlung, z. B. durch Brainstorming, folgt in einem zweiten Schritt die Erstellung einer Mind Map zur Strukturierung der gesammelten Ideen, aber auch um eventuelle Fehler aufzudecken und weitere Assoziationen zu entwickeln. Die um das Kernthema herum entlang von Ästen strukturierten Gedanken werden über Schlüsselworte, Bilder oder Symbole dargestellt. Zusätzliche Querverbindungen zwischen Zweigen werden durch Pfeile dargestellt.

---

[205] Müller, 2008

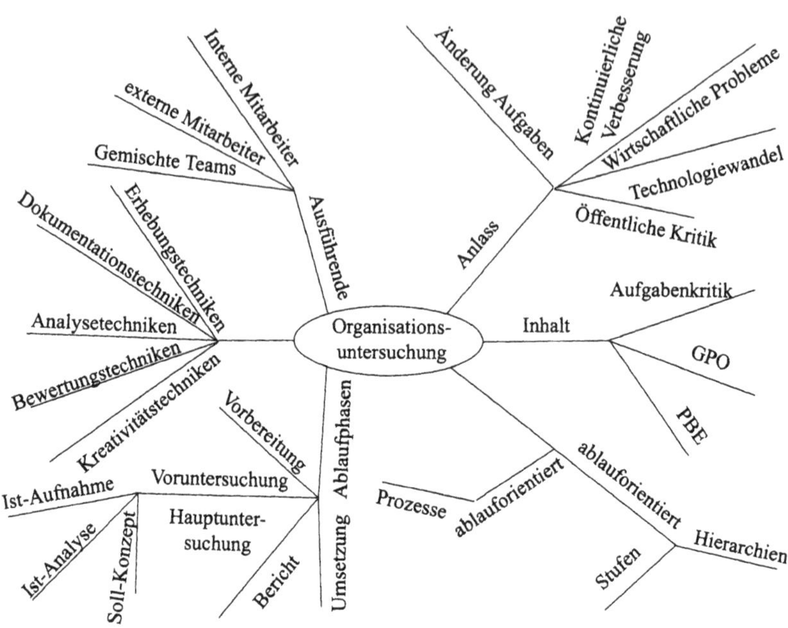

Abb. 64: Mind Map zum Thema Organisationsuntersuchung206

Graphikregeln Mind Mapping

Vorteilhaft an der Methode des Mind Mapping ist, dass die Zusammenarbeit logischer und kreativer Elemente die Leistungsfähigkeit des menschlichen Gehirns optimal nutzt, Bilder und Symbole steigern den Effekt. Die Graphikregeln einer Mind Map ermöglichen es, Informationen übersichtlich zu strukturieren und neue Informationen leicht einzufügen. Hierzu ist mittlerweile auch umfangreiche Softwareunterstützung auf dem Markt. Nachteilig – weil kreativitätshemmend – kann beim Mind Map unter Umständen die evtl. anstrengende Strukturierung der Gedanken in Logikbäumen sein.

Morphologischer Kasten

Lehre vom geordneten Denken

Die Morphologie ist die Lehre vom geordneten Denken. In diesem Zusammenhang stellt ein „morphologischer Kasten“ (Synonym: morphologische Matrix) ein Hilfsmittel dar, eine Problemstellung kreativ-analytisch anzugehen (siehe Abb. 65). Zunächst wird das Thema in einzelne Teilaspekte bzw. Dimensionen zerlegt. Je Dimension werden dann alle theoretisch denkbaren Ausprägungen dargestellt. Aus der Kombination von einzelnen Ausprägungen entstehen schließlich Lösungsvarianten für das Ausgangsproblem.

---

[206] Entnommen aus Bundesministerium des Innern, 2007, S. 363

Morphologischer Kasten

Dimension	Ausprägungen					
Ausbildung	Fachschule	Lehre	Studium	Promotion		
Fachrichtung	BWL	VWL	Psychologie	Recht	Soziologie	Philosophie
Berufserfahrung allgemein	keine	bis 3 Jahre	3-5 Jahre	5-10 Jahre	über 10 Jahre	
Berufserfahrung in Personalentwicklung	keine	bis 3 Jahre	3-5 Jahre	5-10 Jahre	über 10 Jahre	
Auslandserfahrung	keine	während Ausbildung	als Mitarbeiter	mit Führungserfahrung		
...						

Abb. 65: Bsp. morphologischer Kasten für Personalauswahl[207]

Systematische Zerlegung von Problemen

Vorteil dieser Methode ist die systematische Zerlegung von Problemen, wodurch auch komplexe Probleme erfasst und Lösungswege gefunden werden können, die eventuell zunächst nicht offensichtlich gewesen sind. Gegenüber der Mind Map wird beim morphologischen Kasten auch Wert auf die Vollständigkeit der Unterpunkte zu einer Dimension gelegt. Hierdurch könnte der Ideenfluss jedoch gebremst werden, so dass diese Methode eher zur analytischen Aufbereitung von Ideen als zur unmittelbaren Ideenfindung genutzt werden sollte.

Präsentationstechniken

Zur Unterstützung von Moderationstechniken, aber auch zur Leitung von „normalen" Gesprächen mit kleinen und größeren Gruppen können Präsentationstechniken eingesetzt werden. Dies sind technische Hilfsmittel von der guten alten Kreidetafel bis hin zu einer Präsentation mit moderner Videotechnik. Die Tab. 15 zeigt einige Vor- und Nachteile des Einsatzes häufig benutzter Geräte.

[207] In Anlehnung an Becker, 2009, S. 623

Tab. 15: Präsentationstechniken[208]

Technik	Vorteil	Nachteil
Flipchart	- schnell vorbereitet - flexibel im Einsatz - Teilnehmer können gleiches Medium bedienen	- Dokumentation ist ein Extra - Papierverbrauch - Handschrift sollte gut sein
Pinwand	- schnell vorbereitet - flexibel im Einsatz - Teilnehmer können gleiches Medium bedienen	- Dokumentation ist ein Extra - Papierverbrauch - Handschrift sollte gut sein
Whiteboard	- keine Vorbereitungszeit - schnell änderbar	- Fixer Platz im Raum benötigt - Dokumentation aufwendig - Handschrift sollte gut sein
Overhead-Projektor	- besonders leicht wiederverwendbar	- Ggf. Geräuschpegel durch Lüfter - Hoher Vorbereitungsaufwand - Dozent muss Folien auflegen
Computer mit Beamer	- geeignet für sehr große Gruppen - Videos und Animationen möglich - besonders leicht wiederverwendbar	- Spontan unflexibel - Hoher Vorbereitungsaufwand - Gefahr der Übersättigung der Teilnehmer mit Bildern - Teilnehmer können nicht spontan gleiches Medium bedienen

5.2.3 Darstellungstechniken

Zur Analyse von Ist- und Ableitung von Soll-Prozessen eignen sich vor allem die beiden Darstellungstechniken Flussdiagramm und Gantt-Chart[209].

Detaillierte Darstellung eines Prozesses

Flussdiagramm

Das Flussdiagramm (englisch Flow Chart) dient der Darstellung eines einzelnen Prozesses und soll ein detailliertes Verständnis über den Verlauf und die Beteiligten an einem Prozess sowie die Darstellung der Teilprozesse ermöglichen. Für Flussdiagramme sind standardisierte Symbole zur Darstellung von Prozess-Schritten gemäß DIN 660001 zu verwenden. Für die Erstellung eines Flussdiagramms gelten einige Regeln:

- Die beteiligten Organisationseinheiten sind in Spalten (so genannten „Schwimmbahnen") darzustellen.
- Am Prozessbeginn muss ein Informationsobjekt als Input stehen. Gleiches gilt für das Ende, auch hier muss ein Objekt als Output vorliegen. Zu verwenden ist hier das Symbol für „Startpunkt".

---

208 Verändert aus Handbuch für Organisationsuntersuchungen und Personalbedarfsermittlung, S. 373 f.

209 Vgl. zur Darstellung dieser Techniken Bundesministerium des Innern, 2007, S. 328 ff.; Olfert, 2009, S. 221 ff.; Schulte-Zurhausen, 2005, S. 521 ff.

- Nach jeder Funktion folgt ein Informationsobjekt, welches das Ergebnis der Funktion darstellt.
- Eine Funktion kann durch einen Teilprozess ersetzt werden.
- Die Verbindung komplexer Prozesse, welche sich über mehrere Seiten erstrecken, erfolgt über Anschluss(Sprung)marken.

Symbol	Bedeutung	Eingang	Ausgang	Kommentar
	Start oder	keiner	exakt einer	nur ein Startsymbol erlaubt
nein ja	Entscheidung	exakt einer	exakt zwei	„ja" und „nein" sollten bei allen Entscheidungen immer an der gleichen Stelle stehen
	Anschlusslinie			ohne Kontakt: dürfen sich nicht kreuzen. Richtung ohne Pfeil: von oben nach unten
	Unterbrechung			
1 1	Anschluss	exakt einer	exakt einer	erlaubt Verknüpfung mit weiterem Flussdiagramm

Abb. 66: Wichtige Standard-Symbole Datenflüsse

Die Nutzung dieser Symbole soll in einem Beispiel demonstriert werden.

Beispiel: Datenflussdarstellung Vorbereitung Patrouillenfahrt

Die Wasserschutzpolizei Atlantis betreibt eine kleine Flotte eigener Polizeiboote. Anhand der Erkenntnisse aus dem Interview eines Bootsführers in Tab. 16 soll ein Datenflussdiagramm erstellt werden.

Tab. 16: Ergebnisse Interview mit Bootsführer

Lfd. Nr.	Frage	Antwort
1	Wann bereiten Sie eine Einsatzfahrt vor?	Diese 24 h – Einsätze werden nach Kalender geplant, manchmal jedoch wird außerordentlich aufgrund aktueller Einsatzlagen eine besondere Route befohlen.
2	Wie unterscheiden sich diese beiden Einsatzformen in der Vorbereitung?	Einmal fahren wir vorher festgelegte Routen, das andere Mal berechnen wir aktuell nach der vorliegenden Einsatzanforderung eine neue Route. Außerdem rüsten wir das Boot entweder standardmäßig aus oder je nach Einsatzlage mit speziellen Einsatzmitteln, z. B. zusätzlichen Rettungsflößen oder mit einem Notarzt.
3	Was machen Sie immer?	Zunächst wird eine Sichtprüfung der Dichtigkeit des Bootsrumpfes gemacht, dann – alle Mann von Bord – Auffüllen des Tanks, Aufrüstung mit Einsatzmitteln, Funktionstest Bordelektrik und Funkgeräte, Prüfung Verpflegung, Vorhandensein Seekarten und Funktion GPS und Kompass, Vollzähligkeit der Mannschaft.
4	Was verhindert Ihre Patrouille?	Ja, bei mehr als Windstärke 8 können wir nicht auslaufen. Wir bereiten zwar alles vor, laufen aber nicht aus. Auch bei Fehlen des Steuermanns bleiben wir an Land.
5	Wie endet die Vorbereitung?	Motor starten und „Leinen" los bei Abfahrt, bei Stopp verschließen wir das Boot und halten uns im Bootshaus bereit.

Das aus den Angaben des Interviews abgeleitete Datenflussdiagramm könnte wie in Abb. 67 dargestellt aussehen (Alternativen denkbar, keine Schwimmbahnen verwendet, da immer die gleiche Organisationseinheit):

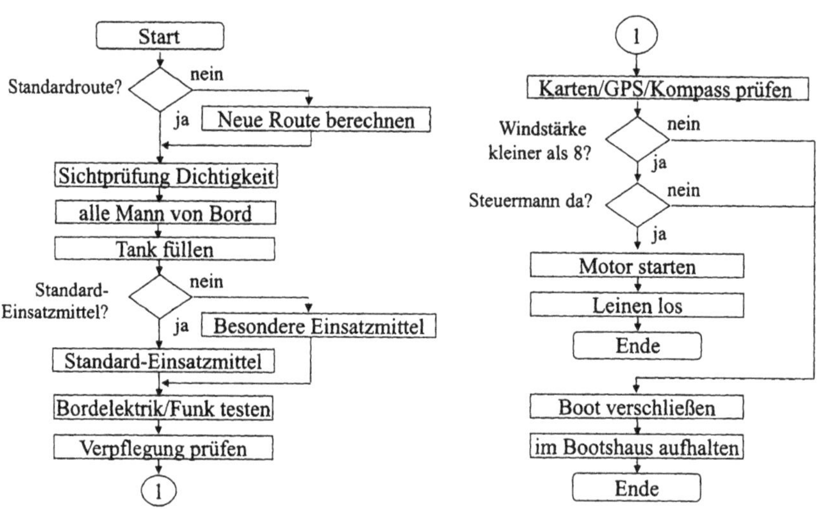

Abb. 67: Flussdiagramm Vorbereitung Patrouillenfahrt

Flussdiagramme sollten in der Praxis am Besten mit Spezialsoftware (z. B. ADONIS oder ARIS) erstellt werden, die das Erzeugen und Verwalten von

Prozessschaubildern erleichtert. Vorab sollten detaillierte Layoutregeln, auch über Feinheiten wie zum Beispiel die verwendeten Farben und Kästchengrößen aufgestellt werden, weil die DIN-Regeln keineswegs reichen, um bei großen Behörden mit mehreren Erstellern die Flussdiagramme optisch gleichartig aussehen zu lassen. Nützlich, jedoch aufwändig, ist zudem die Abbildung aller IT-unterstützten Prozessschritte, weil die Erstellung neuer IT-Verfahren von diesen Informationen sehr profitiert.

Gantt-Chart

Gantt Chart

Die von Henry Gantt entworfene Darstellungstechnik dient vor allem zur Darstellung von zeitlichen Folgen von Ereignissen, zum Beispiel für Arbeitspläne. Über die Zeitachse werden dabei einzelne Vorgänge entsprechend ihrer zeitlichen Dauer abgetragen (siehe Abb. 68).

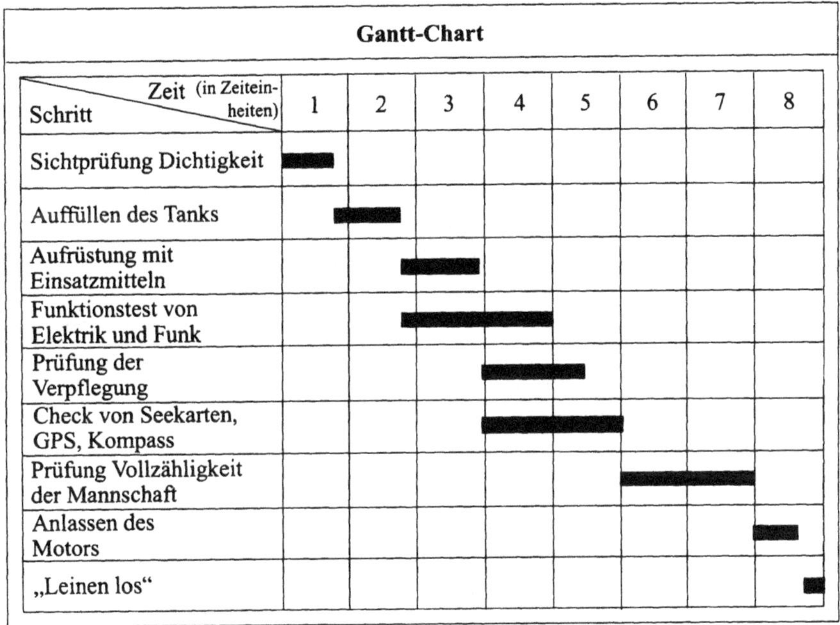

Abb. 68: Bsp. Gantt-Chart Vorbereitung einer Routine-Patrouille

Arbeitspläne

In Gantt-Charts lassen sich auf übersichtliche Art Arbeitspläne erstellen, in denen zudem die Abhängigkeiten zwischen einzelnen Schritten deutlich gemacht werden. Für das Erstellen von Gantt-Charts existiert wiederum Software, die gerade das Ändern von einzelnen Schritten und die daraus entstehenden Folgeeffekte erleichtert.

5.2.4 Erhebungstechniken

Prozessanalysen durchzuführen bedeutet vor allem, Informationen zu sammeln und zu ordnen. Folgende besonders häufig verwendete Erhebungstechniken stehen hier zur Verfügung[210]:

Interview

Interview: Ein Interview ist eine mündliche Befragung einer Person oder einer Gruppe. Es kann in drei Formen durchgeführt werden, die sich in den Freiheitsgraden bei den Fragen und möglichen Antworten unterscheiden:

- Freies Interview: Interviewer und Befragte sind hinsichtlich des Ablaufs völlig frei. Diese Interviewform ist für die explorative Datensammlung geeignet, eher weniger, wenn es um die Generierung vergleichbarer statistisch auswertbarer Daten geht, wofür sich das standardisierte Interview eignet.
- Standardisiertes Interview: Es werden feststehende Fragen gestellt, die nach einem bestimmten Schema beantwortet werden müssen, z. B. als Bewertung auf einer Skala.
- Halb-standardisiertes Interview: Der Interviewer fragt anhand eines Leitfadens und gibt den Befragten bestimmte Spielräume für ihre Antworten. Bei Aufgabenanalysen wird diese Interviewform am häufigsten angewandt.

Fragebogen

Fragebogen: Dies ist eine schriftliche Befragung einer oder mehrerer Personen. Eine Befragung mittels Fragebogen eröffnet die Möglichkeit, viele Personen gleichzeitig zu befragen und gibt den Befragten in der Regel mehr Zeit und Ruhe für ihre Antworten. Andererseits hat der Fragensteller nach Versand der Fragebögen kaum Möglichkeiten, auf die Befragten direkt zu reagieren, um eventuelle Unklarheiten zu beseitigen oder flexibel nachzufragen, sie mit Fragen zu überraschen oder individuelle Beobachtungen anzustellen. Sehr ratsam ist, möglichst alle Fragen vor dem „scharfen" Einsatz des Fragebogens an „Versuchspersonen" auf Verständlichkeit zu testen. Ratsam ist auch, bei Fragebögen mit großer Zielgruppe möglichst wenige „offene" Fragen zu verwenden. Offene Fragen erlauben Freitext-Antworten, die sehr aufwändig und eventuell uneindeutig in der Auswertung sein können. Zumindest sollte hier vorab über Auswertungskategorien nachgedacht werden. Geschlossene Fragen dagegen haben vorgegebene Antwortkategorien und lassen sich damit leicht auch maschinell auswerten.

Beobachtung

Beobachtung: Beobachtung ist eine planmäßige und direkte Erhebung von Gegebenheiten und Verhaltensweisen, die nicht auf Fragen und Antworten beruht. Sie umfasst eine optische und akustische Aufnahme und Interpretation der beobachteten Vorgänge. Die Methode eignet sich demnach auch nur für sicht- oder hörbare Vorgänge und – ohne besondere technische Hilfsmittel –

---

[210] Vgl. zur Darstellung dieser Techniken Bundesministerium des Innern, 2007, S. 245 ff.; Hopp & Göbel, 2008, S. 256 f .; Olfert, 2009, S. 221 ff.

nicht für sehr seltene und extreme, z. B. gefährliche Vorgänge. Für das genauere Verständnis von komplexen organisatorischen Abläufen sowie die Quantifizierung von einfachen Vorgängen ist die Beobachtung prinzipiell gut geeignet. Außerdem kann man Ereignisse oder Verhaltensweise entdecken, die den beobachteten Personen nicht bewusst sind oder die sie in Interviews und Fragebögen verschweigen.

Multimomentaufnahme

Multimomentaufnahme: Dies ist ein Stichprobenverfahren zur Ermittlung der Auftretenshäufigkeit von bestimmten Vorgängen. Hierfür werden Kurzzeitbeobachtungen an bestimmten Orten in einer Organisation wiederholt durchgeführt, ohne dass die Beobachteten selbst aktiv werden. Beispiele hierfür sind die Häufigkeit von Anrufen zu bestimmten Zeiten oder das Eintreten von Bürgern in Büros. Wird eine repräsentative Stichprobe gewählt, was nicht immer einfach ist, können statistische Aussagen über die Grundgesamtheit aller relevanten Vorgänge getroffen werden.

Selbstaufschreibung

Selbstaufschreibung: Bei dieser Methode halten Organisationsmitglieder Daten selbst fest, über die Aussagen gewonnen werden sollen. Dies können wiederum kundenbezogene Auftrittshäufigkeit von Ereignissen sein, aber auch Aufgaben, Arbeitsabläufe, Zeiten und Mengen bezüglich eigener Vorgänge der Organisationsmitglieder. Für die Selbstaufschreibung werden weniger Ressourcen auf Seiten der Erhebenden benötigt, da die Datensammlung aber ohne Kontrolle stattfindet, sind die Daten später zu plausibilisieren.

Laufzettel

Laufzettel: Bei diesem Verfahren erheben die Beschäftigten begleitend zur Aufgabenerledigung Daten mit Bezug zu einem bestimmten Objekt, wie in einer Akte. Dem Objekt wird ein Laufzettel beigefügt, auf dem jede beteiligte Person die von ihr geleistete Tätigkeit und die jeweiligen Zeiten (Eingangszeitpunkt, Ausgangszeitpunkt, Bearbeitungsdauer) schreibt. Bei elektronischen Arbeiten kann dies mit so genannten Log-Dateien erledigt werden. Für die stichprobenartige Verfolgung von einzelnen Objekten im Rahmen bestimmter Prozesse ist diese Methode gut geeignet. Da sie eine spezielle Form der Selbstaufschreibung ist, unterliegt sie derselben grundsätzlichen Bewertung.

Dokumentenanalyse

Dokumentenanalyse: Dies ist eine Methode der Analyse des Inhalts von Schriftstücken. Für eine Organisationsanalyse können beispielsweise Dokumente wie Organigramme, Flussdiagramme, Stellenbeschreibungen oder Haushaltspläne ausgewertet werden. Die Dokumentenanalyse ist unentbehrlich für jede Organisationsanalyse, da sie aber oft nur dokumentierte Soll-Zustände zu Tage bringt, muss sie mit weiteren Analysen kombiniert werden, denen sie zumeist als Einstieg dient.

In der Praxis werden je nach Problemlage zumeist mehrere Methoden gleichzeitig angewandt, auch um gegenseitige Plausibilisierungen der Ergebnisse zu ermöglichen, siehe Abb. 69.

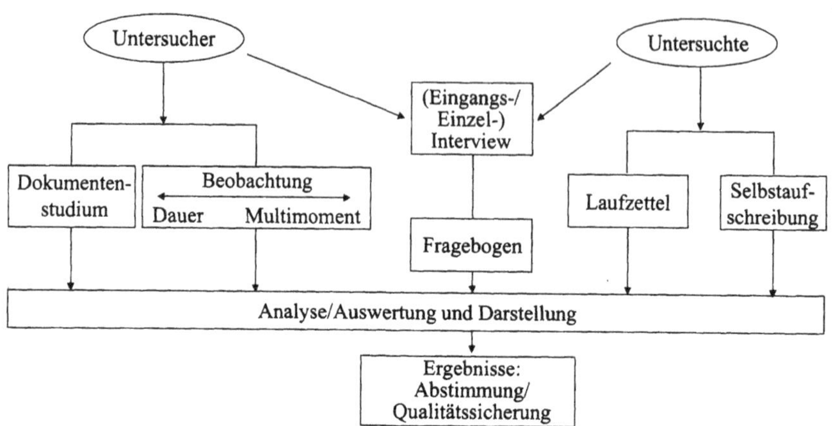

Abb. 69: Kombinierter Einsatz mehrerer Erhebungstechniken

5.3 Aufbaustruktur

5.3.1 Grundlagen und Begriffe

Statisches Strukturelement

Wenn geklärt ist, welche Produkte erstellt werden sollen und die Ablauforganisation optimal gestaltet ist, kann die Aufbauorganisation festgelegt werden.

Definition Aufbauorganisation

Die Aufbauorganisation (Synonym: Aufbaustruktur) als das statische Strukturelement von Organisationen, fragt nach dem „wer“ oder „was“. Sie „gliedert eine Organisation in funktionsfähige, arbeitsteilige Einheiten, deren Ziel die zweckmäßige Erfüllung einer vordefinierten Aufgabe ist“[211]. Sie weist Verantwortung für Geschäftsprozesse und das Erlangen der benötigten Inputs und den Output zu. Sie regelt schließlich die Form der hierarchischen Über-, Unter- oder Gleichstellung von Mitgliedern und Bereichen.

Dualproblem Arbeitsteilung und -integration

Das Grundproblem der Gestaltung der Aufbauorganisation liegt in dem Dualproblem aus der Arbeitsteilung einerseits, also der effektiven Gliederung einer Gesamtaufgabe in Teilaufgaben (so genannte organisatorische Differenzierung) sowie der Arbeitsvereinigung andererseits, die notwendig ist, um die durch die Aufgabendifferenzierung entstandenen Teilaufgaben wieder zu einer geschlossenen Leistung zusammen zu bringen (so genannte organisatorische

[211] Becker et al., 2007, S. 25

Integration)[212]. Differenzierung und Integration müssen parallel und in gleichem Ausmaß erreicht werden, um eine Organisation funktionsfähig zu halten. Im Rahmen der organisatorischen Differenzierung sind eine Aufgaben- und Arbeitsanalyse durchzuführen, im Rahmen der organisatorischen Integration eine entsprechende Aufgaben- und Arbeitssynthese[213]. Aufgabenanalyse und -synthese führen schließlich zur Aufbauorganisation, während Arbeitsanalyse und -synthese zur Ablauforganisation führen (vgl. Abb. 70)[214].

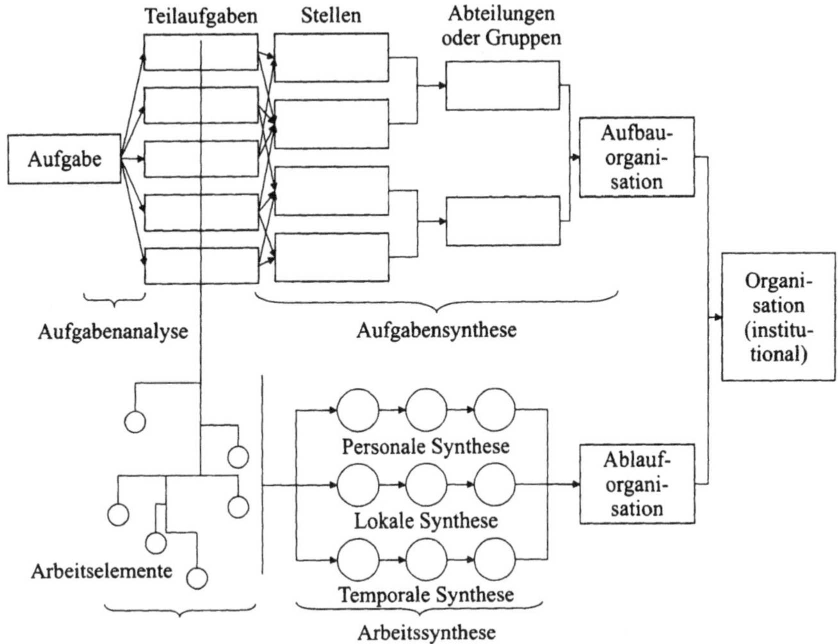

Abb. 70: Modell organisatorischer Gestaltung[215]

---

[212] Vgl. Schreyögg , 2003, S. 112

[213] Vgl. Vahs, 2009, S. 51

[214] Vgl. Schulte-Zurhausen, 2005, S. 41

[215] In Anlehnung an Bleicher, 1991, S. 49

Aufgabenanalyse

Im Mittelpunkt der Aufgabenanalyse steht die Aufgabe.

Definition Aufgabe

Aufgabe ist eine „dauerhaft wirksame Verpflichtung, bestimmte Tätigkeiten auszuführen, um ein genau umrissenes Ziel zu erreichen"[216].

Fünf Merkmale einer Aufgabe

Jede Aufgabe ist durch fünf Merkmale bestimmt, nach denen sich auch jeweils Teilaufgaben im Rahmen einer Aufgabenanalyse gliedern lassen[217]:

1. **Verrichtung:** Sie beschreibt die Art der geistigen oder körperlichen Tätigkeit. Mittels einer Verrichtungsanalyse lässt sich beispielsweise die Verrichtung „Brief schreiben" in die Teilaufgaben „Laden", „Formulieren", „Eintippen", „Ausdrucken", „Abschicken" gliedern.
2. **Objekt:** Es beschreibt den materiellen oder immateriellen Gegenstand, auf den sich die Aufgabe bezieht. Hier kann zwischen Ausgangsobjekten, Endobjekten, Personen oder auch Absatzbezirken unterschieden werden. Eine Objektanalyse für die Aufgabe „Brief schreiben" kann als Beispiel die Elemente „Computer", „Papier", „Drucker", „Toner", „Programm" enthalten.
3. **Rang:** Bei einer Ranganalyse werden Entscheidungs- von Ausführungsaufgaben getrennt, wobei ersteren ein höherer Rang zugeordnet wird. Bei der Beispielaufgabe „Brief schreiben" können „Entscheidung über das Schreiben eines Briefs" und „Ausführen des Schreibens des Briefs" unterschieden werden.
4. **Phase:** Eine Aufgabe lässt sich grundsätzlich in die Phasen Planung, Durchführung und Kontrolle einteilen. Für das Beispiel „Brief schreiben" ergibt die Phasenanalyse die Ergebnisse „Planung des Schreibens eines Briefs", „Realisierung des Briefschreibens" und „Kontrolle des Briefs".
5. **Zweckbeziehung:** Hiernach werden primäre und sekundäre Teilaufgaben unterschieden, also Teilaufgaben, die sich unmittelbar aus dem Leistungsprogramm oder der Gesamtaufgabe ergeben und Teilaufgaben, die eine hierfür unterstützende Funktion haben. Gemäß Zweckanalyse kann zu der Leistungsaufgabe des „Tippens" eines Briefs beispielsweise die unterstützende Teilaufgabe der „Instandhaltung des Computers" gehören.

Aufgabengliederungspläne

In der Organisationspraxis werden häufig mehrere Gliederungspunkte zusammen analysiert. So empfiehlt auch die Gesellschaft für Organisation (GfO), Verrichtungs- und Objektanalyse zu kombinieren. Das Ergebnis der Aufgabenanalyse sind schließlich so genannte Aufgabengliederungspläne.

---

[216] Vahs, 2009, S. 52

[217] Vgl. zu dieser auf Erich Kosiol zurückgehenden Gliederung Olbert, 2009, S. 108 ff.; Schreyögg, 2003, S. 114 ff.; Vahs, 2009, S. 52 ff.

Aufgabenkritik: Nicht jede Aufgabe ist wirklich zwingend nötig. Bevor bei vorgeschlagenen neuen Aufgaben oder dem Bedarf nach Überarbeitung bestehender Aufgaben viel Zeit in deren Analyse investiert wird, sollte geprüft werden, ob die Aufgabe überhaupt erledigt werden muss und wer diese verantworten soll. Freiwillige Leistungen oder flächendeckende Tätigkeiten, wo eventuell auch ein risikoorientierter Ansatz das Arbeitsvolumen abspecken könnte, sind zu prüfen. Bestimmte Tätigkeiten eignen sich zur Verlagerung auf Dritte, weil eigene Kräfte sie nur mit größerem Aufwand als der Externe leisten können. Aufgabenkritik kann völlig anlassfrei unternommen werden, wenn man sich davon Erkenntnisse über Sparpotenzial verspricht.

Arbeitsanalyse

Arbeitsanalyse: In Fortführung der Aufgabenanalyse betont die Arbeitsanalyse die zur Aufgabenerfüllung weiter notwendigen Arbeitsschritte. So werden die Teilaufgaben der 5. Ordnung, nachdem stufenweise alle oben beschriebenen Gliederungen der Aufgabenanalyse durchgeführt wurden, im Rahmen der Arbeitsanalyse als Arbeitsgänge bezeichnet und in zwei weiteren Gliederungsschritten in so genannte Gangstufen sowie Gangelemente verfeinert[218]. Hierbei sind dann zudem die personalen (wer führt den Arbeitsteil durch?), lokalen (wo wird der Arbeitsteil durchgeführt?) und temporalen (wann und in welcher Reihenfolge werden die Arbeitsteile durchgeführt?) Ausprägungen der Elemente mit zu erheben.

Aufgabensynthese

Aufgabensynthese: Nach der Aufgabenanalyse folgt die Aufgabensynthese, bei der die ermittelten Teilaufgaben zu koordinierbaren Aufgabenkomplexen unter personalen, lokalen und temporalen Gesichtspunkten zusammengefasst werden. Insbesondere die Person des Aufgabenträgers mit ihren besonderen Kompetenzen sowie prägende Sachmittel, wie bestimmte Maschinen oder Computerprogramme, spielen in der Praxis eine große Rolle bei der Aufgabensynthese. Zahl und Umfang sollen so zusammen gefasst werden, dass sie von einzelnen Personen bei normalem Leistungspotenzial und normaler Leistungsbereitschaft erfüllt werden können.

Stelle und Arbeitsplatz

Durch die dauerhafte Zuordnung von Teilaufgaben auf eine oder mehrere Personen (personale Aufgabensynthese) entstehen Stellen[219].

Definition Stelle(-ninhaber)

Stellen sind die kleinste Organisationseinheit und damit das Basiselement der Aufbauorganisation. Die im Rahmen von Stellen zusammengefassten Elementaraufgaben werden von Stelleninhabern ausgeführt.

---

218 Vgl. Vahs, 2009, S. 56

219 Vgl. Bea & Göbel, 2006, S. 271; Vahs, 2009, S. 63

Stelleninhabern werden formale Rechte und Befugnisse übertragen, die auch Kompetenzen genannt werden. Zu letzteren gehören Umsetzungskompetenzen wie die Ausführungs-, Verfügungs-, Antrags-, Entscheidungs- und Vertretungskompetenz sowie Leistungskompetenzen wie die Fremdentscheidungs-, Weisungs-, Richtlinien- und Kontrollkompetenz.

Stelle und Arbeitsplatz

Stellen stehen zu Arbeitsplätzen und natürlichen Personen in folgender Beziehung: Eine natürliche Person kann eine Stelle oder einen Bruchteil derselben im Rahmen eines Teilzeitarbeitsverhältnisses belegen. Auf einer Stelle können also eine oder mehrere Personen „sitzen". Ein Arbeitsplatz kann entweder eins zu eins durch eine Stelle belegt sein oder sogar mehrere Stellen umfassen.

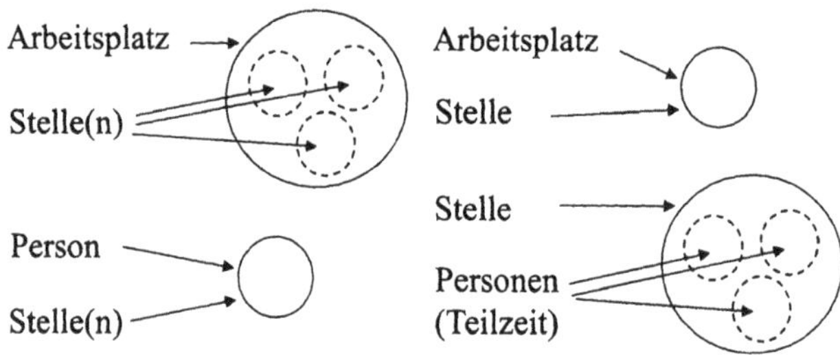

Abb. 71: Beziehung Person - Arbeitsplatz - Stelle

AKV-Prinzip

Neben Aufgaben und Kompetenzen wird Stelleninhabern schließlich die Verantwortung, verstanden als Pflicht einer Person für die Folgen ihrer Entscheidungen und Handlungen einzustehen, übertragen. Das organisatorische Kongruenzprinzip besagt, dass Aufgabe, Verantwortung und Kompetenzen bei einer Stelle in Balance sein sollten[220]. Es gilt als eines der wichtigsten Organisationsprinzipien in der Praxis und wird auch AKV-Prinzip genannt. Folgende Typen von Stellen können unterschieden werden[221]:

Linienstellen, die vertikal und mit Weisungsbefugnis der Stelleninhaber in die Hierarchie eingebunden sind. Wiederum zu unterscheiden sind

Instanzen

- Instanzen, bei denen Führungsaufgaben überwiegen. Je nach Führungsebene werden obere, mittlere und untere Instanzen unterschieden.
- Ausführungsstellen, die der Aufgabenabwicklung dienen.

Stabsstellen, die horizontal und ohne Weisungsbefugnis der Stelleninhaber eingeordnet sind. Wiederum zu unterscheiden sind

---

220 Vgl. Vahs, 2009, S. 67; Richter & Gamisch, 2009

221 Vgl. Olbert, 2009, S. 113 ff.

- Stäbe mit Spezialaufgaben.
- Assistenzstellen ohne ständige Aufgaben und zur Unterstützung von Instanzen.

Rechtlich vorgeschriebene Stellen, die keiner der beiden Kategorien zuzuordnen sind, aber stabsähnlich arbeiten. Hierzu gehören

- Beauftragte Arbeitssicherheit, §§ 5 ff. ArbSichG; § 719 RVO
- Betriebsärzte, §§ 2 ArbSichG
- Schwerbehindertenbeauftragte, § 25 SchwbG
- Betriebsratsmitglieder, § 1 BetrVG

Stellen können auf verschiedene Arten gebildet werden. Zumeist werden sie im öffentlichen Bereich der klassischen Ordnungsverwaltung (Betriebstyp 1) funktionsorientiert sein. Daneben gibt es ablauforientierte Stellen sowie – seltener – an Personen, Objekte (Sachmittel) und rechtliche Vorgaben zwingend gebundene Stellen. Formal werden Stellen durch Stellenbeschreibungen definiert. Stellenbeschreibungen sind verbindliche schriftliche Abbildungen einer Stelle. Sie sind Arbeitsplatz-, Funktions- und Positionsbeschreibung und müssen die folgenden Angaben enthalten[222]:

Tab. 17: Inhalte einer Stellenbeschreibung

Stellenbeschreibung

Kategorie	Inhalt
Instanzenbild	Organisatorische Eingliederung
	Unter- und Überstellung
	Stellvertreter
Aufgabe	Aufgaben (sachlich gegliedert und in % der Gesamtaufgaben
	Kompetenzen und Verantwortung
Kommunikation	Kommunikationsbeziehungen
	Einbeziehung in Gremien und Ausschüssen
Besetzung	Persönliche und fachliche Anforderungen, z. B. Abschlüsse und Erfahrungen
	Leistungsstandards
Vergütung	Entgelt
	Nebenleistungen usw.

Tarifverträge

Die Dotierung/Vergütung von Stellen ist bei Angestellten oft in Tarifverträgen geregelt (für den öffentlichen Bereich Deutschlands z. B. im TVÖD und anderen), hier sind dann auch Verknüpfungen von Tätigkeitsmerkmalen mit der Eingruppierung definiert[223]. Gute Stellenbeschreibungen können helfen, Trans-

---

[222] Vgl. Dincher et al., 2010, S. 105 f.; Reichard, 1977, S. 122; Bühner, 2004, S. 45 ff.

[223] Beschreibung z. B. in Richter & Gamisch, 2009

parenz und Struktur der Organisation zu verbessern. Allerdings kann der Vorteil auch in einen Nachteil umschlagen, wenn dadurch die Flexibilität der Beschäftigten („ich tue nur das, was in meiner Stellenbeschreibung steht!") leidet. In dynamischen Organisationen ist außerdem der Aufwand für ständige Änderungen beachtenswert.

Gremien

Neben Stellen gibt es eine zweite Art von Organisationseinheiten, die Gremien. Ein Gremium, welches auch als Gruppe bezeichnet wird, ist eine Mehrzahl von Personen, die über einen längeren Zeitraum in direkter Interaktion stehen und gemeinsam bestimmte Aufgaben erfüllen[224]. Folgende Typen von Gremien können unterschieden werden[225]:

Hauptamtliche Gremien, deren Mitglieder vollzeitlich, unbefristet und kontinuierlich bestimmte Aufgaben wahrnehmen. Wiederum zu unterscheiden sind:

- Leitungsgruppen, die gemeinschaftlich Führungsaufgaben erfüllen.
- Aufgabengruppen, die gemeinschaftlich Probleme lösen und die Lösungen umsetzen.

Nebenamtliche Gremien, deren Mitglieder teilzeitlich, befristet oder unbefristet und diskontinuierlich bestimmte Aufgaben wahrnehmen. Wiederum zu unterscheiden sind:

- Ausschüsse, die auch Kommissionen oder Komitees genannt werden und eine unbefristete Einrichtung sind.
- Problemlösegruppen, die auch „Task Forces" genannt werden und ein spezielles Problem der Organisation befristet lösen sollen.

Projektgruppen, die haupt- oder nebenamtliche Gremien sein können, deren Mitglieder vollzeitlich oder teilzeitlich, befristet oder kontinuierlich komplexe, neuartige Probleme der Organisation lösen sollen.

Abteilung

Stellen und Gremien werden schließlich nach bestimmten Kriterien zu übergeordneten Abteilungen zusammengefasst. Eine Abteilung entsteht durch die unbefristete Unterstellung einer oder mehrerer Ausführungsstellen unter eine Leitungsstelle[226]. Abteilungen sollten so gebildet werden, dass die ihnen zugewiesenen Aufgaben weitgehend homogen sind. Kriterien für die Abteilungsbildung können Verrichtungen, Objekte, Kundengruppen oder Regionen sein.

Primäre und sekundäre Abteilungsbildung

Werden mehrere Ausführungsstellen unter einer Instanz zusammengefasst, spricht man von primärer Abteilungsbildung, die Unterstellung von mehreren

---

224 Vgl. Vahs, 2009, S. 83

225 Vgl. Olbert, 2009, S. 113 ff.; Vahs, 2009, S. 86 ff.

226 Vgl. Vahs, 2009, S. 98

Abteilungen unter einer Instanz nennt man auch sekundäre Abteilungsbildung. Auf diese Weise können zahlreiche Abteilungsebenen und damit eine Hierarchie in der Organisation entstehen. Die Darstellung der schließlich gefundenen Aufbauorganisation erfolgt dann in einem so genannten Organigramm, das als äußere Form des Stellengefüges auch die Konfiguration der Organisation darstellt. Beispiele für Organigramme finden sich in den Abb. 73 bis Abb. 76.

Leitungsspanne, -tiefe, -intensität

Für die Frage nach der Effizienz einer Organisation sind Leitungsspanne, die Leitungstiefe sowie die Leitungsintensität zu betrachten[227].

Leitungs-/ Kontrollspanne

Die Leitungsspanne (auch genannt: Kontrollspanne) gibt die Anzahl der einer Instanz direkt unterstellten Mitarbeiter an. Eine für alle Abteilungen und alle Organisationen optimale Leitungsspanne gibt es nicht. In der Praxis schwanken Leitungsspannen zwischen einer und über hundert Personen, auch innerhalb einzelner Organisationen. Bei der konkreten Festlegung der Leitungsspanne einer Instanz sollten verschiedene Faktoren betrachtet werden, z. B. die Aufgabenmerkmale der untergeordneten Ausführungsstellen, das in der Organisation vorherrschende Führungsprinzip sowie spezielle organisatorische und personelle Faktoren[228]:

Große Leitungsspanne

- Für eine tendenziell größere Leitungsspanne sprechen die Aufgabenmerkmale der Gleichartigkeit und der guten Überwachbarkeit, ein demokratisches Führungsprinzip sowie organisatorische und personelle Faktoren, wie die Selbstabstimmung in Arbeitsgruppen, die Einrichtung von unterstützenden Stellen, die größere räumliche Nähe des Arbeitsplatzes, der Einsatz von Management-Informationssystemen, eine hohe Fachkompetenz und Selbststeuerungsfähigkeit von Beschäftigten, eine hohe Homogenität der Tätigkeit, und eine hohe Führungskompetenz des Vorgesetzten.

Kleine Leitungsspanne

- Für eine tendenziell kleinere Leitungsspanne sprechen die Aufgabenmerkmale der hohen Komplexität, benötigte Kontrolldichte, der hohen Änderungshäufigkeit und der starken Interdependenzen zwischen den Stellenaufgaben, ein eher autoritäres Führungsprinzip sowie überwiegend mündliche Kommunikation als organisatorisch-personelle Faktoren.

Leitungstiefe

Die Leitungstiefe ist die Zahl der hierarchischen Leitungsebenen in einer Organisation. Zusammen mit der Leitungsspanne wirkt sie auf die Konfiguration einer Organisation: Steile Konfigurationen weisen bei gegebener Stellenanzahl eine größere Leitungstiefe auf als flache Konfigurationen. Die Leitungsintensität ergibt sich schließlich als Quotient aus der Zahl der Leitungsstellen zur

---

227 Vgl. zu dieser Thematik Vahs, 2009, S. 101 ff.

228 Vgl. Schulte-Zurhausen, 2005, S. 212 f.

Zahl der ausführenden Stellen. In Abb. 72 findet sich ein Beispiel für zwei verschiedene Konfigurationen:

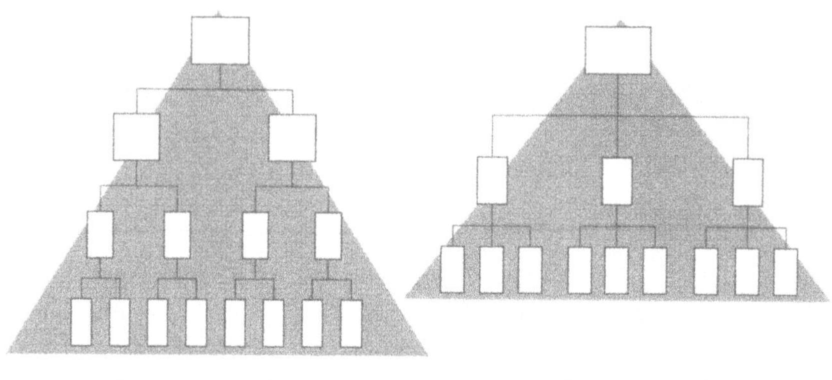

Leitungsspanne = 2	Leitungsspanne = 3
Leitungstiefe = 3	Leitungstiefe = 2
Leitungsintensität = 0,875	Leitungsintensität = 0,444

Abb. 72: Konfigurationen flachere versus steilere Organisation

Parkinson'sches Gesetz

In Bezug auf die Leitungsintensität wird häufig das vom englischen Historiker und Soziologen Northcote C. Parkinson im Jahr 1966 aufgrund von empirischen Studien in der britischen Administration aufgestellte „Parkinson'sche Gesetz" zitiert, nach dem die Zahl der Beamten und Angestellten ständig wachse, unabhängig von der zu erledigenden Arbeit. Parkinson stellte beispielsweise fest, dass die Zahl der leitenden Beamten im britischen Kolonialministerium von 1935 bis 1957 von 327 auf 1.991 Beamte gewachsen war, obwohl die Anzahl der Kolonien im selben Zeitraum stark zurückging[229]. In der Privatwirtschaft werden zuweilen ähnliche Entwicklungen beobachtet und bei zunehmender Leitungsintensität von der Tendenz zu „Wasserköpfen" gesprochen.

Arbeitssynthese

Arbeitssynthese

Zur Vervollständigung sei hier erwähnt, dass im Rahmen der Arbeitssynthese die aus der Arbeitsanalyse gewonnenen Arbeitsgänge zu Arbeitsprozessen zusammengefasst werden. Unter Berücksichtigung personaler Aspekte werden solche Arbeitsgänge kombiniert, die von einer Person inhaltlich und von dem zu leistenden Arbeitspensum her bewältigt werden können. Bezüglich der lokalen Synthese wird die räumliche Anordnung und die Ausstattung der Ar-

---

[229] Vgl. Vahs, 2009, S. 105 f.

beitsplätze, bezüglich der temporalen Synthese werden die Bedingungen zur Optimierung der Durchlaufzeit eines Prozesses berücksichtigt[230]. Die Arbeitssynthese mündet schließlich in die Ablauforganisation, die formal in Flussdiagrammen dargestellt werden kann.

5.3.2 Leitungssysteme

Koordination

Arbeitsteilung

In der Geschichte menschlicher Arbeitsleistungen sind die Arbeitsteilung und Spezialisierung von Fähigkeiten für bestimmte Tätigkeiten ein enormer Impuls für die Verbesserung der Effizienz gewesen. Ständig werden auch neue Formen der Teilung, manchmal auch des Zusammenführens von Tätigkeiten gefunden. Arbeitsteilung führt zwangsläufig zum Bedarf an Koordination innerhalb von Betrieben, damit die Einzelaktivitäten zu dem übergeordneten Gesamtziel der Organisation passen. Koordination kann vorausschauend erfolgen wie auch als nachträgliche Korrektur von fehlerhaft abgelaufenen Aktivitäten. Bedeutsam ist zudem die Unterscheidung zwischen formalen und informalen Methoden der Koordination. Erstere sind geplant, beobachtbar und zum Beispiel in Form von Organigrammen und Flussdiagrammen formell und explizit gegeben, während letztere, zu denen zum Beispiel persönliche Beziehungen, Absprachen oder die Unternehmenskultur gehören, nicht unmittelbar zu erkennen, jedoch häufig mindestens genauso wichtig sind[231].

Leitungssystem

Zu den formalen Koordinationsmechanismen gehört insbesondere das Leitungssystem, das auch als Leitungs- oder Führungsorganisation bezeichnet wird. Dieses legt die dauerhaften Kommunikations- und Weisungsbeziehungen zwischen den Stellen einer Organisation fest. Es umfasst die Struktur aller Leitungsbeziehungen in einer Organisation. Es enthält in seinem Zentrum die „Linien", die zwischen Leitungs- und Ausführungsstellen von oben nach unten den Anordnungsweg darstellen und zwischen Ausführungs- und Leitungsstellen von unten nach oben den Mitteilungs- oder Meldeweg. Dieser Kommunikationsweg kann auch als „mehrpoliger Informationsweg" bezeichnet werden, in dem auf Basis des Wechselverhältnisses von Kompetenz und Verantwortung leitungsrelevante Informationsarten übertragen werden. Neben autoritätsgebundenen Anordnungen, die durch einen einseitigen Informationsweg gekennzeichnet sind, gibt es andere entscheidungsprozessual vor- und nachgelagerte zweiseitige Informationsarten wie[232]:

---

230 Vgl. Vahs, 2009, S. 58 f.

231 Vgl. Hopp & Göbel, 2008, S. 171 f.; Vahs, 2009, S. 109

232 Vgl. Reichard, 1977, S. 133 f.

Mehrpoliger Informationsweg

- Anregungen
- Zielvorgaben (ggf. aufgrund von Partizipation)
- Alternativeninformation
- Ausführungsinformation (z. B. Koordination)
- Führungsinformation (z. B. Motivation, Beurteilung)
- Kontrollinformation

Es können nun verschiedene Leitungssysteme unterschieden werden, von denen im Folgenden Einlinien-, Mehrlinien-, Stablinien- und Matrixsysteme als wichtigste dargestellt werden[233].

Einliniensystem

Im Einliniensystem erhält eine nachgeordnete Stelle ausschließlich von der direkt vorgesetzten Leitungsstelle Anweisungen. Die Linie – beispielsweise von der obersten Leitungsinstanz bis zur Region A im Bereich Kriminalität (vgl. Abb. 73) – ist der einzige formal zulässige Kommunikationsweg.

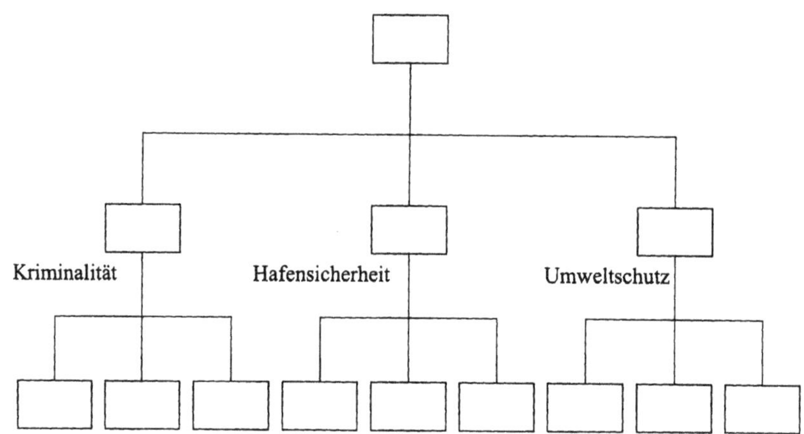

Abb. 73: Beispiel Einliniensystem

Fayol'sche Brücke

Es dürfen keine Instanzen übersprungen werden, und Kommunikation zwischen Stellen der gleichen Hierarchiestufe ist nur in Ausnahmefällen erlaubt. Bei dieser als „Fayol'sche Brücke" bezeichneten Ausnahme sind die übergeordneten Instanzen von der Kommunikation aber in jedem Fall zu informieren. Vorteilhaft ist beim Einliniensystem die klare Regelung der Unterstellungsverhältnisse und die klare Zuordnung von Aufgaben, Verantwortung und Kompetenzen, so dass gute Kontrollmöglichkeiten bestehen. Als nachteilig wird je-

---

233 Vgl. zu Leitungssystemen Olfert. 2009, S. 143 ff.; Rau, 2007, S. 478; Vahs, 2009, S. 111 ff.

doch die starke quantitative und qualitative Belastung der Leitungsstellen, die langen Kommunikations- und Weisungswege und die (zu) starke Betonung von Hierarchiedenken und Positionsmacht angesehen.

Divisionale Organisation

Das in Abb. 73 dargestellte Organigramm, in dem auf der zweiten Leitungsebene die Einheiten „Kriminalität", „Hafensicherheit" und „Umweltschutz" der Wasserschutzpolizei Atlantis unterschieden werden, ist gleichzeitig ein Beispiel für eine so genannte divisionale Organisation. Bei dieser traditionellen Strukturierungskonzeption für Verwaltungsbetriebe ist das Objekt das Gliederungskriterium der zweiten Leitungsebene. Unterschiedliche Verrichtungen an einem Objekt werden hierbei zu einer Division, die auch Sparte, Geschäftsbereich oder Ressort genannt wird, zusammengefasst. Als Vorteil der divisionalen Organisation gilt die bessere Möglichkeit zur Produktlenkung, da alle Verrichtungen von der Beschaffung bis zum Absatz in einer Sparte zusammen koordiniert werden. Dies kann andererseits jedoch auch zu Doppelungen gleichartiger Ressourcen in verschiedenen Sparten führen[234]. Für Kommunen hat die kommunale Gemeinschaftsstelle für Verwaltungsmanagement (KGSt, s. Abschnitt 7.5.1) eine Standardstruktur für die Aufbauorganisation entwickelt. Diese Struktur enthält auf der zweiten Leitungsebene die Sparten

Standardstruktur des Aufbaus

1. Allgemeine Verwaltung
2. Finanzen
3. Recht, Sicherheit und Ordnung
4. Schule und Kultur
5. Soziales, Jugend und Gesundheit
6. Bauverwaltung
7. Verwaltung für öffentliche Einrichtungen
8. Wirtschaft und Verkehr

Funktionale Organisation

Als Alternative zur divisionalen Organisation existieren Gliederungen nach Regionen oder Kundengruppen sowie die funktionale Organisation, die auf dem Gliederungskriterium der Verrichtung basiert und auf der zweiten Leitungsebene dann Bereiche wie „Beschaffung", „Produktion" oder „Absatz" anführt. Diese in Einprodukt-Unternehmen der Privatwirtschaft häufig anzutreffende Organisationsform ist in der Verwaltung in einem Einliniensystem von untergeordneter Bedeutung. Sie kommt jedoch als zweites Gliederungskriterium häufiger in Mehrliniensystemen zum Tragen.

Mehrliniensystem

Funktionsmeistersystem

Beim Mehrliniensystem erhalten nachgeordnete Stellen von mehr als einer Leitungsinstanz Weisungen (vgl. Abb. 74). Nachgeordnete Stellen erhalten jeweils von den fachlich spezialisierten Instanzen Weisungen zu den entspre-

---

[234] Vgl. Reichard , 1977, S. 126

chenden Themen. Nach Taylor wird dieses System auch Funktionsmeistersystem oder Funktionssystem genannt.

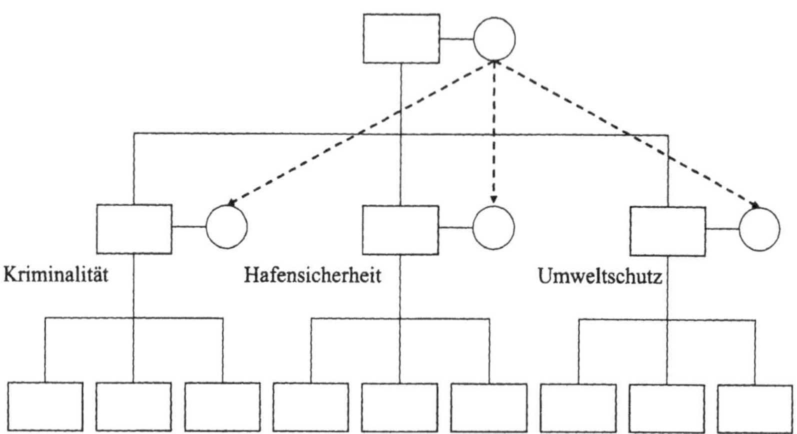

Abb. 74: Beispiel Mehrliniensystem

Kompetenzkonflikte im Mehrliniensystem

Hierdurch sollen eine größere Spezialisierung der Instanzen, ihre Entlastung und kürzere Kommunikationswege ermöglicht werden. Gleichfalls wird die fachliche Autorität der Vorgesetzten betont und die hierarchische Distanz zu den Untergebenen verringert. Die Mehrfachunterstellung fördert produktive Konflikte, was einerseits zu einer erhöhten Problemlösungskapazität der Organisation, andererseits aber auch zu Kompetenzkonflikten und Problemen bei der Abgrenzung von Aufgaben, Verantwortung und Kompetenzen führt.

Stabliniensystem

Haben Leitungsinstanzen Stäbe, die als Leitungshilfsstellen agieren, spricht man von einem Stabliniensystem (vgl. Abb. 75). Stäbe sind Linienstellen gegenüber nicht weisungsbefugt. Sie können es jedoch gegenüber Stäben unterer Ebenen sein, so dass es dann eine eigene Stabshierarchie gibt.

Durch die Zuordnung von Stäben zu den Instanzen soll das Prinzip der einheitlichen Auftragserteilung beibehalten werden, gleichzeitig aber eine stärkere Spezialisierung der Leitung erreicht und eine mögliche fachliche Überforderung der Instanzen in speziellen Fragen vermieden werden.

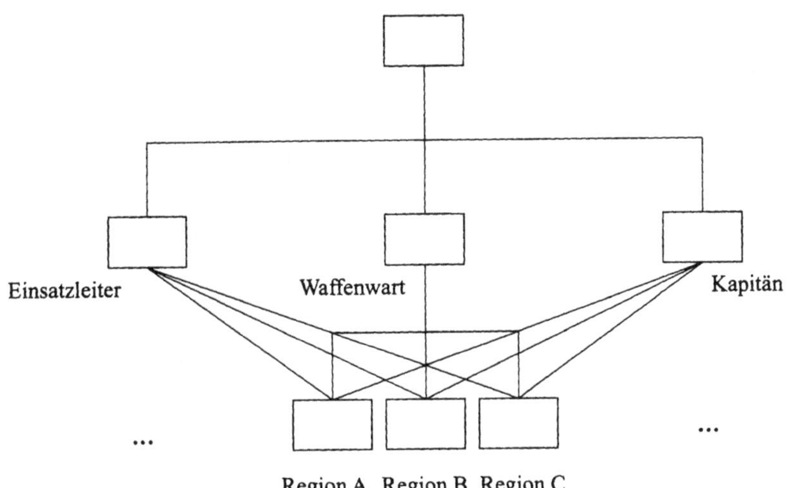

Abb. 75: Beispiel Stabliniensystem

Kombination Ein- und Mehrliniensystem

Das Stabliniensystem versucht, die Vorteile von Ein- und Mehrliniensystem zu kombinieren: Während es also eindeutige Weisungswege gibt, können die Leitungsinstanzen sich über ihre Stäbe fachlich spezialisieren und werden durch sie gleichzeitig entlastet. Nachteilig wirkt jedoch die häufig fehlende Akzeptanz von Stäben, da diese gerade nicht in die Linie eingebunden sind und damit nicht über eine formalisierte funktionale Autorität verfügen.

Matrixsystem

Im Matrixsystem wird die Leitungsfunktion von Instanzen aufgeteilt: Eine untergeordnete Stelle, die auch als Matrixschnittstelle bezeichnet wird, erhält von zwei Instanzen, den so genannten Matrixstellen, Weisungen. In der Regel ist eine der beiden Matrixstellen produktorientiert und die andere funktionsorientiert oder regional ausgerichtet (vgl. Abb. 76).

Matrixsystem fördert Spezialisierungsvorteile

In einem Matrixsystem können Spezialisierungsvorteile stark genutzt werden, und es werden direkte Kommunikationswege zwischen untergeordneten Stellen und den fachlich kompetenten Instanzen ermöglicht. Die aus der Zweifach-Unterstellung resultierenden produktiven Konflikte können die Problemlösungsfähigkeit der Organisation stärken, gleichzeitig aber Kompetenzkonflikte auslösen und umfangreichen Abstimmungsbedarf zwischen allen Beteiligten erzeugen, an die somit hohe Anforderungen in Bezug auf ihre Kooperationsfähigkeit gestellt werden.

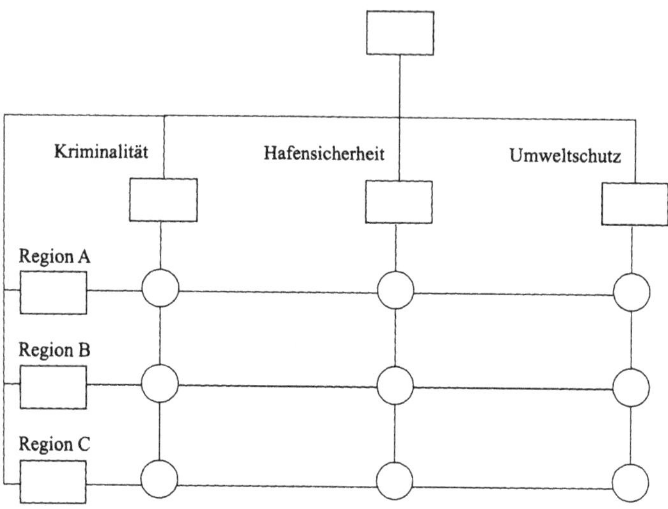

Abb. 76: Beispiel Matrixsystem

> **Matrixorganisation in deutschen Bundesministerien nicht zulässig:**
> In deutschen Bundesministerien ist wegen der Nachteile einer Matrixorganisation die Zuordnung von Beschäftigten zu zwei Vorgesetzten nach § 7 Abs. 3 Gem. Geschäftsordnung der Bundesministerien nicht zulässig.

5.3.3 Projekte und Projektmanagement

Übersicht

Primärorganisation

Stellen, Referate und Abteilungen sind eine dauerhafte hierarchische Struktur, die als „Primärorganisation" bezeichnet wird. Sie ist vor allem für die Abwicklung von Routineaufgaben bestimmt. Für Sonderaufgaben ist diese Struktur eventuell zu unflexibel, daher kann neben ihr zeitweise eine bereichsübergreifende Projektorganisation – eine Sekundärorganisation – eingerichtet werden.

Definition Projekt

Definition Projekt

Ein Projekt ist als „zeitlich befristetes, zielorientiertes, neuartiges und komplexes Vorhaben definiert, das eine interdisziplinäre Zusammenarbeit erfordert"[235]. Projekte enthalten keine Regelarbeit (Linienarbeit), sondern im Kern Einmal-Tätigkeiten und stellen quantitativ und qualitativ eine erhebliche Neuerung gegenüber üblichen Änderungsarbeiten in der Linie dar. Projekte haben einen definierten zeitlichen Start- und Endzeitpunkt.

---

[235] Vgl. Vahs, 2009, S. 194; ähnlich DIN-Norm 69901

Der von einem Projekt erwartete Nutzen sollte die veranschlagten Kosten übersteigen, Projekte mit externen Sachkosten sind einer Wirtschaftlichkeitsbetrachtung zu unterziehen und müssen sich quantitativ oder qualitativ rechtfertigen lassen[236]. Projekte sind durch folgende Merkmale zu beschreiben:

Merkmale eines Projekts

- Die Projektorganisation selbst
- Den allgemeinen Phasenablauf eines Projekts
- Den Problemraum des Projekts
- Spezielle Projektstandards und Zertifizierungen

Projektorganisation

Für die Projektorganisation wird jenseits der Linie eine eigene Struktur geschaffen (vgl. Abb. 77).

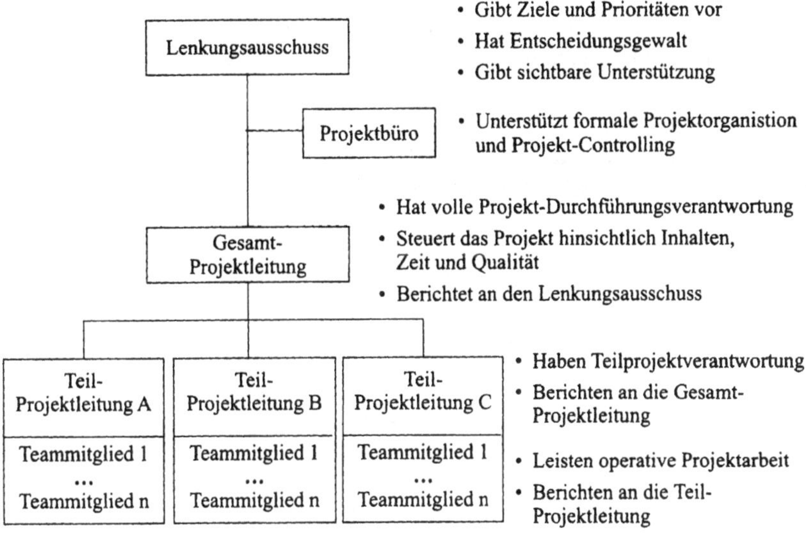

Abb. 77: Beispiel Projektorganisation

Lenkungsausschuss

Bei großen und bedeutenden Projekten steht oft ein Lenkungsausschuss an der Spitze einer Projektorganisation. Er sollte mit Vertretern der das Projekt beauftragenden oder von seinen Ergebnissen betroffenen Instanzen besetzt sein. Der Lenkungsausschuss ist das oberste Entscheidungsorgan eines Projekts und stellt die Bindung an die Linie dar. Er fungiert als eine Art „Aufsichtsrat", setzt die Ziele, entscheidet über Freigaben von Projektergebnissen, ist oberstes Eskalationsorgan im Falle von Meinungsverschiedenheiten und nimmt Kon-

236 Vgl. Darstellung der Wirtschaftlichkeitsbetrachtung WiBe in Abschnitt 6.2.6.9

trollaufgaben wahr. Der Lenkungsausschuss tagt in größeren Zeitabständen und empfängt die Berichte der Gesamt-Projektleitung, die für die Durchführung des Projekts verantwortlich ist. Je nach Größe des Projekts unterstützt ein Projektbüro die Projektleitung bei der Administration, z. B. bei der Logistik von Sitzungen, bei Erstellen von Protokollen, bei der Kontrolle von erreichten Teilzielen, der Einhaltung des Projektbudgets oder Erstellen von Abrechnungen. Die Teilprojektleitungen sind jeweils für spezielle Teilaufgaben innerhalb eines Projekts verantwortlich und leiten die Mitglieder ihres Teams. Die Teammitglieder leisten die operative Projektarbeit. Die in Abb. 77 dargestellte idealtypische Projektorganisation ist ein Grundmuster. Da Projekte der Art und des Aufgabenumfangs nach sehr verschieden sind, muss man für jedes Projekt eine eigene bestmögliche Struktur finden. Das Gesagte gilt analog, wenn nicht nur ein, sondern mehrere Projekte gleichzeitig durchgeführt werden. Hier spricht man von „Multi-Projektmanagement".

Externe in Projekten

Wenn externe Dienstleister in Projekten mitarbeiten, werden in den Projektgremien oft die Mitglieder der Berater- und der Klientenorganisation gemischt.

Projektablauf

Projektphasen

Projekte haben einen individuellen Verlauf je nach Art, Umfang und beteiligten Instanzen. Einige typische Phasen lassen sich unterscheiden (s. Abb. 78):

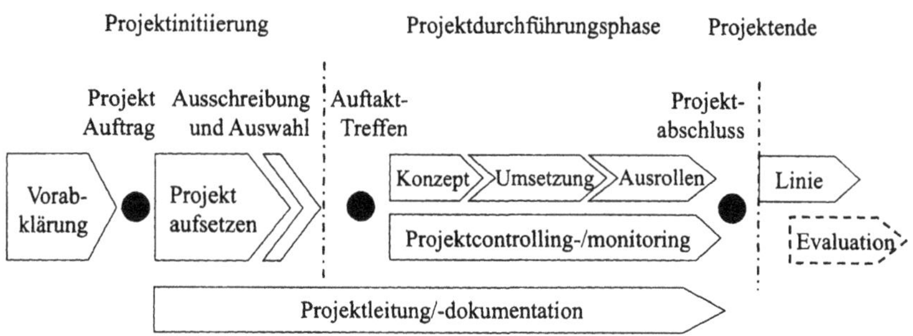

Abb. 78: Idealtypischer Standardablauf eines Projekts

Der Beginn ist eine fachliche und organisatorische Vorabklärung: Gibt es überhaupt den Bedarf nach einem Projekt? Wenn „ja", dann ist das Projekt aufzusetzen und zu organisieren. Typischerweise nehmen nur wenige Personen – die erfahrensten Projektmanager – an dieser Phase teil. Dann läuft das eigentliche Projekt nach einem Auftakttreffen („Kickoff") an, die Durchführungsphase beginnt. Es werden fachliche und/oder technische Konzepte geschrieben, diese Konzepte abgenommen, ggf. eine Umsetzung/Erstellung konzeptkonformer Leistungen unternommen und nach Abnahme der erstellten Leistung diese in die Linie ausgerollt. Wenn man nachträglich wissen möchte, wie gut das – evtl. erst langsam nach der Einführung wirkende – Ergebnis war, wird eine Projektbewertung (Evaluation) durchgeführt.

Problemraum eines Projekts

Komplexer Problemraum

Viele Einmal-Aufgaben werden durch die Linie erledigt. Nur dann, wenn die Aufgabe auch außerordentlich komplex ist, lohnt sich in der Regel der Extra-Aufwand der Einrichtung eines Projekts. Die besondere, zu einem Projekt Anlass gebende Herausforderung lässt sich auch als „Problem" benennen, wobei Projekte oft in einem mehrdimensionalen Problemraum stattfinden. Die nachfolgende Abb. 79 kombiniert einen fünfteiligen sachlichen mit einem vierteiligen personellen Problemraum. Alle Interaktionen innerhalb und zwischen Sach- und Personalebene sind denkbar. Herausforderung für das Projektmanagement ist es, diesen Problemraum zu beherrschen. Dies verlangt von den Projektleitern ein erhebliches Maß an sozialen und fachlichen Qualitäten.

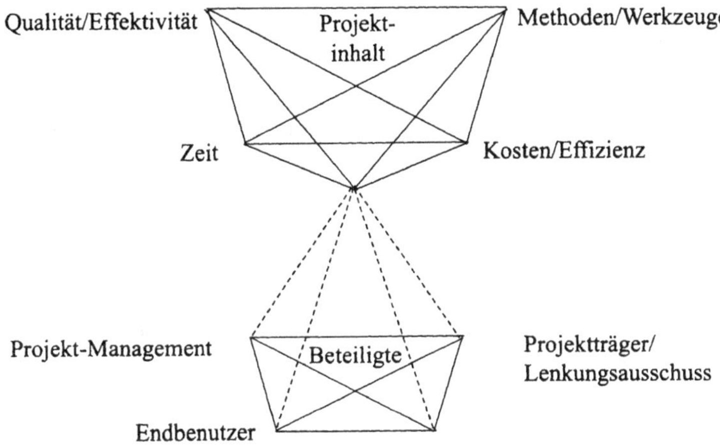

Abb. 79: „Erweitertes magisches Fünfeck"- Problemraum Projekt[237]

Projektstandards und Zertifizierungen

Projektnorm DIN 69901

ISO und DIN: Die International Organization for Standardization (ISO) ist eine Vereinigung von nationalen Normungsorganisationen. Die ISO definiert international gültige Normen, welche wiederum von den nationalen Instituten übernommen werden. Für das Projektmanagement ist in der ISO 10006 die Qualität der Projektmanagement-Prozesse normiert. Das Deutsche Institut für Normung (DIN) vertritt die Normungsinteressen Deutschlands in der ISO. Durch die Norm 69901 werden Begriffe des Projektmanagements definiert.

[237] Entnommen aus Heilmann, 2000, S. 20

Haupt- und ergänzende Normen regeln weitere Begriffe und Durchführungsstandards, die zu einer „zugesicherten" Qualität beitragen sollen. PMI und IPMA orientieren sich eng an der ISO 10006, um auch die Inhalte und Prozesse einer umfassenden Normung zu unterziehen[238].

Prince

Prince (Projects in Controlled Environments) ist ein Projektmanagementstandard, der seit 1989 vom „Office of Government Commerce" (OGC) in Großbritannien für IT-Projekte entwickelt wurde[239]. Seit 1996 ist PRINCE2 veröffentlich, das sich nicht mehr allein auf IT-Projekte beschränkt. Die Methode teilt Projekte in plan- und steuerungsfähige Stadien und Phasen, um die leistungsfähige Kontrolle der Betriebsmittel und regelmäßige Fortschrittsüberwachung anzuregen. PRINCE2 ist zudem stark „... produkt- und objektorientiert. Die Projektpläne sind auf das Liefern von Resultaten ausgelegt und nicht in erster Linie darauf, wann Tätigkeiten durchgeführt werden"[240].

Agile Methode

Agile Methode: Eine im Wesentlichen aus der Softwareentwicklung stammende Methode kursiert unter dem Begriff des „agilen" oder „evolutionären" Projektmanagements. Ausgehend von der Annahme, dass zu Beginn eines Projekts nicht alle Inhalte und Zusammenhänge bekannt und beherrschbar oder gar beschreibbar sind, soll in festgelegten und transparenten Schritten die Programmierung schrittweise vollendet und damit das Projektergebnis erreicht werden. Gerade wenn die Abhängigkeiten der Sachthemen zu Beginn des Projekts noch nicht vollständig bekannt sind und die Projektumgebung komplex ist und/oder umfangreichen Veränderungen unterliegt, kann ein schrittweiser („inkrementeller") Projektprozess die Zielerreichung sichern, auch wenn zu Beginn das erwartete Ergebnis im Detail noch nicht feststeht. Die Methode basiert auf einer ganzheitlich-systemischen Betrachtung des sozioökonomischen Systems bestehend aus Projekt, Organisation und involvierten Personen und Umständen bzw. Abhängigkeiten. Die Ergebnissicherung erfolgt über festgelegte und relativ kurzfristige Feedback- und Kommunikationsschleifen mit den eng eingebundenen Auftraggebern (Anspruchsgruppen). Beispielsweise können alle zwei oder vier Wochen strukturierte Arbeitspakete fertiggestellt werden, die Ergebnisse mit den relevanten Auftraggebern abgestimmt und abgenommen werden, um dann die Arbeitsinhalte für die folgende Arbeitsphase auf Basis der vorangegangenen Ergebnisse festzulegen[241].

---

238 Wegen komplexer Gremienarbeit kommt die neue Norm vermutlich nicht vor Ende 2011.

239 Das OGC hat neben PRINCE u. a. auch die IT Infrastructure Libary (ITIL) entwickelt, vgl. www.itil.org, dem weltweiten de facto Standard für IT-Serviceprozesse.

240 Vgl. Hagen, 2009, S. 68

241 Stark verkürzte Darstellung. Weitergehende Informationen finden sich im Internet unter dem Stichwort „Agiles Manifest" aus dem Jahr 2001. Weitere Ansätze sind z. B. Crystal, ASD

Die Frage nach dem „besten" Projektstandard stellt sich, seit dem es betriebsübergreifende Standards gibt. Jeder Standard verfehlt seinen „Auftrag", wenn nur nach Anschein und pro Forma die Einhaltung von Projektregeln zertifiziert wird. Auch ohne die betriebsübergreifenden Standards und Zertifizierungen können Projekte erfolgreich durchgeführt werden, wenn die Verantwortlichen entsprechende Erfahrung und eigene brauchbare Verfahrensweisen haben. Insofern kommt den überbetrieblichen Standards eher eine mittelbare Funktion zu. Standards richtig ein- und umgesetzt sichern eine schnelle Verständigung im Projekt, richten die gegenseitige Erwartungshaltung aufeinander aus und erleichtern das Projektmanagement. Kein Standard und keine Zertifizierung garantieren aber den Erfolg.

„Richtiger" Projektstandard

5.3.4 Netzwerkartige Organisationsformen

Manche Aufgaben benötigen komplexe Koordinationsmodelle. Diese gehen in der Regel von flexiblen, netzwerkartigen Strukturen aus. Zu ihnen gehören Netzwerke, virtuelle Organisationen und Communities of Practice.

Netzwerke

Der Begriff „Netzwerk" ist ein Sammelbegriff für unterschiedliche Beziehungsformen. Es können unterschieden werden[242]:

Netzwerke

- **Personenbezogene Netzwerke:** Auf persönlichen Bekanntschaften basierende Kontakte, deren Pflege auch als Networking bezeichnet wird.
- **Technikbasierte Netzwerke:** Auf Informations- und Kommunikationstechnik basierende organisatorische Netzwerke, die sowohl innerhalb einer Organisation als auch zwischen den Mitgliedern verschiedener Organisationen auftreten können.
- **Strategiefokussierte Netzwerke:** Formalisierte, längerfristige Beziehung zwischen mehreren Organisationen, durch die gegenseitig komplementäre Stärken genutzt werden, um die Wettbewerbspositionen zu sichern und langfristig zu verbessern. Strategische Netzwerke haben meist zur markt- und ressourcenorientierten Führung eine so genannte fokale Organisation, die im Zentrum der Zusammenarbeit steht und die Zusammenarbeit der Netzwerkpartner regelt[243].

Cluster

In Innovationsprozessen spielen Netzwerke eine wichtige Rolle, die Akteure aus privatwirtschaftlichen und öffentlichen Bereichen, wie Unternehmen,

(Adaptive Software Development), SCRUM, RUP (Rational Unified Process) oder auch XP (eXtreme Programming).

[242] Vgl. Reiß, M., 1997a, S. 71

[243] Vgl. Loose, 2006, S. 23

Weiterbildungs- und Beratungsfirmen, Behörden, Verbände und wissenschaftlichen Einrichtungen, zusammenbringen[244]. Solche Netzwerke ermöglichen die Bündelung von unterschiedlichen Ressourcen und Kompetenzen, wodurch in Innovationsprozessen gemeinsame Lern- und Entwicklungsprozesse initiiert werden. Sie fördern eine regionale Innovations- und Wirtschaftspolitik im Sinne der Herausbildung von so genannten Clustern, also räumlich konzentrierter, miteinander verbundener Unternehmen und Institutionen innerhalb eines bestimmten Wirtschaftszweigs.

Virtuelle Organisationsformen

Virtuelle Organisationen sind Netzwerke, die auf einem Kontinuum zwischen den extremen Koordinationsinstitutionen des Marktes und der Hierarchie in der Mitte anzusiedeln sind. Als identitätsstiftendes Ziel dient einer virtuellen Organisation ein relativ kurzfristig definiertes, eventuell einmaliges, Organisationsziel, das durch die Abwicklung eines Projekts oder Geschäfts, die Erstellung eines individuellen Produkts, die Ausschöpfung einer bestimmten Marktchance oder allgemein als die Erfüllung einer Mission definiert werden kann.

„Weiche" statt „harte" Integration in Netzen

Anders als in einer realen Organisation fehlen in der virtuellen Organisation Hierarchie und harte Integrationsmechanismen. An ihre Stelle tritt vielmehr eine heterarchische Organisation autonom agierender Einheiten. Die Integration geschieht über „weiche" Mechanismen, zu denen der Einsatz von Informations- und Kommunikationstechnologie, ein ausgeprägtes Vertrauen zwischen den Beteiligten, eine durch Fairness geprägte Geschäftskultur und die Herstellung einer Co-Destiny im Sinne einer Schicksals- oder Lebensgemeinschaft, in der die Kooperationspartner in ihrer Entwicklung symbiotisch aneinander gekoppelt sind, zählen. Als Nutzen ergibt sich eine hohe Anpassungsfähigkeit der Organisation, in der sich die Kernkompetenzen der beteiligten Kooperationspartner sehr flexibel kombinieren lassen. Die virtuelle Organisation tritt als eine Einheit gegenüber dem Kunden auf („one face to the customer"), hat aber in ihrer idealtypischen Ausprägung kein gemeinsames juristisches Dach und keine auf Dauer angelegten Grenzen. Diese sind vielmehr variabel und besitzen vorübergehenden Charakter. So gilt die virtuelle Organisation vor allem für die Bewältigung von Situationen hoher Dynamik und großer Marktunsicherheit als geeignet, da sie darin sehr schnell auf individuelle Anforderungen von Kunden reagieren kann[245].

Praktische Ausprägungen von virtuellen Organisationen sind Projektteams, deren Mitglieder ortsungebunden arbeiten und die aus unterschiedlichen Organisationen stammen, wie zum Beispiel aus unterschiedlichen Behörden. Die

---

[244] Vgl. Howaldt, 2006, S. 3 f.

[245] Vgl. Tomenendal, 2002, S. 22 ff.

Effektivität einer virtuellen Organisation wird gefördert, wenn sich die zeitweise zusammenarbeitenden Mitglieder auch außerhalb von konkreten Projekten häufiger zusammen finden, dadurch über einen längeren Zeitraum Vertrauen aufbauen und dadurch beim Start eines konkreten Projekts keine lange Phase der gegenseitigen Gewöhnung durchlaufen müssen.

Communities of Practice (CoP)

Communities of Practice

Für den Begriff der Community of Practice (CoP) werden Übersetzungen wie Wissens-, Praktiker-, Zweckgemeinschaft oder Gemeinschaft von Praktikern genannt. Der Begriff selbst wurde von Lave & Wenger im Jahr 1991 im Rahmen von Studien über die Beziehung von Meister und Lehrling geprägt, in denen die Autoren zu dem Schluss kamen, dass Lehrlinge gerade auch durch die Kommunikation mit anderen Lehrlingen und Gleichgesinnten lernen und nicht nur aus dem formellen Gespräch mit den Meistern. So bildet die Gruppe der Lehrlinge, Gesellen und Meister eine CoP, in der das soziale Lernen eine essenzielle Rolle spielt[246]. Die Grenzen von CoPs stimmen in der Regel nicht mit formalen Organisationseinheiten überein, sondern eher mit personenbasierten Netzwerken. CoPs entstehen auf freiwilliger Basis und aufgrund der starken Identifikation mit einer Tätigkeit. Die Teilnehmer sind so in der Lage, sich bei Problemen gegenseitig zu helfen und ihr gemeinsames Wissen zu mehren. Insofern sind CoPs ein wesentliches informelles Element des Wissensmanagements einer Organisation. Zu den formellen Elementen des Wissensmanagements gehören Datenbanken, Data-Warehouses und Dokumenten-Management-Systeme[247]. Um die Entstehung und Weiterentwicklung von CoPs zu fördern, brauchen Organisationsmitglieder Freiräume, sich informell zusammenzufinden, eventuell sogar spezielle Anreize hierzu. Da CoPs auf selbstorganisatorischen Mechanismen basieren, kann und sollte deren Steuerung von außen jedoch lediglich als unterstützende Flankierung verstanden werden.

5.4 Outsourcing und Insourcing

Übersicht

Im Rahmen des New Public Managements strebt der öffentliche Bereich Verbesserung der Kostenstruktur und der Qualität u.a. auch durch Vermarktlichung, d. h. Weggabe an Dritte, oder Privatisierung an (s. Abschnitt 2.5.2). Das Stichwort „Privatisierung“ wird manchmal von dem Begriff „Outsourcing“ ersetzt, obwohl beide nicht deckungsgleich sind.

---

[246] Vgl. zu Communities of Practice auch Lehner, 2009, S. 215 ff.

[247] Vgl. Bundesministerium des Innern, 2007, S. 414

Outsourcing

Definition Outsourcing

Outsourcing bezeichnet die Übergabe der Management- und Erstellungsverantwortung für Aufgaben, Abläufe oder/und ganze betriebliche Strukturen an einen Outsourcingnehmer. Der Outsourcingnehmer verpflichtet sich für eine bestimmte Zeit zur Wahrnehmung der Verantwortung, der abgebende Betrieb verpflichtet sich im Gegenzug zu Sachleistungen, Personalüberlassung, Geldleistungen oder/und Überlassung von Rechten. Die meisten Outsourcingverträge vereinbaren eine Rückholbarkeit des Outgesourcten, die bei Fristablauf oder bei Eintritt besonderer Ereignisse, z. B. nachhaltigem Qualitätsmangel oder Änderung der Rechtslage, möglich ist.

Outsourcing kann aus Sicht eines öffentlichen Betriebs in Richtung eines anderen öffentlichen Betriebs oder in Richtung der Privatwirtschaft gehen. Die Beziehung der Begriffe „Outsourcing“, „Privatisierung“ und „Private Public Partnership“ untereinander lässt sich anhand des Bedeutungsumfangs beschreiben: Sie sind ineinander geschachtelt als Teilmengen, der umfassendste Begriff ist Outsourcing, wie die nachfolgende Abb. 80 zeigt. Demnach ist ein Teil der Outsourcing-Fälle durch Privatisierung gekennzeichnet (ein anderer kann auch Outsourcing zu anderen Behörden bedeuten), und ein Teil der Privatisierungen mündet in eine partnerschaftliche Zusammenarbeit zwischen mindestens einem öffentlichen und einem privaten Betrieb im Rahmen einer Private Public Partnership (PPP).

Privatisierung

Definition Privatisierung

Privatisierung ist die Übergabe von Aufgaben, ganzen Organisationen oder nur der Durchführung oder der Finanzierung an privatrechtlich organisierte Betriebe bzw. Verantwortungsträger. Diese privatrechtliche Rechtsform sagt nichts über den Eigentümer aus. Dieser kann entweder ein dem öffentlichen Sektor oder der Privatwirtschaft gehörender Betrieb sein.

Eine Form der teilweisen Privatisierung mit verzahnter Zusammenarbeit ist die Private Public Partnership.

Definition Private Public Partnership (PPP)

Private Public Partnership (deutsch: Öffentlich-Private Partnerschaft, ÖPP) ist ein Sammelbegriff für dauerhafte vertragliche Kooperationen zwischen öffentlichen Betrieben und privaten Anbietern. Gegenstand der Kooperation sind entweder Projekte oder Dauerleistungen. Zweck ist die Nutzung von Synergien durch Kombination besonderer Fähigkeiten und Rechte der Partner sowie die Nutzung des Managementkönnens seitens des privaten Anbieters durch den öffentlichen Bereich[248].

Den Zusammenhang der drei vorgestellten Begriffe zeigt die nachfolgende Abbildung. Da der Begriff des Outsourcens der weitestgehende ist und Platz lässt, auch die besonderen Aspekte der Privatisierung einzuschließen, soll nachfolgend das Outsourcing der Ausgangspunkt von Betrachtungen sein.

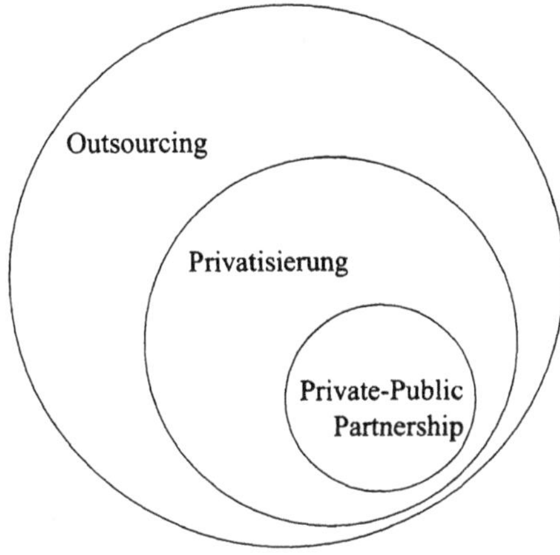

Abb. 80: Beziehung Begriffe Outsourcing, Privatisierung, PPP

In vielem spiegelbildlich zum Outsourcing ist der Begriff des Insourcing. Der große Umfang des heutigen öffentlichen Bereichs ist historisch unter anderem auch durch Insourcen privater Betriebe entstanden. Besonders eindrucksvoll ist die Verstaatlichung privater Eisenbahngesellschaften, die – inzwischen allerdings zum großen Teil wieder privatisierten – Übernahme von Luftfahrtgesellschaften, das Postwesen usw. Insourcing

[248] Vgl. Gerstlberger & Schneider, 2008, S. 19 f.

Definition Insourcing

Insourcing ist das dauerhafte Hereinholen und Integrieren von neuen Aufgaben, Abläufen oder/und ganzen betrieblichen Strukturen oder Finanzierungsvorhaben in einen Betrieb.

Outsourcing und Insourcing werden mit dem gemeinsamen Klammerbegriff „Sourcing" bezeichnet. Da dieser aber im deutschsprachigen Raum sehr ungebräuchlich ist, wird er nachfolgend auch nicht weiter verwendet.

Formen des Outsourcings

Eine Übersicht der Formen des Outsourcings ist in der Abb. 81 dargestellt[249]. Nachfolgend soll sie kurz erläutert werden:

Aufgaben-Outsourcing

Aufgaben-Outsourcing: Die einfachste Form des Outsourcings von Aufgaben ist die komplette Einstellung von Tätigkeiten durch den öffentlichen Betrieb. Eine zweite Form ist die komplette Abgabe an einen anderen öffentlichen oder privaten Betrieb. Wenn mehrere zusammenhängende Aufgaben outgesourct werden, spricht die Praxis auch von Geschäftsprozess- oder Business Process Outsourcing, oft ist hiermit ergänzend auch ein Organisations-Outsourcing verbunden[250]. „Echt" ist das Aufgabenoutsourcing, wenn die Aufgabe nichtrückholbar weggegeben wurde und nicht nur auf Zeit.

Organisations-Outsourcing

Organisations-Outsourcing: Formen des Organisations-Outsourcings sind die Überführung von unmittelbar durch öffentlich-rechtliche Betriebe wahrgenommenen Aufgaben in Betriebe mit einer privaten Rechtsform (hier spricht man auch von „formeller" Privatisierung). Denkbar ist auch die Beteiligung eines öffentlichen Betriebs an einer Gesellschaft privaten Rechts zusammen mit anderen öffentlichen Betrieben. Die Aufgabe verbleibt im öffentlichen Sektor, die private Rechtsform soll zumeist nur flexiblere Randbedingungen für die möglichst gute Aufgabenerledigung schaffen.

Durchführungs-Outsourcing

Durchführungs-Outsourcing: Merkmal dieser Art des Outsourcings (auch funktionales Outsourcing genannt) ist, dass es zu einer arbeitsteiligen Zusammenarbeit des öffentlichen Bereichs mit der Privatwirtschaft bei der Durchführung der Aufgaben kommt. Die eigentliche Aufgabenverantwortung verbleibt im öffentlichen Bereich. Im Konzessionsmodell führt ein externer Betrieb innerhalb der Liegenschaften und evtl. mit Gerät des Konzessionsgebers die Geschäfte und wird dafür bezahlt, im Betreibermodell finanziert der Externe auch die Anlagen und erhält hierfür Mietzahlungen des Auftraggebers.

---

249 Alternative Formen der Gliederung sind denkbar, sollen hier aber nicht diskutiert werden.

250 Beispielsweise realisieren die Einkaufsportale des Bundes eine Reihe von Aufgaben, die in vielen Behörden bislang durch eigenständige Einkaufsreferate erledigt wurden.

Finanzierungs-Outsourcing: Die Verlagerung von Aufgaben, Vermögensgegenständen und evtl. sogar Personal auf private Unternehmen kann als eine alternative Beschaffungs- und damit Finanzierungsmöglichkeit aus Sicht der öffentlichen Hand gesehen werden. In vielen Outsourcing-Modellen sind Einmal-Effekte der Entlastung des öffentlichen Betriebs mit langfristigen Dauerbelastungen kombiniert. Hier sind sehr sorgfältige Berechnungen der Kapitalwerte auch unter alternativen Annahmen nötig, um sich letztlich der Wirtschaftlichkeit des Outsourcings-Ansatzes sicher sein zu können.

Aufgaben-outsourcing	Organisations-outsourcing	Durchführungs-outsourcing	Finanzierungs-outsourcing
Einstellung der öffentlichen Tätigkeit	Eigen-gesellschaften	Public-Private Partnership	Treuhand-finanzierung
Veräußerung an Private	Beteiligungs-gesellschaften	Konzessions-modell	Leasing
		Betreiber-modell	Fonds-finanzierung
		...	

Abb. 81: Übersicht der Formen des Outsourcings[251]

Voraussetzungen und Erfolge des Outsourcing

Risiko und Komplexität des Outsourcing

Alle Outsourcing- und Insourcing-Vorhaben verlangen nach besonders sorgfältiger betriebswirtschaftlicher Abwägung von Vor- und Nachteilen. Benötigt werden möglichst alle Details zu Kostenstrukturen, Erwartungen zukünftiger Erträge bzw. Gebühren oder anderer Zuflüsse, Klärung und Berechnung der Finanzierungsmöglichkeiten, eine sehr genaue Beschreibung aller auszutauschenden Leistungen inklusive der Qualitätsfrage („Service Levels"), wirksame Mechanismen der Leistungsmotivation für den Vertragspartner, „wasserdichte" vertragliche Regelungen inklusive Vertragsstrafen und Klärung von Haftungsfragen, Festlegung der Leitungsstruktur und der Gesellschaftsform, Regelung zu den Eigentumsrechten sowie die Möglichkeiten und Randbedingungen der Rückabwicklung bei Ablauf vorbestimmter Fristen oder im Falle

[251] Mod. n. Eickmeyer & Bissinger, 2002, S. 70

der Änderung. Die geschäftliche Komplexität von Outsourcing-Vorhaben sowie das ihnen innewohnende Risiko führen dazu, dass Outsourcing-Vorhaben oft durch eine Outsourcing-Beratung begleitet werden. Komplexitätsreduzierend mag zukünftig eine zunehmende „Industrialisierung", d. h. Standardisierung im Angebot der Outsourcing-Dienstleister wirken[252].

5.5 Management des Wandels

Veränderungs-programme

Größere Veränderungen der Aufbau- und Ablaufstruktur von Betrieben sind Maßnahmen mit einem erheblichen Risiko des Scheiterns. Sie bedürfen einer besonderen Begleitung durch das Management und besonderer Management-Konzepte des gesteuerten Wandels. Zwei Gruppen von Management-Konzepten können unterschieden werden: Zum einen Konzepte, die einen ganz spezifischen Inhalt von Veränderungsprogrammen thematisieren und eine konkrete Veränderung herbeiführen wollen, also einen „Konzeptfokus" haben. Hierzu gehört z. B. das sogenannte „Lean Management" (Schlankes Management, vgl. das Reform-Schlagwort „schlanker Staat"), gemeint ist hier die Reduzierung von Entscheiderebenen und allgemeine Senkung der Kosten des Managements. Zum anderen Konzepte, die vor allem die Art der Umsetzung und die dafür notwendigen Rahmenbedingungen betrachten und weniger auf konkrete Inhalte festgelegt sind, also eher einen Kontextfokus besitzen[253], z. B. „Lernende Organisation", die vor allem durch neue Ideen und schnellere Verbreitung von Wissen im Betrieb eine Zunahme der Effizienz erwartet. In der folgenden Abbildung werden kontext- und konzeptorientierte Ansätze des Managements des Wandels dargestellt (vgl. Abb. 82). Ausgehend von Ansätzen mit der Kombination eines hohen Konzeptfokus bei niedrigem Kontextfokus bis hin zu Ansätzen mit einem hohen Kontextfokus bei gleichzeitig niedrigem Konzeptfokus sollen nachfolgend die Grundideen kurz erläutert werden:

Konzeptfokus des Wandels

Lean Management: Unter „Lean Management" (schlankes Management) wird ein integriertes Management-Konzept verstanden, in dessen Mittelpunkt im weitesten Sinne der „Kampf gegen Verschwendung" steht[254]. Verschwendung wird dabei in einem sehr weiten Sinne definiert und dient als Sammelbezeichnung für Bestände, Liege- und Leerzeiten, Material- und Raumvergeudung, Qualitätsmängel, mangelnde Standardisierung wie auch für Fehlzeiten, Fluktuation, Streitigkeiten, innere Kündigung und andere Formen von Ineffizienz.

---

[252] Siehe diverse Aufsätze in Oecking et. al. (Hrsg.), 2009

[253] Vgl. Reiß, 1997b, S. 23

[254] Reiß, 1997a, S. 47

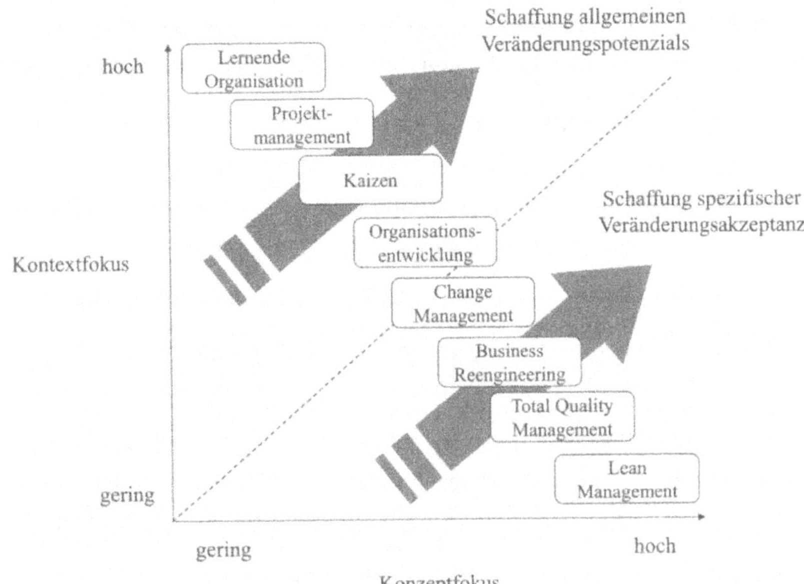

Abb. 82: Ansätze des Managements des Wandels[255]

Anders als die sich nur auf Gemeinkosten richtende Gemeinkosten-Wertanalyse verfolgt Lean Management einen ganzheitlichen und flächendeckenden Ansatz. Er ist ein „Fitnessprogramm" für den gesamten Betrieb, dessen Bausteine zum einen die Kooperation – das heißt die Integration von Zulieferern und Abnehmern in die eigenen Prozesse der Produktentwicklung und Auftragsabwicklung, die Bildung von Netzwerken, das Arbeiten in Teams – und zum anderen das Unternehmertum – also „proaktives" Management, wie präventive Instandhaltung, Prozessorientierung, permanentes Lernen und Multi-Projektmanagement – sind[256].

Lean Administration

Die Anwendung von Lean Management auf den öffentlichen Sektor, wie auch die Anwendung auf Verwaltungsfunktionen in Unternehmen, wird häufig als „Lean Administration" bezeichnet[257]. Im Ergebnis wird damit eine schlanke und effiziente Verwaltung angestrebt. Die wesentliche Herausforderung bei der Umsetzung von Lean Management bzw. Lean Administration ist organisationskultureller Natur: Die Betonung des ganzheitlichen Ansatzes hebt diese

---

[255] Thom & Ritz, 2006, S. 95

[256] Vgl. Reiß, 1997a, S. 48

[257] Vgl. Hieber, 1996, S. 46 ff.

Methode von eher punktuellen Ansätzen der Veränderung ab und erfordert uneingeschränkt lernfähige und lernwillige Beschäftigte mit ganzheitlichem Organisationsverständnis. Dabei läuft der Ansatz Gefahr, die in der Realität häufig anzutreffenden Widerstände und Partikularinteressen in Organisationen konzeptionell zu vernachlässigen[258].

Total Quality Management: Der Begriff wurde schon in Abschnitt 4.1.2 vorgestellt und beschreibt einen ganzheitlichen Ansatz der Steuerung des Betriebs aus dem Streben nach ständiger Qualitätsverbesserung heraus.

Business Reengineering

Business Reengineering: Business Reengineering ist ein radikaler punktueller Ansatz zur Veränderung von Arbeitsabläufen. Da er schon in Abschnitt 5.1.1 ausführlich vorgestellt wurde, soll er hier nicht detailliert behandelt werden.

Permanente Verbesserung

Organisationsentwicklung (OE): Organisationsentwicklung ist ein Ansatz zur permanenten Verbesserung von Organisationsstruktur und -kultur. Er ist langfristig angelegt und wird von den Beschäftigten selbst zusammen mit externen oder internen Moderatoren und Organisationsexperten durchgeführt. Eine Reihe von Techniken stehen hierfür bereit, die allesamt die Betroffenen einbeziehen[259]. Sie setzen an unterschiedlichen Punkten an, meist [260]

- beim Individuum, wie zum Beispiel Kommunikations-, Problemlösungs- und Entscheidungstrainings, Ausbildung oder Arbeitsstrukturierung.
- bei der Gruppe, wie z. B. Teamentwicklung, Qualitätszirkel oder Formen der Arbeitsorganisation wie Teams, Netzwerken oder Communities of Practice.
- bei der Struktur, wie zum Beispiel die generelle Erhöhung der Entscheidungsdelegation oder die Einführung gruppenorientierter Entgeltsysteme.
- bei der Gesamtorganisation, wie zum Beispiel Survey-Feedback oder Konfrontationstreffen.

Change Management

Change Management (Management des Wandels): Dieser aus dem Angloamerikanischen kommende Begriff bezeichnet einen im Gegensatz zu „Organisationsentwicklung" eher von oben (top down) kommenden Ansatz des Wandels. Oft eingesetzt bei großen Softwareprojekten zur Unterstützung neuer Abläufe, werden vor allem Maßnahmen der Fortbildung bzw. des Trainings

---

258 Reiß, 1997a, S. 54 ff.

259 Vgl. Rau, 2007, S. 512 f.

260 Vgl. Lehner, 2009, S. 137; Schrädler, 1996, S. 50 f.

sowie der Kommunikation des Wandels und der Akzeptanzsicherung eingesetzt. Change Management wird eher gezielt als breit streuend verwendet[261].

Kaizen

Kaizen: Der Begriff Kaizen bedeutet Veränderung (KAI) zum Besseren (ZEN) und bezeichnet einen aus Japan stammenden Managementansatz, der kontinuierliche Verbesserung zum Kern der Organisationskultur erklärt und dies mit vielen Instrumenten unterstützt. Um den Charakter von Kaizen anzudeuten, seien die „5 S" genannt, die auch als Teil des visuellen Managements an Arbeitsplätzen aushängen[262]:

- Seiri (Ordnung schaffen): Trenne Notwendiges von nicht Notwendigem und entferne alles nicht Notwendige.
- Seiton (jeden Gegenstand am richtigen Ort aufbewahren): Halte wichtige Gegenstände griffbereit.
- Seiso (Sauberkeit): Halte den Arbeitsplatz sauber.
- Seiketsu (Persönlicher Ordnungssinn): Mach dir Sauberkeit und Adrettheit zur Gewohnheit, indem du damit bei dir selbst beginnst.
- Shitsuke (Disziplin): Halte an deinen Arbeitsplatz die Vorschriften ein.

Projektmanagement

Projektmanagement: Projektmanagement ist ein weit gefasster Begriff für ein Spektrum von individuellen Techniken bis hin zu Standards, um komplexe oder/und risikoreiche Einmal-Vorhaben zu steuern. Das Thema Projektmanagement wurde detailliert in Abschnitt 5.3.3 vorgestellt.

Lernende Organisation

Lernende Organisation: „Unter der lernenden Organisation ist eine Organisation zu verstehen, die fähig ist, selbstständig Wissen zu generieren, zu sammeln und zu vermitteln, und die ihr Verhalten auf der Grundlage von neu gewonnenen Einsichten verändern kann"[263]. Sie ist als „antistrukturell" zu bezeichnen, das heißt, sie basiert auf Hierarchiefreiheit, Selbstkoordination der Beschäftigten und vor allem mündlicher Kommunikation. Sie ist geeignet für einen ständigen Wandel und strukturiert sich selbst fortlaufend neu.

---

[261] Vgl. Heuermann & Herrmann, 2003, S. 172; weiterführend z. B. Doppler & Lauterburg, 2008; Bundesregierung, 2008, mit weiteren Literturverweisen, u.a. auch auf Berichte des BRH über Erkenntisse aus Veränderungsprojekten in der Bundesverwaltung.

[262] Vgl. Imai, 1992, S. 275 f.

[263] Vahs, 2009, S. 441

6
RES
SOUR
CEN

6 Management der Ressourcen

6.1 Personalmanagement

6.1.1 Ganzheitliches Personalmanagement

Übersicht

In Deutschland sind rund 4,5 Mio. Menschen im öffentlichen Dienst von Bund, Ländern und Gemeinden tätig. Davon stehen ca. 1,7 Mio. in einem Beamtenverhältnis, ca. 2,6 Mio. sind Tarifbeschäftigte und ca. 180.000 sind Zeit- oder Berufssoldaten[264]. Diese Zahlen geben einen Eindruck von der Größe des Arbeitsumfangs im Personalmanagement des öffentlichen Sektors.

Definition Personalmanagement

Definition ganzheitliches Personalmanagement

Personalmanagement ist die zielorientierte und abgestimmte Steuerung aller die Beschäftigten als Ressource betreffenden Gestaltungsbereiche. Hierzu gehören die Personalplanung, Personalbeschaffung, Mitarbeitereinsatz und -betreuung, Personalfreisetzung, Personalentwicklung sowie Entgelt- und Berichtswesen. Diese Elemente sollten – soweit möglich und soweit sie Dienstleistungen für interne Kunden sind – offen für die partizipative Mitgestaltung durch die Anspruchsgruppen des Betriebs sein[265].

Personalmanagement vs. Personalwesen und Personalwirtschaft

Der Begriff „Personalmanagement" wurde in den 80-er Jahren des vorigen Jahrhunderts zunehmend gegenüber den älteren Begriffen „Personalwesen" und „Personalwirtschaft" bevorzugt benutzt[266] und soll die ganzheitliche und

---

264 Stand 30.06.2007, Statistisches Bundesamt, 2009

265 Vgl. Hilb, 2009, S. 9 f. zum KISS-Konzept des Personalmanagements: „Keep it Integrated, Strategic, and Stimulating".

266 Vgl. Kolb, 2008, S. 13

dynamische Steuerungsabsicht personalbezogener Arbeit im Betrieb betonen. Verantwortlich für das Personalmanagement sind der Personalbereich und die Führungskräfte des Betriebs.

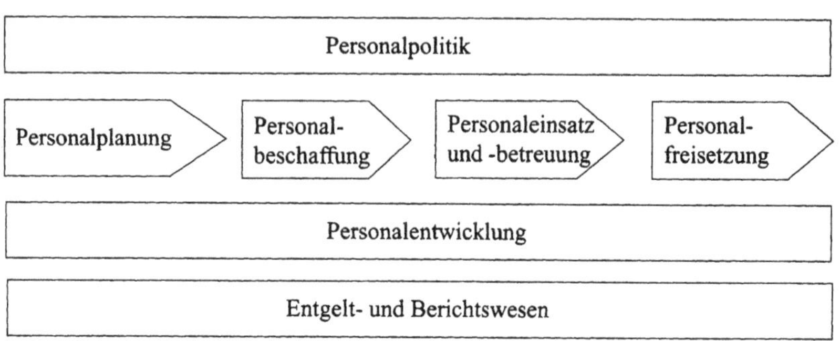

Abb. 83: Kern- und Querschnittsaufgaben des Personalmanagements[267]

Es gibt folgende Querschnittsaufgaben des Personalmanagements[268]:

Personalpolitik

Personalpolitik: Die Personalpolitik dient der Festlegung der Sach- und Formalziele des Personalmanagements. Das sachliche Oberziel sollte „gesetzt" sein, um es dem Personalmanagement zu ermöglichen, die benötigten Personalressourcen in der benötigten Menge und Qualität bereitzustellen. Hierzu gehören z. B. ein Führungsleitbild, die Rolle der Beschäftigten als wichtigste Ressource im Betrieb, Karrierewege innerhalb des Hauses. Die offiziell verkündete Personalpolitik sollte möglichst identisch sein mit der gelebten Politik und dem persönlichen Verhalten der Führungskräfte, damit die Beschäftigten ihre Führungskräfte und den Betrieb als berechenbaren und in sich stimmigen Arbeitgeber erleben.

Personalentwicklung

Personalentwicklung: Personalentwicklung betrachtet die quantitative und insbesondere die qualitative Sicht auf das vorhandene Personal und führt Maßnahmen zu dessen Erhalt und Verbesserung durch. Personalentwicklung sollte konsequent auf die gegenwärtigen und zukünftigen Anforderungen der Arbeit ausgerichtet sein. In Abschnitt 6.1.2 wird diese wichtige Aufgabe in einem separaten Abschnitt vorgestellt.

Entgelt- und Berichtswesen

Entgelt- und Berichtswesen: Beschäftigte haben einen Entgeltanspruch, außerdem sind Personalnebenkosten bzw. Bezüge und Nebenbezüge für Beamte abzurechnen. Die Personalabrechnung, andere statistische Daten und Kennzah-

267 Mod. n. Kolb, 2008, S. 553

268 Weiterführende Literatur z. B. Jung, 2008; kurz und prägnant Lindner-Lohmann, 2008

len sowie qualitative Informationen über den Personalbestand und das Personalmanagement sind Gegenstand des Berichtswesens. In einem gut ausgebauten Zustand ist es zentraler Bestandteil des Personalcontrollings, das es sowohl über die „Außenwelt" des Personals wie auch die „Innenwelt" des Personalmanagements selbst steuerungsrelevante Informationen bereithalten soll.

Zu den Kernaufgaben gehören:

Personalplanung

Personalplanung: Qualitative und quantitative Bestimmung der Personalbedarfe. Hierunter fällt auch die Planung der Personalstruktur hinsichtlich der Altersschichtung, der Anstellungsverhältnisse und anderer Merkmale, sofern dies zur Strategie des Betriebs gehört. Die quantitative Ermittlung des Personalbedarfs ausführender Arbeit ist Spezialthema des Abschnitts 6.1.2.

Personalbeschaffung

Personalbeschaffung: Hierzu gehören Aktionen des Personalmarketings (z. B. Teilnahme an Bewerbermessen, Kontakte zu Hochschulen und anderen Ausbildungsstätten), Stellenausschreibungen, das Einstellungsverfahren mit der Personalauswahl (z. B. Interviews, Assessment-Center) sowie Eingliederungsprogramme für neu eingestellte Personen.

Personaleinsatz und -betreuung

Personaleinsatz und -betreuung: Der Personaleinsatz für die Sacharbeit ist der eigentliche Zweck für die Beschäftigung von Personal. Die Gestaltung umfasst zum einen die organisatorische Seite mit Stellenzuschnitten, Dienst- und Arbeitsplänen sowie der Personalführung und Leistungsmotivation. Personalführung ist Spezialthema in Abschnitt 6.1.3.

Personalfreisetzung

Personalfreisetzung: Dieser Tätigkeitsbereich umfasst die Verabschiedung von Beschäftigten nach Erreichen der Altersgrenze, das Ausscheiden befristeter Kräfte, Eigenkündigungen sowie betrieblich oder disziplinar- und arbeitsrechtlich begründete Vorgänge.

Anforderungen an ein integratives Personalmanagement

Ein integratives Personalmanagement sorgt für eine möglichst große Passung zwischen den vernetzungsfähigen Inhalten der Kern- und Querschnittsprozesse. Hierzu gehört z. B, dass die Kriterien für die Auswahl von Beschäftigten möglichst identisch sein sollten mit den Beurteilungs- und Beförderungskriterien. Führungskräfte sollten aktiv die Personalentwicklung der Beschäftigten begleiten und zukünftige Anforderungen an Stellen rechtzeitig benennen. Die Vorgesetzten in der Linie und im Bereich des Personalmanagements teilen sich die Verantwortung und sollten eng zusammenarbeiten. Wichtig ist auch der Datenabgleich und die Verfügbarkeit von Informationen: Alle Daten sollten über die Personalfunktionen hinweg – soweit datenschutzrechtlich zulässig – durch Personalinformationssysteme den Entscheidungsträgern, den Personalmanagementverantwortlichen und evtl. über ein Personalportal auch den Beschäftigten zur Verfügung stehen.

Besonderheiten des Personalmanagements im öffentlichen Sektor

Eine deutlich bemerkbare Besonderheit des öffentlichen Sektors mit starken Wirkungen auf das Personalmanagement sind die arbeitsrechtlichen Regeln für Beamte und das Miteinander der arbeitsrechtlich getrennten Personengruppen der Angestellten und Beamten. Einige wichtige Unterschiede zwischen beiden Anstellungsformen sind in Tab. 18 aufgelistet:

Tab. 18: Unterschiede zwischen Beamten und Tarifbeschäftigten[269]

Merkmal	Beamte	Tarifbeschäftigte
Unkündbarkeit	Ja	Nein
Versorgungsbezüge	Alimentation	Gehalt
Ruhestandsbezüge	Pension	Rente
Streikrecht	Nein	Ja
Treuepflicht	Ja	Nein
Grundlage Arbeitsverhältnis	Gesetz	Tarifvertrag
Disziplinarrecht	Ja	Nein
Einstellung für	Laufbahn	Dienstposten
Aufstieg	über leistungsbezogene Beurteilung und Auswahl	durch Übertragen einer höher bewerteten Tätigkeit

Erschwerte Kündigung

Unbefristet Tarifbeschäftigte genießen im öffentlichen Dienst arbeitsrechtliche Vorteile gegenüber Angestellten in der Privatwirtschaft: Öffentliche Arbeitgeber verzichten weitestgehend auf betriebsbedingte Kündigungen. Darüber hinaus haben Angestellte mit bestimmten tariflichen Voraussetzungen einen besonderen Kündigungsschutz[270].

6.1.2 Personalbedarfsermittlung

Das Wirtschaftlichkeitsprinzip fordert in der Verwaltung regelmäßig Organisationsuntersuchungen, zu denen auch Personalbedarfsermittlungen gehören. Unabhängig davon sind Personalmehrbedarfe immer nachvollziehbar zu ermitteln, da Beschäftigte Geld kosten und ähnlich wie bei Sachinvestitionen transparent sein soll, wofür diese Mittel eingesetzt werden.

Personalbedarfsermittlung

Definition Personalbedarfsermittlung

Personalbedarfsermittlung ist die quantitative und qualitative Ermittlung der Zahl benötigter Stellen für die ausführende Arbeit. Sie ist einerseits Teil

[269] Mod. n. Darstellung nach Kirk, 2008, S. 163

[270] In Deutschland betrifft dies Tarifbeschäftigte mit Arbeitsvertrag nach dem Tarifvertrag des öffentlichen Dienstes dann, wenn sie mindestens 15 Jahre im Betrieb waren und mindestens 40 Jahre alt sind.

der Personalplanung, andererseits helfen ihre Informationen auch bei Vergleichsrechnungen zu alternativen Vorschlägen für Arbeitsabläufe.

Der Personalbedarf sollte auf Basis optimierter Abläufe und einer vorherigen Aufgabenkritik stattfinden, so dass keine organisatorischen Mängel oder Schwachstellen festgeschrieben werden[271]. Der Personalbedarf unterliegt Einflüssen, die sich aus den Aufgaben in der eigenen Organisation ergeben und solchen, die im Umfeld begründet sind. Hauptsächliche Bestimmungsgrößen des Personalbedarfs sind (s. Tab. 19):

Tab. 19: Einflussgrößen des Personalbedarfs[272]

Intern	Extern
– Geplantes Leistungsangebot	– Umfang der Leistungsnachfrage
– Aufgabenspektrum	– Gesamtwirtschaftliche Entwicklung
– Arbeitsabläufe	– Änderung der rechtlichen und politischen Rahmenbedingungen
– Technologien	
– Aufbauorganisation	– Veränderungen im Dienst-, Sozial- und Arbeitsrecht
– Leistungsfähigkeit der Beschäftigten	
– Arbeitszeit- und Urlaubsregelungen	– Tarifentwicklung
– Fehlzeiten und Fluktuation	– Soziale Entwicklungen
– Örtlichkeit und logistische Randbedingungen wie hausinterne Wege	– Technologische Veränderungen
	– …
– Vorschriften des Arbeitsschutzes und anderer Durchführungsregeln	
– …	

Im Folgenden sollen die vom deutschen Bundesinnenministerium empfohlenen quantitativen Verfahren der Personalbedarfsermittlung vorgestellt werden.

Verfahren der quantitativen Personalbedarfsbemessung

Es gibt drei für den öffentlichen Bereich Deutschlands vorgesehene quantitative Grundverfahren, um Personalbedarf zu bemessen[273]: Drei quantitative Grundverfahren

Analytisches Berechnungsverfahren: Das analytische Berechnungsverfahren eignet sich für die Bedarfserhebung bei quantifizierbaren Aufgaben. Quantifi- Analytisches Berechnungsverfahren

[271] Vgl. Bundesministerium des Innern, 2007, S. 167 ff. Das Organisationshandbuch enthält eine sehr umfangreiche Beschreibung der Personalbedarfsermittlung und geht weit über das Detailniveau der Darstellung in diesem Buch hinaus. Diese Quelle ist eine unbedingte Empfehlung für jeden Praktiker.

[272] Vgl. Jung 2006, S. 109

[273] Weitere Verfahren in der Privatwirtschaft nennt z. B. Wittlage, 1995, S. 45

zierbar sind wiederholt anfallende Aufgaben, die sich hinsichtlich der Bearbeitungszeiten und Mengen objektiv und exakt messen lassen. Erkenntnisse der Vergangenheit können für die Bemessung des Personalbedarfs in der Zukunft genutzt werden. Dieses Verfahren wird später in diesem Abschnitt im Detail vorgestellt.

Analytisches Schätzverfahren

Analytisches Schätzverfahren: Das analytische Schätzverfahren ermittelt die Daten zu Mengen- und Bearbeitungszeiten auf Basis von Schätzungen. In der Praxis ist die Genauigkeit von Schätzdaten bei sachgerechter Erhebung in der Regel erheblich größer, als der Begriff „Schätzen" vermuten lässt, wenn auch nicht so genau wie bei dem analytischen Berechnungsverfahren. Schätzungen werden in der Regel im Rahmen von Interviews vorgenommen. Dabei greifen die Befragten auf ihre Erfahrungen aus der Aufgabenerledigung in der Vergangenheit zurück. Analytische Schätzverfahren eignen sich z. B. für neue quantifizierbare Aufgaben oder wenn kein repräsentativer Zeitraum für eine Datenmessung gefunden werden kann.

Arbeitsplatzmethode

Arbeitsplatzmethode: Die Arbeitsplatzmethode hat die grundlegende Annahme, dass die untersuchte Stelle in jedem Fall erforderlich ist. Detaillierte Erhebungen und Berechnungen von Arbeitsmengen und Bearbeitungszeiten erfolgen nicht, sondern Personalbedarf wird gesetzt. Die Arbeitsplatzmethode sollte nur eingesetzt werden, wenn

- die Einrichtung eines Arbeitsplatzes mengenunabhängig ist, weil für die Stelle ein Anwesenheitszwang existiert (z. B. Büroöffnungszeiten, Sprechstunden) unabhängig von der Auslastung,
- sich der Bedarf für die Stelle unmittelbar aus der Aufbauorganisation der Behörde (z. B. Leitungsstellen) oder
- aus gesetzlichen Regelungen (z. B. bei behördlichen Beauftragten für den Datenschutz) ergibt.

Folgeverfahren

Neben den soeben vorgestellten drei Grundverfahren gibt es zwei als „Folgeverfahren" bezeichnete Methoden, die auf vorhandenen Personalbedarfsermittlungen aufsetzen und sie aktualisieren. Diese beiden Verfahren sind:

Fortschreibungs-Verfahren

Fortschreibungs-Verfahren: Das Fortschreibungs-Verfahren setzt auf den Ergebnissen einer früheren Personalbedarfsermittlung auf und wendet sie auf dieselbe Organisationseinheit zu einem späteren Zeitpunkt an. Die von früher vorliegenden Zeitwerte werden mit aktualisierten Mengendaten zu einer neuen Personalbedarfsaussage verknüpft. Voraussetzung ist, dass sich im Vergleich zur ursprünglichen Erhebung nur Veränderungen im Mengengerüst ergeben und die Zeitbedarfe weitgehend unverändert sind. Auf dieser Basis wird der Personalbedarf fortgeschrieben.

Schlüsselzahl-Verfahren

Schlüsselzahl-Verfahren: Das Schlüsselzahl-Verfahren verwendet zur Personalbedarfsermittlung Bemessungswerte, die durch repräsentative Erhebungen in anderen, vergleichbaren Organisationseinheiten ermittelt worden sind. Diese

Ergebnisse werden als Vorgaben gesetzt und unter Berücksichtigung von Fallzahlen auf die betrachtete Organisationseinheit übertragen. Das Schlüsselzahl-Verfahren ist auch geeignet zur Auslastungsüberprüfung und zur Anpassung des Personalbedarfs bei Veränderungen von Arbeitsmengen.

Für den Einsatz von Fortschreibungs- und Schlüsselzahl-Verfahren muss eine hinreichende Übereinstimmung zwischen den betrachteten Zeiträumen und den Organisationseinheiten bestehen. Hierfür können eine Ähnlichkeit der Aufgaben (bei Unterstützungsprozessen meist branchenübergreifend, bei Kernprozessen meist nur bei branchengleichen Unternehmen gegeben), Ähnlichkeit der Regeln, ähnliche Produktions- und Arbeitsmittel usw. sprechen. Ihr Einsatzschwerpunkt liegt in der Bestimmung des zukünftigen Personalbedarfs. Die folgende Abb. 84 gibt einen Überblick zu allen genannten Verfahren[274]:

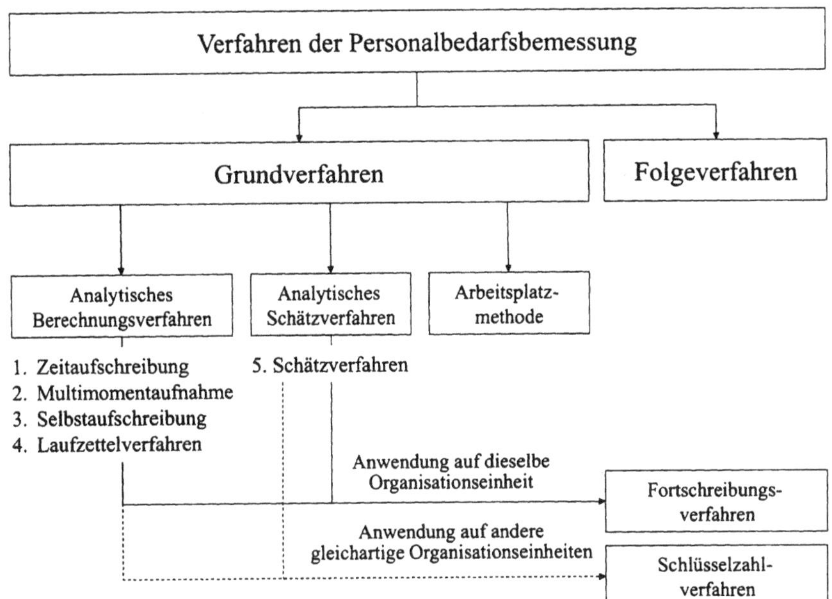

Abb. 84: Verfahren der Personalbedarfsbemessung[275]

Für die deutsche Bundesverwaltung ist vorgeschrieben, nach Möglichkeit das analytische Berechnungsverfahren einzusetzen. Wenn dieses nicht geht oder

---

[274] Vgl. Bundesministerium des Innern, 2007, Abschnitt 5.1.2

[275] Mod. n. Bundesministerium des Innern, 2007, S. 174

unverhältnismäßig aufwändig ist, dann kommen in der weiteren Prioritätenfolge das analytische Schätzverfahren und die Arbeitsplatzmethode zum Einsatz.

Analytische Berechnung des Personalbedarfs

Analytische Berechnung

Der Personalbedarf, ausgedrückt in Stellen, ergibt sich in der analytischen Berechnung aus dem Arbeitszeitbedarf für die Arbeitsmenge und der Arbeitszeit einer Normalarbeitskraft je Stelle. Der Arbeitszeitbedarf wiederum wird berechnet als Produkt aus der Arbeitsmenge und der mittleren Bearbeitungszeit je Fall (Grundzeit und Verteilzeit). Die folgende Abb. 85 zeigt dies.

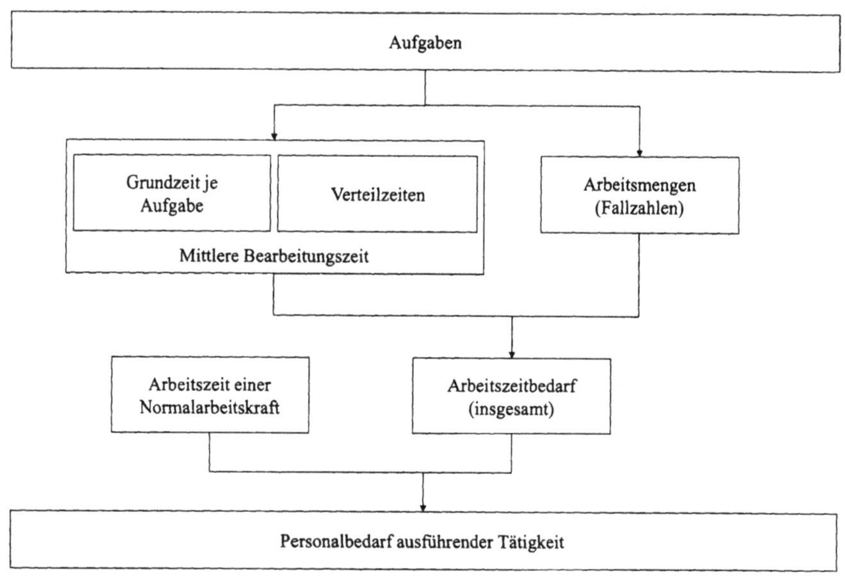

Abb. 85: Basisdaten der Personalbedarfsermittlung[276]

Formel Stellenbedarf

Diese Darstellung lautet in der Formelschreibweise (Formel 1) wie folgt:

$$Stellenbedarf = \frac{Fallzahl * mittlere\ Bearbeitungszeit}{Normalarbeitszeit}$$

Die Bestandteile dieser Formel werden nun nacheinander erläutert.

Erhebung der Arbeitsmenge (Fallzahl) und der Grundzeit je Fall: Die für die Leistungserbringung erforderlichen Aufgaben werden vollständig und detailliert aufgenommen. Dabei ist eine dem Untersuchungsauftrag angemessene Gliederungstiefe und Variantenzahl nach Art des Bearbeitungsablaufs zu

[276] Entnommen aus Bundesministerium des Innern, 2007, S. 197

wählen. Diesen Aufgaben sind nun Fallzahlen zuzuordnen. Fallzahlen werden ermittelt, indem die Arbeitsmengen – je nach Art der Arbeit die Zahl von Prozessdurchläufen, Stückzahlen von erstellten Dokumenten, durchgeführten Maßnahmen, erstellten Produkten oder Dienstleistungen – gezählt werden. Die benötigte durchschnittliche Arbeitszeit je Fall – „Grundzeit" genannt – wird ebenfalls erhoben. Zur Ermittlung von Fallzahlen und Grundzeit dienen alternativ oder kombiniert folgende quantitative Erhebungstechniken (s. Tab. 20):

Erhebungstechniken

Tab. 20: Erhebungstechniken für Arbeitsmengen[277]

Methode	Erläuterung
Zeitaufschreibung	Die für eine Aufgabe aufgewendeten Arbeitszeiten werden mittels eines Zeitaufnahmegeräts, etwa einer Stoppuhr, erhoben. Die Zeitaufnahme wird von einem Beobachter parallel zur Bearbeitung einer Aufgabe durchgeführt und protokolliert.
Multimomentaufnahme	Anhand eines Stichprobenverfahrens wird die Auftrittshäufigkeit zuvor festgelegter Tätigkeiten erhoben. Dies erfolgt durch Kurzzeitbeobachtungen, ohne dass der Beobachtete aktiv eingebunden wird. Aus der beobachteten Häufigkeit werden Verteilung und Dauer der Tätigkeiten abgeleitet.
Selbstaufschreibung	Die Befragten sollen Tätigkeiten, Zeiten und Mengen angeben, die auf die von ihnen bearbeiteten Aufgaben entfallen. Diese Aufschreibung erfolgt durch Notierungen in zeitlicher Reihenfolge am Ende eines Prozess- oder Zeitabschnitts.
Laufzettelverfahren	Die Selbstaufschreibung erfolgt in Zusammenhang mit einem bestimmten Objekt, zum Beispiel einer Akte, der ein Laufzettel beigegeben wird. Jede beteiligte Person vermerkt darauf die von ihr geleistete Tätigkeit mit den jeweiligen Zeiten.

Das Ergebnis ist schlicht die Auflistung der Aufgaben, der Fallzahlen je Aufgabe und der Grundzeit in Minuten. Die Tab. 21 zeigt ein einfaches Beispiel:

Tab. 21: Bsp. Ergebnis Ermittlung Arbeitsmengen und Grundzeit

Aufgabe	Grundzeit je Stück in Min	Fallzahlen/Jahr
Standardbericht erstellen	10	5.000
Bescheid erstellen	5	10.000
...	...	...

Ermitteln/Festlegen der Verteilzeit und der mittleren Bearbeitungsdauer: Da die Arbeit von Menschen geleistet wird und diese nicht durchgehend acht Stunden und mehr ausschließlich an einer Aufgabe arbeiten können, muss man neben der ermittelten Grundzeit auch noch den Zeitanteil, der nicht direkt der Fallbearbeitung dient, betrachten. Dieser Zeitanteil wird „Verteilzeit" genannt. Verteilzeiten sind zusammengesetzt aus persönlichen und sachlichen

[277] Vgl. Bundesministerium des Innern, 2007, Abschnitt 5.2.1.3

Verteilzeiten. Die Gründe für den Zeitbedarf der Verteilzeit sind mit Beispielen in der nachfolgenden Abb. 86 dargestellt.

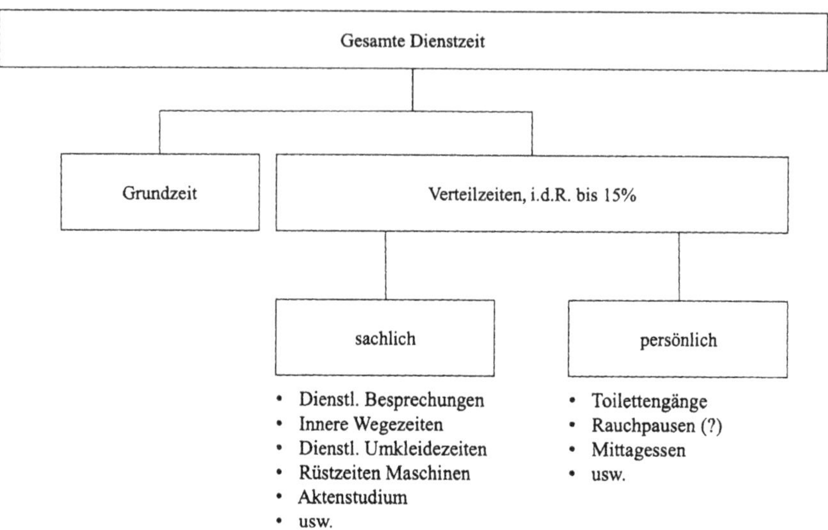

Abb. 86: Grundzeit und Elemente der Verteilzeit[278]

Unterschiedliche Verteilzeiten

Die persönliche und sachliche Verteilzeit nimmt oft Werte zwischen 10 % und 15 % der gesamten Dienstzeit an. Verteilzeiten können zusammen mit der Grundzeit durch Messung ermittelt oder pauschal gesetzt werden. Denkbar ist, für verschiedene Aufgaben verschiedene Verteilzeiten anzusetzen. Ein Beispiel sind Unterschiede zwischen einfachen Bürotätigkeiten, die weniger persönliche und sachliche Vorbereitungen benötigen als z. B. An- und Ausziehen eines Tauchanzugs für Polizeitaucher sowie Testen der Geräte vor einem Tauchgang. Bei der Personalbedarfsermittlung können die Verteilzeiten auf drei Wegen berücksichtigt werden:

Drei alternative Wege Berücksichtigung der Verteilzeit

1. durch Abzug von der Normalarbeitszeit (Erläuterung „Normalarbeitszeit" siehe ein Stück weiter unten)
2. durch Erhöhen der mittleren Bearbeitungszeiten mit einem Zuschlag
3. durch Abzug der persönlichen Verteilzeiten von der Normalarbeitszeit und Zuschlag der sachlichen Verteilzeiten auf die Grundzeit.

[278] Vgl. Bundesministerium des Innern, 2007, Abschnitt 5.1.3

Hier soll die sehr oft verwendete Variante Nr. 2 des Zuschlags der Verteilzeit auf die Grundzeit gewählt werden. Der Zuschlag wird rechentechnisch durch einen Zuschlagsfaktor dargestellt (Formel 2):

$$Zuschlagsfaktor\ Z = 1 + \frac{Zuschlagssatz}{100\%}$$

Wenn man z. B. von 10 % Verteilzeit ausgeht, dann beträgt der Zuschlagssatz 10 % und der Zuschlagsfaktor errechnet sich durch Einsetzen wie folgt:

$$Zuschlagsfaktor = 1{,}1 = 1 + \frac{10\%}{100\%}$$

Die mittlere Bearbeitungsdauer ist das Produkt aus der Grundzeit und dem Zuschlagsfaktor (Formel 3).

$$mittlere\ Bearbeitungsdauer = Grundzeit * Zuschlagsfaktor$$

Wenn man die zuvor errechneten Werte sowie die Ergebnisse der Datenerhebung aus Tab. 21 kombiniert, kann man die nachfolgende Tab. 22 erstellen:

Tab. 22: Ergebnis Ermittlung Arbeitsmengen und Bearbeitungsdauet

Aufgabe	Grundzeit je Stück in Min	Verteilzeit-Zuschlagsfaktor	Mittlere Bearbeitungs-zeit in Min	Fallzahlen/ Jahr
Standardbericht erstellen	10	1,1	11	5.000
Bescheid erstellen	5	1,1	5,5	10.000
...	...	...	...	...

Normalarbeitszeit: Die Arbeitszeit einer Normalarbeitskraft (Vollzeitäquivalent) wird als Normalarbeitszeit (Synonym: Bruttoarbeitszeit in Minuten) je Jahr ermittelt. Hierzu benötigt man zunächst die Arbeitstage im Jahr und dann die Arbeitsminuten je Arbeitstag. Das Rechenschema für die Ermittlung der Arbeitstage wird in Tab. 23 gezeigt:

Normalarbeitszeit Bruttoarbeitszeit in Minuten

Tab. 23: Rechenschema Arbeitstage je Jahr

Arbeitstage/Jahr

365 Tage im Jahr
- 104 Wochenend-Tage (52 Samstage und Sonntage)
- 11 Feiertage (je Staat und Bundesland/Kanton verschieden)
= 250 Tage des Dienstbetriebs
- 30 Urlaubstage (je Betrieb verschieden)
- 15 Fehltage durch Krankheit, Training, Dienstbefreiung (je Betrieb verschieden)
= 205 Arbeitstage je Normalarbeitskraft

Nun benötigt man für die Bruttoarbeitszeit noch eine Angabe dazu, wie viele Minuten ein Arbeitstag hat. Wenn man von einem Arbeitstag mit 8 Stunden ausgeht, dann sind pro Arbeitstag 480 Arbeitsminuten zu leisten. Jetzt lässt sich die Normalarbeitszeit je Jahr wie folgt berechnen (Formel 4):

$$Normalarbeitszeit = Arbeitstage * Minuten\ je\ Arbeitstag$$

Durch Einsetzen der Daten in die Formel erhält man folgenden Wert:

$$Normalarbeitszeit(Minuten) = 98.400 = 205 * 480$$

Beispielaufgabe

Rechenaufgabe Personalbedarf

> Ermittlung Personalbedarf im Controlling
>
> Die Wasserschutzpolizei in Atlantis möchte im Controllingbereich den Personalbedarf anhand der analytischen Berechnungsmethode neu ermitteln.
>
> Errechnen Sie bitte unter plausiblen Annahmen über die (1) Arbeitszeit je Tag, (2) die Arbeitstage je Jahr und (3) den %-Satz der Verteilzeit den Bedarf an Stellen mit hinreichender Genauigkeit!
>
> Die zu erledigenden Aufgaben sowie die ermittelten Fallzahlen sind in Tab. 24 enthalten.

Tab. 24: Aufgaben und Fallzahlen im Controlling

Aufgabe	Arbeitszeit je Stück/ Vorgang in Min	Fallzahlen/ Jahr	Summe Grundzeit/Jahr
Standardbericht erzeugen	10	2.000	20.000
Ad-hoc-Bericht erzeugen	75	400	30.000
Sonderauswertungen	500	100	50.000
Coaching je Person	2.400	40	96.000
Pflege Datenbestände	500	20	10.000
Workshops	1000	7	7.000
Verbesserungsvorschläge	100	10	1.000
Summe			214.000

Vorgehen bei der Berechnung

Die Berechnung erfolgt in vier Schritten:

1. Ermittlung der Normalarbeitszeit. Angesetzt werden die gleichen Werte wie sie schon außerhalb der Beispielaufgabe vorgestellt wurden, also:
   365 Kalendertage im Jahr
   - 104 Wochenendtage (52 * Samstag und Sonntag)
   - 11 Feiertage an Werktagen (in Nordrhein-Westfalen)
   - 45 Fehltage (Schätzwert für Urlaub, Training, Krankheit usw.)
   = 205 Tage Normalarbeitszeit (oder Kapazität)
   Bei einem achtstündigen Normalarbeitstag ergeben sich 98.400 Arbeitsminuten je Jahr für eine Normalarbeitskraft.

2. Ermittlung der Grundzeit und der Fallzahlen: Diese sind der Tab. 24 zu entnehmen und entstammen einer vorangegangenen Zeitaufschreibung.
3. Berechnung des Jahresarbeitszeitbedarfs für die erhobenen Aufgaben. Zuschlagsfaktor der Verteilzeit: Für Atlantis kann aufgrund von Erfahrungswerten mit 15 % Verteilzeiten gerechnet werden. Der Zuschlagsfaktor ist damit also 1,15.
4. Berechnung des Personalbedarfs für das Controlling.

$$Stellenbedarf = 2{,}501 = \frac{214.000 * 1{,}15}{98.400}$$

Den Stellenbedarf gibt man meist mit nur einer Nachkommastelle an, demzufolge beträgt der Stellenbedarf für ausführende Tätigkeit im Bereich Controlling 2,5 Vollzeit-Stellen. Eventuelle Ergänzungen durch Leitungsstellen sind anhand der Leitungsspanne für diesen Bereich zu berechnen.

Bewertung

Probleme der Personalbedarfsermittlung

Die Methoden der Personalbedarfsermittlung sind ein rationaler Ansatz, transparente Entscheidungsgrundlagen für Stellen zu schaffen. Die detailliertesten Verfahren sind das analytische Berechnungsverfahren und das analytische Schätzverfahren. Ihr Einsatz ist an das Vorliegen einer Reihe von Voraussetzungen gebunden: Die Aufgaben müssen mit einer genau vorhersehbaren Häufigkeit und im Rahmen unveränderter Abläufe sowie anderer Aufwandstreiber (z. B. Prüfpflichten, Pausen und Arbeitsschutzregeln, Leistungsfähigkeit eingesetzter Maschinen) geschehen. Die Datenerhebung kann je nach Art der untersuchten Aufgaben sehr aufwändig sein. Zahlreiche Hinweise des Bundesrechnungshofs auf Verbesserungsmöglichkeiten bei der Durchführung zeigen, dass es in der Praxis der Durchführung vielen öffentlichen Betrieben schwer fällt, handwerklich gute Personalbedarfsermittlungen durchzuführen. Die Tab. 25 zeigt einige mögliche Probleme auf:

Tab. 25: Empfehlungen zur analytischen Berechnungsmethode[279]

Lfd. Nr.	Empfehlung	Erläuterung
1	Tiefe Aufgaben-gliederung nötig	Bei Schätzverfahren und Selbstaufschreibung kommt es oft zu einer zu groben Aufgabendarstellung. Spätere Fortschreibungen sind bei Wegfall einzelner Komponenten nicht möglich.
2	Richtigen Zeitpunkt für Datenerhebung auswählen	Da die Datenerhebung auf Stichproben beruht, ist es ganz wichtig, den richtigen, d. h. möglichst repräsentativen Zeitpunkt im Jahr für die Schätzung zu bestimmen.
3	Gut ausgebildetes eigenes Personal für Erhebung nötig	Die Personalbedarfsermittlung benötigt Entscheider, die mit Augenmaß das richtige Niveau der Detailliertheit finden und die richtige Verfahrenswahl treffen.
4	Gute Dokumentation der Verfahrensschritte nötig	Alle Verfahrensschritte sowie alle Entscheidungen über die genaue Verfahrensweise sollten dokumentiert sein, so dass bei späteren Fortschreibungen oder Prüfung durch Dritte die Untersuchung besser nachvollzogen werden kann.

6.1.3 Führung, Motivation und Anreizmanagement

Führung

Ausführung vs. Führung

Die arbeitsteilige Organisation der Betriebe macht eine Trennung zwischen ausführender Tätigkeit und Führung nötig.

Definition Führung (im engeren Sinne)

Führung ist eine zielbezogene Einflussnahme. Führung im weiteren Sinne ist synonym mit dem Begriff des Managements von Betrieben[280], Führung im engeren Sinne ist allein die Führung von Beschäftigten. Auf das Wesentliche reduziert, bedeutet Führung von Beschäftigten zielbezogenes Lenken und Entwickeln von Personen zur Erfüllung der Betriebsziele.

Führung als System

Eine ganzheitliche Systemdarstellung von Führung im weiteren Sinne ist das „St. Galler Managementmodell“[281]. Grundüberlegung des St. Galler Manage-

[279] Gesammelte Anmerkungen des Bundesrechnungshofs aus Bundesministerium des Innern, 2007, S. 198 - 244

[280] Betriebswirtschaftslehre wird deshalb oft als „Management- und Führungslehre aufgefasst“, vgl. Wunderer 1998. Dabei werden praktisch alle betriebswirtschaftlichen Themen als Führungsprobleme behandelt. Der Managementprozess wird somit dem Führungsprozess gleichgesetzt, vgl. Staehle, 1999, S. 77 ff.

[281] Eine ausführliche Erläuterung des ursprünglichen St. Galler Management-Modells findet sich in Ulrich, 1974.

mentmodells ist, dass ein Betrieb in ständigem Austauschverhältnis mit der Umwelt steht und die Betriebsführung alle Aktivitäten umfasst, die für ein Gleichgewicht zwischen Betrieb und der Umwelt sorgen. Die Führung sorgt dafür, dass der Betrieb Bestand hat, seine Zwecke erfüllt und die dazu erforderlichen Gestaltungs- und Lenkungsprozesse funktionieren. Führung kann wegen der Beziehung zu den Betriebszielen nicht allein auf die Interaktion zwischen Führendem und Geführten begrenzt werden. Man muss zwischen Führung durch Systeme und Strukturen sowie Führung durch Menschen unterscheiden, außerdem zwischen dem Prozess des Führens und dem Führungserfolg[282]. Damit ist letztlich Führung nicht allein durch den Blick auf „führende" Personen zu beschreiben, sondern bedarf einer ganzheitlichen Perspektive und einer eigenen Lehre[283]. Führung umfasst zwei Gruppen von Werkzeugen: Das Führungssystem und die Organisation – beide sind nicht primär auf Personen gerichtet – sowie als zweite Gruppe die Führungsmethodik und die Führungskräfte, sie sind auf Personen gerichtete Teile.

---

[282] Vgl. Rosenstiel 2003, S. 4

[283] Für einen kurzen und kritischen Überblick zum St. Galler Managementkonzept siehe Steinkellner, 2007, S. 240 ff.

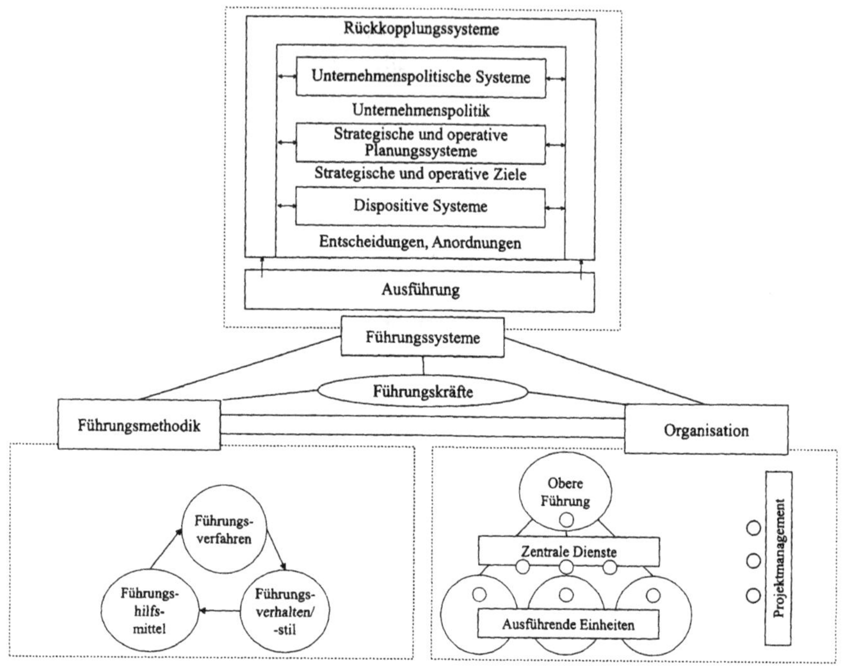

Abb. 87: St. Galler Führungskonzept[284]

Mehrstufiges Führungssystem

Das Führungssystem ist mehrstufig und umfasst die lang-, mittel- und kurzfristig ausgerichteten Steuerungssysteme. Die oberste Ebene ist die Betriebspolitik, hier wird ein konsistentes Wertesystem der maßgebenden Führungskräfte entwickelt. Es geht um den Betriebszweck im Sinne des „warum" und des „wozu". Entwickelt werden Betriebsgrundsätze, -philosophien und -leitbilder. Diese bilden den Rahmen für die Tätigkeit des Betriebs. Die zweite Ebene sind die Planungssysteme: Hier werden die strategischen sowie die mittel- und kurzfristigen operativen Ziele festgelegt und geplant. Auf der dritten Stufe setzen die dispositiven Systeme kurzfristige Pläne in Maßnahmen um. Rückkopplungssysteme sorgen dafür, dass Zielerreichungsgrade und Abweichungen erkannt werden und bedarfsweise reagiert werden kann.

Organisation

Die Organisation liefert dem Führungssystem die erforderlichen Strukturen zur Umsetzung der strategischen und operativen Planung. Sie legt fest, nach welchen Grundsätzen der Betrieb und seine wesentlichen Teile aufgebaut sind und wie die Tätigkeiten durchgeführt werden sollen.

---

284 Mod. n. Ulrich, 2001, S. 435 und Malik, 1981, S. 24

Führungskräfte: Führungssysteme, Organisation und Führungsmethodik leben erst durch die Führungskräfte. Sie müssen in der für die Leitungsspanne erforderlichen Personenanzahl und Qualifikation verfügbar sein.

Führungsmethodik

Führungsmethodik: Sie umfasst die drei Elemente Führungsverfahren, Führungsverhalten / -stil und Führungshilfsmittel. Diese Elemente werden nachfolgend vorgestellt.

Führungshilfsmittel

Führungshilfsmittel: Führungshilfsmittel sind z. B. Zielformulare, Verhaltensleitsätze, Stellenbeschreibungen, Personalbeurteilungsbögen, Entscheidungsformulare, Arbeitsanleitungen oder Checklisten zur Führung. Diese Hilfsmittel können als Formulare in Papierform, in elektronischer Form als Dokument oder Einzelanwendung sowie eingebunden in IT-gestützten Fachverfahren vorliegen. Sie unterstützen Führungshandeln.

Führungsstile und Führungsverhalten

Führungsstile und -verhalten

Theorien zum Thema „Führung“ sollen Bedingungen, Strukturen, Prozesse und Konsequenzen von Führung beschreiben, erklären und vorhersagen[285].

Definition Führungsstil und Führungsverhalten

Führungsstil ist ein zeitlich überdauerndes und in vergleichbaren Situationen konsistentes Verhaltensmuster eines Vorgesetzten gegenüber Beschäftigten. Der Führungsstil drückt sich durch ein bestimmtes Führungsverhalten aus. Während der Führungsstil ein theoretischer Begriff ist, ist Führungsverhalten beobachtbar.

Einen in allen Betrieben und unter allen Bedingungen überlegenen Führungsstil oder das einzige bestmögliche Führungsverhalten sind bis heute noch nicht gefunden worden. Es gibt vielmehr eine Vielzahl von Ansätzen zur Erklärung von Führung, die nebeneinander stehen und jeweils ihren (Teil-)Nutzen für bestimmte Führungskonstellationen haben. Sie lassen sich gruppieren nach:

- Ermittlung von Führungseigenschaften (eigenschaftstheoretischer Ansatz)
- Beobachtung von Führungsverhalten verbunden mit der Frage nach dem Führungserfolg (verhaltenstheoretischer Ansatz)
- Untersuchung der Kombination von Führungsperson und -situation (kontingenztheoretischer Ansatz).

Eigenschaften des Führenden

Eigenschaftstheoretische Ansätze: Sie sehen den Führungserfolg abhängig von den Eigenschaften des Führenden, die sowohl angeboren als auch erwor-

[285] Vgl. Wunderer & Grunwald, 2003, S. 112

ben sein können. Insgesamt scheinen für Führungspositionen in Wirtschaft und öffentlichen Betrieben einige Persönlichkeitsmerkmale unabdingbar[286]:

- Eine überdurchschnittliche intellektuelle Befähigung
- Eine hohe Motivation im Sinne einer Bindung an Ziele und der Bereitschaft, Pläne auch umzusetzen
- Soziale Kompetenz als Fähigkeit, mit unterschiedlichen Personen rasch in Kontakt zu treten
- Lernfähigkeit und -bereitschaft als Kompetenz, sich selbstorganisiert auf neue Situationen einzustellen und sich von alten Handlungsroutinen zu verabschieden.

Untersuchungen zeigen jedoch, dass Eigenschaften einer Person unter manchen Bedingungen verhaltenswirksam werden und den Führungserfolg fördern, unter anderen Bedingungen dagegen nicht[287]. Persönlichkeitseigenschaften haben durchaus einen nachweisbaren Einfluss auf den Führungserfolg. Dieser darf jedoch nicht generalisiert werden und muss vor dem Hintergrund der Führungssituation interpretiert werden.

Wechselwirkung der Handelnden

Verhaltenstheoretische Ansätze: Verhaltenstheoretische Ansätze nehmen das beobachtbare Verhalten als Ausgangspunkt. Das Augenmerk richtet sich auf die Beziehung zwischen Führendem und den Geführten. Führungsstile lassen sich entlang eines siebenstufigen Kontinuums klassifizieren[288], s. Abb. 88.

Verhaltensgitter

Im Rahmen der Ohio State Forschung wurden zwischen 1945 und 1960 empirische Studien durchgeführt. Das Verhaltensgitter (engl. „managerial grid“) beruht auf den Forschungsergebnissen der Ohio State University[289]. Es wurden Verhaltensdimensionen ermittelt, durch die das Führungsverhalten beschrieben werden kann. Blake und Mouton gehen davon aus, dass es zwei grundsätzliche Orientierungen im Führungsverhalten gibt: Die aufgabenbezogene und die menschenbezogene Dimension. Es werden fünf Führungsstile unterschieden, wobei der Stil 9.9 als optimal gesehen wird, s. Abb. 89.

---

286 Vgl. Rosenstiel, 2003, S. 10

287 Vgl. Rosenstiel, 2003, S. 15

288 Tannenbaum & Schmidt, 1958, S. 95 ff.

289 Nach Blake & Mouton, 1964

Autoritärer Führungsstil						**Demokratischer Führungsstil**
Entscheidungsspielraum des Vorgesetzten						**Entscheidungsspielraum der Gruppe**
Vorgesetzter entscheidet allein und ordnet an	Vorgesetzter ordnet an und begründet seine Entscheidung	Vorgesetzter schlägt Ideen vor und gestattet Fragen	Vorgesetzter entscheidet vorläufig, holt Meinungen ein und entscheidet endgültig	Vorgesetzter zeigt das Problem auf, die Gruppe schlägt Lösungen vor, Vorgesetzter entscheidet	Vorgesetzter zeigt das Problem auf und legt den Entscheidungsspielraum fest; Gruppe entscheidet	Gruppe entscheidet autonom, Vorgesetzte fungiert als Koordinator
Autoritär	Patriarchalisch	Informierend	Beratend	Kooperativ	Partizipativ	Demokratisch

Abb. 88: Kontinuum der Führungsstile[290]

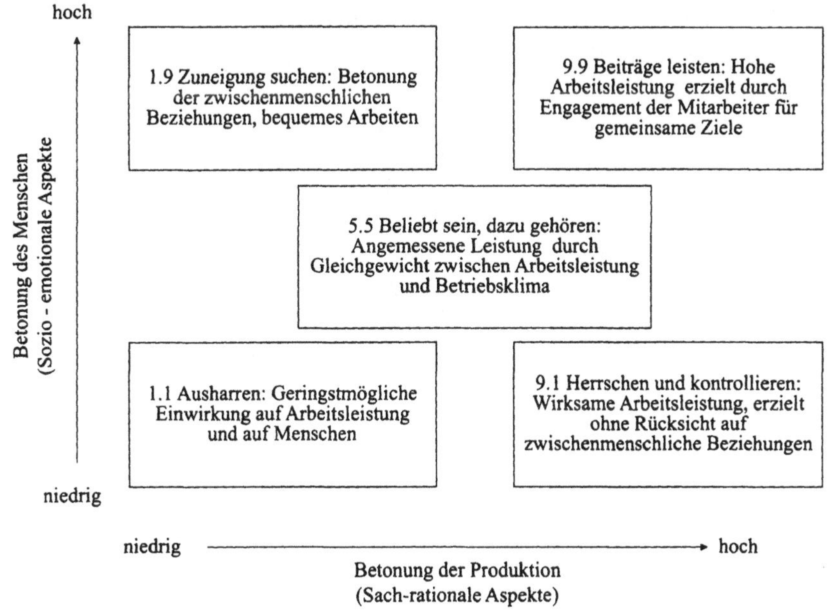

Abb. 89: Verhaltensgitter von Blake & Mouton[291]

---

290 Schulte-Zurhausen, 2005, S. 220

Verhaltenstheoretische Ansätze betrachten Führung entlang von drei Dimensionen: Mitarbeiterorientierung, Aufgabenorientierung und Partizipationsorientierung aus jeweils anderen Blickwinkeln. Letztlich geht die Führungsstilforschung von gleichen Grundannahmen wie die Eigenschaftsansätze aus, da sie den Führungsstil implizit als Persönlichkeitskonstante versteht. Reales Führungsverhalten ergibt sich aber stets aus dem Zusammenwirken von Person und Situation, wodurch es auch nicht generell „den besten Führungsstil" gibt.

Einfluss der Führungssituation

Situationsspezifische Ansätze: Der situationstheoretische Ansatz (auch als kontingenztheoretischer Ansatz bezeichnet) stellt die Frage nach dem Einfluss der Führungssituation auf die Führung. Ausgehend von der Kritik, dass es keine optimalen personenbezogenen Eigenschaften, Stile oder Verhaltensweisen für Führung gibt, wurden in den 60-er und 70-er Jahren verschiedene Ansätze entwickelt, die die Person mit der Situation verbinden. Davon ist Fiedlers[292] Situationstheorie historisch bedeutsam, das Reifegradmodell von Hersey & Blanchard in der Praxis sehr beliebt und der normative Ansatz für Führungsentscheidungen von Vroom & Yetton[293] nachgewiesener Maßen nützlich.

Reifegradmodell

Exemplarisch soll der Ansatz von Hersey & Blanchard vorgestellt werden. Das Modell geht ähnlich wie der Ansatz von Blake & Mouton von Mitarbeiterorientierung und Aufgabenorientierung als unabhängigen Dimensionen des Führungsverhaltens aus. Sie werden situativ relativiert durch den Situationsparameter „Reifegrad" der Beschäftigten. Das Modell schlägt bei unterschiedlicher „Reife“ spezifische Kombinationen der Ausprägung von Mitarbeiter- und Aufgabenorientierung vor, die mit einem der Situation angemessenen optimalen Führungsverhalten einhergehen. Bei geringer Reife der geführten Personen schlägt das Modell einen autoritären Führungsstil vor, bei dem der Beschäftigte unterwiesen wird. Bei geringer bis mäßiger Reife ist ein integrierender Führungsstil besser, bei dem durch rationale Argumente und sozio-emotionale Unterstützung der Auftrag „verkauft“ wird. Bei mäßiger bis hoher Reife wird ein partizipativer Führungsstil bevorzugt, bei dem Führende und Geführte eine gemeinsame Entscheidung treffen. Bei hoher Reife ist ein delegierender Führungsstil Favorit, bei dem der Vorgesetzte den Beschäftigten Aufgaben überträgt und sich auf gelegentliche Kontrolle beschränkt.

---

291 Mod. n. Staehle 1999, S. 840

292 Siehe Fiedler 1967

293 Siehe Vroom & Yetton 1973

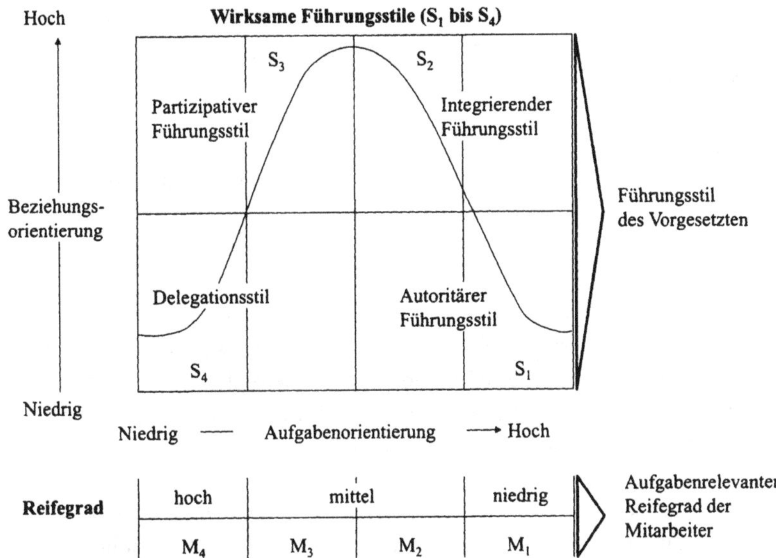

Abb. 90: Reifegradmodell von Hersey & Blanchard[294]

Transaktionale und transformationale Führung

Der Begriff „Transaktionale Führung" bezeichnet einen Führungsstil, der auf einem Austauschverhältnis beruht. Dieses beruht ähnlich dem Marktprinzip auf Leistung und Gegenleistung[295]: Gibt der Vorgesetzte, was sich der Beschäftigte wünscht (z. B. Handlungsspielraum), so erhält er vom Beschäftigten, was er sich wünscht (z. B. gesteigerte Leistung). Transaktionale Führung lässt sich anhand konkreten Verhaltens beschreiben und ist eine Vorstufe der transformationalen Führung. „Transformationale Führung" bezeichnet einen Führungsstil, bei dem die Führungskraft Begeisterung und Zuversicht erzeugt und die Beschäftigten überdurchschnittliche Leistung erbringen[296]. Sie verdeutlicht den Sinn und die Bedeutung der gemeinsamen Ziele und Ideale und hebt das Verhalten und das Bewusstsein dadurch auf ein höheres Niveau. Transformationale Führung untersucht primär das beobachtbare und messbare Verhalten und unterscheidet sich dadurch von der charismatischen Führung, die auf die schwer erklärbare Persönlichkeitsstruktur des Führenden abhebt.

Kein allgemein überlegener Führungsstil

Ansätze zu Führungsstilen und Führungsverhalten versuchen den Führungserfolg möglich zu machen. Die „optimale Führungspersönlichkeit" oder das

294 Vgl. Hersey & Blanchard, 1977, S. 194

295 Vgl. Burns, 1978

296 Vgl. Bass und Avolio, 1994

„optimale Führungsverhalten" gibt es hierfür nicht. Für den Führungserfolg muss die jeweilige Führungssituation mit einbezogen werden, was moderne Führungsansätze auch berücksichtigen.

Führungsverfahren

Führungsverfahren

Führungsverfahren helfen, den Spielraum der durch Führungssysteme und Organisation gegeben ist, wirksam und zielführend zu gestalten.

Definition Führungsverfahren

Führungsverfahren sind Methoden zur Führung von Personen. Sie beschreiben Abläufe oder Techniken, die gutes und wirksames Führen im Sinne der Zielerreichung ermöglichen sollen. Sie bieten „prägende" Verhaltensweisen an, die dabei helfen, dass die Führungssysteme greifen können und die Organisation wirklich gelebt wird[297].

Es gibt eine große Zahl von Führungsverfahren und deren Varianten. Umfassende Klassifikationsmöglichkeiten zur Einordnung aller Verfahren in ein Schema gibt es nicht. Beispiele für Führungsverfahren sind:

- Führung durch Zielvereinbarung (Management by Objectives)
- Das Harzburger Führungsmodell
- Führung durch Eingriffe in Ausnahmefällen (Management by Exception)
- Führung durch Aufgabenübertragung (Management by Delegation)
- Führung durch Vorgabe von Entscheidungsregeln (Management by Decision Rules)
- Führung durch Ergebnisüberwachung (Management by Results)

Zwei dieser Verfahren sollen kurz erläutert werden:

Führung durch Zielvereinbarung

Das wahrscheinlich bekannteste und am meisten verbreitete Führungsverfahren ist das Führen durch Zielvereinbarung (Management by Objectives). Durch die Betonung von Zielvereinbarungen im Gegensatz zu detaillierten Verhaltensregeln und -anweisungen wird dem Beschäftigten bewusst ein Ermessensspielraum hinsichtlich des Weges der Zielerreichung eingeräumt. Führungskraft und Beschäftigte sollen Ziele möglichst gemeinsam festlegen und das angestrebte Ergebnis vollständig und überprüfbar dokumentieren. Ziele werden periodisch, meist jährlich, neu festgelegt. Die Führungstätigkeit beschränkt sich auf die Zielvereinbarung und die Kontrolle der Zielerreichung.

Harzburger Modell

Das Harzburger Modell (auch als „Führung im Mitarbeiterverhältnis" bezeichnet) wurde als Gegenstück zur autoritär-patriarchalischen Führung entwickelt. Die Motivation soll durch Delegation von Verantwortung und Übertragung von

---

[297] Vgl. Malik, 1981

Aufgabenbereichen gefördert werden. Jeder Beschäftigte erhält ein fest umgrenztes Aufgabengebiet mit Kompetenzen und eigenverantwortlicher Entscheidungs- und Handlungsbefugnis. Er trägt dafür die volle Verantwortung und der Vorgesetzte darf in der Regel nicht eingreifen. Hauptinstrumente sind umfangreiche Führungsanweisungen und Stellenbeschreibungen. Das Modell räumt einerseits viel Freiraum bei Entscheidungen und Handlungen ein und schafft andererseits ein bürokratisches Arbeitsumfeld. Das Harzburger Modell wurde besonders von öffentlichen Betrieben als Führungsverfahren eingeführt.

Motivation und Anreizmanagement

Motivation vs. Zwang

In Zusammenhang mit Führung wird oft die Frage nach den besten Methoden der Motivation von Beschäftigten gestellt. Damit verbunden ist die Vorstellung, es gebe einen Auslöser, der zu finden und zu betätigen sei, damit die Beschäftigten wieder motiviert sind und mit voller Kraft arbeiten. Die Frage nach der Motivation ist im Grunde die Frage nach dem „Warum" des menschlichen Verhaltens. Dabei wird vorausgesetzt, dass dieses Verhalten aktiv vom Menschen ausgeht, die Verhaltensgründe also im Menschen liegen und nicht unmittelbar von außen kommen. Damit unterscheidet sich Motivation von „Zwang", bei dem menschliches Verhalten durch direktes Ausüben von Macht veranlasst wird und von „Manipulation", bei der menschliches Verhalten indirekt über Gefühle, Ängste sowie das Vor- oder Unbewusste des anderen veranlasst wird. Zwang und Manipulation bewegen den anderen dabei zu Verhalten, ohne seine Interessen oder Motive zu berücksichtigen.

Motive, Motivation und Verhalten

Ausgangspunkt der Ansätze zur Motivation ist die Annahme, dass Menschen in der Regel mit ihrem Verhalten die Befriedigung persönlicher Bedürfnisse und Interessen anstreben. Beobachtet man in Situationen immer wieder gleichartige Verhaltensweisen, so erklärt man diese mit einem Motiv. Ein Motiv ist also der nicht direkt beobachtbare Beweggrund, der hinter dem Verhalten steht. Motive sind meist dauerhaft, ihre Stärke und Bedeutung kann aber von Situation zu Situation wechseln. Wird ein Motiv über längere Zeit nicht befriedigt, so wächst seine Intensität. Motivation entsteht aus dem Zusammenspiel mehrerer Motive und deren aktuellen Stärke mit den Erwartungen darüber, zu welchem Grad die Motive in einer Situation befriedigt werden können.

$$Motivation = Motive * Erwartungen$$

Aus der Bündelung der Motive und Erwartungen ergibt sich die Handlungsbereitschaft. Verhalten wird nur dann ausgelöst, wenn die Erwartung, die Motive zu befriedigen, im Verhältnis zur Motivstärke ausreichend hoch ist. Ausgehend von diesem Grundverständnis wurden in der Forschung zahlreiche Ansätze zur Erklärung von Motivation entwickelt.

Extrinsisch vs. intrinsisch

„Extrinsisch motiviert" sind Tätigkeiten, die nicht um ihrer selbst Willen ausgeübt werden, sondern zum Beispiel für Geld oder Anerkennung (Mittel zum

Zweck) oder dem Entgehen einer Strafe. Das Gegenstück sind die „intrinsisch motivierten" Tätigkeiten. Sie werden aus eigenem, innerem Antrieb ausgeführt. Eine Rolle spielen hier zum Beispiel Werthaltungen, Interessen oder das Erleben von Spaß. Nachfolgend werden die Ansätze von Maslow und Herzberg dargestellt und ein Ausblick auf Ansätze, die die Selbstbestimmtheit des Menschen als Ausgangspunkt nehmen, zur Diskussion gegeben.

Bedürfnispyramide von Maslow

Die Bedürfnispyramide von Maslow geht davon aus, dass Motivation dem Drang nach Befriedigung hierarchisch angeordneter Motive entspringt. Nach Bedürfnissen einer höheren Stufe wird erst gestrebt, wenn diejenigen auf darunter liegenden Stufen befriedigt sind.

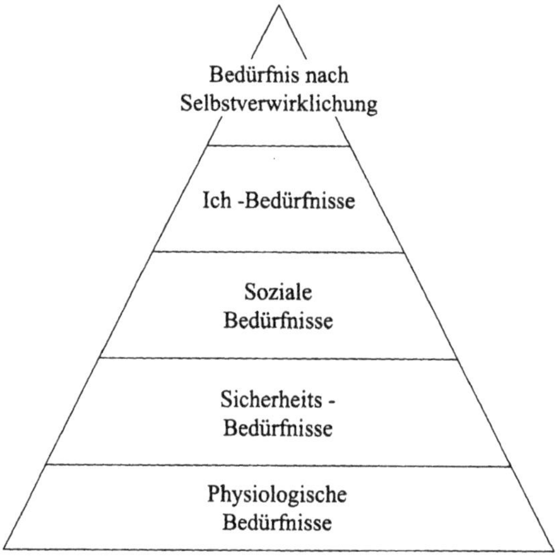

Abb. 91: Bedürfnispyramide nach Maslow[298]

Maslow unterscheidet physiologische Bedürfnisse, Sicherheitsbedürfnisse, soziale Bedürfnisse, Ich-Bedürfnisse und das Bedürfnis nach Selbstverwirklichung als höchste Stufe in seiner Pyramide.

Zwei-Faktoren-Theorie von Herzberg

Die Zwei-Faktoren-Theorie von Herzberg erklärt die Motivation zur Arbeit anhand von Arbeitszufriedenheit[299]. Diese wird als zweidimensionales Konzept verstanden, wobei sich Unzufriedenheit aus schlechten Werten bei den „Hygienefaktoren" und Zufriedenheit sowie Arbeitslust aus dem gehäuften Auftreten

---

[298] Vgl. Maslow, 1954

[299] Vgl. Herzberg et al., 1959

von guten Werten bei „Motivationsfaktoren" ergibt. Hygienefaktoren und Motivatoren wirken asymmetrisch: Mit sehr guten Ausprägungen bei Hygienefaktoren wird niemand glücklich, allerdings verhindern die guten Werte das Unglücklichsein. Bei Motivatoren ist es umgekehrt: Schlechte Werte machen nicht unglücklich, verhindern aber hohe Zufriedenheit.

Grenzen der Motivation durch Geld

Das Entgelt wird den Hygienefaktoren zugerechnet. Demnach führt der Eindruck, zu wenig zu verdienen, zu Frustration, ein Mehrverdienst über das erwartete Maß hinaus wirkt dagegen wenig, und wenn, dann nur kurzfristig motivierend. Motivierungsmaßnahmen, etwa in Form von Belohnungen wie z. B. Boni oder Incentives erfordern eine immer höhere Dosierung, um Wirkung zu zeigen und bringen deshalb auf lange Sicht nicht den gewünschten Erfolg. Zudem folgt auf eine Periode dauerhafter Höchstleistung oft eine Schwächephase (im schlimmsten Fall ein „Burnout"), was die Gesamtleistung nicht erhöht[300]. Untersuchungen zeigen auch, dass Motivation von außen die innere Motivation nicht verstärkt, sondern zum Teil durch einen Verdrängungseffekt sogar mindert. Betriebe sind daher wesentlich auf die intrinsische Motivation ihrer Beschäftigten angewiesen[301].

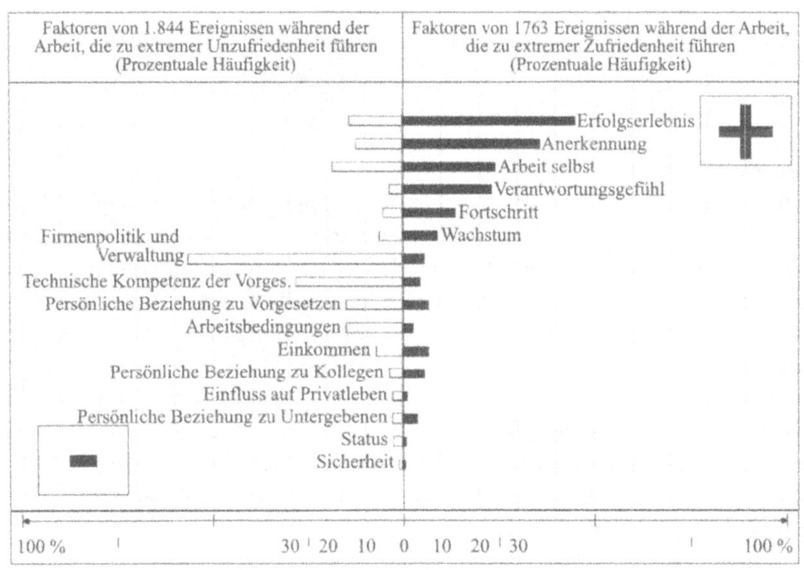

Abb. 92: Hygienefaktoren und Motivatoren nach Herzberg

300 Vgl. Sprenger, 1991

301 Vgl. Frey, 2001

Selbstmotivation stärken

Diese ist insbesondere eine Frage persönlicher Wertvorstellungen. In der Führung kommt es daher besonders darauf an, die Selbstmotivation der Beschäftigten zu stärken. Gestaltungsfaktoren hierfür sind der Leistungswille (Wollen), die Leistungsfähigkeit (Können) und die Leistungsmöglichkeiten (Dürfen). Die Leistungsmöglichkeiten werden hauptsächlich vom Vorgesetzten geschaffen, die Leistungsfähigkeit muss sowohl von der Führungskraft als auch vom Beschäftigten entwickelt werden und der Leistungswille ist Sache des Beschäftigten selbst.

Motivation durch Sinn

In diesem Verständnis ist es Aufgabe der Führungskraft, die richtigen Rahmenbedingungen zu schaffen, unter denen sich die Motivation entwickeln kann und die Beschäftigten nicht demotiviert werden. Der Mensch wird vorrangig durch (Eigen-)Sinn motiviert[302]. Für die Führung leiten sich folgende Kernaussagen ab:

- Der Mensch ist ein Wesen auf der Suche nach Sinn und diese Suche ist die bewegende Kraft. Andere Motive, wie etwa Streben nach Macht oder Lust, werden erst handlungsleitend, wenn kein Sinn gefunden werden kann.
- Sinn kann nicht von einer anderen Person gegeben werden, sondern muss selbst gefunden werden.
- Die Aufgabe einer Führungskraft ist es, Bedingungen zu schaffen, bei denen Beschäftigte in ihrer Tätigkeit Sinn finden können und ihr Sinnstreben nicht zu enttäuschen.

Anreizmanagement

Anreizmanagement

In den öffentlichen Betrieben sind Systembelohnungen und individuelle Leistungsbelohnungen zu unterscheiden[303]. Die erwartete Leistung ist die gewissenhafte Erfüllung der Dienstpflichten. Dabei wird davon ausgegangen, dass diese als Dauerleistung aufgrund der Gehorsamspflicht generell erbracht werden. Zur Sicherstellung der Leistung wird vor allem auf die motivierende Wirkung des Erhaltes oder des Verlustes von Mitgliedschaften im öffentlichen Dienst gesetzt. Von der Dauer der Mitgliedschaft ist dann auch das Maß der gewährten Systembelohnungen abhängig. Systembelohnungen sind die nach dem Alimentationsprinzip gewährte Besoldung, die lebenszeitliche Anstellung, Versorgungsleistungen, Ruhegehaltsbezüge, der Anspruch auf dienstliche Fortbildung oder der soziale Status.

Über die Systembelohnungen hinaus gibt es im öffentlichen Bereich – je nach Rechtsform des Betriebs und Anstellungsverhältnisses der Beschäftigten – weitere individuelle Belohnungsformen. Nachfolgend soll nur kurz auf die

---

[302] Vgl. Frankl, 2005, S. 100 ff.

[303] Vgl. hierzu und zum Folgenden Koch 2008, S. 27 ff.

wichtigsten materiellen Formen für Beamte und Angestellte im Bereich des deutschen Tarifrechts eingegangen werden. Für Beamte gibt es neben der Beförderung bei dauerhafter und vergleichsweise (Vergleich mit Beschäftigten der gleichen Laufbahngruppe) guter Leistung die Möglichkeit der Vergabe von Leistungsprämien oder einer wiederkehrenden Leistungszulage[304].

Leistungsprämien und -zulagen für Beamte

Die Leistungsprämie ist eine einmalige Zahlung und darf nicht höher sein als das monatliche Anfangsgrundgehalt der Besoldungsgruppe des Beamten. Leistungszulagen können dauerhaft – längstens für ein Jahr – gewährt werden für permanent erhöhte Leistungsbereitschaft. Die Höhe kann maximal 7 % des Anfangsgrundgehalts der jeweiligen Besoldungsgruppe sein.

Leistungsorientierte Bezahlung für Angestellte und Arbeiter

Für Tarifangestellte und Arbeiter ist in Deutschland mit dem Instrument der leistungsorientierten Bezahlung (LOB) seit dem 1.1.2007 erstmals in § 18 des Tarifvertrags für den öffentlichen Dienst TVöD ein leistungsabhängiger Entgeltbestandteil eingeführt worden. Er betrug bei der Einführung 1 % des Grundgehalts und soll in den Folgejahren auf maximal 8 % wachsen. Zur Leistungsfeststellung gibt es entweder individuelle Leistungsvereinbarungen oder eine „systematische" Beurteilung anhand gleicher Kriterien für identische oder sehr ähnliche Arbeitsplätze. Daneben gibt es für Tarifangestellte noch die Möglichkeit der Beschleunigung des leistungsabhängigen Stufenaufstiegs[305]. Stufen sind die bis zu 6 Erfahrungsstufen je Entgeltgruppe im TVöD. Bei normaler Leistung findet ein Stufenaufstieg je nach Dienstzeit statt. Bei erheblich über dem Durchschnitt liegender Leistung kann eine Verkürzung der Zeit bis zum Erreichen der nächsten Stufe gewährt werden, § 17 II TVöD.

Die Möglichkeit der Leistungsanreize mit Prämien – wenn auch unterschiedlicher Art und Höhe – im öffentlichen Bereich ist eine Annäherung an Gepflogenheiten der Privatindustrie und schafft zusätzliche Einwirkungsmöglichkeiten auf die Leistungsmotivation. Dies wird in vielen Fällen positiv wirken und die Empfänger der Prämien, Zulagen und verkürzter Stufenzeiten besonders motivieren, ebenso andere, die für sich dann auch auf eine Extra-Belohnung hoffen. Ein ABER sei dennoch erwähnt: Leistungsbelohnungen als Form der Außensteuerung des Verhaltens tragen das Risiko in sich, die intrinsische Motivation im Sinne der Eigensteuerung zu mindern. Weiter besteht die Gefahr, dass Beschäftigte, die keine oder eine als zu gering empfundene Belohnung erhalten – hier ist der relativ geringe Betrag der Prämien des Systems der Leistungsorientierten Bezahlung (LOB) für Angestellte zu nennen – demotiviert werden. Daher spricht vieles dafür, eher eine Motivationsstrategie mit größe-

---

304 Siehe hierzu und zum Folgenden Baumert, 2010, S. 270 f.

305 Siehe hierzu und zum Folgenden Baumert, 2010, S. 53 f.

rem Gewicht der sozialen Belohnung und der Belohnung durch bestärkendes Verhalten der Führung zu legen.

6.1.4 Personalentwicklung

Übersicht

Veränderbare Ressource Personal

Das Personal ist kein statischer betriebswirtschaftlicher Faktor, sondern eine veränderliche und veränderbare Ressource. Ohne besondere Steuerung verliert diese Ressource an Bindung zu den Betriebszielen und an Kompetenz zur Erfüllung der Aufgaben, daher bedarf es eines besonderen Tätigkeitsbereichs im Personalmanagement, sein Name ist: „Personalentwicklung".

Definition Personalentwicklung

Personalentwicklung im engeren Sinne ist ein Oberbegriff für alle Konzepte, Instrumente und Maßnahmen, die im Rahmen eines systematischen Ansatzes der Erhaltung und Bildung von Kompetenz und Motivation der Beschäftigten dienen. Wesentliche Arbeitsbereiche der Personalentwicklung im engeren Sinne sind die Bildungsbedarfsanalyse, die Ausbildung, die Fortbildung, die Systeme zur Mitarbeiterbeurteilung und die Karriereplanung, z. B. mit den Beförderungsregelungen. Personalentwicklung im weiteren Sinne schließt darüber hinaus auch die Organisationsentwicklung des Betriebs mit ein[306].

In diesem Abschnitt soll der Definition von Personalentwicklung im engeren Sinne gefolgt werden, die Organisationsentwicklung und andere Konzepte des Wandels sind bereits in Abschnitt 5.5. vorgestellt worden.

Ausprägungsstufen der Qualität der Personalentwicklung

Nach aktuellem Verständnis ist der Beitrag der Personalentwicklung zum Betriebserfolg am höchsten, wenn sie eng mit der betrieblichen Entwicklung und der strategischen Ausrichtung verzahnt wird.

Tab. 26: Ausprägungsstufen der Personalentwicklung

Stufe 1	PE abgekoppelt vom Betrieb	Fachliche und sprachliche Weiterbildung der Beschäftigten. Teilnahme an öffentlichen Seminaren. Geringe Intensität und Systematik.
Stufe 2	PE zur Unterstützung des Betriebs	PE richtet sich an Bedarfen der Personalplanung aus und stellt maßgeschneiderte Serviceangebote bereit. Reaktive Ausrichtung der PE.
Stufe 3	PE als integrierter Treiber des Betriebserfolgs	PE hat neben der Umsetzung von Entwicklungsmaßnahmen auch die Weiterentwicklung des Betriebs und der strategischen Ausrichtung zum Ziel. PE ist eine aktive Funktion.

306 Vgl. Lindner-Lohmann et al., 2008, S. 135

In der Praxis sind die in Tab. 26 genannten Ausprägungen der Personalentwicklung zu beobachten. Stufe 2 ist in öffentlichen Betrieben am häufigsten vorzufinden.

Instrumente der Personalentwicklung

Instrumentkategorien

Für die Personalentwicklung wird eine große Palette an Instrumenten eingesetzt, sie lassen sich je nach überwiegendem Charakter den Kategorien Information, Bildung und Stelle zuordnen[307]. Die nachfolgende Tab. 27 zeigt eine Zusammenstellung einiger der wichtigsten zu erläuternden Instrumente.

Tab. 27: Instrumente der Personalentwicklung

Informationsbezogen	Bildungsbezogen	Stellen-/Personenbezogen
– Bildungsbedarfsanalyse	– Trainee-Programme	– Beförderungs-/ Aufstiegsplanung
– Potentialanalyse	– Ausbildung	– Beurteilungsregeln
– Personalbefragungen	– Fortbildung	– Coaching / Mentoring
– …	–	– …

Bildungsbedarfsanalyse

Bildungsbedarfsanalyse: Die Bildungsbedarfsanalyse ist ein betriebsweites Verfahren, das dem Kompetenzmanagement dient. Sie stellt die aktuell vorhandenen Kompetenzen der Beschäftigten den Anforderungen betrieblicher Ziele und Aufgaben systematisch gegenüber.

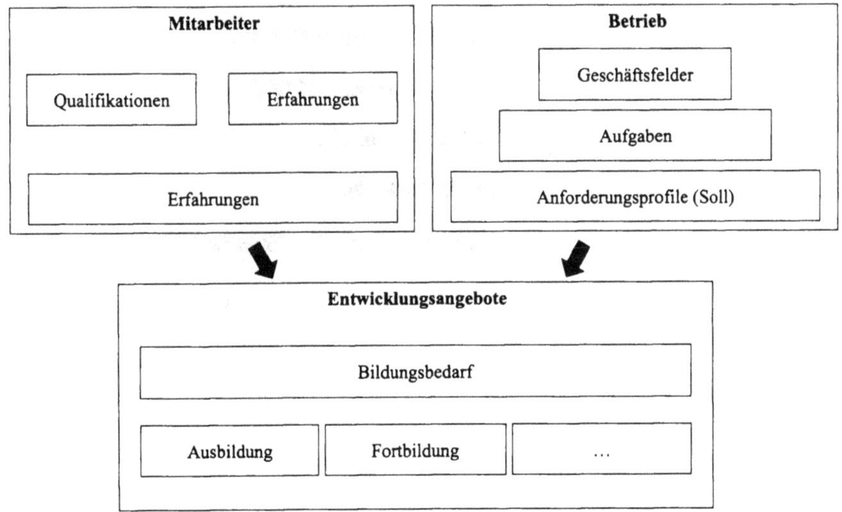

Abb. 93: Prinzip der Bildungsbedarfsanalyse

307 Mod. n. Thom, 1987, S. 6 ff.

Kompetenzlücken

Aus dem Abgleich des Ist mit dem Soll werden Lücken festgestellt und verschiedene Arten von Bedarf an bildungs- und stellenbezogenen Maßnahmen abgeleitet. Eine gegenwartsbezogene Bildungsbedarfsanalyse fragt danach, inwieweit aktuelle Anforderungen und Mitarbeiterkompetenzen übereinstimmend beantwortet werden. Es sollen vorrangig bestehende Kompetenzlücken einzelner Beschäftigter geschlossen werden. Eine vorausschauende Bildungsbedarfsanalyse beschäftigt sich damit, inwieweit zukünftige Anforderungen und aktuelle Kompetenzniveaus der Beschäftigten übereinstimmen und wie etwaige Lücken vorbeugend geschlossen werden können.

Abgleich zwischen Soll- und Ist-Profil

Das Beispiel in Abb. 94 zeigt, dass die Anwendungsentwickler in den Bereichen Entwicklung und Test die Anforderungen erfüllen, jedoch in den eher konzeptionellen Bereichen wie Anforderungsanalyse oder Anwendungsdesign Bildungsbedarf haben. Aufgabe der Personalentwicklung ist es dann, geeignete Maßnahmen zum Schließen der Lücke anzubieten, z. B. Schulungen oder geeignete Projekteinsätze.

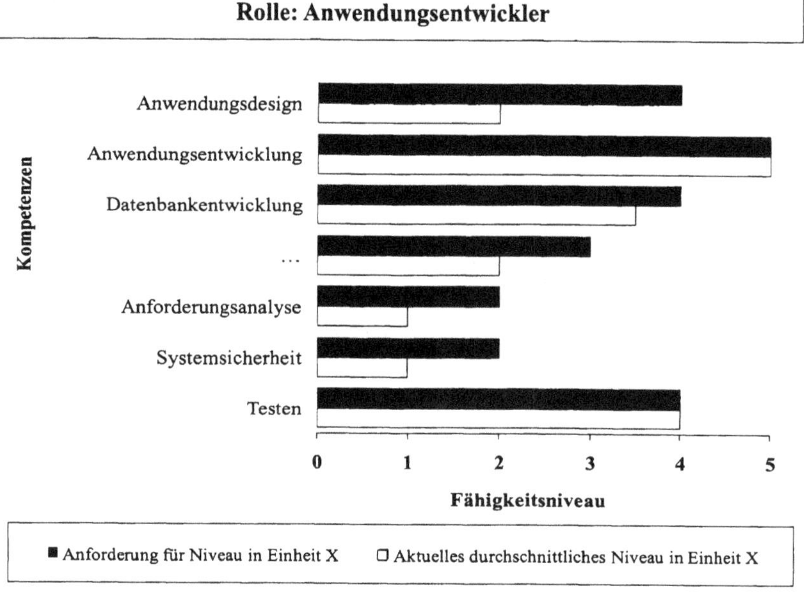

Abb. 94: Soll-Ist Kompetenzabgleich „Anwendungsentwickler"

Potenzialanalyse

Potenzialanalyse: Potenzialanalysen beziehen sich auf einzelne Personen, i. d. R. Führungskräfte oder Führungs-Nachwuchskräfte. Zweck von Potenzialanalysen ist es, die Grenze von individuellen Weiterentwicklungsmöglichkeiten fundiert auszuloten. Oft kommen hierzu qualitätsgesicherte psychologische Verfahren zum Einsatz. Denkbar sind z. B. Standard-Fragebögen und

Assessment-Center[308]. Die Ergebnisse werden zumeist in Fördergesprächen zusammen mit den untersuchten Personen ausgewertet. Im öffentlichen Bereich der Kernverwaltung sind Potenzialanalysen wahrscheinlich sehr selten anzutreffen.

Personalbefragungen

Personalbefragungen: Viele Betriebe führen gelegentlich Zufriedenheitsbefragungen durch. Oft werden dort auch ausdrücklich einzelne Instrumente der betrieblichen Personalentwicklung thematisiert. Aus den Antworten kann man z. B. ersehen, ob die Angebote der Fortbildung oder die Erwartungen in die Gestaltungsfähigkeit der Karriere aus Sicht der Beschäftigten ausreichend sind.

Traineeprogramme und Ausbildung

Trainee-Programme und Ausbildung: Ausbildung bezieht sich auf die Maßnahmen zur beruflichen Erstausbildung. Bei Ausbildungsberufen erfolgt sie in dualer Form, d. h. sie wird an den Lernorten Betrieb und Berufsschule durchgeführt. Bei der akademischen Ausbildung erfolgt sie in der Regel durch ein Studium an einer „traditionellen" (Fach-)Hochschule oder den jüngeren dualen Hochschulen bzw. Berufsakademien, die betriebliche Ausbildung und (Fach-) Hochschulstudium miteinander verbinden. Die Ausbildung endet mit einem formalen Abschluss, der zur Ausübung eines Berufs berechtigt. Zum Erlangen von Berufserfahrung vor einem Hochschul- oder Fachhochschulabschluss dienen Trainee-Programme, der Student wird als „Trainee" für mehrere Monate im Betrieb eingesetzt. Im Bereich der öffentlichen Betriebe der Ordnungs- und Leistungsverwaltung findet Ausbildung in erheblichem Umfang statt, Traineeprogramme dagegen sind vermutlich wesentlich seltener als bei vergleichbar großen Betrieben in der Privatwirtschaft anzutreffen. Die Teilnahme an Ausbildungs- und Traineeprogrammen ist seitens des Betriebs mit erheblichem Aufwand verbunden. Der Nutzen kann aber doppelt sein: Zum einen leisten Trainees und Auszubildende auch während der Ausbildung etwas für den Betrieb, zum anderen gibt die Situation dem Betrieb eine intensive Gelegenheit, evtl. gute und auf seine speziellen Anforderungen hin schon geprüfte Beschäftigte für spätere Zeiten an sich zu binden.

Fortbildung

Fortbildung: Die berufliche Fortbildung sollte sich lebenslang an die Erstausbildung anschließen. Sie dient der Anpassung an neue berufliche Anforderungen, dem Aufstieg in höhere Positionen oder der Erhaltung von Kompetenzen. Sie unterliegt nicht den oft umfassenden Regelungen der Ausbildung, da sie rasch auf Veränderungen reagieren können muss. In den öffentlichen Betrieben der Ordnungs- und Leistungsverwaltung steht für zukünftige Beamte zu Beginn eines Dienstverhältnisses im höheren Dienst oft eine Laufbahnausbil-

308 Vgl. Lindner-Lohmann et al., S. 159 f.

dung[309] als besondere Form der beruflichen Fortbildung. Sie bereitet auf die spezielle Tätigkeit in der Verwaltung vor. Erst nach bestandener Prüfung erfolgt die Übernahme in ein Beamtenverhältnis.

Curriculares Fortbildungsangebot

Ein modernes Fortbildungsangebot ist „curricular" gestaltet. Die Schulungsmodule werden verschiedenen Kompetenzbereichen zugeordnet und in eine Abfolge gebracht, bei der die Inhalte sachlich und gestuft nach Anspruchsniveau aufeinander aufbauen. Dadurch wird ein systematischer Kompetenzerwerb zur Unterstützung der beruflichen Entwicklung möglich. Ein horizontales Curriculum umfasst die Schulungsmodule, die ein Beschäftigter innerhalb seines Tätigkeitsbereichs über die Erfahrungsstufen durchlaufen muss, um am Ende für diese Stelle voll ausgebildet zu sein. Die Schulungsanteile richten sich nach dem Erfahrungsgrad und den zu entwickelnden Kompetenzen.

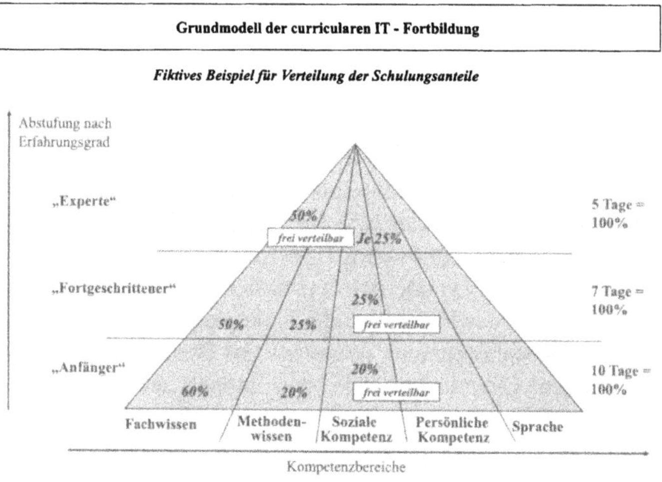

Abb. 95: Bsp. Schulungsanteile in einem horizontalen Curriculum

Ein vertikales Curriculum umfasst die Schulungsmodule, die zum Aufstieg entlang von Karrierepfaden dienen. Das Fortbildungsangebot öffentlicher Betriebe legt den Schwerpunkt auf die Laufbahnausbildung zu Beginn der Dienstzeit. Das Fortbildungsangebot in der weiteren Dienstzeit ist zumeist nicht curricular auf Stellen und Karrierepfade bezogen organisiert, sondern nach Themengebieten gruppiert.

Mitarbeiterbeurteilung

309 Trotz des Begriffs „Ausbildung" im Wort „Laufbahnausbildung": Es ist eine „Fortbildung", weil schon mit dem akademischen Abschluss, der den Zugang zum höheren Dienst ermöglicht, eine Erstausbildung vorliegt.

Mitarbeiterbeurteilung: Die Beurteilung bildet eine Grundlage für die Personalplanung und ermöglicht die zweckmäßige dienstliche Verwendung. Sie dient dem beruflichen Fortkommen, der Aufrechterhaltung der Leistungsfähigkeit des Betriebs und dem Vergleich von Bewerbern. Sie erfolgt anlassbezogen, etwa hinsichtlich einer Beförderung, oder in regelmäßigen Zeiträumen, etwa alle zwei Jahre. Die Beurteilung bezieht sich auf Eignung, Befähigung und fachliche Leistung:

- Eignung erfasst insbesondere Persönlichkeit und charakterliche Eigenschaften, die für eine bestimmte Stelle von Bedeutung sind.
- Befähigung umfasst die Fähigkeiten, Kenntnisse, Fertigkeiten und sonstigen Eigenschaften, die für die dienstliche Verwendung wesentlich sind.
- Die fachliche Leistung ist insbesondere nach den Arbeitsergebnissen, der praktischen Arbeitsweise, dem Arbeitsverhalten und dem Führungsverhalten zu beurteilen.

Beförderungsrichtlinien

Beförderung und Beförderungsrichtlinien: Der Begriff „Beförderung" ist in öffentlichen Betrieben zumeist auf Bestimmungen für den Aufstieg innerhalb der Beamtenlaufbahn begrenzt (Angestellte werden nicht „befördert") und folgt dem Prinzip der Bestenauslese. Voraussetzung einer Beförderung ist, dass eine freie Planstelle verfügbar ist. Der Bewerber muss seine Eignung für das Anforderungsprofil einer Stelle zeigen. Sie wird anhand der dienstlichen Beurteilungen, der Personalakte sowie ggf. in weiteren Vorstellungsgesprächen, durch Assessment-Center oder psychologische Beurteilungen eingeschätzt. Beförderungsrichtlinien sollen Chancengleichheit, hohe Transparenz und die Nachvollziehbarkeit des Entscheidungsprozesses bewirken. Die Entscheidung sollte anhand überprüfbarer Kriterien stattfinden. Die Berechenbarkeit und Kontinuität des Auswahlverfahrens für die Karriereplanung sollte über die Jahre bewahrt werden. Öffentliche Betriebe erlassen ihre eigenen Beförderungsrichtlinien im Rahmen der gesetzlichen Bestimmungen und Laufbahnverordnungen. Entscheidungskriterien für Beförderungen sind:

- Unmittelbar leistungsbezogene Kriterien wie etwa die aktuelle dienstliche Beurteilung, Binnendifferenzierung innerhalb einer Beurteilungsstufe im oberen, mittleren und unteren Bereich oder die vorhergehende Beurteilung.
- Leistungsnähere Hilfskriterien wie etwa Mindestwartezeiten, Wahrnehmung höherwertiger Dienstposten / herausragender Funktionen oder Zusatzwartezeiten.
- Hilfskriterien ohne Leistungsbezug wie etwa Dienstalter, Lebensalter, Schwerbehinderung oder Gleichstellungsfragen.

Mentoring und Coaching

Mentoring und Coaching: Ergänzend zu den „flächendeckenden" Instrumenten der Personalentwicklung gibt es mit dem „Mentoring" (Synonym: Patensystem) eine persönliche Betreuung für Einzelpersonen, i. d. R. Führungsnachwuchskräfte. Ein „Mentor" genannter erfahrener Beschäftigter mit höherer Hierarchieeinstufung vermittelt für seinen „Mentee" ggf. Kontakte zu anderen höheren Führungskräften und Instanzen im Haus. Oft hat ein Mentor mehrere Mentees, so dass er sich auch im Vergleich ein Bild über den Leistungsstand machen kann. Im Gegensatz zum Mentor, der ein hierarchisches Verhältnis zum Mentee hat, hat der „Coach" wie ein persönlicher Trainer keine Vorgesetztenfunktion, sondern soll den Beschäftigten durch Analysieren und Beraten echter Arbeitssituationen zu eigenen Lösungen bringen[310].

6.1.5 Verwaltungskultur

„Weiche" Eigenschaften eines Betriebs

Die Beschreibung der inneren Eigenschaften von Betrieben kann einerseits durch eine Reihe „harter" Fakten wie der BWL-Faktoren oder der Daten des Rechnungswesens erfolgen, andererseits gibt es darüber hinaus „weiche" Eigenschaften eines Betriebs, die sein Verhalten ebenfalls bestimmen und oft nicht so leicht greifbar sind. Der Begriff hierfür ist „Kultur":

Definition „Organisationskultur" und „Verwaltungskultur"

Kultur innerhalb von Betrieben bezeichnet die Summe an Einstellungen, Werten und gezeigten Verhaltensmustern der Beschäftigten mit Bedeutung für das Handeln und Entscheiden der Organisation, ihrer Organe und der Beschäftigten sowohl untereinander wie auch gegenüber Außenstehenden. Offizielle wie auch inoffizielle Regeln und Werte sind Teil der Kultur. Jeder Betrieb hat eine Kultur, je größer er ist und je mehr er aus Untereinheiten besteht, desto eher hat er auch eine Anzahl von Sub-Kulturen. Der in der Literatur gebrauchte Begriff der „Verwaltungskultur" soll verstanden werden als Kultur des öffentlichen Sektors.

Wertewandel und Kultur

Die Organisationskultur in Betrieben wird beeinflusst von der Kultur und dem Wertewandel in Staat und Gesellschaft, umgekehrt wirkt sie auch auf diese zurück. Der Begriff der „Organisationskultur" stammt ursprünglich aus der Anthropologie, er wird in der betrieblichen Welt sehr verschiedenartig definiert und in der Praxis verwendet. Neben einer überhöhten und moralisch-ethisch „aufgeladenen" Variante gibt es auch sehr nüchterne nützlichkeitsorientierte Verwendungsabsichten. Der Sache nach lässt er sich unter anderem auf folgende Themenbereiche in öffentlichen Betrieben beziehen:

- Ziele, Aufgaben und Handlungsstrategien
- Führungsverhalten und Verhalten der Beschäftigten untereinander
- Nutzung von Entscheidungsspielräumen, z. B. Konflikte zwischen rechtlichen und ökonomischen Fragen oder Regel- versus Kundenorientierung[311]

---

310 Vgl. Lindner-Lohmann et al., 2008, S. 150

311 Vgl. Schedler & Proeller, 2003, S. 263 f.

- Verhalten gegenüber Bürgern, Kunden und Lieferanten
- Arbeitsethos, Leistungsstimulation und Arbeitsmotivation
- Rollen und Belegschaftsstruktur (Männer und Frauen, Altersschichtung, regionale Herkunft, Beamte und Angestellte)
- Gestaltung von Abläufen und Strukturen
- Management von Veränderungen (z. B. Reformprozess)
- Kommunikationsverhalten und Wissensmanagement
- Formale Regeln und Einhaltung dieser Regeln, Compliance
- Einheitliche Kultur und Sub-Kultur von Teilbetrieben
- Art der Interessenvertretung der Beschäftigten, Beziehung des Personalrats gegenüber der Betriebsleitung (siehe Darstellung unten)
- Symbole und Riten (z. B. Flaggen, Hoheitssymbole, Jubiläumsfeiern).

Typen der Kultur

Statt eine Vielzahl einzelner Kulturelemente je für sich zu betrachten kann man „Bündel" von Kulturelementen und bestimmte Ausprägungen innerhalb dieser Bündel zu „Typen der Kultur" zusammenfassen. Eine besonders prägnante Einteilung[312] benennt folgende Ausprägungen:

- Clan-Kultur: Betonung von sozialen Beziehungen, z. B. „Netzwerken".
- Markt-Kultur: Bestimmung der Verhaltensweisen vom ökonomischen Wert her, abschätzige Bezeichnung hierfür von Kritikern ist „Merkatokratie".
- Ad-hoc-Kultur: Innovative Problemlösungen, pragmatische Ansätze.
- Hierarchie-Kultur: Betonung von Regeln, die „Bürokratiekultur".

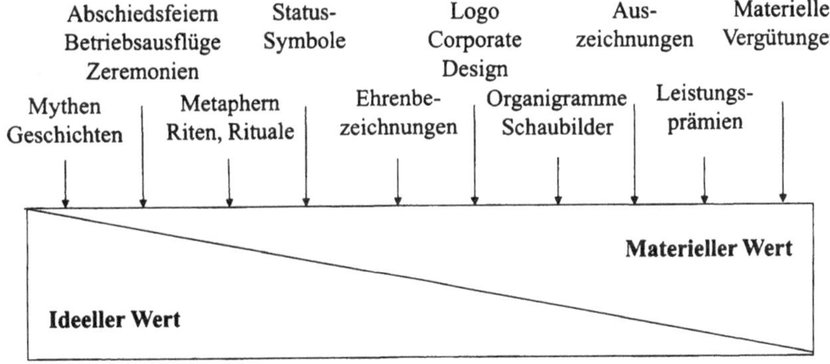

Abb. 96: Symbole der Organisationskultur[313]

---

[312] Aus Cameron & Quinn, 2006

[313] Mod. n. Gussmann & Breit, 1999, S. 110

Ein Beispiel für die praktische Nützlichkeit dieser Kategorien ist die Behauptung, dass die Verwaltungsmodernisierung einen Wechsel von der Hierarchie-Kultur hin zur Clan-Kultur und der Ad-hoc-Kultur bedeutet[314]. Aus betrieblicher Sicht hat die Kenntnis der Verwaltungskultur einen Nutzen dadurch, dass sie einerseits wichtige Informationen für das Management liefern kann und andererseits selbst mögliche Stellschraube für bewusst herbeigeführte Änderungen ist. Entscheider müssen sich bewusst sein,

- ob ihre Entscheidungen mit oder gegen die Organisationskultur wirken oder sich im „neutralen" Bereich bewegen. Beispiele für Kultur-Passungsfragen sind die Stärke, Regel- und Kundenorientierung, Leistungsmotivation, Netzwerken und ihre Wirkung auf das Tagesgeschäft und einmalige Vorgänge[315].
- wie stark ggf. hemmende oder fördernde Organisationskulturen die Entscheidung und die Umsetzung beeinflussen.
- welche Beziehungen die Ziele und der Auftrag der Organisation zu der Unternehmenskultur haben.

Besondere Relevanz hat die Kulturfrage in folgenden Situationen:

Organisatorische Veränderungen in einem öffentlichen Betrieb: Zu fragen ist hier, in welcher Weise das Änderungsvorhaben von den Besonderheiten der Kultur beeinflusst wird – positiv oder negativ? Welche Elemente der Kultur fördern, welche hemmen? Wie kann man fördernde nutzen und verstärken und hemmende in ihrer Wirkung reduzieren oder ganz eliminieren?

Zusammenschluss zweier oder mehrerer öffentlicher Betriebe: Zu fragen ist hier, welche Kultur der neue Betrieb haben wird: Diejenige einer der Vorgängerbehörden („Siegerkultur"), eine Art Mischkultur oder gar keine neue einheitliche Kultur, sondern wie bisher Teilkulturen der Vorgängerbehörden. Eine Antwort hierauf wird sicher auch davon abhängen, ob die neue Behörde aus örtlich getrennten Einheiten besteht, weiterhin verschiedene Aufgaben hat und inwieweit gemeinsame Abläufe und Aufgaben bestehen oder nur separate Aufgaben, Örtlichkeiten und Abläufe zusammengefasst werden.

Beziehung der Betriebsleitung zum Personalrat/Betriebsrat: Welche Einstellung hat die Personalvertretung gegenüber der Hausleitung? Denkbar sind die vier Grundtypen (a) konventionell – er beharrt auf Regelungen des Status Quo zur Verteidigung von Arbeitnehmerinteressen, (b) engagiert – er versucht,

---

[314] Vollmer, 2006, S. 8

[315] Zahlreiche Beispiele für das - trotz Verwaltungsmodernisierung - andauernde überregulierende Verhalten von Beschäftigten sowie der weiterhin zu großen Zahl von Gesetzen und Verordnungen mit zu großem Detaillierungsgrad, Fluhr, 1997

Einfluss auf Veränderungen zu nehmen, scheitert aber, (c) ambitioniert – er hat Erfolg bei einzelnen Vorschlägen zur Veränderung oder (d) Co-Manager – er gestaltet auf breiter Ebene Veränderungen quasi partnerschaftlich mit.

Veränderung der Kultur

Veränderungen von Organisationskulturen sind kein leichtes Unterfangen. Zu unterscheiden sind die Wirkungen an der Oberflächenebene und der Tiefenstruktur von Kultur. Änderungen an der Oberfläche, z. B. bei Symbolen und Riten, scheinen manchmal relativ schnell möglich, bewirken aber nichts an den zugrunde liegenden Einstellungen und Wertungen.

<table>
<tr><td>Dimensionen</td><td colspan="12">Ausprägungen</td></tr>
<tr><td>Bürgereinbezug</td><td colspan="2">obrig-keitlich</td><td colspan="2">infor-mierend</td><td colspan="2">konsul-tierend</td><td colspan="2">mitein-beziehend</td><td colspan="2">delegativ befähigend</td><td colspan="2">autonom selbst-steuernd</td></tr>
<tr><td>Ermessens-auslegung</td><td colspan="4">regelorientiert</td><td colspan="4">abwägend</td><td colspan="4">bürgerorientiert</td></tr>
<tr><td>Lernmuster</td><td colspan="3">Übernahme von Traditionen</td><td colspan="3">regel-gestütztes Lernen</td><td colspan="3">gesichertes Lernen</td><td colspan="3">offenes Lernen</td></tr>
<tr><td>Kooperations-muster</td><td colspan="3">formal-hierarchisch</td><td colspan="3">regel-gesteuert bürokra-tisch</td><td colspan="3">zuständig-keitsbezogen abgrenzend</td><td colspan="3">informell kollegial</td></tr>
<tr><td>Soziale Muster</td><td colspan="4">isoliert</td><td colspan="4">interessiert</td><td colspan="4">engagiert</td></tr>
<tr><td>Führungsmuster</td><td colspan="2">autoritär</td><td colspan="2">patriar-chalisch</td><td colspan="2">konsul-tativ</td><td colspan="2">koope-rativ</td><td colspan="2">delegativ</td><td colspan="2">autonom</td></tr>
</table>

Abb. 97: Kultureigenschaften öffentlicher Betriebe[316]

Die Tiefenstruktur der Kultur kommt durch funktionierende gemeinsame Denk- und Arbeitsweisen sowie damit gemachte Erfahrungen zustande, nicht durch „Anordnung von oben". Auch wenn es dysfunktionale Elemente der Kultur geben kann, ist ein Großteil wahrscheinlich durch Erfahrungen mit erfolgreichen Verhaltensweisen zustande gekommen. Vor anstehenden Änderungen ist daher zu empfehlen, zunächst die Tiefenstruktur zu analysieren und

[316] Schedler & Proeller, 2007, S. 271

dann ggf. ein Veränderungsprogramm mit dem Aufbau eines Parallelsystems zu planen[317]. Dies kann z. B. eine neue Abteilung oder eine neue Arbeitsweise wie Projektarbeit sein. In diesem Parallelsystem können dann neue positive Erfahrungen mit der gewünschten neuen Kultur gemacht werden. Man solle eher auf den Ausbau und die Weiterentwicklung der positiven Elemente der alten Kultur setzen als auf die direkte Bekämpfung der negativen Eigenschaften der alten Kultur. Falls es aber nicht anders geht als auch die negativen Kultureigenschaften direkt anzugehen, muss auch daran gedacht werden, eventuell die Träger der negativen Kultur, z. B. Beschäftigte mit unerwünschtem Verhalten, auszutauschen. Die bei Veränderungsprojekten wie auch zur Messung des IST-Zustandes eventuell zu betrachtenden Eigenschaften können in der Struktur eines morphologischen Kastens (s. Abschnitt 5.2.2) dargestellt werden.

Messung der Unternehmenskultur

Für die Messung der Eigenschaften von Unternehmenskulturen verwenden manche Organisationsberatungen Fragebögen, die bestimmte Bereiche der Unternehmenskultur (z. B. die Veränderungsbereitschaft) durch Selbsteinschätzung der Befragten erheben. Die tatsächliche Kultur eines Betriebs kann jedoch nicht umfassend mit Fragebögen erhoben werden. Da die Kultur ein Gruppenphänomen ist, muss man Außenstehende tatsächliches Gruppenverhalten beobachten lassen, um zu einer objektiven Einschätzung der Kultur zu kommen[318]. Der deutschen Verwaltungskultur werden folgende veränderungswürdige Eigenschaften zugeschrieben:

- Das Lernen geschieht oft noch durch Übernahme traditioneller Verhaltensweisen. So lernt der Einzelne, aber der Betrieb als Ganzes kommt so nicht voran. Genauso wird in einer Studie mit Befragung von Beschäftigten im öffentlichen Sektor der Schweiz von viel „regelbasiertem Lernen“ berichtet. Dies meint Lernen aufgrund behördlicher oder von extern kommender Anweisungen, also „quasi-bürokratischer“ Methoden[319].
- Dem öffentlichen Sektor mangelt es an einem Verständnis der Auswirkungen seiner eigenen kulturellen Eigenschaften. „Dieser Mangel an Bewusstsein für Verwaltungskultur hat in der Praxis zur Folge, dass Dissonanzen zwischen formalen Begriffen und kulturellen Gegebenheiten nicht erkannt werden und zu Fallstricken für Wandelprozesse werden“[320].
- Es hat trotz aller Reformen keine Weiterentwicklung des Steuerungsverhaltens gegeben. „Eine wirklich neue Steuerung, also ein umfassender `Para-

317 Schein, 2003, S. 176 f.

318 Vgl. Schein, 2003, S. 175

319 Vgl. Nagel und Müller, zitiert n. Schedler & Proeller, 2007, S. 265

320 Vgl. Schedler & Proeller, 2003, S. 272

digmenwechsel' der deutschen Verwaltung vom weberianischen Bürokratiemodell zum New Public Management ist nicht festzustellen"[321].

- Durch die Verwaltungsreformen scheint eine Verbesserung der Mitarbeiterzufriedenheit und der Motivation im Bereich kommunaler Leistungsverwaltung, nicht jedoch der stärker regelbasiert bleibenden Ordnungsverwaltung eingetreten zu sein. Bürgerbüros, mehr Mitspracherechte, eine flexiblere Arbeitsorganisation und Team-Strukturen wirken positiv, zusätzliche Aufschreibungen und als Kontrolldruck wahrgenommene Controllingmaßnahmen bewirken einen Motivationsverlust[322].

Alle geschilderten Befunde sind auf sehr kleiner Datenbasis erfolgt, so dass man wegen der zu kleinen Stichprobengröße eigentlich nicht verlässlich auf die Gesamtheit des öffentlichen Sektors schließen kann.

6.2 Betriebliches Rechnungswesen

6.2.1 Übersicht und Grundbegriffe

Vier verschiedene Elemente des Rechnungswesens

Der Begriff „betriebliches Rechnungswesen"[323] enthält nach einer traditionellen Klassifikation die Geschäfts-/Finanzbuchhaltung, die betriebliche Statistik, die Planungsrechnung und eine Kosten-/Leistungsrechnung. Während die Geschäfts-/Finanzbuchhaltung gesetzlich den Betrieben auferlegt ist, sind die drei weiteren Elemente weitestgehend[324] freiwillig zusammengestellte Informationen für die innere Steuerung von Betrieben. Sie kommen daher nicht unbedingt überall vor und unterscheiden sich auch zwischen Betrieben stark, weil es keinen verbindlichen Standard gibt. Man spricht auch von „externem" Rechnungswesen, wenn die Geschäfts-/Finanzbuchhaltung gemeint ist, und von „internem Rechnungswesen" bei der Kosten- und Leistungsrechnung.

Betriebsstatistik

Nicht weiter vertieft vorgestellt werden sollen die Betriebsstatistik und die Planungsrechnung. Betriebsstatistik bezeichnet Kennzahlen(-systeme) und Vergleichsrechnungen. Ihre Daten bezieht die Betriebsstatistik u. a. auch aus den anderen Elementen des Rechnungswesens, dazu kommen ergänzend im Bedarfsfall noch Vergleichsdaten für Benchmarking aus betriebsexternen und betriebsinternen Quellen.

---

321 Vgl. Bogumil et. al., 2007, S. 9

322 Vgl. Bogumil et al., 2007, S. 304 f.

323 Neben dem betrieblichen gibt es auch ein volkswirtschaftliches Rechnungswesen

324 Ausnahme: Sozialstatistik

Planungsrechnung

Planungsrechnungen sind Rechensysteme, die zukunftsgerichtete Zielwerte für Kosten, Leistungsmengen und andere Parameter benötigen, um dann im Vergleich mit IST-Werten systematische Abweichungsanalysen zu ermöglichen. Verfahren sind z. B. die starre und die flexible Plankostenrechnung. Sie eignen sich besonders für güterwirtschaftliche Branchen. Im öffentlichen Sektor sind sie wenig verbreitet und werden daher hier nicht weiter vorgestellt.

Abb. 98: Traditionelle Klassifikation Rechnungswesen

Finanz-/Geschäftsbuchhaltung

Das wichtigste Element des Rechnungswesens ist die Geschäfts-/Finanzbuchhaltung: „Pekunia non olet" (Geld stinkt nicht) stellte schon der römische Kaiser Vespasian (9 bis 79 n. Chr.) fest, als er eine Steuer auf öffentliche Latrinen erhob und diese „anrüchige Steuer" gegenüber seinem kritischen Sohn rechtfertigte. Damals schon gab es Vorläufer des heute „kameral" genannten Haushalts- und Rechnungswesens.

Dieses war über die Jahrhunderte im Einsatz, um jetzt vom kaufmännischen Rechnungswesen, der Doppik, abgelöst oder zu Mischformen wie z. B. der „erweiterten" Kameralistik ausgebaut zu werden. Nachdem die Doppik schon vorher in privatrechtlich verfassten öffentlichen Betrieben eingesetzt war, kommt sie nun auch in Betrieben des Typs 1 im öffentlichen Sektor an. Der öffentliche Sektor hat daher derzeit drei verschiedene Grundtypen der Geschäfts-/Finanzbuchhaltung gleichzeitig, wie die Abb. 99 zeigt.

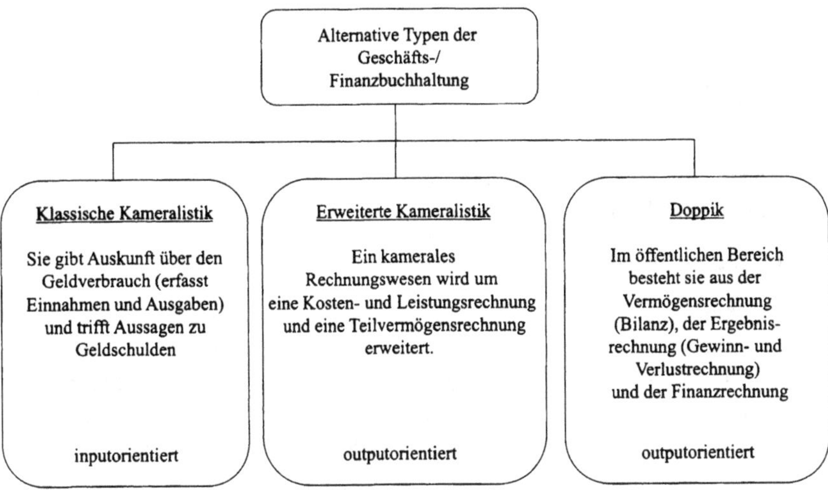

Abb. 99: Übersicht Typen der Geschäfts-/Finanzbuchhaltung

Fachbegriffe Rechnungswesen

In den nachfolgenden Abschnitten werden die drei Typen der Geschäfts-/ Finanzbuchhaltung sowie die Bestandteile einer vollständigen Kostenrechnung vorgestellt. Die Beschreibung dieser Rechensysteme setzt das Verstehen von Fachbegriffen voraus, die auch umgangssprachlich im Gebrauch sind. Hier werden sie „untechnisch" und daher manchmal aus betriebswirtschaftlicher Sicht auch falsch eingesetzt. Die Abb. 100 stellt die nachfolgend erläuterten Begriffe in Gegensatzpaaren dar[325]:

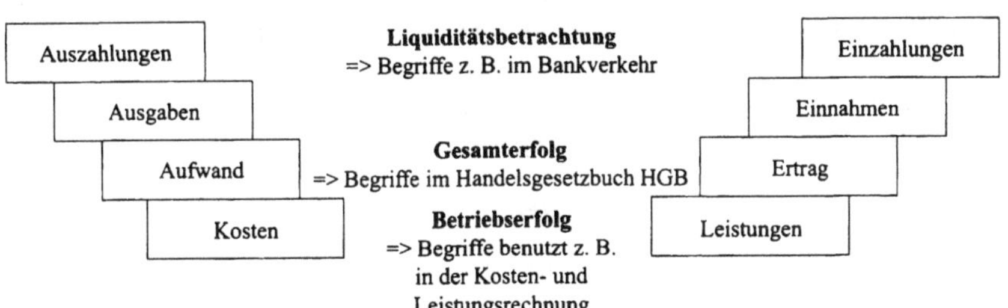

Abb. 100: Gegensatzpaare der Grundbegriffe[326]

---

[325] Vgl. ausführlichere Darstellung in Jossè, 2008, S. 17 ff.

[326] Verändert nach Perridon & Steiner, 2004, S. 7

Definition Auszahlungen und Einzahlungen

Auszahlungen sind Geldabflüsse aus Bargeldkassen oder Sichtkonten. Einzahlungen sind Geldzuflüsse in Kasse und Sichtkonten.

Ausgehend von den am Zahlungsstrom orientierten Begriffen der Aus- und Einzahlung sind Ausgaben und Einnahmen zu definieren.

Einnahmen/Ausgaben

Definition Ausgaben und Einnahmen

Ausgaben sind einzeln oder in Kombination (1) Auszahlungen, (2) die Verminderung eigener Forderungen gegenüber Dritten und (3) die Erhöhung eigener Verbindlichkeiten gegenüber Dritten. Einnahmen sind einzeln oder in Kombination (1) Einzahlungen, (2) eine Verminderung der Verbindlichkeiten oder (3) eine Erhöhung der Forderungen.

Das Begriffspaar Aufwand und Erträge stammt in seiner Legaldefinition aus dem im nationalen Handelsrecht festgelegten externen Rechnungswesen. Eine erläuternde Definition lautet:

Aufwand/Erträge

Definition Aufwand und Ertrag

Aufwand sind der gesamte in Geld bewertete Gütereinsatz in einer Rechnungsperiode, darunter auch (1) Ausgaben oder/und (2) Lagerbestandsentnahmen und (3) Abschreibungen als Ausdruck des Wertverlustes. Ausgaben im Jahr x für Waren, die erst in späteren Jahren in Gebrauch kommen (z. B. bei zwischenzeitlicher Verbringung in ein Lager) werden erst in diesen späteren Jahren – periodenrichtig – zum Aufwand. Analog sind Erträge alle erzielten Ergebnisse jeweils im Jahr der Erstellung des Produkts.

Für das interne Rechnungswesen, insbesondere die Kosten- und Leistungsrechnung sind folgende Begriffe im Gebrauch:

Kosten/Leistungen

Definition Kosten und Leistungen

Kosten sind betriebszieldienliche Wertverbräuche. Ein Teil ist (1) deckungsgleich mit den Aufwänden („Zweckaufwand“ oder „Grundkosten“), dagegen gehören (2) Aufwände mit betriebszweckfremden oder außerordentlichem Charakter (z. B. Spenden, Wertpapierkäufe, Feuerschaden) nicht zum Kostenbegriff, dafür aber (3) aufwandsungleiche „kalkulatorische“ Kosten wie z. B. kalkulatorische Miete. Leistungen sind analog nur durch zielorientiertes betriebliches Arbeiten erreichte Erträge („Zweckerträge“ bzw. „Grundleistungen“), nicht jedoch Zufallsergebnisse wie z. B. Lotteriegewinne und Schenkungen.

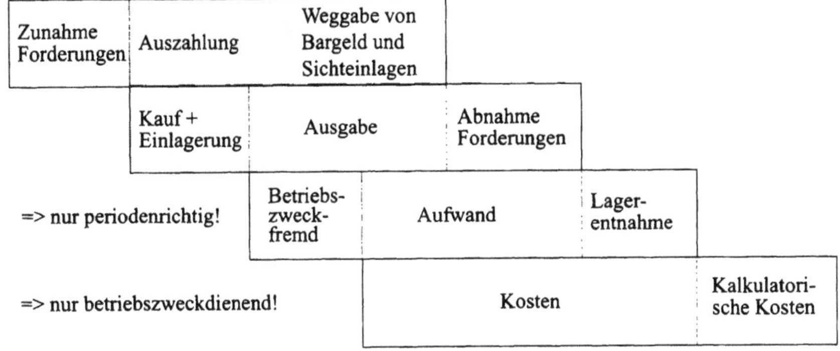

Abb. 101: Abgrenzung Kosten, Aufwand, Ausgabe, Auszahlun

Kostenfunktionen

Betriebswirtschaftliche Analysen über Wertverbräuche nutzen zumeist den Kostenbegriff, um den Verbrauch zu charakterisieren. Der Verlauf des Wertverlustes in Abhängigkeit von der Leistungsmenge wird als „Kostenfunktion" bezeichnet. Je nachdem, in welchem Verhältnis die Kosten zur Steigerung der Leistungsmenge um eine weitere Einheit wachsen, spricht man von (absolut) fixer, sprungfixer, proportionaler, degressiver oder progressiver Kostenfunktion[327]. Die Funktionen sind graphisch in der Abb. 102 dargestellt. Bei fixer Kostenfunktion ändern sich die Kosten gar nicht, auch wenn die Ausbringungsmenge steigt. Es gibt damit praktisch keinen zusätzlichen Wertverzehr. Wenn die Kosten nur bei Überschreiten einer bestimmten Ausbringungsmenge einen zusätzlichen „Ruck" machen, spricht man von „sprungfixer" Kostenfunktion. Sprungfix sind z. B. Gebäudekosten. Innerhalb der Belegungsmöglichkeiten mit z. B. 100 Dienstzimmern zahlt man für das Gebäude die gleiche Miete. Muss aber für die nächsten 20 Kollegen angebaut oder der Zimmerzuschnitt durch Handwerker verändert werden, wird der Vermieter i. d. R. eine höhere Gesamtmiete fordern, die schon beim 101. Kollegen zu zahlen ist und bis zum 120. Kollegen gleich hoch bleibt. Degressiv sind Kosten, die bei zusätzlicher Ausbringungsmenge für jede zusätzliche Ausbringungseinheit sinken. Grund kann sein, dass die Erfahrung mit der Arbeitsmenge steigt und jeder Handschlag leichter von der Hand geht. Umgekehrt gibt es Kostenverläufe, die bei zusätzlichen Ausbringungseinheiten weiter steigen, also progressiv sind. „Klassische" Beispiele hierfür sind das Überschreiten optimaler Drehzahlen von Motoren, die immer schwierigere Suche nach seltenen Rohstoffen oder das Fangen der letzten 20 % aller Piraten der Welt in ihren Verstecken.

---

327 Ergänzend gibt es noch die S-förmige Kostenfunktion, die man sich allerdings auch als Kombination von degressiver, linearer und progressiver Kostenfunktion vorstellen kann.

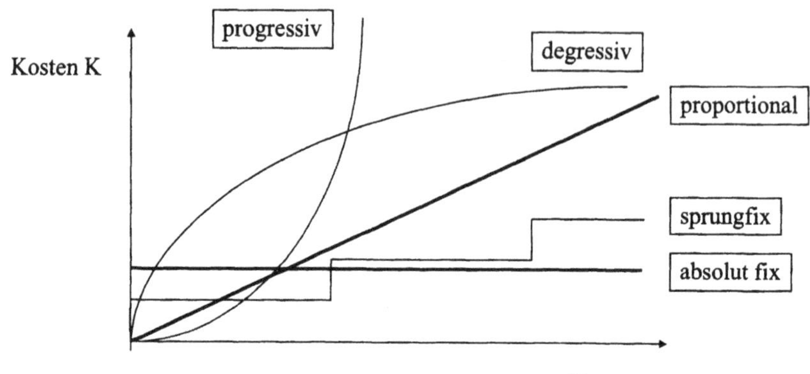

Abb. 102: Verlauf von typischen Kostenfunktionen

6.2.2 Kamerales Rechnungswesen

Übersicht

Kamerales Rechnungswesen

Die öffentliche kamerale Haushaltswirtschaft unterscheidet sich im Prinzip nur wenig vom Privathaushalt, der wie der öffentliche Haushalt von Einnahmen (Lohn und Einkommen) und Ausgaben (für Konsum und investive Anschaffungen) geprägt ist. Wenn die Auszahlungen die regelmäßigen Einzahlungen übersteigen und eventuelle Rücklagen (Sparguthaben) nicht zur Deckung der Lücke ausreichen, müssen Kredite über die Banken die Einzahlungen verstärken; gleichzeitig werden die Auszahlungen durch die fälligen Zinsen und Tilgung langfristig zusätzlich belastet. Nichts anderes ereignet sich im öffentlichen Sektor, wo das kameralistische Rechnungssystem eine Art treuhänderischer Nachweis ist und Auskunft darüber gibt, woher die Finanzmittel kommen (Entstehungsgrund wie Steuern, Gebühren, Beiträge) und wohin sie fließen (z. B. Straßenbau, soziale Einrichtungen, Personalausgaben).

Kameralistik

Definition Kameralistik

Kameralistik bezeichnet die öffentlich-rechtlich festgelegte Form einer Einnahmen-Ausgabenrechnung öffentlicher Haushalte. Einnahmen und Ausgaben sind in mehreren Einzelplänen, diese wiederum in Kapitel und diese in Titel untergliedert. Gegenstand der Pläne ist das jeweils laufende Haushaltsjahr, ergänzend gibt es eine gröbere Mittelfristplanung.

Haushaltsrecht

Die Regeln der Kameralistik sind im Haushaltsrecht niedergelegt. Das Haushaltsrecht ist die Gesamtheit der das Rechnungswesen und die Haushaltswirtschaft des öffentlichen Rechts regelnden Rechtsnormen. Die Haupteinnahmen sind Steuern, sowie öffentlich-rechtliche Gebühren, Beiträge und privatrechtliche Einnahmen aus Verkauf, Vermietung und Verpachtung.

Tab. 28: Rechtsgrundlagen der Kameralistik in Deutschland

Gebietsebene	Rechtsquelle in Deutschland
Alle Gebietskörperschaften	Haushaltsgrundsätzegesetz (HGRG)
	Gesetz zur Förderung der Stabilität und des Wachstums (StWG)
Bund	Grundgesetz (in den Artikeln 109-115 finden sich zahlreiche Regelungen zum Haushaltssystem und zum Haushaltsverfahren)
	Bundeshaushaltsordnung
	Haushaltsgesetz mit Haushaltsplan
	Verwaltungsvorschriften
Landesebene	Landesverfassungen
	Landeshaushaltsordnungen
Kommune	Gemeindeordnung
	Gemeindehaushaltsverordnung
	...

Die Höhe der für Ausgaben benötigten und verfügbaren Haushaltsmittel wird in den jährlichen Haushaltsplänen festgelegt, die Teil der Haushaltsgesetze und -satzungen (Gemeinden) sind. Ohne Haushaltsansätze mit entsprechenden Zweckbestimmungen dürfen keine Ausgaben geleistet und Verpflichtungen eingegangen werden. Das staatliche Haushalts- und Rechnungswesen ist stark reglementiert und formalisiert (siehe Tab. 28). Die Kameralistik dient vielen Funktionen gleichzeitig:

Politische Input-Steuerung

Politische Funktion: Die Politik setzt die Schwerpunkte im öffentlichen Haushalt, weil im staatlichen Haushaltsrecht der Etat als Gesetz bzw. Satzung verabschiedet wird. Die Administration (allen voran Finanzminister und Kämmerer) erstellen zwar die Entwürfe und nehmen damit erheblich Einfluss, aber letztlich entscheiden Vertretungsorgane über die Haushalte und deren Schwerpunkte. Damit wird der öffentliche Haushalt „input-gesteuert".

Rechtliche Funktion: Der Haushalt entfaltet keine direkte Außenwirkung, er ist nur für die Administration zwingend. Aus ihm können keine Rechte Dritter oder gegenüber Dritten hergeleitet werden.

Gesamtwirtschaftliche Verpflichtung

Gesamtwirtschaftliche Funktion: Öffentliche Haushalte werden u. a. als Steuerungsinstrument für eine „antizyklische Finanzwirtschaft" eingesetzt. Damit ist gemeint, dass in konjunkturell schlechten Zeiten verstärkt öffentliche Aufträge zu vergeben sind, um die Konjunktur anzukurbeln. In konjunkturell guten Zeiten sollten die öffentlichen Ausgaben gedrosselt werden und Rücklagen für konjunkturell schlechte Zeiten gebildet werden[328]. Da z. B. in Deutsch-

[328] Praktisch hat in den meisten westlichen Industrieländern keine Rückführung der Staatsverschuldung in besseren Zeiten stattgefunden. Daher haben sich bis heute sehr große Schuldenstände der öffentlichen Hand aufgebaut. In Deutschland hat deshalb der Gesetzgeber die sogenannte „Schuldenbremse" in Art. 119, 115 und 143d GG zum 01.08.2009 festgelegt.

land ca. 12.000 kommunale Haushalte, 16 Länderhaushalte sowie der Bundeshaushalt als Steuerungsinstrument eingesetzt werden, steht hier ein erhebliches Finanzvolumen bereit. Die Abstimmung und Koordinierung der Haushalte findet über den sog. Finanzplanungsrat nach § 51 HGrG statt.

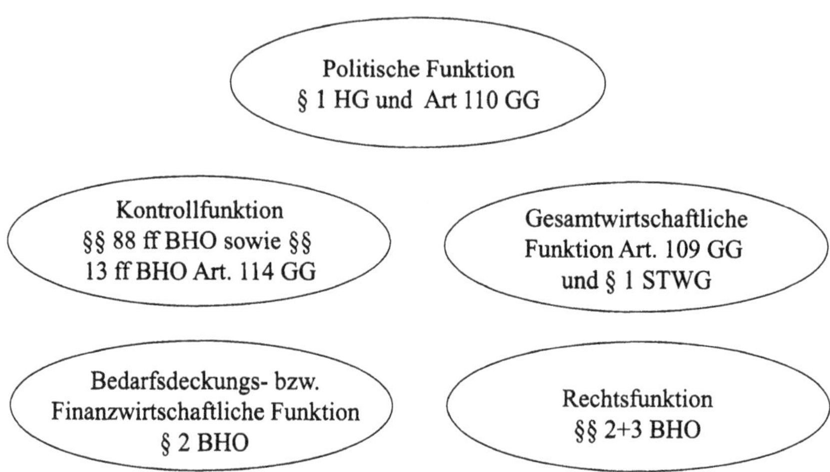

Abb. 103: Funktionen der Kameralistik

Rechtliche Funktion Kontrolle und Rechenschaftslegung

Kontrolle und Rechenschaftslegung: Die Kameralistik enthält exakte Angaben über Einnahmen und Ausgaben, Herkunft und Verwendung der Finanzmittel sowie über Einzahler und Empfänger. Diese Kontrolle ist allerdings auf die voraussichtlich kassenwirksamen (also zu Geld-Ausgabe führenden) Bewegungen beschränkt, alle anderen überjährigen Ereignisse werden nicht aufgenommen. Sie leistet einen Nachweis darüber, ob das Haushaltsrecht und der gesetzliche Haushaltsplan eingehalten wurden, ob die Deckungsmittel ausreichten, ob ein Überschuss oder ein Fehlbetrag (Defizit) erwirtschaftet wurde. Die Soll-Ausgaben (und Soll-Einnahmen) werden später mit den Ist-Ergebnissen verglichen, um festzustellen, ob sie den politischen Schwerpunkten und Zweckbestimmungen entsprechen. Das Ergebnis kann von politischen Gremien und Dritten, vor allem den Rechnungshöfen, geprüft werden. Da es sich vorwiegend um Gelder der Steuerzahler handelt, die einen wirtschaftlichen Umgang mit „ihren“ Geldern erwarten, aber auch zur Vermeidung von Korruption ist das Haushaltsrecht stark formalisiert und erscheint vielen Außenstehenden durch seine Gliederungs- und Kassenvorschriften sowie Anforderungen an Anordnungs- und Feststellungsbefugten sehr „bürokratisch“.

Bedarfsdeckungsfunktion

Bedarfsdeckungsfunktion: Im Haushalt wird ein Bedarf an Ausgaben ausgewiesen, um die öffentlichen Aufgaben zu erfüllen. Aufgaben werden somit im Haushalt zu Ausgaben. Dieser Bedarf muss durch entsprechende Einnahmen wie Gebühren, Verkaufserlöse, Beiträge und vor allem Steuern und steuerähnliche Abgaben und Kredite gedeckt werden. Deshalb spricht man auch von der Bedarfsdeckungs- (oder finanzwirtschaftlichen) Funktion des Haushalts.

Haushaltskreislauf

Vier Phasen des Haushaltskreislaufs

Haushalte gibt es auf allen Ebenen und in allen Gebietskörperschaften des öffentlichen Sektors. Am Beispiel des Bundeshaushalts soll nachfolgend das Verfahren der Aufstellung eines öffentlichen Haushalts anhand der Abb. 100 dargestellten vier Phasen, dem „Haushaltskreislauf", vorgestellt werden. Der Start des Entwurfs beginnt in der Regel mehr als ein Jahr vor dem Jahr, für den der Haushalt gilt. Der Finanzminister fordert i. d. R. im Dezember die für die Einzelpläne zuständigen Stellen mittels Aufstellungsrundschreiben auf, die Haushaltsvoranschläge für das übernächste Haushaltsjahr bis ca. März des kommenden Jahres vorzulegen. Diese Voranschläge enthalten die zu erwartenden Einnahmen, voraussichtlich notwendigen Ausgaben, Verpflichtungen und Personalstellen des Einzelplans (in der Regel des Ministeriums bzw. Ressorts). Nach Prüfung der von den Ressorts übersandten und ggf. in Verhandlungen korrigierten (gekürzten) Voranschlägen („Streichkonzert") stellt der Finanzminister den Entwurf zusammen.

Phase 1: Exekutive
Aufstellung des Haushaltsplanes (HPL) und Haushaltsgesetz (HG) für das kommende Jahr. Federführung hat das Finanzministerium, Budget-Initiative hat die Bundesregierung

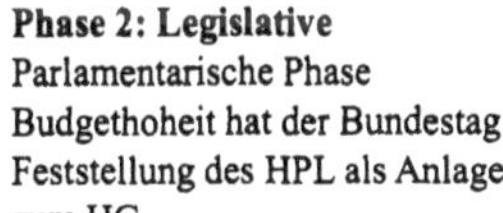

Phase 2: Legislative
Parlamentarische Phase
Budgethoheit hat der Bundestag
Feststellung des HPL als Anlage zum HG

Phase 3: Exekutive
Ausführung des HPL und HG durch die Verwaltung nach haushaltsrechtlichen Bestimmungen und -Grundsätzen

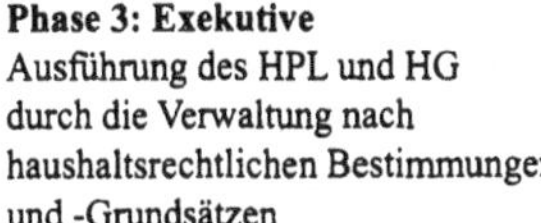

Phase 4:
Rechnungslegung durch BMF und Prüfung durch BRH
Entlastung der Bundesregierung durch Bundestag

Abb. 104: Aufstellungsverfahren Bundeshaushalt in Deutschland

Die Regierung berät darüber und übersendet ihn nach ihrem Beschluss dem Gesetzgeber (Parlament), damit dieser nach der parlamentarischen Sommerpause mit der „Etatrede" des Finanzministers das Gesetzgebungsverfahren mit Beratungen in den Haushalts-, Finanz- sowie Fachausschüssen einleitet. Nach drei Lesungen beschließt der Gesetzgeber den Haushalt i. d. R. vor Jahresende, damit dieser rechtzeitig zum Jahresbeginn des kommenden Jahres in Kraft treten kann. Der beschlossene Haushalt erlaubt dann den öffentlichen Betrieben, ihn entsprechend der gesetzlichen Grundlagen und Haushaltsgrundsätzen (u. a. Wirtschaftlichkeit) zu bewirtschaften. In der letzten Phase des Haushaltskreislaufs wird die Haushaltsführung nach Rechnungslegung durch die Rechnungshöfe und parlamentarischen Ausschüsse geprüft und über die Entlastung der Regierung entschieden.

Haushaltsplan

Erst durch den Haushaltsplan und das ihn begleitende Gesetz werden die Verwaltungen als Folge der Gesetz- und Rechtmäßigkeit ermächtigt, Ausgaben zu tätigen und Verpflichtungen zu erfüllen. Die Kameralistik ist Grundlage für die verbindliche Haushaltssystematik, die eine strenge Gliederung des Haushalts in Einzelpläne, Gesamtplan, Kapitel und Vielzahl von Titeln sowie eine mittelfristige Finanzplanung vorsieht. Das ermöglicht eine Kontrolle der Haushaltsführung durch Rechnungslegung und Rechnungsprüfung.

Haushaltsgrundsätze

Im Nachfolgenden sind die „Haushaltsgrundsätze" in Kürze aufgeführt:

Tab. 29: Wichtige Haushaltsgrundsätze in Deutschland

Grundsatz	Erläuterung
Gesetzmäßigkeit	Beschluss per Gesetz
Öffentlichkeit	Beschlussfassung sowie wesentliche Teile des Haushaltsgesetzes und -plans sind öffentlich
Jährlichkeit	Aufstellung für jedes Jahr
Gesamtdeckung	Alle Einnahmen dienen zur Deckung der Ausgaben
Vorherigkeit	Aufstellung vor Beginn des Jahres
Gesamtwirtschaftliches Gleichgewicht	Einsatz des Haushalts zur konjunkturellen Steuerung
Bruttoprinzip	Einnahmen und Ausgaben separat ausweisen
Einzelveranschlagung/Spezialisierung	Sachliche Bindung an geplanten Zweck
Wirtschaftlichkeit und Sparsamkeit	Größtmögliche Effizienz
Haushaltsausgleich	Einnahmen und Ausgaben gleichen sich aus
Vollständigkeit und Einheit	Zusammenfassung aller Angaben in einem Plan

Spannungsverhältnis Haushaltsgrundsätze

Teilweise stehen die Haushaltsgrundsätze in einem Spannungsverhältnis untereinander. So wird immer wieder die Jährlichkeit des Haushalts infrage gestellt, die ggf. mit der Wirtschaftlichkeit konkurriert und vielleicht sogar im Einzelfall „behindert". Um das „starre" Haushaltsrecht mit fast einjähriger Vorlaufzeit bis zum Inkrafttreten des neuen Haushalts zu entbürokratisieren, hat es verschiedene Flexibilisierungsbemühungen gegeben, die z. B. dazu führten, die Ausgaben ins nächste Haushaltsjahr zu übertragen und die einseitige oder gegenseitige Deckungsfähigkeit der Titel (Haushaltsstellen) zu ermöglichen.

Steuerungswirkung der Kameralistik

Wenn dem kameralen Haushalt eine Steuerungsfunktion zukommt, dann die nach dem Geldverbrauch (Bedarfsdeckungsprinzip). Aber selbst verschiedene

Fortentwicklungen des herkömmlichen kameralen Haushaltssystems und Versuche, ihn flexibler zu gestalten und ihn zu einem gezielten Instrument der Konjunktursteuerung und politischen Steuerung einzusetzen (gesamtwirtschaftliche Funktion), haben – wenn überhaupt – nur sehr begrenzte Erfolge gezeigt. Eine politische und volkswirtschaftlich sinnvolle und globale Steuerung der gesamtwirtschaftlichen Entwicklung benötigt zusätzliche Daten über Kosten, Leistungen und Qualität, Ressourcen und deren Verbrauch, die der herkömmliche kamerale Haushalt allein nicht liefern kann. Die Kameralistik ermöglicht die Liquiditätskontrolle und gliedert den Haushalt vertikal in Einzelpläne, die die Ressorts und Ministerien institutionell darstellen, in Kapitel (nachgeordnete Behörden der Ressorts) und vor allem in über 5.000 Titeln mit klaren Zweckbestimmungen. Nach einer Untersuchung des Bundesministeriums der Finanzen (BMF)[329] spiegeln die 4.000 kleinsten Titel lediglich 3,6 % des Haushaltsvolumens wider. Die Einnahmen sind gleichfalls wie Steuern und Gebühren weitestgehend gesetzlich normiert. Nachhaltige Einnahmeverbesserungen können daher nur durch gesetzliche Initiativen und in begrenztem Umfang durch sparsamen (sprich: wirtschaftlichen) Verwaltungsvollzug (Mittelbewirtschaftung) erreicht werden.

Schwächen der Kameralistik

Der Kameralistik werden vor allem folgende schwerwiegende Mängel und Schwächen vorgeworfen:

Schwächen der Kameralistik

Die **Kameralistik gibt den Finanzinput und Geldverbrauch an**, kann aber die Effizienz der Verwendung und den Verbrauch von Ressourcen nicht messen und keine Auskunft über Kosten und Leistung bei Erstellung der Dienstleistungen in der öffentlichen Verwaltung geben. Damit ist sie nicht in der Lage, Informationen über den gesetzlich fixierten Haushaltsgrundsatz der Wirtschaftlichkeit (§ 7 BHO und § 6 HGrG) zu geben.

Keine Erfassung des Ressourcenverbrauchs und -aufkommens: Die Kameralistik stellt den Soll-Einnahmen und Ausgaben nur die Ist-Einnahmen und Ausgaben gegenüber. Es fehlen Aussagen zur Veränderung des Vermögensbestands und der Abschreibungen, die den Wertverzehr des Anlagevermögens und der kalkulatorischen Zinsen als Entgelt für das gebundene Kapital ausdrücken. Es gibt keine verursachergerechte und leistungsbezogene Zuordnung der Ausgaben und des Ressourcenverbrauchs zu den Bereichen des Betriebs und keine Aussage darüber, was die erbrachten Dienstleistungen kosten.

Zukunftslasten werden weder vollständig erfasst noch periodengerecht zugeordnet: Die Kameralistik erfasst keine Entscheidungen, die in einem laufenden Haushaltsjahr anfallen, aber erst in der Zukunft zu Ausgaben führen

---

[329] Projektgruppe MHR, 2007

werden (Prinzip der Jährlichkeit). Als Beispiel werden regelmäßig die Versorgungsleistungen für Beamte genannt, die aus den laufenden jährlichen Haushalten zu finanzieren sind, weil in der Haushaltssystematik keine Rückstellungen vorgesehen sind und Einnahmen und Ausgaben sich am Fälligkeits-/Kassenwirksamkeitsprinzip orientieren.

Mangelnde Kosten-, Produkt- und Leistungsinformation: Da im kameralen System nur der Geldverbrauch über Einnahmen und Ausgaben abgebildet wird, bleiben nicht-monetäre Kosten völlig unberücksichtigt. Weder Abschreibungen noch kalkulatorische Mieten und Pachten für eigene Grundstücke werden in der Kameralistik berücksichtigt. Aussagen über Kosten und Ressourcenverbrauch für Dienstleistungen können nicht getroffen werden.

Keine Berücksichtigung der intergenerativen Gerechtigkeit: Nach herrschender Meinung verlangt ein „gerechter" Ausgleich zwischen den Generationen, dass jede Generation ihren Konsum selbst zu erwirtschaften hat. Dies ist der Fall, wenn die Aufwendungen durch Erträge im gleichen Haushaltsjahr gedeckt werden und nicht über Kreditaufnahmen, die Generationen in zukünftigen Jahren belasten, ohne dass diese einen (möglichen) Nutzen haben. Dem kameralen System mangelt es an Kennzahlen und Messgrößen, um korrekte Beurteilungen der intergenerativen Gerechtigkeit zu ermöglichen.

Keine Output-Orientierung: Da keine Angaben darüber gemacht werden können, was eine durch die Verwaltung erbrachte Dienstleistung (= Produkt) kostet und welchen an der Erstellung beteiligten Organisationseinheiten die Kosten zugeordnet werden können, sind keine Aussagen darüber möglich, wie wirtschaftlich und effizient die öffentliche Verwaltung arbeitet und ob es sinnvoll sein könnte, sich auf Kernaufgaben zu beschränken und ggf. Teilaufgaben extern erbringen zu lassen (auch umgekehrte Lösungen wie Rückholung von Dienstleistungen in den öffentlichen Bereich sind denkbar). Das kamerale System kann keine Selbstkosten kalkulieren, daher helfen seine Daten auch nicht, „make or buy" Entscheidungen zu fällen.

Kein integrierter Vermögensnachweis: Die Kameralistik kann keine Aussagen über den Vermögensstatus treffen, weil keine systematische Bewertung und Gegenüberstellung von Schulden und Vermögen erfolgt und im laufenden Haushaltsjahr eine Vermögensveräußerung zwar als Einnahme ausgewiesen, aber die Verminderung des Bestands nicht monetär erfasst wird.

Kamerales Rechnungssystem ist international nicht anerkannt: International, auch in den Nachbarländern deutschsprachiger Staaten, hat der Umbau des öffentlichen Rechnungswesens nach betriebswirtschaftlichen Grundlagen analog der kaufmännischen Buchführung bzw. Doppik eingesetzt.

Keine einheitliche Darstellung aller öffentlichen Aktivitäten: Neben dem Haushaltsplan gibt es Betriebe, die außerhalb des Haushalts „laufen" und in der Regel kaufmännisch, d. h. „doppisch" buchen. Diese Betriebe werden im Haushaltsplan nur über „Zuführungen" und Wirtschaftspläne abgebildet. Es mangelt folglich an einer integrierten finanziellen Gesamtübersicht aller Aktivitäten des „Konzerns" mit seinen klassisch-kameral berichtenden Kernbereichen und seinen Beteiligungen und Eigenbetrieben in privater Rechtsform.

Kennzahlen und Messgrößen fehlen. Die Kameralistik bietet außer Zahlungsdaten keine Informationen, die sich für Analysen oder Vergleiche eignen.

Fazit

Die Kameralistik kann die für eine betriebswirtschaftliche Ausrichtung der öffentlichen Betriebe erforderlichen Informationen nicht liefern. Als Fazit lässt sich feststellen, dass die geringen Vorteile der herkömmlichen Kameralistik die vielfältigen Nachteile nicht aufwiegen. Eine wirkungsvolle Steuerung ist mit den Daten der „alten" Kameralistik nicht möglich. Das hat letztlich dazu geführt, dass in allen Gebietskörperschaften über eine umfassende Reform hin zur Doppik oder Erweiterung der Kameralistik um eine Kosten- und Leistungsrechnung nachgedacht und oft auch schon entschieden wurde.

6.2.3 Doppik

Übersicht

„Doppik" ist ein Kurznamen für das kaufmännische Rechnungswesen:

Definition Doppik

Definition Doppik

Doppik ist eine Abkürzung für „doppelte Buchführung in Konten". In der Privatwirtschaft umfasst die Doppik zwei Elemente, die Gewinn- und Verlustrechnung (GuV) und eine Bilanz. Die Gewinn- und Verlustrechnung stellt Erträge und Aufwände einander gegenüber und errechnet damit ein Ergebnis. Die Bilanz führt das (Anlage-)Vermögen und die auf den Betrieb gerichteten Ansprüche als Kapital auf. Im öffentlichen Bereich wird die Doppik als „Drei-Komponenten-Modell" eingesetzt, dieses enthält die Vermögensrechnung (entspricht der Bilanz), eine Ergebnisrechnung (entspricht der GuV) und die Finanzrechnung (Liquiditätsrechnung).

Die Doppik hat sich parallel zur im öffentlichen Bereich verwendeten Kameralistik seit dem Mittelalter bei den Kaufleuten im privatwirtschaftlichen Bereich aus den italienischen Handelszentren entwickelt. Die folgenden drei Elemente sind Inhalt der Doppik im öffentlichen Bereich:

Finanzrechnung

Finanzrechnung: Die Liquiditätsrechnung ist eine Einzahlungs-/Auszahlungsrechnung und soll den unterjährigen Liquiditätsstand darstellen und damit helfen, die Zahlungsfähigkeit zu steuern. Die Liquiditätsrechnung ist zeitraumbezogen (im Gegensatz zu einem Stichtagsbezug wie bei der Vermögensrechnung, siehe unten). Sie gliedert die Zahlungsbewegungen in die Bereiche

Verwaltungstätigkeit, Investitionen und Finanzaktivitäten. Zusammengefasst ergeben die Salden aus diesen drei Bereichen das Finanzergebnis[330].

Ergebnisrechnung

Ergebnisrechnung (Gewinn- und Verlustrechnung, GuV): Die Ergebnisrechnung[331] ist eine unsaldierte Aufstellung von Aufwänden und Erträgen einer Rechnungsperiode, d. h. alle Aufwands- und Ertragsarten werden zunächst ohne gegenseitige Aufrechnung aufgeführt. Als Darstellungsform sind alternativ die Staffelform („alles untereinander") oder eine zweispaltige Tabelle, das „T-Konto"[332], im Einsatz. Jede Aufwands- und Ertragsart der Ergebnisrechnung hat wiederum selbst ein Konto, auf dem die unterjährigen Veränderungen erfasst werden. In die Ergebnisrechnung wird das Resultat dieser Unterkonten eingespielt. Übersteigen am Periodenende die Erträge die Aufwände, dann ist das Ergebnis positiv und ein Gewinn erzielt worden. Wenn die Aufwände höher sind als die Erträge, dann ist das Ergebnis negativ und ein Verlust zu verzeichnen. Die Differenz aus Erträgen und Aufwänden, „Saldo" genannt, wird erst nachträglich je nach Ergebnis auf einer der beiden Seiten ergänzt und zeigt den Betrag des Ergebnisses, je nach Vorzeichen einen Gewinn oder einen Verlust. Die Gliederungstiefe der Ergebnisrechung sowie die Art und einige Details der Bestimmung von Aufwands- und Ertragsarten sind durch geschriebenes (Handelsrecht) oder ungeschriebenes Recht („Grundsätze ordnungsmäßiger öffentlicher Buchführung", GoöB[333]) geregelt.

Tab. 30: Vereinfachtes Beispiel einer Ergebnisrechung[334]

Aufwand		Ertrag	
Personalaufwand	500	Erlöse	800
Materialaufwand	200	Finanzerträge	100
Abschreibungen	50		
Ergebnis (Saldo)	150		
Summe	900	Summe	900

330 Raupach & Stangenberg, 2006, S. 70

331 Der öffentliche Bereich spricht von „Ergebnisrechnung" anstelle von „Gewinn- und Verlustrechnung", weil viele öffentliche Betriebe keine Gewinne machen dürfen.

332 Das „T-Konto" heißt so, weil die Striche einer zweispaltigen Tabelle wie ein „T" aussehen.

333 Im Jahr 2007 veröffentlichte ein vom Bundesland Nordrhein-Westfalen eingesetzter Arbeitskreis mit Experten aus der Schweiz und Deutschland ein Eckpunkte-Papier zu GoöB.

334 Analog der „Gewinn- und Verlustrechnung", Darstellung in Kontenform

Viele Aufwands- und Ertragspositionen der Ergebnisrechnung sind direkt mit Zahlungsvorgängen verknüpft, z. B. Erlöse, Personalaufwand und bei direktem Kauf auch Materialaufwand. Manche haben allerdings keinen Zahlungsbezug, z. B. die nur rechnerische Abbildung des Wertverlustes von Anlagegegenständen durch die Abschreibung und Aufwände, die durch Entnahmen aus dem Lager oder gar durch Verlust oder Weggabe als Sachspende zustande kommen.

Vermögensrechnung (Bilanz): Die Vermögensrechnung ist eine stichtagsbezogene Aufstellung der Bestände, die in der Regel zum Ende einer Rechnungsperiode und bei besonderen Anlässen, wie z. B. einer Betriebsgründung oder einem Verkauf, aktualisiert wird. Inhaltlich erfasst die Vermögensrechnung alle Gegenstände des „Inventar" genannten Bestandes an Vermögensgegenständen und Schulden. In einer T-Kontendarstellung der Bilanz stehen auf der linken Seite die Vermögensgegenstände, sie werden als „Aktiva" bezeichnet.

Vermögensrechnung

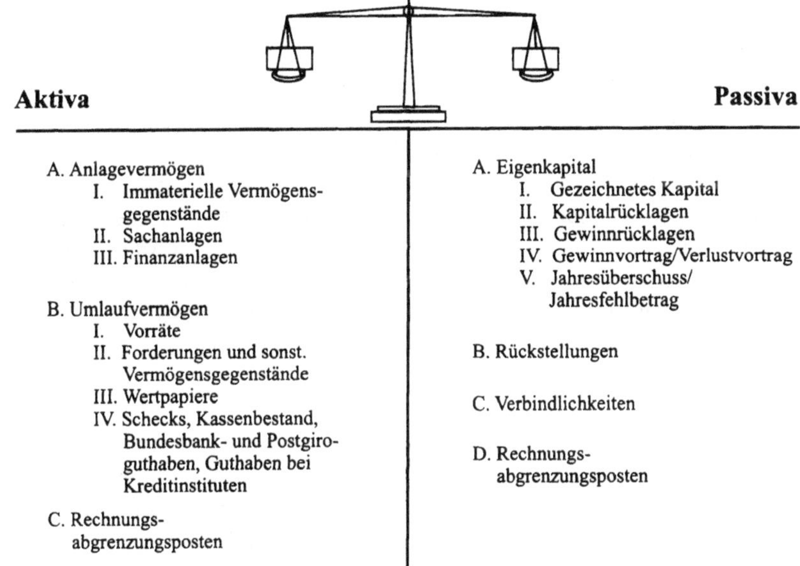

Abb. 105: Schematische Darstellung Vermögensrechnung (Bilanz)[335]

Auf der rechten Seite sind als „Eigenkapital" die Ansprüche von Eigentümern und als Verbindlichkeiten die Ansprüche von Kreditgebern an den Betrieb zusammengefasst. Das Eigenkapital ist, vereinfachend gesagt, eine rechneri-

[335] Darstellung in T-Kontenform. „Rechnungsabgrenzungsposten" sind zumeist periodenunrichtige Beträge, d. h. Aufwände oder Erträge der Vorperiode

sche Restgröße, nämlich die Differenz zwischen dem Vermögen (Aktivseite) und den Verbindlichkeiten. Besondere praktische Bedeutung für öffentliche Betriebe hat die Position „Sonderposten" auf der Passivseite, da sich hierin Sachzuwendungen und Zuschüsse befinden und diese bei den oft defizitären Betrieben die Bilanz ausgleichen helfen. Ähnlich wie bei der Ergebnisrechnung ist die Mindestgliederung und die Verwendung der Bilanzpositionen durch Regeln bestimmt.

Die linke und die rechte Seite einer Vermögensrechnung haben immer die gleiche Summe, weil die Differenz der Werte von Aktiv- und Passivseite auf der Passivseite als „Jahresüberschuss" oder „Jahresfehlbetrag" ausgewiesen[336] wird. Fehlbeträge vermindern das Eigenkapital, Überschüsse erhöhen es. Die Vermögensrechnung ist mit der Ergebnisrechnung verbunden: Die bilanziellen Überschüsse oder Fehlbeträge entsprechen genau dem Gewinn oder Verlust aus der Ergebnisrechnung. Daher kann man die gesamte Ergebnisrechnung als ein „Unterkonto" des Eigenkapitals der Vermögensrechnung verstehen.

Ergebnisrechnung „Unterkonto" des Eigenkapitals

Da die Kapitalseite Eigen- und Fremdkapitalanteile aufzeigt, lässt sich aus der Bilanz unmittelbar die Finanzierungsstruktur ablesen. Darüber hinaus gibt es eine ganze Reihe von Kennzahlen, die sich aus den Werten von Bilanzpositionen bilden lassen und für Bilanzanalysen herangezogen werden. Ein Beispiel ist die Relation von lang- zu kurzfristig finanzierten Krediten. Bilanzexperten können anhand mancher kritischer Kennzahlen recht schnell „gesunde" Bilanzen von weniger gesunden unterscheiden oder weitere Detailfragen ableiten, deren Antwort erst bei tieferer Analyse der Bücher gefunden werden kann. Die Werte der Vermögensrechnung kommen unterjährig durch Buchungen auf Konten für Bestandswerte der Bilanz zustande, jede Bilanzposition hat jeweils wieder für sich ein Konto. Dies zeigt schematisch das System in der nachfolgenden Abb. 106.

Grundprinzip des Buchens im doppischen System

Geschäftsvorfall und Buchungen

Im doppischen System wird jedes Ereignis mit Wirkung auf monetäre Werte, ein „Geschäftsvorfall", durch „Buchungen" auf Konten abgebildet. Buchungen können auf allen Konten stattfinden, die den einzelnen Positionen der Vermögensrechnung (Bestandskonten) und der Ergebnisrechung (Bewegungskonten) zugeordnet sind. Jeder Geschäftsvorfall berührt mindestens zwei Konten. Die Buchungen können je nach Geschäftsvorfall ausschließlich innerhalb der Bestandskonten (d. h. den zur Vermögensrechnung zählenden Konten) oder zwischen Bestands- und Bewegungskonten (d. h. Ergebnisrechnung) stattfinden.

---

336 Deshalb wird gelegentlich auch das Symbol der Waage für die Bilanz benutzt.

Beispiel Buchungen nach einem Geschäftsvorfall

Die Wasserschutzpolizei Atlantis füllt den Treibstofftank für Patrouillenboote mit Treibstoff im Wert von 10.000 € auf und bezahlt per Kredit. Hierdurch werden zwei Buchungen ausgelöst: Das Bestandskonto für Vorräte im Umlaufvermögen wird um 10.000 € erhöht. Das Bestandskonto für Verbindlichkeiten (z. B. Lieferantenkredite) wird auch um 10.000 € erhöht. Dieser Geschäftsvorfall berührt also zwei Bestandskonten.

Fallvariante: Falls der Kredit zinspflichtig ist und der Zinssatz 10 % zum Jahresende beträgt, fallen ergänzend 1.000 € Zinsaufwand am Jahresende an und lösen eine Buchung aus, die ein Bewegungskonto für Zinsaufwand um 1.000 € erhöht und das Bestandskonto für Kassenbestände und Sichtguthaben um 1.000 € vermindert. Dieser Geschäftsvorfall berührt ein Bestands- und ein Bewegungskonto.

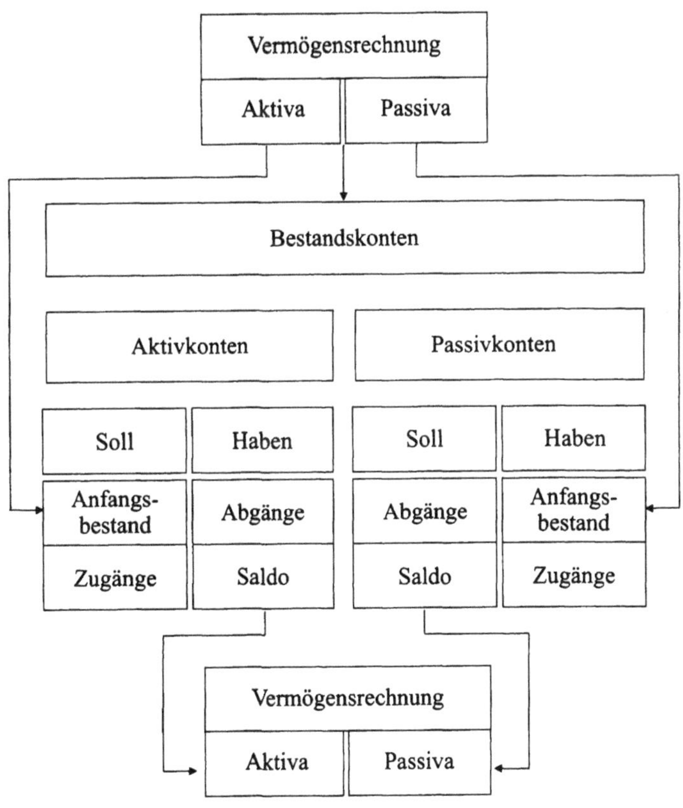

Abb. 106: Zusammenhang Vermögensrechnung und Einzelkonten

Aktiv-, Passivtausch

Für bestimmte Buchungs-Paarungen gibt es besondere Bezeichnungen, z. B. wird die Buchung zwischen zwei Bestandskonten der jeweils gleichen Seite einer Bilanz „Aktivtausch" (z. B. Kauf einer Maschine mit Bargeld, Verminderung Kasse und Erhöhen des Bestandskontos Sachanlagen) oder Passivtausch (z. B. Tausch zwischen kurz- und langfristigem Kredit) genannt. Der im obigen Beispiel dargestellte Fall eines kreditfinanzierten Vorratskaufs von Treibstoff berührt sowohl die Aktiv- wie die Passivseite der Bilanz, auf beiden Seiten erhöhen sich Bestandswerte (Kreditvolumen und Treibstoffvorräte). Diese Paarung wird „Bilanzverlängerung" genannt, da die Bilanzsumme wächst. Der umgekehrte Fall ist eine Bilanzverkürzung, z. B. wenn Geld der Kasse (Aktivseite) zur Rückzahlung von Krediten (Passivseite) verwendet wird.

Buchungstechnik

Die Darstellung der Buchungstechnik hilft, eine mögliche Erklärung für die Herkunft der Bezeichnung „doppelte Buchführung" zu verstehen: Es werden bei Geschäftsvorfällen immer mindestens zwei Konten berührt. Eine alternative Begriffserläuterung ergibt sich aus den Arbeitsabläufen beim Buchen: Geschäftsvorfälle werden von Kaufleuten aufgrund entsprechender Pflichten zunächst im sogenannten „Grundbuch" (auch Zeitbuch genannt) festgehalten und dann erst in sachlicher Hinsicht auf Konten im Kontobuch gebucht.

Stärken und Schwächen der Doppik

Die Doppik hat ein großes Potenzial, bisher im öffentlichen Bereich fehlende Informationen für die Steuerung von Wirtschaftlichkeit bereitzustellen:

Stärken und Schwächen Doppik

Darstellung der Wertverbräuche: Die Doppik ist ein System, das periodenrichtig Werteverbräuche darstellt und mit der Liquiditätsbetrachtung wie auch der Bestandsführung von Anlagen fest verbunden ist. Hiervon profitieren diejenigen öffentlichen Betriebe, die in großem Umfang eigene Anlagenbestände haben und deren optimalen Einsatz und die Wertentwicklung im Auge behalten sollten. Dies ist im kommunalen Bereich sehr häufig der Fall, auf Landes- und Bundesebene in Betrieben vom Typus einer Ministerialbehörde ohne nennenswertes Anlagevermögen wahrscheinlich weniger.

Vergleichsmöglichkeit mit privaten Betrieben

Analysemöglichkeiten und Kennzahlenvergleiche: Da die Berichtswerkzeuge zumindest bis zur Ebene der Mindestgliederungstiefe branchenunabhängig standardisiert sind, eröffnet die Doppik dem öffentlichen Sektor ein weites Feld für Vergleiche mit ähnlichen privatwirtschaftlichen Betrieben. Ein großer „Schatz" an Kennzahlen zur Bilanzanalyse steht bereit. Dies ist für diejenigen öffentlichen Betriebe besonders wertvoll, die ähnliche Produkte erzeugen oder ähnlich arbeiten wie privatwirtschaftliche Betriebe. Hier ist das Vergleichspotenzial besonders groß.

Verschiedene Standards der Doppik

Standardisierungsmöglichkeit für den öffentlichen Sektor: Auch in der Doppik ist trotz aller Standards viel Platz für individuelle Bewertungen und Festlegungen, die zwar der Flexibilität nutzen, aber die Vergleichbarkeit zwischen Betrieben erschweren. Neben den verschiedenen nationalen und internationalen handelsrechtlichen Regeln (z. B. HGB, US-GAAP, IFRS) hat der öffentliche Bereich international mit IPSAS (International Public Sector Accounting Standards) eigene Standards festgelegt. Diese werden in einigen internationalen Organisationen (UNO, Nato, EU) sowie auch teilweise national genutzt, z. B. für die Doppik auf Bundesebene in der Schweiz[337]. In Deutschland gibt es einen speziellen Verwaltungskontenrahmen (VKR), der die Mindestgliederung der drei Komponenten der Finanzrechnung festlegt. Außerdem hat das Bundesland Nordrhein-Westfalen Grundsätze ordnungsmäßiger Buchführung des öffentlichen Bereichs, GoöB, erarbeiten lassen. Der Vorteil solcher spezifischen Regeln ist die evtl. bessere „Passung" auf die Besonderheiten der Branche, der Nachteil ist die Einschränkung der Vergleichbarkeit zwischen den Branchen. Derzeit werden aber nicht alle vorhandenen Standards des öffentlichen Bereichs überall genutzt, hierunter leidet die Vergleichbarkeit.

Kosten für eine Doppik

Kosten für den Betrieb einer Doppik: Die Doppik ist ein Berichtswerkzeug mit gutem Potenzial, in öffentlichen Betrieben mit beeinflussbarem Wertverbrauch nützliche Steuerungsinformationen zu liefern. Sie selbst erzeugt aber auch einen Wertverbrauch, weil ihre Einführung und ihr Betrieb – wie alle Investitionen – Geld kosten. Es gibt auch Stimmen, die die Doppik im öffentlichen Bereich für übertrieben teuer und nur für wenig nützlicher als die Kameralistik halten[338]. Sicher ist dies in Teilen auch eine Frage, wo die Doppik eingeführt wird: In der Ministerialbürokratie mit stabsähnlicher Arbeit und sehr großem Anteil Personalkosten oder in einer Kommune, wo auch erhebliche Anteile der Gesamtkosten durch Anlagenmanagement beeinflusst werden können. Außerdem kommt es auch darauf an, ob und wie Führungskräfte die neuen Informationen nutzen. Neue Steuerungswerkzeuge selbst rechnen sich nur, wenn sie brachliegende Effizienzpotenziale erschließen helfen und nach ihrer Einführung mit ihrer Hilfe auch besser gesteuert wird.

6.2.4 Kosten- und Leistungsrechnung

Übersicht

Die Kosten- und Leistungsrechnung ist ein sehr informationshaltiger Teil des Internen Rechnungswesen von Betrieben und lässt sich wie folgt definieren:

---

337 Vgl. Raupach & Stangenberg, 2006, S. 55

338 Vgl. die im Doppik-freundlichen Artikel von Gerhards, 2010, aufgegriffene aktuelle Diskussion in Deutschland.

Definition Kosten- und Leistungsrechnung (KLR)

Kosten- und Leistungsrechnung (früher auch Kosten- und Erlösrechnung, KER, genannt) ist eine Sammelbezeichnung für die Kostenarten-, Kostenstellen- und Kostenträgerrechnung. Sie ist weitgehend betriebsindividuell und rein nutzenorientiert gestaltbar.

Mit Hilfe der KLR sollen folgende Ziele erreicht werden:

Ziele der KLR

- Allgemein eine höhere Transparenz von Wertverbräuchen in arbeitsteiligen Erstellungsprozessen.
- Gewinnen belastbarer Daten für die Kalkulation von Selbstkosten, Gebühren und Preisen.
- Fördern des innerbetrieblichen Wettbewerbs durch Benchmarking vergleichbarer Bereiche.
- Grundlagen für strategische Entscheidungen z. B. über weitere Eigenfertigung versus Fremdbezug.

Die Kosten- und Leistungsrechnung hat folgende Elemente:

Kostenartenrechnung

Kostenartenrechnung: Sie erfasst und gliedert die während einer Periode angefallenen Kosten systematisch und beantwortet die Frage, welche Kosten dem Betrieb entstanden sind, z. B. Personal-, Sach-, Material- und kalkulatorische Kosten, Abschreibungen, Mietkosten. Einige Kostenarten entsprechen exakt den Aufwandskategorien (sind „aufwandsgleich"), die in der Ergebnisrechnung (ein Bestandteil der Doppik) aufgeführt werden. Nicht enthalten sind in der KLR Aufwände, die mit dem betrieblichen Erstellungsprozess nichts zu tun haben, z. B. Zinsaufwand, Kosten für Steuern, Aufwand für nichtbetriebsnotwendige Vorhaben wie Schenkungen usw. Dafür kann die KLR über die Aufwände hinausgehende ergänzende kalkulatorische Kosten einsetzen, z. B. kalkulatorische Wagnisse, die risikoreiche Vorhaben in der internen Berechnung teurer machen und damit eventuell vor deren Durchführung abschrecken. Die Kostenartenrechnung bezieht ihre Ausgangsdaten aus dem externen Rechnungswesen (Geschäfts-/Finanzbuchhaltung), Statistiken und evtl. eigenen Datenerhebungen, z. B. Leistungsmengen, Planwerten und Zeitaufschreibungen der Beschäftigten. Alle verwendeten Kostenarten fallen inhaltlich entweder in die Kategorie der Ist-Kosten, der Normal-Kosten oder der Plankosten. Ist-Kosten sind tatsächlich angefallene „historische" Kosten. Sie sind das Rückgrat jeder Kostenrechnung. Normalkosten sind um Ausreißer oder unwichtige individuelle Schwankungen bereinigte Kostenbeträge wie z. B. die bundesweit eingesetzten Durchschnittskostensätze je Arbeitsstunde für Personal nach Besoldungsgruppe/Einstufung im Tarifvertrag. Plankosten sind durch Schätzungen ermittelte zukünftige Kosten. Plankosten(systeme) sind im öffentlichen Bereich seltener anzutreffen als in der Privatwirtschaft.

Kostenstellenrechnung: Die Kostenstellenrechnung gibt Auskunft darüber, wo genau die Kosten im Betrieb (z. B. Referat, Abteilung, Fuhrpark, Lager) entstanden sind und welche (Zwischen-)Leistung im Betrieb erbracht wird. Oft entsprechen Kostenstellen den Instanzen der Aufbaustruktur. Je nach Stellung im Wertschöpfungsprozess kann man Hilfskostenstellen, Vorkostenstellen, Zwischenkostenstellen und End-(oder Haupt-)Kostenstellen unterscheiden. Hilfskostenstellen haben gar keinen direkten Bezug zum End-Produkt des Betriebs, hier werden aber wichtige allgemeine Dienste erbracht, wie z. B. die Hausverwaltung und das Personalmanagement. Endkostenstellen (auch „Hauptkostenstellen") wiederum sind die letzten in der Wertschöpfungskette und geben direkt ein „marktfähiges" Produkt an die Außenwelt ab. Vorkostenstellen erzeugen nur Vorprodukte und weisen sie mittels Leistungsverrechnung verursachergerecht entweder sofort den Endkostenstellen oder weiteren Zwischenstationen im Erstellungsprozess, den Zwischenkostenstellen, zu. Manchmal werden separat von den Instanzen der Aufbaustruktur Kostenstellen nur mit „toten Sachen" wie Material-, Gebäude- und Fuhrpark oder ausschließlich zu Verrechnungszwecken gebildet.

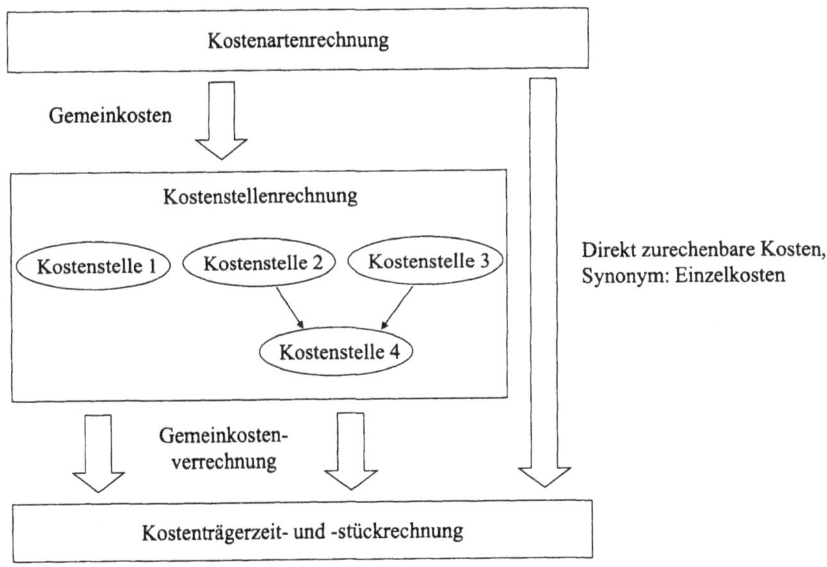

Abb. 107: Datenfluss in der Kosten- und Leistungsrechnung

Kostenstellen sammeln alle im betrieblichen Erstellungsprozess eingesetzten Gemeinkosten. Einzig die direkt einem Endprodukt zurechenbaren Kosten („Einzelkosten") können von der Kostenartenrechnung an den Kostenstellen vorbei direkt in die Kostenträgerrechnung gegeben werden. Das Ergebnis des Erstellungsprozesses in einer Kostenstelle ist eine „Leistung". In hauptsächlich durch Personalkosten geprägten Kostenstellen (z. B. Büroarbeit ohne Einsatz teurer Maschinen, ohne hohe Materialverbräuche) ist die Art der Kostenstellenleistung oft sehr nahe an der Input-Leistung der Beschäftigten.

Bei einer warenwirtschaftlichen Produktion ist das Produkt ein physischer Gegenstand, dieser ist von ganz anderer Art als die für seine Herstellung benötigten Rohstoffe und Personalleistungen. Die eingehenden Kostenarten werden in der Kostenstelle „umgeschmolzen" und in Güter umgewandelt. Die Belastung von Kostenstellen untereinander kann durch verschiedene Wege erreicht werden: Kalkulatorische Mietkosten einer Liegenschafts-Kostenstelle kann man z. B. nach genutzten Quadratmetern belasten, die Leistungen der Personalmanagement-Kostenstelle nach Köpfen der Beschäftigten in den leistungsempfangenden Kostenstellen usw., echte Vorleistungen wiederum – z. B. gebundene Akten der betriebsinternen Bücherei-Kostenstelle – nach Stückkosten.

Kostenträgerrechnung

Kostenträgerrechnung: Die Kostenträgerrechnung soll die Frage des „wofür" beantworten. Zweck der betrieblichen Arbeit ist die Herstellung von Produkten, daher hat sie die Kosten der Produkte zu ermitteln und damit auch die Grundlage für die Ermittlung von Selbstkosten, Gebühren- und Preiskalkulationen zu schaffen. Die Kostenträgerrechnung bezieht ihre Informationen von der Kostenarten- und der Kostenstellenrechnung. Sie ermittelt durch Zusammenfügen der Einzelkosten und der über die Kostenstellenrechnung zugerechneten Gemeinkosten die Höhe der Kosten je Produktart und welcher Betrag auf ein einzelnes Stück (Stückkosten) oder über eine ganze Rechnungsperiode (Kostenträgerzeitrechnung) angefallen ist.

Produktkataloge

Voraussetzung für eine Kostenträgerrechnung ist, dass die zu fertigenden Produkte festgelegt wurden. Diese „Produktkatalog" genannte Aufstellung ist betriebsindividuell zu erarbeiten. In manchen Verwaltungsbereichen, so z. B. der deutschen Bundesverwaltung, gibt es standardisierte Vorgaben für die in allen Betrieben gleichartig vorkommenden betriebsinternen Produkte des Bereichs „Organisation, Personal, Haushalt". Neben diesen standardisierungsfähigen Produkten kann auch ein Teil der Fachprodukte standardisiert werden, wenn es – wie im kommunalen Bereich – viele gleichartige Betriebe in einer „Branche" des öffentlichen Sektors gibt. Eine Art „goldene" Regel ist es, nur eine relativ geringe Anzahl von Produkten zu bilden. Nicht jeder Handschlag und jede Endleistung sind ein Produkt, sondern nur Leistungen, die auch in einer bestimmten Menge anfallen. Hier kann man pragmatische Untergrenzen bilden, z. B. nur dann eine Leistung zum Produkt zu machen, wenn sie pro Jahr mehrere Vollzeitbeschäftigte bindet. Da öffentliche Betriebe oft eine Vielzahl kleiner und großer Aufgaben wahrnehmen, ist die Einführung einer KLR eine gute Gelegenheit, eventuell zuvor eine Aufgabenkritik vorzunehmen und die Zahl der Aufgaben auszudünnen bzw. die Abläufe zu optimieren.

Einführung KLR Gelegenheit zur Aufgabenkritik

Für die Durchführung einer Stückkosten-Kalkulation benötigt man die regelmäßige Erhebung der Stückzahl erstellter Leistungsmengen. Bei der Güterproduktion ist dies recht einfach und die Datenerhebung oft maschinell möglich. Im öffentlichen Sektor lassen sich einige typische Büroarbeiten ebenfalls leicht erfassen, wenn z. B. das hoheitliche Handeln immer in einer Aktion wie einem Bescheid oder einer Maßnahme endet und die Zahl dieser Ergebnisse in Statistiken gesammelt wird. Informationen über Stückkosten sind die Grundlage für eine Reihe wichtiger betriebswirtschaftlicher Fragestellungen, z. B. derjenigen einer Eigenfertigung oder des Zukaufs („make or buy"). Die Begriffe „Erfahrungskurve" und „Skaleneffekte" geben anhand einer degressiven Stückkostenfunktion eine Erklärung dafür, wieso manchmal Externe einen Preis bieten können, der günstiger ist als die Selbstkosten.

Definition Skaleneffekt

Mit „Skaleneffekt" wird betriebswirtschaftlich die quantitative Beziehung zwischen Ausbringungsmenge und Faktoreinsatzmengen beschrieben. „Positiv" ist der Skaleneffekt, wenn bei zunehmender Produktionsmenge für jedes zusätzliche Stück weniger Faktoreinsatzmengen nötig sind. „Negativ" ist der Effekt, wenn je zusätzlichem Stück die Einsatzmengen pro Stück steigen, „konstant", wenn sie gleichbleiben.

Gründe für Skaleneffekte

Betriebswirtschaftlich besonders interessant sind die positiven Skaleneffekte, d. h. sinkende Stückkosten bei steigender Ausbringungsmenge. Die möglichen Gründe für diese positiven Skaleneffekte sind vielfältig: Sie treten z. B. bei Steigerung der Ausbringungsmenge auf, wenn die Fixkosten sich auf eine immer größere Zahl auf Produkt(stück)e verteilen und jedes zusätzliche Stück nur gleichbleibende Faktoreinsatzmengen und variable Kosten benötigt.

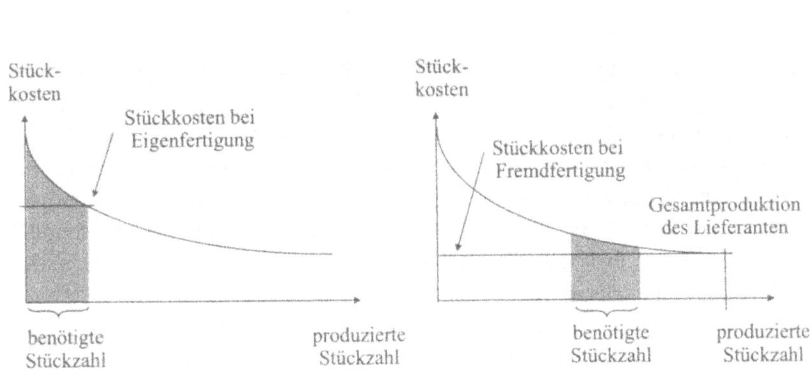

Abb. 108: Beispiel Wirkung Skaleneffekte

Bestimmte Branchen mit hohen fixen Infrastrukturkosten profitieren besonders von positiven Skaleneffekten, z. B. Eisenbahnen, Stromproduzenten und Chemiefirmen. Daher haben diese Branchen eine „natürliche" Tendenz zu Großbetrieben, die sich gegenüber der kleineren Konkurrenz mit niedrigeren Stückkosten bei immer größeren Produktionsmengen durchsetzen können.

Ähnlich, aber nicht identisch ist der Begriff „Erfahrungskurve":

Definition Erfahrungskurve

Die Erfahrungskurve beschreibt den Effekt sinkender Stückkosten bei steigender kumulierter Ausbringungsmenge.

Gründe für Effekte der Erfahrungskurve

Gründe für die Kostensenkung je Stück sind bei der Erfahrungskurve „dynamische" Effekte und „statische Effekte"[339]: Zu den dynamischen Wirkungen zählen Lerneffekte der Beschäftigten, Verbesserungen der Produktionstechnologie und Verbesserungen der Produktionsabläufe. Statische Effekte ergeben sich bei größerer Ausbringungsmenge in gleicher Zeit durch die mögliche Fixkostendegression und durch Preisvorteile bei größeren Einkaufsmengen.

Erweiterungen der KLR und weitergehende Steuerungsansätze

Cost Center und Profit Center

Cost Center und Profit Center: Cost Center sind aus einer oder mehreren Kostenstellen bestehende Bereiche, die ein eigenes dezentrales Budget haben und Spielraum dafür besitzen, ihre Kostenstrukturen und Wertverbräuche selbst zu beeinflussen. Gemessen an diesen Möglichkeiten sind sie verantwortlich für die Wirtschaftlichkeit in ihrem Bereich. Profit Center sind darüber hinausgehend Bereiche eines Betriebs, denen auch Erlöse zugerechnet werden können. Sie werden als Sparten selbstständig geführt. Sie haben eine eigene Ergebnisrechnung mit Ausweis von Gewinnen und Verlusten, obwohl sie kein eigenständiger Betrieb sind.

Produktorientierte Steuerung

Produktorientierte Steuerung: In vielen deutschen Kommunen wurde die Kosten- und Leistungsrechnung als Ergänzung zur Kameralistik eingeführt und neben dem kameralen Haushalt wird mittlerweile ein Produkthaushalt vorgelegt. Mit diesen Produkten soll eine Standardisierung im kommunalen Bereich erreicht und ein Vergleich zwischen Kommunen untereinander und eine Kontrolle in der jeweiligen Kommune selbst ermöglicht werden. Ziel dieser neuen Steuerungsmodelle soll eine Lenkung über die Leistungen, also Produkte des Verwaltungshandelns sein. Deshalb beschreiben die Kommunen ihre Produkte und fassen Produktbereich, Produktgruppe und die Produkte in einem Produktplan zusammen.

---

[339] S. hierzu Coenenberg et al., 2009, S. 411

Prozesskostenrechnung[340]: Eine Ergänzung der vorgestellten Kostenrechnung ist die Möglichkeit, prozessbezogene Kosten darzustellen. Die zumeist an der Aufbauhierarchie orientierte Sicht der Kostenstellenrechnung wird um die Sicht auf quer durchlaufende Prozesse erweitert. Die Prozesskostenrechnung setzt voraus, dass Prozesse definiert und klar voneinander abgegrenzt sind. Darüber hinaus müssen die Verkettung von Teilprozessen, der Ort ihrer Durchführung (d. h. die Kostenstelle) und die Anzahl der Prozessdurchläufe ermittelt werden können. Diese Zuordnung ist sehr einfach, wenn ein Prozess immer und eindeutig mit dem Erstellen eines Produkts zusammenfällt und die Zahl dieser Produkte sowieso schon statistisch erfasst wird. Die Gesamtkosten eines Prozesses ergeben sich als Summe der Kosten der Teilprozesse. Die Prozesskostenrechnung ist besonders geeignet, die Arbeitswelt der internen Bereiche auf ihre Kostenstruktur hin zu durchleuchten und damit eine Datenbasis für eventuelle Verbesserungen der Abläufe oder Vergleiche mit anderen (Benchmarking) zu schaffen. Nachteilig können die hohen Kosten für die Prozesskostenrechnung selbst sein, sie können bei einer hohen Zahl von laufend zu messenden Prozessen erheblich sein. Für das nur einmalige Interesse daran, die Prozesskosten zu kennen, kann alternativ eine Organisationsuntersuchung mit Kostenschätzung günstiger sein als eine permanente Prozesskostenrechnung.

Prozesskostenrechnung

Zielkostenmanagement (Target Costing): Der Begriff „Zielkosten" beschreibt die Idee, bei der Planung und Umsetzung von Maßnahmen gleich deren zulässige Höchstkosten im Blick zu haben. Zweck ist es, die Kosten keinesfalls über eine bestimmte obere Grenze hin anwachsen zu lassen. Der wirtschaftliche Hintergrund kann sein, dass man preiswerter als die Konkurrenz sein möchte oder dass ein öffentlicher Betrieb ansonsten mit den notwendigen Gebühren die Bürger oder andere Anspruchsgruppen überfordert[341].

6.3 Vorteilhaftigkeitsrechnung

6.3.1 Übersicht der Investitionsrechenarten

Zentraler Bestandteil der ÖBWL sind Methoden zur Beurteilung der Vorteilhaftigkeit alternativer Entscheidungsvorschläge für Investitionen:

Investition

340 Knappe und leicht verständliche Darstellung in Jossè, 2008, S. 192

341 Beispiele für Zielkostenmanagement in öffentlichen Betrieben zeigt Funke, 1998, S. 177 ff.

Definition Investition

Den Einsatz von Geld oder geldwerten Ressourcen nennt man „Investition". Investitionsobjekte können reale Güter („Sachinvestition") und Finanzprodukte („Finanzinvestition"), z. B. Sparanlagen, sein. Nach dem Zweck kann man zwischen Erstinvestition, Ersatz- und Erweiterungsinvestition unterscheiden. Bei Ersatzinvestitionen ist zwischen dem identischen Ersatz z. B. einer verschleißenden Anlage und dem Fall des Austauschs gegen effizientere Investitionsobjekte („Rationalisierungsinvestition") zu unterscheiden. Der Begriff Investition umfasst sowohl den Kapitaleinsatz wie auch die Prozesse der Entscheidung und Umsetzung.

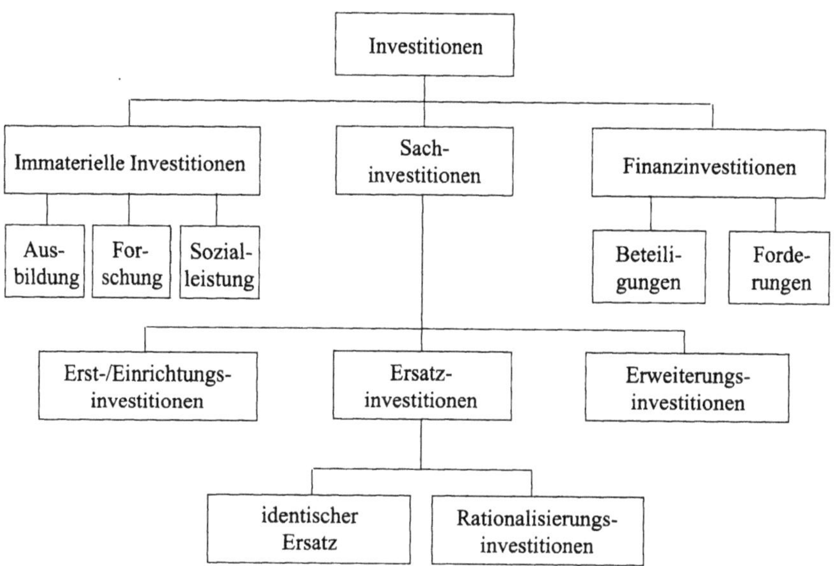

Abb. 109: Arten von Investitionen

Investitions-entscheidungen

Investitionsentscheidungen setzen zumindest immer zwei Möglichkeiten voraus: Im alten Zustand zu verbleiben oder eine neue Maßnahme einzuleiten. Beide Situationen sind von finanziellen und von nicht-finanziellen Wirkungen geprägt. Auch das „weiter so" bindet in der Regel Mittel. Die finanziellen Wirkungen können Auszahlungen, Aufwände und Kosten und evtl. auch Einzahlungen und Erträge sein. Fraglich ist natürlich nur, wann bei einer Entscheidung für die neue Maßnahme die Wirkungen des alten Zustands beendet sind. Nur für den Fall, dass die neue Maßnahme „auf der grünen Wiese" entsteht sind die vergleichbaren Wirkungen des alten Zustands „Null". Falls bereits vorentschieden ist, dass auf jeden Fall irgend etwas Neues getan werden soll oder muss, drehen sich Investitionsentscheidungen um die Auswahl der besten von zwei oder mehreren neuen Maßnahmen. Die BWL bietet für verschiedene Konstellationen unterschiedliche Rechenverfahren an, um die vorteilhafteste Maßnahme auszuwählen. Man unterscheidet sie danach, ob sie

Monetäre und nicht-monetäre Modelle

- Geld als Bewertungsmaßstab für die Eigenschaften von Investitionsalternativen zwingend benötigen („monetäre Modelle") oder nicht.
- Zinseffekte z. B. durch Zeitablauf, Inflation oder andere Gründe veranschlagen („dynamische Methoden") oder nicht („nicht-dynamische Methoden"). Das Einbeziehen von Zinseffekten verkompliziert die Berechnung, außerdem muss ein anzuwendender Kalkulations-Zinssatz bestimmt werden. Verfahren ohne Einbezug von Zinseszinseffekten werden auch als „einperiodige" Verfahren bezeichnet, weil man die Abwicklung aller positiven wie negativen Effekte einer Investition innerhalb einer Rechnungsperiode, i. d. R. entspricht die Periode einem Jahr, unterstellt. In der pragmatischen BWL lässt man die auch unterjährig mögliche Betrachtung von Zinseffekten wegfallen, weil unterstellt wird, dass die Höhe der dann anfallenden Zinsbeträge die Entscheidung nicht wesentlich beeinflusst.
- Ereignisse abbilden, die zu 100 % sicher eintreten oder nur mit einer bestimmten Wahrscheinlichkeit zu erwarten sind.

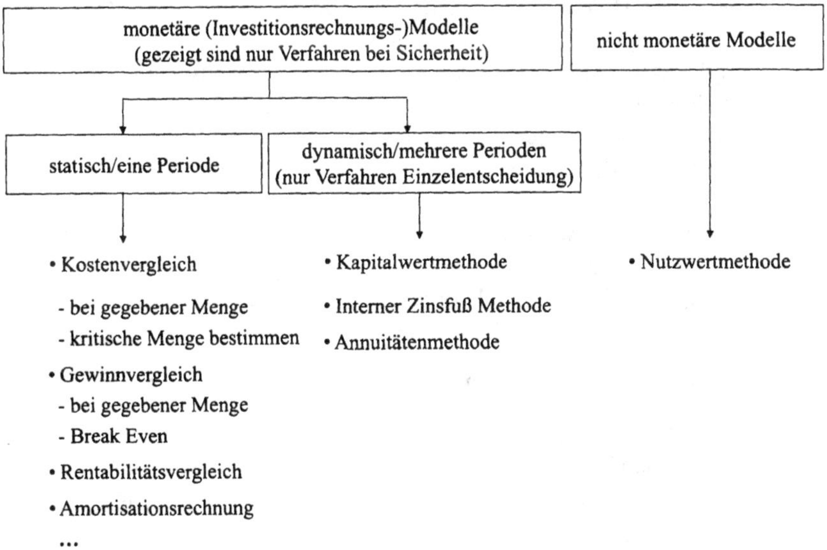

monetäre (Investitionsrechnungs-)Modelle
(gezeigt sind nur Verfahren bei Sicherheit)

nicht monetäre Modelle

statisch/eine Periode

- Kostenvergleich
  - bei gegebener Menge
  - kritische Menge bestimmen
- Gewinnvergleich
  - bei gegebener Menge
  - Break Even
- Rentabilitätsvergleich
- Amortisationsrechnung
- ...

dynamisch/mehrere Perioden
(nur Verfahren Einzelentscheidung)

- Kapitalwertmethode
- Interner Zinsfuß Methode
- Annuitätenmethode

nicht monetäre Modelle

- Nutzwertmethode

Abb. 110: Verfahren der Vorteilhaftigkeitsrechnung

6.3.2 Kostenvergleich und kritische Menge

Übersicht und Definitionen

Die Kostenvergleichsrechnung ist eine relativ einfache Methode zur Ermittlung der Vorteilhaftigkeit. Sie setzt nur das Vorliegen von Informationen über die Werte der zu berücksichtigenden Kostenarten voraus. Sofern mehrjährig genutzte Wirtschaftsgüter Teil der zu beurteilenden Investitionsalternativen sind (z. B. Maschinen, Kraftfahrzeuge, Computer), müssen die anlagenbezogenen Kosten auf Jahresbasis berechnet werden.

Definition Kostenvergleichsrechnung

Die Kostenvergleichsrechnung ist ein Verfahren der Vorteilhaftigkeitsberechnung mit folgenden Merkmalen:
- Zins(eszins) spielt keine Rolle, daher „statisch" und einperiodig.
- Zwei und mehr alternative Maßnahmen können verglichen werden.
- Allen Alternativen wird eine identische Leistungsqualität unterstellt, daher kommt es nur auf die Kosten an.
- Relevante Kostenarten: Kalkulatorische Kapitalkosten (Abschreibungen, Zinsen auf durchschnittlich gebundenes Kapital) und sonstige Kostenarten (z. B. Personal-, Material-, Wartungs- und Instandhaltungs-, Miet-, Energie-, Versicherungskosten).
- Es gibt zwei Durchführungsarten: 1. fixe Verbrauchsmenge und daher feste Beträge der variablen Kosten und 2. veränderliche Werte der Verbräuche und daher auch verschiedene Werte bei variablen Kosten.
- Die billigste Alternative ist die vorteilhafteste (Minimumprinzip).

Falls die Fragestellung Anlagegüter einschließt, die mehrperiodig (mehrjährig) genutzt werden können, sind zunächst in einer Nebenrechnung die lineare Abschreibung[342] und die kalkulatorischen Zinsen auf das durchschnittlich gebundene Kapital (kurz: kalkulatorische Zinsen) zu berechnen:

Abschreibung

Definition lineare Abschreibung

Die lineare Abschreibung drückt den durchschnittlichen jährlichen Wertverlust von mehrjährig nutzbaren Anlagegütern aus. Zur Bestimmung der Abschreibungsbeträge ist die Festlegung von zwei Parametern nötig:

- 1. Nutzungsdauer (ND)
- 2. Restwert der Anlage nach Ende der Nutzungsdauer (RW)

---

[342] Neben der linearen gibt es auch andere Formen der Abschreibung, z. B. die degressive (mit fallenden Werten von Jahr zu Jahr) und degressiv-lineare. Diese werden in der Ergebnisrechnung (Gewinn- und Verlustrechnung) aus Gründen der Steueroptimierung auch oft genutzt, in der Kostenrechnung wird aus Vereinfachungsgründen die linare Form eingesetzt.

Jetzt benötigt man nur die Kenntnis des Anschaffungswerts, um die durchschnittliche jährliche Abschreibung berechnen zu können (Formel 5):

$$Abschreibung = \frac{Anschaffungswert - Restwert}{Nutzungsdauer}$$

Ausgangspunkt der Berechnung ist der Anschaffungswert.

Definition Anschaffungswert (AW)

Der Anschaffungswert ist die Summe aus dem Anschaffungspreis (= Kaufpreis) und den zwingend mit dem Erwerb verbundenen Nebenkosten der Anschaffung wie z. B. Transport, Installation, Erstellen eines Fundaments für eine Maschine.

In Formelschreibweise ausgedrückt (Formel 6): Anschaffungswert

$$Anschaffungswert = Preis + Nebenkosten$$

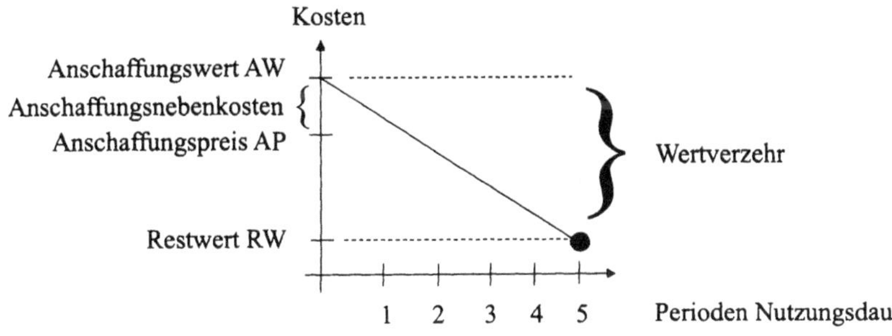

Abb. 111: Darstellung Wertverzehr und Abschreibung

Als zweite kalkulatorische Kostenart bei Verwendung mehrjährig nutzbarer Anlagegüter sind kalkulatorische Zinsen auf das durchschnittlich gebundene Kapital (kurz: kalkulatorische Kapitalzinsen) anzusetzen. Der Zweck dieser kalkulatorischen Kostenart liegt darin, aufzuzeigen, dass der Einsatz von Kapital nicht kostenlos ist: Entweder verzichtet man auf mögliche echte Zinserträge bei alternativer Geldanlage oder der Betrieb muss selbst Fremdkapitalzinsen für geliehenes Geld aufbringen, um die Investition zu stemmen.

Kalkulatorische Zinsen

Definition kalkulatorische Zinsen

Kalkulatorische Zinsen auf das durchschnittlich gebundene Kapital (kurz: Kalkulatorische Zinsen) bilden die Kosten der Kapitalbindung einer Investition ab. Das durchschnittlich durch die Investition gebundene Kapital ergibt sich aus der Hälfte des Wertverlustes und dem Restwert. Multipliziert man den Geldbetrag für das durchschnittlich gebundene Kapital mit dem Kalkulationszinssatz i (= englisch „interest"), so erhält man die kalkulatorischen Zinsen.

Die Formelschreibweise lautet (Formel 7):

$$Kalk.Zins = \left(\frac{Anschaffungswert - Restwert}{2} + Restwert\right) * i$$

Die graphische Darstellung in Abb. 112 zeigt, dass die Formel eine sehr pragmatische Art der Berechnung von Kapitalkosten abbildet. Eigentlich fällt bei genauer Betrachtung in jedem Nutzungsjahr ein anderer Betrag der kalkulatorischen Zinsen an, da die Abschreibungen den Wert der Investition laufend mindern. Die Mittelwertbildung beinhaltet keine Zinseszinseffekte.

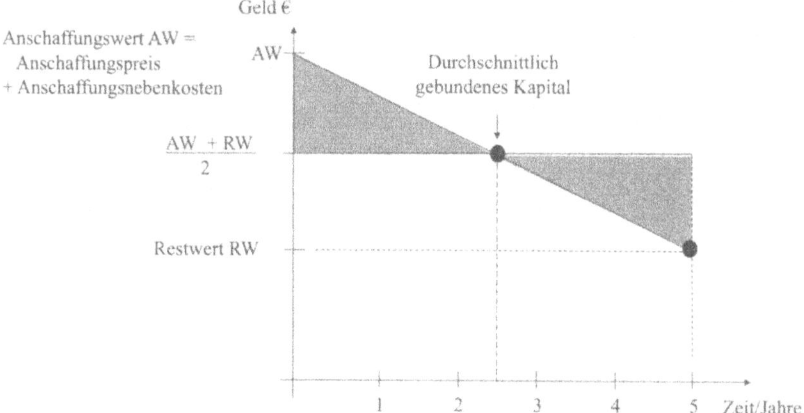

Abb. 112: Bestimmungsgrößen durchschnittlich gebundenes Kapital

Nachdem die Werte der kalkulatorischen Kostenarten in einer Nebenrechnung ermittelt worden sind, können die Ergebnisse zusammen mit den Jahreswerten anderer Kostenarten in der Hauptrechnung aufsummiert werden. Die Alternative mit dem geringsten Kostenbetrag ist auszuwählen. Die nachfolgende Abb. 113 zeigt eine Rechenschablone, die bei den meisten einfachen Aufgaben zur Kostenvergleichsrechnung hilfreich sein kann.

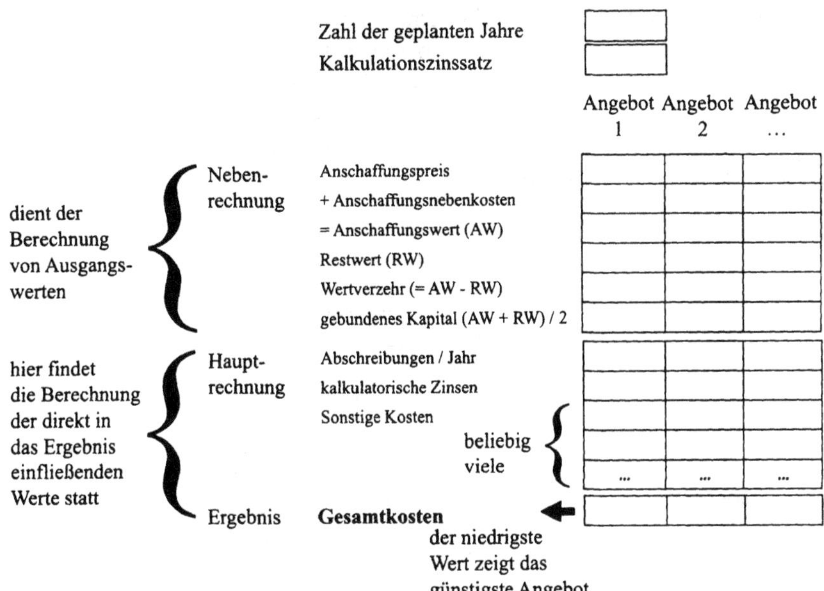

Abb. 113: Rechenschablone einer Kostenvergleichsrechnung

Rechenbeispiel

Beispielaufgabe Kostenvergleich bei fixer Verbrauchsmenge

Die Wasserschutzpolizei Atlantis benötigt ein neues kleines Wasserfahrzeug für das Einsammeln von Wasserproben und Verlegen von Bojen zur Markierung von Gefahrstellen. Hier die Daten:

- Jährliche Fahrleistung: 10.000 Seemeilen
- Kalkulationszinssatz: i = 5 %, Nutzungsdauer: 5 Jahre
- 1.000 € Versicherungskosten/Jahr

Zwei Angebote von Händlern liegen vor:

- Anbieter A wirbt für ein Boot mit
  - 100.000 € Anschaffungspreis, Null € Anschaffungsnebenkosten
  - Restwert des Bootes nach 5 Jahren: 20.000 €
  - geschätzt 5.000 € für Treibstoff und Wartung bei 10.000 Seemeilen
- Anbieter B wirbt für ein Boot mit
  - 80.000 € Anschaffungspreis, 5.000 € Anschaffungsnebenkosten
  - Restwert des Bootes nach 5 Jahren: 15.000 €
  - geschätzt 6.000 € für Treibstoff und Wartung bei 10.000 Seemeilen

Die Daten der Aufgabe können in das allgemeine Rechenschema übertragen werden. Da die Angebote Daten für mehrjährig nutzbare Boote enthalten, müssen Abschreibungen und die kalkulatorischen Kosten berechnet werden. Die Abb. 114 enthält das Ergebnis der mit den Beispieldaten durchgeführten Kostenvergleichsrechnung. Es resultieren Gesamtkosten in Höhe von 26.000 € für Angebot A und 24.500 € für Angebot B. Da B geringere Gesamtkosten aufweist als A ist B zu bevorzugen.

Nutzungsdauer/Jahre	5
Kalkulationszinssatz i	5%
Fahrleistung/Jahr	10.000 Seemeilen

		Angebot Polizeiboot A	Angebot Polizeiboot B
Nebenrechnung	Anschaffungspreis Kraftfahrzeuge	100.000,00	80.000,00
	+ Anschaffungsnebenkosten	0,00	5.000,00
	= Anschaffungswert (AW)	**100.000,00**	**85.000,00**
	Restwert (RW)	20.000,00	15.000,00
	Wertverzehr (= AW - RW)	80.000,00	70.000,00
	gebundenes Kapital (AW + RW) / 2	**60.000,00**	**50.000,00**
Hauptrechnung	Abschreibungen / Jahr (Werteverzehr / 5)	16.000,00	14.000,00
	kalkulatorische Zinsen (gebund. Kapital * i)	3.000,00	2.500,00
	Sonstige Kosten je Jahr:	1.000,00	1.000,00
	- Treibstoff und Wartung	5.000,00	6.000,00
	- Versicherung	1.000,00	1.000,00
	Gesamtkosten /Jahr	**26.000,00**	**24.500,00**

Abb. 114: Ergebnis Kostenvergleich fixe Menge

Kostenvergleich mit variabler „kritischer" Verbrauchsmenge

Wenn man bei Investitionsvorhaben die Menge eines der kostenverursachenden Faktoren nicht kennt, benötigt man ein Rechenverfahren, das den Einfluss alternativer Verbrauchsmengen dieses Faktors auf die Vorteilhaftigkeitsentscheidung berücksichtigt. Im Szenario der Kostenvergleichsrechnung ist dieser Rechenweg die Bestimmung der „kritischen Menge".

Definition „kritische Menge"

Als „kritische" Menge wird in der Kostenvergleichsrechnung diejenige Verbrauchsmenge x eines Kosten verursachenden Faktors bezeichnet, bei der die Gesamtkosten zweier Angebote mit verschiedener Kostenstruktur exakt gleich sind. Jenseits der kritischen Menge ist jeweils das eine oder das andere Angebot günstiger.

Die Berechnung einer kritischen Menge setzt zunächst die Unterscheidung von fixen und variablen Kosten voraus. Innerhalb einer Periode sind folgende Kosten fix: Die beiden kalkulatorischen Kapitalkostenarten Abschreibung und kalkulatorische Zinsen sowie i. d. R. Mieten, Pachten, Versicherungen, Fremdkapitalzinsen. Dagegen sind Personalkosten, Energiekosten, Wartung und Instandhaltung je nach Fallgestaltung mit hoher Wahrscheinlichkeit variabel, wenn sie erkennbar mit einer Veränderung der Ausbringungsmenge steigen oder fallen.

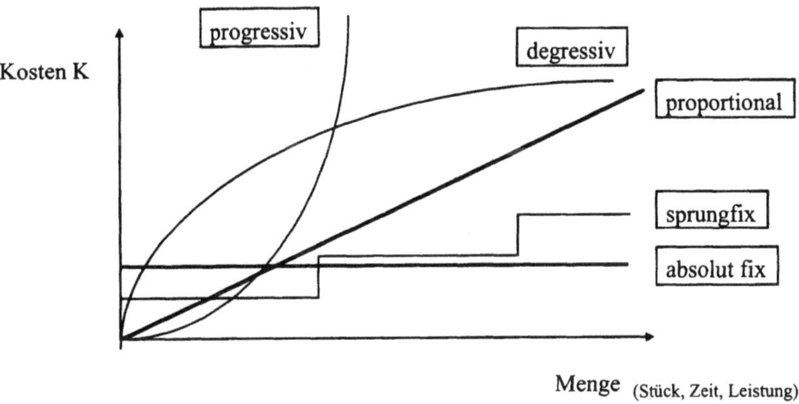

Abb. 115: Fixe und variable Kosten

Die Gesamtkosten eines Investitionsvorhabens ergeben sich aus der Summe der Fixkosten und der variablen Kosten (Formel 8):

$$K_{gesamt} = K_{Fix} + k_{var} * x$$

Die variablen Kosten werden hierbei als Kostenbetrag je Stück x der Verbrauchsmengeneinheit ausgedrückt. Die Berechnung der kritischen Menge wird in folgenden Schritten vorgenommen:

Erläuterung des Rechenwegs zur Ermittlung der kritischen Menge

1. Aufsummieren jeweils aller fixen Kosten $K_{fix\ A}$ und $K_{fix\ B}$ der alternativen Angebote A und B
2. Ermitteln jeweils der variablen Kosten $k_{var\ A}$ und $k_{var\ B}$ je Stück x der Verbrauchsmenge bei Angebot A und B
3. Bilden der Kostenfunktion für Angebot A und B und gleichsetzen, d. h. $K_{fix\,A} + k_{var\,A} * x = K_{fix\,B} + k_{var\,B} * x$
   a. Durch Subtraktion auf beiden Seiten den kleineren Fixkostenbetrag verschwinden lassen, z. B. bei A $k_{var\,A} * x = K_{fix\,B} - K_{fix\,A} + k_{var\,B} * x$
   b. Jetzt den Ausdruck mit x auf die eine Seite ziehen, auf der schon kein Fixkostenbetrag mehr ist, also bei A $(k_{var\,A} - k_{var\,B}) * x = K_{fix\,B} - K_{fix\,A}$
   c. Beide Seiten so verändern, dass der Ausdruck mit x den Wert 1 annimmt, also $\frac{KfixB-KfixA}{KvA-KvB} = x$

Rechenbeispiel und Tipps zur Durchführung

Das Verfahren soll mit einem Beispiel unter weitgehender Verwendung des gleichen Zahlenmaterials wie bei der Kostenvergleichsrechnung mit fester Verbrauchsmenge gezeigt werden. Einziger Unterschied: Jetzt wird die Zahl der jährlich gefahrenen Seemeilen nicht mehr vorgegeben, dagegen werden variable Kosten je Seemeile Fahrtstrecke genannt.

Beispielaufgabe Kostenvergleich bei variabler Verbrauchsmenge

Die Wasserschutzpolizei Atlantis benötigt ein neues kleines Wasserfahrzeug für das Einsammeln von Wasserproben und Verlegen von Bojen zur Markierung von Wasserstraßen. Hier die Daten:

- Kalkulationszinssatz: i = 5 %, Nutzungsdauer: 5 Jahre
- 1.000 € Versicherungskosten/Jahr
- Jährliche Fahrleistung: zwischen 5.000 und 50.000 Seemeilen

- Anbieter A wirbt für ein Boot mit
  - 100.000 € Anschaffungspreis, Null € Anschaffungsnebenkosten
  - Restwert des Bootes nach 5 Jahren: 20.000 €
  - geschätzt 0,50 €/Seemeile für Treibstoff und Wartung
- Anbieter B wirbt für ein Boot mit
  - 80.000 € Anschaffungspreis, 5.000 € Anschaffungsnebenkosten
  - Restwert des Bootes nach 5 Jahren: 15.000 €
  - geschätzt 0,60 €/Seemeile für Treibstoff und Wartung.

In der Aufgabe kann man die Fixkosten und die variablen Kosten relativ leicht unterscheiden: Variabel sind die von der Zahl gefahrener Seemeilen abhängigen Treibstoff- und Wartungskosten, alles andere ist fix. Aus den Ausgangsdaten der Aufgabe können zunächst die Fixkosten jeder Alternative errechnet werden. Sie setzen sich hier wie folgt zusammen:

$$K_{Fix} = Abschreibung + kalk.\ Zinsen + Versicherungskosten$$

Die Werte für Abschreibung und kalkulatorische Zinsen kann man wegen der gleichen Ausgangsdaten aus der vorherigen Aufgabe mit fixer Verbrauchsmenge übernehmen. Es ergeben sich daher folgende Fixkosten für die beiden Alternativen:

$$K_{Fix\,A} = \frac{100.000-20.000}{5} + \left(\frac{(100.000-20.000)}{2} + 20.000\right) * 5\% + 1.000$$

$$K_{Fix\,A} = 20.000$$

$$K_{Fix\,B} = \frac{85.000-15.000}{5} + \left(\frac{(85.000-15.000)}{2} + 15.000\right) * 5\% + 1.000$$

$$K_{Fix\,B} = 17.500$$

Da in der Beispielaufgabe variable Kosten je Seemeile genannt sind – kann man diese daher als Bezugsgröße übernehmen. Einsetzen der Werte in die Kostenfunktionen der alternativen Angebote ergibt Folgendes:

$$K_A = 20.000 + 0{,}5\,x$$

$$K_B = 17.500 + 0{,}6\,x$$

Diese beiden Funktionen müssen nun gleichgesetzt werden, um die kritische Menge zu bestimmen:

$$20.000 + 0{,}5\,x = 17.500 + 0{,}6\,x$$

$$<=> \ 2.500 + 0{,}5\,x = 0{,}6\,x$$

$$<=> \ 2.500 = 0{,}1\,x$$

$$<=> 25.000 = x$$

Die kritische Menge beträgt 25.000 Seemeilen. Bei dieser Fahrdistanz sind die Gesamtkosten beider Angebote gleich. Das Ergebnis kann man auch graphisch bestimmen. Hierzu trägt man die Kostenfunktionen in ein kartesisches Koordinatensystem (x-y Diagramm) ab. Dabei gelten folgende Regeln:

- Die Höhe der Kosten wird in der Ordinate (y-Achse) abgetragen.
- Die Verbrauchsmengen (je nach Aufgabenstellung z. B. Kilometer, Seemeilen, Stückzahlen) sind in der Abszisse darzustellen (x-Achse)
- Zur Konstruktion der linearen Funktion benötigt man nur zwei Punkte: Den ersten findet man sehr leicht da, wo die Verbrauchsmenge gleich Null ist. Hier sind auch die variablen Kosten gleich Null, d. h. der Punkt ist auf der Ordinate (y-Achse) exakt bei den Fixkosten einzutragen. Für den zweiten Punkt sollte man einen relativ hohen Wert der Verbrauchsmenge suchen. Dieser ist in der Graphik „weit rechts".

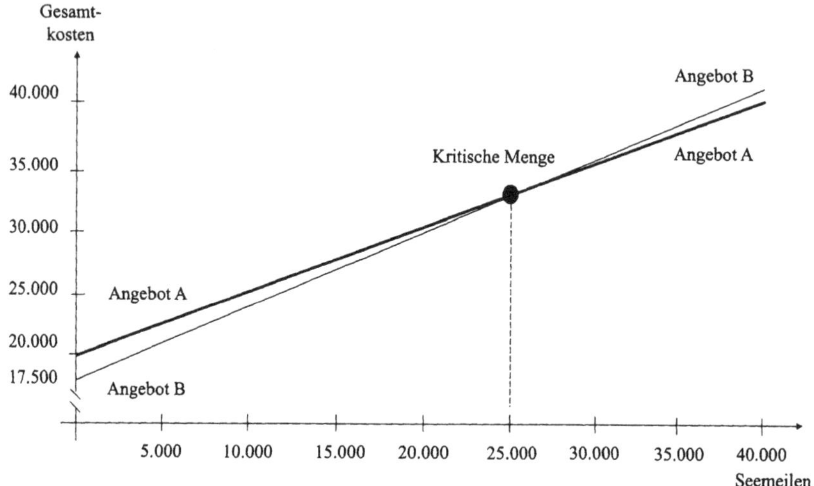

Abb. 116: Graphische Darstellung der kritischen Menge

Exkurs: Kostenersparnisrentabilität

In vielen Betrieben des öffentlichen Bereichs konzentrieren sich Vorteilhaftigkeitsbetrachtungen nur auf die Ermittlung der Kosten, weil Gewinne nicht gemacht werden dürfen. Vergleichsmaßstab sind die durchschnittlichen Kosten. Wenn eine in der Anschaffung teurere Alternative geringere Durchschnittskosten aufweist als ihre Konkurrenten, kann man fragen, wie lohnend diese Mehrkosten sind. Hierzu dient die Kostenersparnisrentabilität:

Definition Kostenersparnisrentabilität KER

Die Kostenersparnisrentabilität (KER) drückt aus, in welchem Maße sich zusätzlich eingesetztes Kapital verzinst, wenn dieser zusätzliche Kapitaleinsatz zu künftig geringeren Betriebskosten führt.

Sie ist eine eher selten in der allgemeinen BWL-Literatur erwähnte Variante der Rentabilitätsrechnung. Die Formel lautet (Formel 9):

$$KER = \frac{durchschnittliche\ Kostenersparnis\ ohne\ Zinsen}{zusätzlich\ durchschnittlich\ gebundenes\ Kapitel} * 100$$

Rechenbeispiel

> **Beispielaufgabe Kostenersparnisrentabilität**
>
> Die beiden in der Aufgabe zur Kostenvergleichsrechnung einander gegenübergestellten Angebote A und B seien Varianten des gleichen Bootes, nur unterschiedlich ausgestattet. Interessanterweise verursachte das im Anschaffungswert teurere Boot A einen niedrigeren jährlichen Kostenbetrag.
>
> Frage: Wie rentabel sind diese Mehrausgaben bei der Anschaffung des teureren Boots A angelegt?

Zur Vorbereitung einer Antwort werden die Werte aus der Lösung zur Beispielaufgabe der Kostenvergleichsrechnung um den Betrag der kalkulatorischen Zinsen bereinigt und in Tab. 31 (Werte aus Abb. 114 entnommen) geschrieben.

Tab. 31: Berechnung durchschnittliche Kostenersparnis ohne Zinsen

Kostenkategorie	Angebot A	Angebot B
Abschreibung	16.000	14.000
Kalkulatorische Zinsen	~~3.000~~	~~2.500~~
Versicherung	1.000	1.000
Summe Fixkosten ohne Zinsen	17.000	15.000
Treibstoff und Wartung	5.000	6.000
Gesamtkosten	22.000	21.000

Die Differenz der um Zinskosten bereinigten jährlichen Gesamtkosten beträgt 1.000 €. Nun muss noch der Nenner in der Formel für die Kostenersparnisrentabilität ermittelt werden. Er beinhaltet das durchschnittlich zusätzlich durch das Boot im Angebot A gebundene Kapital.

Tab. 32: Berechnung des zusätzlich gebundenen Kapitals

Kostenkategorie	Angebot A	Angebot B
Durchschnittlich gebundenes Kapitel	60.000	50.000
Zusätzlich gebundenes Kapital	10.000	

Nun sind die Werte für den Zähler und den Nenner bestimmt und können in die Formel eingesetzt werden:

$$KER_A = 10\% = \frac{1.000}{10.000} * 100$$

Die Kostenersparnisrentabilität beträgt 10 %. Da dieser Vorteil durch günstigere Verbrauchskosten – das sind hier die Kosten je gefahrener Seemeile – zustande kommt, steigt die Kostenersparnisrentabilität sogar noch weiter an, wenn nicht mehr als die in dieser Aufgabe genannten 10.000 Seemeilen pro Jahr gefahren werden.

Bewertung der Kostenvergleichsrechnung

Die Kostenvergleichsrechnung hat folgende Vorteile:

- Relativ einfaches Rechenverfahren. Sie benötigt keine tiefen mathematischen Kenntnisse, die Ergebnisse sind leicht zu verstehen.
- Sie benutzt Kosten als Ausgangsdaten. Kosteninformationen sind meist relativ leicht verfügbar, sofern sie nicht erst aus Daten z. B. einer Kosten- und Leistungsrechnung ermittelt werden müssen. Dies setzt dann eine im öffentlichen Sektor noch nicht überall vorhandene KLR voraus.

Nachteile der Kostenvergleichsrechnung:

- Die Wirkungen von Geldwertveränderungen (Zinseszinseffekte) bei mehrjährigen Investitionsvorhaben werden nicht abgebildet.
- Falls von Periode zu Periode starke Schwankungen der Kosten auftreten, wird dies anhand der Durchschnittsbetrachtung nicht bemerkt.
- Falls mit den Investitionen auch Erträge oder Einsparungen verbunden sind, kann die Kostenvergleichsrechnung diese Information nicht nutzen.

6.3.3 Gewinnvergleichsrechnung

Übersicht

Im breiten Spektrum des öffentlichen Sektors gibt es viele Betriebe, die keinen Gewinn erwirtschaften dürfen. Für sie gilt das Kostendeckungsprinzip. Dennoch gibt es auch eine erhebliche Anzahl von Betrieben (z. B. Beteiligungen mit privater Rechtsform, Eigenbetriebe), bei denen Gewinne insgesamt oder zumindest Gewinne bei einzelnen entgeltlich abgegebenen Leistungen erlaubt oder sogar erwünscht sind. Für diese Betriebe kann die Gewinnvergleichsrechnung wichtig sein.

Definition Gewinnvergleichsrechnung

Die Gewinnvergleichsrechnung ist eine Methode der Ermittlung der vorteilhafteren von zwei oder mehr Alternativen. Sie basiert auf den gleichen Ausgangsdaten wie die Kostenvergleichsrechnung und ergänzt hierzu die den Entscheidungsalternativen zurechenbaren Erlöse. Der Saldo von Erlösen und Kosten ist Gewinn. Die Alternative mit dem höchsten Gewinn wird ausgewählt. Die Gewinnvergleichsrechnung folgt dem Maximumprinzip.

Der Gewinn G errechnet sich aus der Differenz von Erträgen E und zugehörigen Gesamtkosten K. Die Erlöse E sind das Produkt von Preis p und Menge x der abgegebenen Leistungseinheiten (z. B. Stückzahl, Gewichtseinheit, Zeiteinheit), auf die sich die Preisberechnung bezieht (Formel 10):

$$E = p * x$$

Die Gesamtkosten ergeben sich aus fixen und variablen Kosten (Formel 11):

$$K_{gesamt} = K_{Fix} + k_{var} * x$$

Mit diesen Teilinformationen kann nun die Gewinnfunktion G dargestellt werden (Formel 12):

$$G = E - K_{gesamt} \leftrightarrow p * x - (K_{Fix} + k_{var} * x)$$

Die Funktion in Formel 12 kann man nutzen, um

- bei gegebener Menge x und alternativen Investitionsvorhaben das vorteilhafteste auszuwählen
- zu errechnen, ab welcher Menge eine Investition in die Gewinnzone kommt (oder anders ausgedrückt: Wo die Gewinnschwelle liegt).

Rechenbeispiel

Beispielaufgabe Gewinnvergleichsrechnung

Der Polizeiförderverein Atlantis e.V. organisiert mit kostenlos arbeitenden Vereinsmitgliedern Schiffsfahrten für Mitglieder und Touristen. Mit den Erlösen werden wohltätige Spenden finanziert. Der Verein möchte gerne ein neues Ausflugsboot kaufen. Zwei Angebote von Händlern liegen vor (Daten identisch wie bei der Kostenvergleichsaufgabe in Abschnitt 6.3.2):

- Anbieter A wirbt für ein Boot mit
  - 100.000 € Anschaffungspreis, Null € Anschaffungsnebenkosten
  - Restwert des Bootes nach 5 Jahren: 20.000 €
  - geschätzt 0,50 €/Seemeile für Treibstoff und Wartung
- Anbieter B wirbt für ein Boot mit
  - 80.000 € Anschaffungspreis, 5.000 € Anschaffungsnebenkosten
  - Restwert des Bootes nach 5 Jahren: 15.000 €
  - geschätzt 0,60 €/Seemeile für Treibstoff und Wartung

Bei beiden Angeboten ist zusätzlich von 1.000 € Versicherungskosten jährlich auszugehen. Festlegung seitens des Vereins: In dem schickeren Boot des A kann man je Fahrt ca. 3 € pro Seemeile erzielen, mit dem Boot von B nur ca. 2,50 € je Seemeile. Pro Jahr ist mit beiden Booten ein Fahrgastaufkommen für 10.000 Seemeilen bezahlter Fahrten zu erzielen.

Für beide Angebote müssen die Werte aus der Aufgabenstellung in die Gewinnfunktion eingesetzt werden. Die benötigten Werte der Fixkosten können wegen der gleichen Ausgangsdaten wie in der Kostenvergleichsrechnung aus den dort ermittelten Ergebnissen entnommen werden.

Tab. 33: Ergebnis Fixkostenberechnung aus Kostenvergleichsrechnung

Kostenkategorie	Angebot A	Angebot B
Abschreibung	16.000	14.000
Kalkulatorische Zinsen	3.000	2.500
Versicherung	1.000	1.000
Summe Fixkosten	20.000	17.500

Da alle Werte vorliegen, können sie ohne Nebenrechnung direkt in die Gewinnfunktionen eingesetzt werden. Es resultieren folgende Ergebnisse:

$$G_{Alternative\,A} = 5.000 = 3{,}00 * 10.000 - (20.000 + 0{,}5 * 10.000)$$

$$G_{Alternative\,B} = 1.500 = 2{,}50 * 10.000 - (17.500 + 0{,}6 * 10.000)$$

Da Alternative A den höheren Gewinnbetrag erzielt, ist A auszuwählen.

Bewertung der Gewinnvergleichsrechnung

Vorteile der Gewinnvergleichsrechnung:

- Wie bei der Kostenvergleichsrechnung: Einfache Anwendbarkeit.
- Die Gewinnvergleichsrechnung deckt ein weiteres Spektrum ab als die Kostenvergleichsrechnung.
- Die Gewinnvergleichsrechnung lässt sich auch anwenden, wenn bei Ersatzinvestitionen eventuelle Kostenersparnisse zu erwarten sind.

Nachteile:

- Wie bei der Kostenvergleichsrechnung: Keine Betrachtung von überjährigen Zinseszinseffekten.
- Es werden jährlich gleiche Erlöse und Kosten unterstellt. Der möglicherweise von Jahr zu Jahr unterschiedliche zeitliche Anfall von Einnahmen und Ausgaben wird nicht berücksichtigt.

6.3.4 Break Even (Gewinnschwellen) Analyse

Übersicht

Ganz gleich, ob öffentliche Betriebe für ihre Leistungen Geld als Gebühr oder sogar als Preise nehmen dürfen, für beide ergibt sich die Frage nach derjenigen Ausbringungsmenge, bei der kostendeckend gearbeitet werden kann. Eine Antwort hierzu liefert die Gewinnschwellenmethode, die auch in der deutschsprachigen Literatur zumeist nur unter dem englischen Namen Break Even Analyse dargestellt wird:

Definition Break Even Methode (Gewinnschwellenmethode)

Die Break Even Methode ist ein Verfahren zur Bestimmung derjenigen Ausbringungsmenge, bei der die Erstellung einer Leistung kostendeckend wird. Die Break Even Methode unterstellt eine Aufspaltung der Gesamtkosten in Fixkosten und variable Kosten. Zur Ermittlung der Gewinnschwelle werden die Kosten- und die Erlösfunktion gleichgesetzt.

Die einfachste Form der Break Even Analyse geht von einem über alle Mengen hinweg gleichen Stückpreis (anstelle von z. B. Rabattstaffeln), linearem Verlauf der Gesamtkosten und ebenfalls linearem Verlauf der Erlöskurve aus. Die Abb. 117 zeigt graphisch das Grundprinzip einer Break Even Analyse:

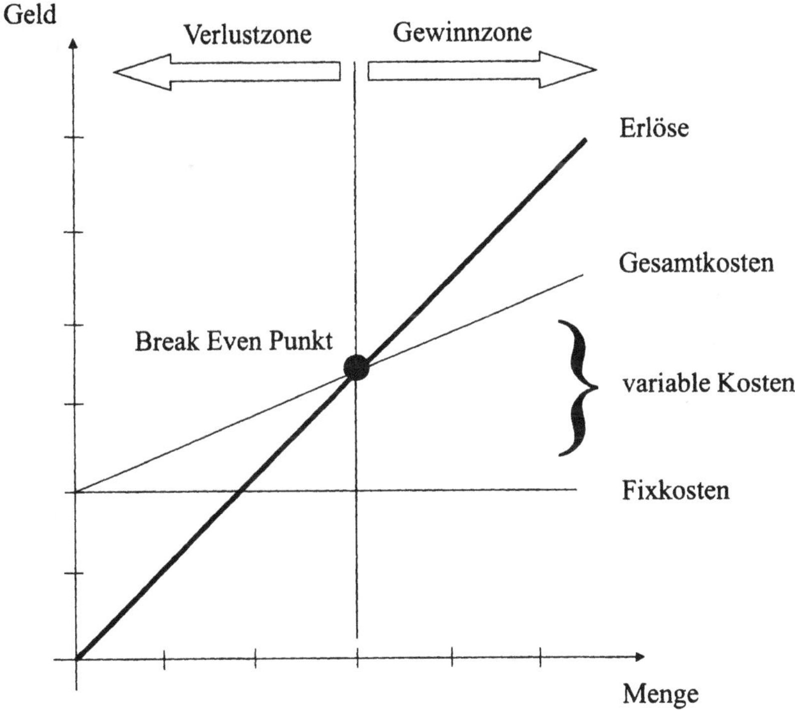

Abb. 117: Graphische Darstellung des Break Even Punktes

In Formelschreibweise ergibt sich der Break Even Punkt durch Gleichsetzung von Erlös- und Kostenfunktion (Formel 13):

$$K_{Fix} + k_{var} * x = p * x$$

Durch Umformen von Formel 13 – Subtraktion des Ausdrucks $k_{var} * x$ von der Kostenfunktion und x vor die Klammer ziehen – ergibt sich (Formel 14)

$$K_{Fix} = \mathrm{x}\,(\mathrm{p} - \mathrm{k_{var}})$$

Division beider Seiten dieser Gleichung durch $p - k_{var}$ ergibt den Break Even bei einer Menge x wie folgt (Formel 15):

$$\mathrm{x} = \frac{K_{Fix}}{p - k_{var}}$$

Die Formel zeigt folgende Eigenschaften des Break Even Punktes an:

- Der Break Even Punkt verlangt, dass der Preis p größer ist als die variablen Kosten k_{var} oder anders ausgedrückt: Einen positiven Deckungsbeitrag. Wenn dies nicht der Fall ist, wird der Ausdruck $p - k_{var}$ mathematisch betrachtet ein negativer Wert oder einfach nur Null. Da es im realen Leben keine negativen Mengen oder Null-Mengen geben kann ist für diesen Fall keine Gewinnschwelle zu finden. Dies bedeutet, dass die Investition niemals – bei keiner Menge – ihre Kosten wieder einspielen wird.
- Die hier vorgestellte einfache Variante der Gewinnschwellenmethode setzt voraus, dass die Erlös- und die Gesamtkostenfunktion linear steigen. Nur dann gibt es – bei positivem Deckungsbeitrag – genau einen Break Even Punkt. Wären die Funktionen nicht-linear, dann könnte es auch vorkommen, dass sich die Gesamtkostenfunktion und die Erlösfunktion bei mehr als nur einer Verbrauchsmenge schneiden – oder gar nicht.

Den Ausdruck $p - k_{var}$im Nenner der rechten Seite in Formel 11 nennt man „Deckungsbeitrag".

Definition Deckungsbeitrag

Der Begriff „Deckungsbeitrag" bezeichnet die Differenz zwischen dem Preis p eines Produkts und seinen variablen Kosten. Ist der Deckungsbeitrag positiv, dann bleibt mehr Geld übrig, als für die Erstellung einer zusätzlichen Produkteinheit benötigt wird. Das übrig bleibende Geld kann dazu verwendet werden, anteilig den Sockel der Fixkosten abzutragen. Es hilft also bei der „Fixkostendeckung", daher auch der Ausdruck „Deckungsbeitrag". Wenn der Preis p geringer ist als die variablen Kosten, dann ist der Deckungsbeitrag negativ. Ein negativer Deckungsbeitrag trägt tatsächlich nichts zur Finanzierung der Fixkosten bei, er erzeugt im Gegenteil bei jeder zusätzlichen Stückeinheit einen neuen Verlust.

Rechenbeispiel

Beispielaufgabe Break Even Analyse

Nachdem der Förderverein der Wasserschutzpolizei Atlantis mit Hilfe der Gewinnschwellenmethode in Abschnitt 6.3.3 das Angebot A ausgewählt hat, kommen dem Kassenwart des Vereins Zweifel, ob die eigenen Annahmen für die Berechnung der Vorteilhaftigkeit stimmen.

Ganz wesentlich war unter anderem die Annahme, dass das Boot jährlich ca. 10.000 bezahlte Seemeilen mit Fahrgästen zurücklegen wird.

Was wäre, wenn es weniger als 10.000 Seemeilen werden? Ab welcher Zahl jährlich gefahrener Seemeilen ist der Betrieb des Bootes überhaupt kostendeckend? Gibt es unterschiedliche Gewinnschwellen der Angebote A und B und was bedeuten diese Unterschiede für eine Auswahlentscheidung? Um eine Antwort auf diese Fragen zu finden, soll der Break Even Punkt berechnet werden. Die Ausgangsdaten sind die gleichen wie in der Beispielaufgabe aus Abschnitt 6.3.3. Anbieter A wirbt für ein Boot mit

- 100.000 € Anschaffungspreis, Null € Anschaffungsnebenkosten
- Restwert des Bootes nach 5 Jahren: 20.000 €
- 1.000 € Versicherungskosten/Jahr
- geschätzt 0,50 €/Seemeile für Treibstoff und Wartung

Der Verein schätzte die Erlöse pro Seemeile mit 3 € ein.

Durch Einsetzen der ebenfalls bereits in Abschnitt 6.3.3 errechneten Werte in die Erlös- und Kostenfunktion der Formel 13 erhält man die folgende Ausgangsgleichung:

$$20.000 + 0{,}50 * x = 3{,}00 * x$$

Umformen und Auflösen nach x gemäß Formel 11 ergibt folgendes Ergebnis:

$$\text{Break Even Punkt Alternative A:}\ \ 8.000 = \frac{20.000}{3{,}00-0{,}50}$$

Dies bedeutet, dass unterhalb von 8.000 Seemeilen das Boot leider nicht mehr kostendeckend betrieben werden kann. Zum Vergleich mit diesem Wert kann auch nach gleichem Schema der Break Even Punkt von Alternative B aus der Aufgabe zur Gewinnschwellenberechnung ermittelt werden. Er lautet:

$$\text{Break Even Punkt Alternative B:}\ \ 9.210{,}53 = \frac{17.500}{2{,}50-0{,}60}$$

Aus der vergleichenden Betrachtung der Gewinnschwellen von Angebot A und B ergibt sich: Angebot A hat mit 8.000 Seemeilen die niedrigere Gewinnschwelle als Angebot B und ist damit selbst bei deutlich niedrigerer Fahrstrecke als B noch kostendeckend. Nachdem Alternative A schon durch den höheren erwarteten Gewinn bei 10.000 Seemeilen Jahresleistung auszuwählen war, spricht nun auch ein zweites Argument für das Angebot A: Es ist robuster gegen eine Verletzung der unterstellten Voraussetzungen (10.000 Seemeilen Jahresfahrleistung) für die Gewinnvergleichsbetrachtung.

Bewertung der Gewinnschwellenmethode

Vorteile:

- Die Gewinnschwellenmethode liefert eine sehr anschauliche Information über die Zusammenhänge von Ausbringungsmenge, Kosten und Preis.
- Gegenüber dem Verfahren der kritischen Menge werden hier zusätzlich die Erlöse berücksichtigt, um eine Auswahlentscheidung zu treffen. Dies verbessert die Entscheidungsbasis.

Nachteile:

- Die Gewinnschwellenmethode basiert auf den statischen Informationen der Gewinnvergleichsrechnung. Hiermit hat sie auch die Schwäche geerbt, bei mehrperiodischen Investitionsvorhaben die eventuell unterschiedlichen Zeitpunkte von Einnahmen und Ausgaben aufgrund der Durchschnittsbetrachtung nicht weiter zu berücksichtigen.

6.3.5 Amortisationsrechnung

Übersicht

Die bisher vorgestellten Verfahren der Vorteilhaftigkeitsberechnung untersuchten Geldbeträge (entweder Kosten oder Gewinn) und den Einfluss der Menge entweder von Ausbringungseinheiten oder kostentreibenden Verbrauchsfaktoren. Die Amortisationsrechnung dagegen betrachtet die Zeit, ausgedrückt in Rechnungsperioden (in der Regel das Jahr), als Maßstab der Vorteilhaftigkeit.

Definition Amortisationsrechnung

Die Amortisationsrechnung (englisch-deutsch: Pay-off-Rechnung) ermittelt diejenige Zeitspanne, die benötigt wird, um die Anschaffungsausgabe zurückzuverdienen. Sie setzt dabei der Investition zurechenbare Einnahmen oder Sparerfolge voraus. Entscheidungskriterium ist bei einem einzelnen Investitionsvorschlag der Vergleich zwischen der tatsächlich benötigten Zeitdauer mit einer vorher festgelegten Höchstdauer. Wenn die benötigte Zeit kleiner ist als die festgelegte Höchstdauer, dann wird die Investition als vorteilhaft betrachtet. Bei alternativen Investitionsvorschlägen wird derjenige mit der kürzeren Amortisationszeit bevorzugt.

Die Formel zur Berechnung der Amortisationszeit lautet (Formel 16):

$$Amortisationszeit = \frac{Anschaffungsausgabe}{durchschnittlicher\ Rückfluss\ pro\ Periode}$$

Als Rückfluss wird die Differenz zwischen Einnahmen und Ausgaben definiert (Formel 17):

$$Rückfluss = Einnahmen - Ausgaben$$

Rechenbeispiel

Beispiel Amortisationsrechnung

Der Polizeiförderverein Atlantis möchte ein Boot für Ausflugsfahrten auswählen und bestimmt die Amortisationszeit als Auswahlverfahren.

Zwei Angebote von Händlern liegen vor (Daten identisch wie bei der Gewinnvergleichsaufgabe in Abschnitt 6.3.3):

- Anbieter A wirbt für ein Boot mit
  - 100.000 € Anschaffungspreis, Null € Anschaffungsnebenkosten
  - Restwert des Bootes nach 5 Jahren: 20.000 €
  - 1.000 € Versicherungskosten/Jahr
  - geschätzt 0,50 €/Seemeile für Treibstoff und Wartung
- Anbieter B wirbt für ein Boot mit
  - 80.000 € Anschaffungspreis, 5.000 € Anschaffungsnebenkosten
  - Restwert des Bootes nach 5 Jahren: 15.000 €
  - 1.000 € Versicherungskosten/Jahr
  - geschätzt 0,60 €/Seemeile für Treibstoff und Wartung

Festlegung seitens des Vereins: In dem schickeren Boot des Anbieters A mit bequemeren Sitzen kann man höhere Preise verlangen. Durchschnittlich wird man je Fahrt ca. 3 € pro Seemeile erzielen. Mit dem Boot des Anbieters B kann man nur ca. 2,50 € je Seemeile einnehmen. Pro Jahr ist mit 10.000 Seemeilen bezahlter Fahrten zu rechnen.

Die Anschaffungsausgaben der alternativen Angebote kann man sehr leicht errechnen, die nachfolgende Tab. 34 enthält die Ergebnisse:

Tab. 34: Benötigte Ergebnisdaten Gewinnvergleichsrechnung

Kostenkategorie	Angebot A	Angebot B
Anschaffungspreis	100.000	80.000
+ Anschaffungsnebenkosten	0	5.000
= Anschaffungsausgabe	100.000	85.000

Zur Berechnung des Rückflusses muss die Differenz der periodischen Ausgaben von den periodischen Einnahmen gebildet werden. Die nachfolgende Tab. 35 enthält das Ergebnis:

Tab. 35: Berechnung des periodischen Rückflusses

Einnahme-/Ausgabekategorie	Angebot A	Angebot B
Erlöse = $p * x$	30.000 = 3 * 10.000	25.000 = 2,50 * 10.000
- Treibstoff und Wartung	5.000	6.000
- Versicherung	1.000	1.000
Summe Ausgaben	6.000	7.000
= Rückfluss	24.000	18.000

Nun können mit den ermittelten Werten die Amortisationszeiten der beiden alternativen Angebote berechnet werden:

$$Amortisationszeit_A = 4{,}17 \approx \frac{100.000}{24.000}$$

$$Amortisationszeit_B = 4{,}72 \approx \frac{85.000}{18.000}$$

Da es bei Kauf des Bootes aus dem Angebot A zu einer schnelleren Rückzahlung der Anschaffungsausgabe als bei B kommt, ist A zu bevorzugen.

Bewertung der Amortisationsrechnung

Vorteile:

- Die Amortisationsrechnung liefert eine leicht verständliche Information über die benötigte Zeitdauer für den Rückfluss von Ausgaben. Bei einer rein zahlungsorientierten Sicht ist dies ein wichtiger Gesichtspunkt für eine Investitionsentscheidung.

Nachteile:

Die Amortisationsrechnung teilt einige Nachteile mit der Kostenvergleichsrechnung und der Gewinnvergleichsrechnung, darüber hinaus hat sie eigene Einschränkungen:

- Sie unterstellt durchschnittliche jährliche Rückflüsse. Schwankungen in der Höhe der jährlichen Einnahmen und Ausgaben können jedoch berücksichtigt werden, wenn man nach der sogenannten „Kumulationsmethode" für jedes Jahr die Einnahmen und Ausgaben gegenüberstellt und so lange jeweils die Beträge aufsummiert („kumuliert"), bis erstmals die Einnahmen die Ausgaben übersteigen[343].

---

[343] Beispiel in Reichardt, 2009, S. 61 f.; Klümper et al., 2006, S. 414

- Trotz mehrjähriger Betrachtung berücksichtigt die Amortisationsrechnung keine Zins- und Zinseszinseffekte.
- Kein „Nachteil", aber eine von vorneherein gegebene Einschränkung der hier vorgestellten Variante einer Amortisationsrechnung ist, dass sie kein vollständiges Bild über alle Zahlungsflüsse in der Lebensdauer eines Investitionsvorhabens gibt. Alle Rückflüsse nach Erreichen des Amortisationszeitpunktes spielen keine Rolle mehr. Diese Schwäche zeigt sich insbesondere beim Vergleich von Investitionsalternativen. Damit ist sie nur als Ergänzung anderer Verfahren der Vorteilhaftigkeitsrechnung einsetzbar, nicht jedoch als alleiniges Verfahren.

6.3.6 Kapitalwertmethode

Übersicht

Die bisher vorgestellten statischen Verfahren der Vorteilhaftigkeitsberechnung betrachten Kosten und Erlöse entweder nur als einperiodige Ereignisse oder mit Durchschnittswerten über mehrere Perioden hinweg. Die Kapitalwertmethode dagegen soll

- jahresgenaue Ein- und Ausgabebewegungen statt pauschaler Durchschnittswerte erfassen und
- die Auswirkungen des unterschiedlichen zeitlichen Anfalls über mehrere Jahre hinweg berücksichtigen.

Um diese Ziele zu erreichen, korrigiert die Kapitalwertmethode den Geldwert von Einnahmen und Ausgaben mit Hilfe der Renten- und Zinsrechnung derart, dass sich die zu unterschiedlichen Zeitpunkten eingehenden oder abfließenden Beträge auf den gleichen Bezugs(zeit-)punkt, den ersten Tag der Laufzeit einer neuen Investition, beziehen. Die Abb. 118 veranschaulicht das graphisch:

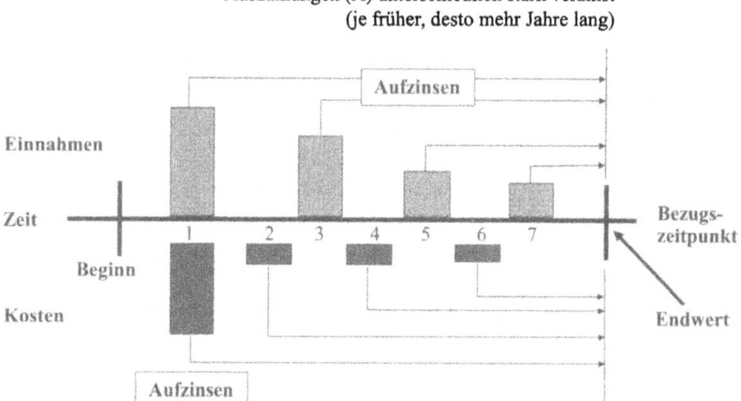

Abb. 118: Graphische Darstellung der Kapitalwertmethode

Definition Kapitalwertmethode

Die Kapitalwertmethode ist ein dynamisches Verfahren der Vorteilhaftigkeitsrechnung von Investitionen auf der Basis von Einzahlungen und Auszahlungen. Sie verwendet die Zins(-eszins)rechnung und korrigiert die gegebenen nominellen Ein- und Auszahlungen mit Hilfe eines jahresabhängigen Zinsfaktors („diskontieren"), hierdurch werden die unterschiedlichen Zeitpunkte der Geldbewegungen berücksichtigt und als „Barwert" dargestellt. Der Barwert wird als Gegenbegriff zum „nominellen" Geldwert betrachtet. Der nominelle Geldwert ist der auf den Geldscheinen aufgedruckte Geldbetrag, während der um Zinseszinseffekte korrigierte Barwert zukünftiger Geldströme deren realen Wert zum Zeitpunkt des Beginns der Laufzeit einer Investition ausdrückt. Bei Vergleich von zwei oder mehr Alternativen ist diejenige mit dem höheren Barwert auszuwählen. Bei Einzelbetrachtung „rechnet" sich eine Investition, wenn der Barwert größer als Null ist. Sind nur Auszahlungen bekannt, ist diejenige Alternative vorteilhafter, die den kleinsten der negativen Barwerte hat.

Der Kapitalwert lässt sich als Formel wie folgt darstellen (Formel 18):

$$C_0 = \sum_{t=0}^{n} \frac{E_t - A_t}{(1+i)^t}$$

Die nachfolgende Tab. 36 erläutert die Bedeutung der Symbole der Formel:

Tab. 36: Erläuterung Symbole in der Formel der Kapitalwertmethode

Symbol	Bedeutung
A_t	Auszahlung zum Ende des Zeitpunkts t
C_0	Barwert zum Zeitpunkt Null (t = 0), d. h. Anfang des 1. Jahres
E_t	Einzahlung zum Ende des Zeitpunkts t
$E_t - A_t$	Saldo aus Einnahmen und Ausgaben einer Periode t, Einnahme- oder Ausgabenüberschüsse
i	Kalkulationszinssatz i
n	Anzahl der zu betrachtenden Perioden t, letzte Periode
$\sum_{t=0}^{n} x_t$	Summe der über alle Perioden von null (t = 0) bis n (t = n) aufaddierten Beträge des Ausdrucks x
t	Periode (t = englisch „time“)

Die Formel der Kapitalwertmethode drückt aus, dass der Barwert als Summe der abdiskontierten Salden aus Einnahmen und Ausgaben der Lebensdauer einer Investition berechnet wird. Je nach Fallgestaltung sind unterschiedliche Entscheidungswege denkbar. Die Abb. 119 zeigt die denkbaren Varianten:

	Nur Einzahlungen	Nur Auszahlungen	Ein- und Auszahlungen
Nur eine zu beurteilende Investition	Nur zur Info. Positiver Kapitalwert spricht eigentlich „technisch“ immer für eine Investition	Nur zur Info. Negativer Kapitalwert spricht eigentlich „technisch“ gegen die Investition	Für den Saldo gilt: Kapitalwert > 0 Kapitalwert = 0
Zwei oder mehr zu vergleichende Investitionsmöglichkeiten	Größter (der positiven) Kapitalwert(e)	Kleinster (der negativen) Kapitalwert(e)	Größerer positiver oder kleinerer negativer Kapitalwert des Saldos

Abb. 119: Entscheidungsregeln der Kapitalwertmethode

Definition Kalkulationszinssatz

Der verwendete Kalkulationszinssatz i in der Kapitalwertmethode benötigt keine inhaltliche Begründung. Falls man dennoch eine inhaltliche Begründung sucht, können je nach Fallgestaltung und Verfügbarkeit von Daten alternativ die Verzinsung durch eine alternative Kapitalanlage, Haben- oder Sollzinsen oder die Inflationsrate herangezogen werden. Denkbar sind auch Misch-Zinssätze, die sich aus Anteilen mehrerer Bestandteile zusammensetzen. In der Bundesverwaltung wird jedes Jahr vom Bundesministerium für Finanzen ein Standard-Zinssatz vorgegeben, abweichende Kalkulationszinssätze können aber mit Begründung verwendet werden.

Die Kapitalwertmethode setzt Kenntnis der Zinsrechnung voraus, daher wird diese hier in dem nächsten Abschnitt in einem Exkurs dargestellt. Für Leser mit besonderem Respekt vor dieser immer noch recht einfachen Mathematik sei etwas Tröstliches gesagt: Selbst ohne volles Verständnis der im Exkurs dargestellten Mathematik lässt sich die Kapitalwertmethode auch rein „handwerklich" begreifen. Die Abb. 120 zeigt den didaktischen Weg.

Erläuterung Zinseszins- und Barwertberechnung

Die Mathematik der Zinseszinsrechnung lässt sich leichter erläutern, wenn der Leser Beispiele nahe an seinen eigenen Lebenserfahrungen findet. Das hierfür bestens geeignete klassische Beispiel ist die Wertentwicklung von Geld auf einem Sparkonto. Sie ist zwar ein Fall der Aufzinsung und nicht der Abzinsung, wie die Kapitalwertmethode sie benutzt. Dennoch „lohnt" sich der scheinbare Umweg über die Aufzinsung zu einer Erläuterung der Abzinsung, weil alle mathematischen Grundlagen der Berechnung von Barwerten auch mit der viel lebensnäheren Aufzinsung dargestellt werden können.

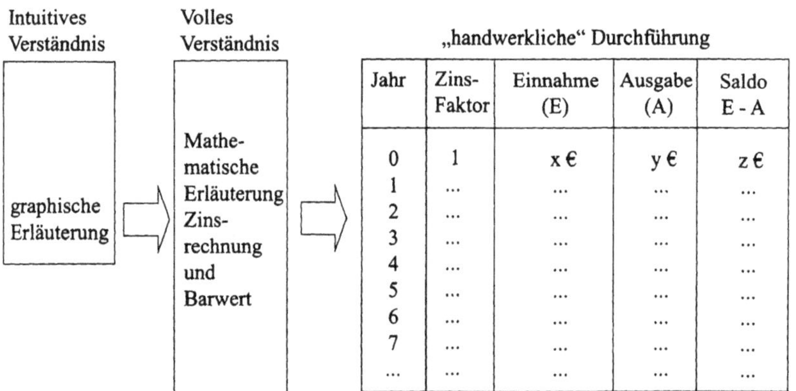

Jahr	Zins-Faktor	Einnahme (E)	Ausgabe (A)	Saldo E - A
0	1	x €	y €	z €
1	...	...	...	...
2	...	...	...	...
3	...	...	...	...
4	...	...	...	...
5	...	...	...	...
6	...	...	...	...
7	...	...	...	...
...	...	...	...	...

Abb. 120: Didaktischer Weg zur Erläuterung der Kapitalwertmethode

Die folgende Abb. 121 zeigt graphisch als Beispiel die Geldvermehrung von 50 € bei 10 %iger jährlicher Verzinsung. Die Verzinsung wird jeweils zum Jahresende dem Anlagebetrag zugerechnet. Die Laufzeit beträgt drei Jahre.

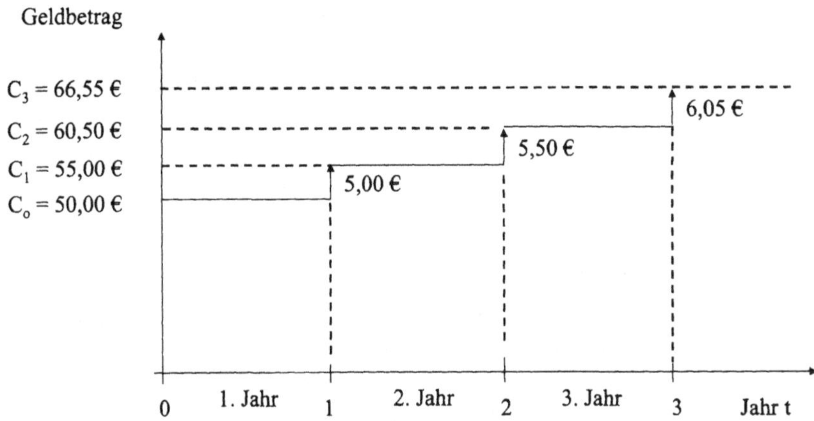

Abb. 121: Wertentwicklung von 50 € bei 10 % -iger Verzinsung

Die graphisch dargestellte Geldvermehrung der einmaligen Einzahlung von 50 € bei der Aufzinsung lässt sich natürlich auch mathematisch ausdrücken. Am Ende des ersten Jahres beträgt der Wert inklusive Zins 50 € zuzüglich 5 € als Zinsen für ein Jahr, d. h. 10 % von 50 €. Der Wert des Kapitals (englisch „capital", daher mit „C" abgekürzt) am Ende von Jahr 1 errechnet sich wie folgt:

$$C_{\text{Jahr 1}} = 55 = 50 * 1{,}1 \leftrightarrow 50 * 1 + 0{,}1 * 50 \leftrightarrow 50 + 10\% * 50$$

Am Ende des zweiten Jahres ist ausgehend von den 55 € als Endkapital nach Ablauf des 1. Jahres auf ähnliche Weise zu rechnen:

$$C_{\text{Jahr 2}} = 60{,}5 = 55 * 1{,}1 \leftrightarrow (50 * 1{,}1) * 11 = 55 * 1{,}1$$

Wenn man diese Rechenaufgabe für das dritte Jahr und weitere fortsetzt kommt man bei langjährigen Investitionen zu sehr langen Berechnungen mit vielen Multiplikationen und Additionen, daher ist eine Verkürzung des Rechenwegs und der Darstellung hilfreich. Diese erreicht man auf zwei Wegen:

- Benutzung des Zinsfaktors „(1 + i)": Der Zinsfaktor hilft, elegant den Endwert nach einem Verzinsungsgang darzustellen. Für eine nur einjährige Kapitalanlage und bei Aufzinsung ergibt sich hier folgende Darstellung in Formelschreibweise:

$$C_{\text{Jahr 1}} = C_0 * (1 + i)$$

- Benutzung der Exponentialrechnung: Falls das Kapital für mehrere Jahre, z. B. drei, arbeiten soll, verlängert sich der soeben vorgestellte Ausdruck wegen dreimaliger Verwendung des Zinsfaktors auf

$$C_{Jahr\,3} = C_0 * (1+i) * (1+i) * (1+i)$$

Da diese Schreibweise bei noch längeren Investitionszeiträumen wegen einer immer größer werdenden Zahl von Klammerausdrücken unpraktisch ist – siehe die voll ausgeschriebene Formel bei zehn Jahren Investitionszeitraum in Abb. 122 – wird die Exponentialschreibweise für die Berechnung des Endwertes bei Aufzinsung benutzt.

Definition Aufzinsen

Durch Aufzinsen werden einem anfänglich gegebenen Geldbetrag im Zeitpunkt Null weitere Geldbeträge nach einem Zeitablauf von n Perioden/Jahren zugerechnet. Die Höhe der aufaddierten Geldbeträge hängt ab von der Höhe des anfänglichen Geldbetrags, der Höhe des Zinssatzes und der Zahl abgelaufener Jahre.

Der allgemeine Ausdruck zum Aufzinsen lautet (Formel 19):

$$C_n = C_0 * (1+i)^n$$

Hierbei bedeuten die Abkürzungen folgendes:

- C_0 ist der Kapitalwert zum Zeitpunkt Null
- C_n ist der Kapitalwert nach Ablauf von n Jahren (n für englisch „number“), n steht für die Zahl an Perioden/Jahren
- i (englisch für „interest“) ist der Kalkulationszinssatz
- t (englisch „time“) ist der Zeitpunkt (das Jahr), bis zu dem verzinst werden soll

Wegen seiner großen praktischen Bedeutung soll der Zinsfaktor – obwohl er auch Teil der Formel für das Aufzinsen ist – jetzt in seiner allgemeinen Form separat als Definition dargestellt werden: Der allgemeine Ausdruck des Zinsfaktors ZF für das Aufzinsen lautet (Formel 20):

$$ZF\ Aufzinsen = (1+i)^n$$

Angewendet auf das Beispiel lautet der Ausdruck nach Formel 19 dann

$$c_{Jahr\,3} = C_0 * (1+i)^3$$

Einsetzen der Werte ergibt

$$C_{Jahr\,3} = 66{,}55 = 50 * (1+0{,}1)^3$$

Die mathematische Berechnung der aufgezinsten Endwerte eines Geldbetrags benötigt...

- den Einzahlungsbetrag zum Zeitpunkt 0 (C_0)
- den (Kalkulations-)Zinssatz i => im Beispiel 10%
- die Zahl der Jahre n der Verzinsung => im Beispiel n = 10 Jahre

Jahr	Wert J.-Anfang	Zinsen J.-Ende	Wert am Jahresende
1	$C_0 = 50$	$C_0 * i => 50 * 10\% = 5$	$C_1 = C_0 + C_0 * i => C_0 * (1+i) = 55$
2	$C_1 = 55$	$C_1 * i => 55 * 10\% = 5{,}5$	$C_2 = C_1 + C_1 * i = C_1 * (1+i)$ $= C_0 * (1+i) * (1+i) = C_0 * (1+i)^2 = 60{,}5$
...	...	...	...
10	$C_9 = 117{,}9$	$C_9 * i = 117{,}9 * 10\% = 11{,}8$	$C_{10} = C_9 + C_9 * i = C_9 * (1+i) = C_0 * (1+i)^{10}$ $= C_0 * (1+i) * \ldots (1+i) = C_0 * (1+i)^{10} = 129{,}7$

Abb. 122: Beispiel mathematische Berechnung Aufzinsen für 10 Jahre

Das soeben vorgestellte Aufzinsen hat seinen praktischen Wert in der Bestimmung zukünftiger Geldbeträge, die sich bei Verzinsung ergeben. Einen kleinen Nachteil – oder besser eine Einschränkung – hat der per Aufzinsen ermittelte Geldbetrag allerdings: Eine genaue Einschätzung, was der Geldbetrag von 66,55 € nach drei Jahren oder von 129,70 € nach 10 Jahren wert ist, d. h. welche Kaufkraft damit verbunden sein wird, gibt es nicht. Aus diesem Grund hat die Kapitalwertmethode als Bezugszeitpunkt für Einnahmen und Ausgaben verschiedener Zahlungszeitpunkte nicht einen zukünftigen Zeitpunkt bei Ende der Lebensdauer des Investitionsvorhabens gewählt, sondern denjenigen zu Beginn des Investitionsvorhabens. Hier gibt es keine Frage zur Kaufkraft. Zur Berechnung müssen die anfallenden späteren Geldströme abgezinst werden.

Definition Abzinsen

Abzinsen ist ein rechnerischer Vorgang, bei dem ein Geldbetrag abhängig von einem gegebenen Zinssatz und abhängig von der Zahl einzubeziehender Perioden/Jahre vermindert wird.

Der allgemeine Ausdruck zum Abzinsen von Geldbeträgen lautet (Formel 21):

$$C_n = C_0 * (1+i)^{-n} <> C_0 * \frac{1}{(1+i)^n}$$

Hierbei bedeuten die Abkürzungen – wie schon beim Aufzinsen erläutert – folgendes:

- C_0 ist der Kapitalwert zum Zeitpunkt Null

- C_n ist der Kapitalwert nach Ablauf von n Jahren (n für englisch „number"), steht für die Zahl der Perioden/Jahre
- i (englisch für „interest") ist der Zinssatz
- t (englisch „time") ist der Zeitpunkt (das Jahr), bis zu dem verzinst werden soll.

Der Unterschied in den Formeln für Aufzinsen und Abzinsen liegt ausschließlich im Zinsfaktor. Beim Abzinsen wird das Kapital mit dem Zinsfaktor für das Abzinsen multipliziert, dieser Zinsfaktor ist der Kehrwert des Zinsfaktors für das Aufzinsen in (Formel 22):

$$Zinsfaktor\ Abzinsen = \frac{1}{ZF\ Aufzinsen} = \frac{1}{(1+i)^n} = (1+i)^{-n}$$

Den Zinsfaktor kann man entweder eigenhändig gemäß der oben stehenden Formel berechnen oder aber Tabellen mit den Werten gestaffelt nach verwendetem Zinssatz und Zahl der Perioden entnehmen. Die Tab. 37 zeigt ein Beispiel:

Tab. 37: Abzinsungsfaktoren

Jahr	Zinssatz									
	1,0%	2,0%	3,0%	4,0%	5,0%	6,0%	7,0%	8,0%	9,0%	10,0%
0	1	1	1	1	1	1	1	1	1	1
1	0,9901	0,9804	0,9709	0,9615	0,9524	0,9434	0,9346	0,9259	0,9174	0,9091
2	0,9803	0,9612	0,9426	0,9246	0,9070	0,8900	0,8734	0,8573	0,8417	0,8264
3	0,9706	0,9423	0,9151	0,8890	0,8638	0,8396	0,8163	0,7938	0,7722	0,7513
4	0,9610	0,9238	0,8885	0,8548	0,8227	0,7921	0,7629	0,7350	0,7084	0,6830
5	0,9515	0,9057	0,8626	0,8219	0,7835	0,7473	0,7130	0,6806	0,6499	0,6209
6	0,9420	0,8880	0,8375	0,7903	0,7462	0,7050	0,6663	0,6302	0,5963	0,5645
7	0,9327	0,8706	0,8131	0,7599	0,7107	0,6651	0,6227	0,5835	0,5470	0,5132
8	0,9235	0,8535	0,7894	0,7307	0,6768	0,6274	0,5820	0,5403	0,5019	0,4665
9	0,9143	0,8368	0,7664	0,7026	0,6446	0,5919	0,5439	0,5002	0,4604	0,4241
10	0,9053	0,8203	0,7441	0,6756	0,6139	0,5584	0,5083	0,4632	0,4224	0,3855

Rechenbeispiel

Beispielaufgabe Kapitalwertmethode

Es seien die gleichen Ausgangsdaten gegeben wie in der Gewinnvergleichsrechnung in Abschnitt 6.3.3.: Gekauft werden soll ein Boot für Ausflugsfahrten des Polizeisportvereins. Festlegung der Behörde:

Jährliche Fahrleistung: 10.000 Seemeilen

Kalkulationszinssatz i: 5%, Nutzungsdauer: 5 Jahre

Zwei Angebote von Händlern liegen vor:

- Anbieter A wirbt für ein Boot mit
  - 100.000 € Anschaffungspreis, Null € Anschaffungsnebenkosten
  - Restwert des Bootes nach 5 Jahren: 20.000 €

> - geschätzt 5.000 € für Treibstoff und Wartung bei 10.000 Seemeilen
>
> - Anbieter B wirbt für ein Boot mit
>   - 80.000 € Anschaffungspreis, 5.000 € Anschaffungsnebenkosten
>   - Restwert des Bootes nach 5 Jahren: 15.000 €
>   - geschätzt 0,60 €/Seemeile für Treibstoff und Wartung
>
> Je Boot fallen 1.000 € Versicherungskosten jeweils zu Jahresbeginn an, der Treibstoff wird zu Jahresbeginn für das ganze Jahr gekauft und eingelagert. Die Einnahmen aus Fahrkartenverkäufen sind am Jahresende kassenwirksam. Festlegungen seitens des Vereins: In dem schickeren Boot des Anbieters A mit bequemeren Sitzen kann man höhere Preise verlangen. Durchschnittlich wird man je Fahrt ca. 3 € pro Seemeile erzielen. Mit dem Boot des Anbieters B kann man nur ca. 2,50 € je Seemeile einnehmen. Pro Jahr ist mit 10.000 Seemeilen bezahlter Fahrten zu rechnen.

Die Berechnung des Ergebnisses anhand der Kapitalwertmethode wird mit Hilfe der in Abb. 120 grob vorgestellten „handwerklichen" Tabelle vorgenommen und in Abb. 123 dargestellt. Die Schrittfolge bei der Füllung dieser Tabellenschablone war wie folgt:

- Berechnung der Abzinsungsfaktoren für den vorgegebenen Zinssatz von 5 %. Alternativ hätte der Wert des Zinsfaktors auch aus Tabellenwerken entnommen werden können, z. B. aus der Tab. 37.
- Bestimmen der nominellen Geldbeträge von Einnahmen und Ausgaben sowie deren Zeitpunkt t. Anschaffungswerte treten in der Regel in Periode t = 0 auf, Restwerte werden als Einnahme am Ende der letzten Periode des Investitionslebenszyklus – hier fünf Jahre – wirksam. Bei laufenden Ausgaben und Einnahmen ist genau zu prüfen, wann sie berücksichtigt werden. Hier gibt die Beispielaufgabe freundlicherweise detaillierte Hinweise: Laufende Ausgaben – Versicherung und Treibstoffkosten – zu Periodenbeginn, die Einnahmen aus Fahrkartenverkäufen erst zu Periodenende.

Das Ergebnis ist ein Barwert von 18.279 € für das Angebot A und 3.168 € für Angebot B. Da der Barwert von Angebot A höher ist, wird A bevorzugt.

Zinssatz
5,00%

Ergebnis

Angebot A

Jahr	Zinsfaktoren Abzinsung	Einnahme	Ausgabe	Saldo	Barwert
0	1		106.000 €	-106.000 €	-106.000 €
1	0,9524	30.000 €	6.000 €	24.000 €	22.857 €
2	0,9070	30.000 €	6.000 €	24.000 €	21.769 €
3	0,8638	30.000 €	6.000 €	24.000 €	20.732 €
4	0,8227	30.000 €	6.000 €	24.000 €	19.745 €
5	0,7835	50.000 €		50.000 €	39.176 €
	Summe	170.000 €	130.000 €	40.000 €	18.279 €

Angebot B

Jahr	Zinsfaktoren Abzinsung	Einnahme	Ausgabe	Saldo	Barwert
0	1		92.000 €	-92.000 €	-92.000 €
1	0,9524	25.000 €	7.000 €	18.000 €	17.143 €
2	0,9070	25.000 €	7.000 €	18.000 €	16.327 €
3	0,8638	25.000 €	7.000 €	18.000 €	15.549 €
4	0,8227	25.000 €	7.000 €	18.000 €	14.809 €
5	0,7835	40.000 €		40.000 €	31.341 €
	Summe	140.000 €	120.000 €	20.000 €	3.168 €

Abb. 123: Ergebnis der Berechnung mit Kapitalwertmethode

Bewertung der Kapitalwertmethode

Vorteile:

- Bei mehrjährigen Investitionsvorhaben lassen sich die Besonderheiten jeder Periode, d. h. der Verlauf von Einzahlungen und Auszahlungen berücksichtigen. Dies ist genauer als die Durchschnittswertbetrachtung bei der Kostenvergleichsrechnung und der Gewinnvergleichsrechnung.
- Der nominelle Geldwert verschiedener Zeitpunkte wird durch ihren Kalkulationszinssatz derart verändert, dass für den Bezugszeitpunkt t = 0, d. h. den Beginn des Investitionszeitpunkts, der reale Geldwert aller zeitverschieden auftretenden Zahlungsströme gleich ist.

Nachteile:

- Der Einfluss der Höhe des gewählten Kalkulationszinssatzes auf das Ergebnis der Entscheidung kann unter bestimmten Umständen sehr groß sein, z. B. bei vielen zu betrachtenden Perioden und einem hohen Zinssatz. Der Effekt des Zinssatzes auf das Ergebnis ist hier oft viel stärker als z. B. bei

der Berechnung des Zinsbetrags auf das durchschnittlich gebundene Kapital in der Kostenvergleichsrechnung. Daher ist besonderes Augenmerk auf seine Festlegung zu legen. Gegebenenfalls sollte mit alternativ angesetzten Zinssätzen im Rahmen einer Sensibilitätsanalyse (siehe Abschnitt 6.3.8) geprüft werden, innerhalb welcher Bandbreiten festgelegter Zinssätze die Entscheidungsrichtung des Ergebnisses unverändert bleibt und ab welchem Kalkulationszinssatz sich das Ergebnis „dreht".
- Der Einsatz dieser dynamischen Methode verlangt mehr Erfahrung als bei den statischen Methoden.

6.3.7 Nutzwertanalyse (Scoring-Modell)

Übersicht

Alle bisher vorgestellten statischen Verfahren der Vorteilhaftigkeitsrechnung verwenden natürlich vorkommende quantitative Werte wie Geldbeträge, Stückzahlen oder Entfernungsmaße. Nur qualitativ greifbare Unterschiede wie Zufriedenheit, Risikogehalt und Umweltverträglichkeit können nicht berücksichtigt werden. Falls solche qualitativen Unterschiede allein oder neben quantitativen Faktoren erkennbar eine wichtige Rolle für die Entscheidung spielen, können Nutzwertanalysen zum Einsatz kommen.

Definition Nutzwertanalyse

Nutzwertanalysen (Synonym: Scoring-Modelle, Punktbewertungsverfahren) sind speziell auf die wichtigen Merkmale eines Investitionsvorhabens zugeschnittene mehrdimensionale Entscheidungsmodelle. Sie können qualitative und quantitative Eingangsdaten in ein gemeinsames Raster von Bewertungspunkten überführen und so messbar und vergleichbar machen. Sie eignen sich daher für die transparente Darstellung und Durchführung komplexer Entscheidungsfälle. Ausgewählt wird diejenige Entscheidungsalternative, die den höchsten Nutzwert hat (Maximumprinzip).

In Formelschreibweise ausgedrückt wird der Gesamtnutzen N einer Entscheidungsalternative x wie folgt bestimmt (Formel 23):

$$N_x = \sum_{z=1}^{a} n_{zx} * g_z$$

Wörtlich ausgedrückt besagt die Formel, dass sich der Gesamtnutzen aus der Summe aller mit ihrem Gewicht multiplizierten Teilnutzenbeträge ergibt. Die Bedeutung der Symbole ist in der folgenden Tab. 38 erläutert:

Tab. 38: Bedeutung Symbole in der Formel zur Nutzwertanalyse

Symbol	Bedeutung
a	Anzahl der zu bewertenden alternativen Investitionsvorhaben
g_z	Gewichtung des Teilkriteriums z
N_x	Gesamtnutzen der Alternative x
n_{xz}	Teilnutzenbetrag des Investitionsvorhabens x beim Kriterium z
$\sum_{z=1}^{a} y_z$	Summe aller von z = 1 bis z = a laufenden Beträge von y

Der Hintergrund der Unterscheidung zwischen Gesamtnutzen und Teilnutzen ist folgender: Die bisher vorgestellten Verfahren des Vorteilhaftigkeitsvergleichs hatten jeweils nur ein Zielkriterium und dessen Richtung war von vorneherein festgelegt:

- Kostenvergleichsrechnung: Minimieren der Kosten
- Gewinnvergleichsrechnung: Maximieren der Gewinne
- Kapitalwertmethode: Maximieren des Barwerts

Bei der Nutzwertanalyse ist dies anders: Hier kann es mehr als ein Zielkriterium geben, die Durchführenden können eine beliebige Zahl von Kriterien bestimmen. Für jedes Zielkriterium ist jeweils ein Teilnutzenbetrag zu bestimmen, die Wertung über alle Zielkriterien und Teilnutzenbeträge hinweg ergibt einen Gesamtnutzen. Die Nutzwertanalyse hat folgende Schritte:

1. Bestimmen der Ziel(-entscheidungs-)kriterien, ggf. von Unterkriterien und der gewünschten Zielrichtung (wo liegt das Maximum bei der Bewertung des Kriteriums: Auf dem höchsten oder niedrigsten Wert?)
2. Gewichten der Zielkriterien (und Unterkriterien, wenn vorhanden)
3. Festlegen der (Noten-)Skala für Kriterien (Bewertungsfaktoren) und ggf. Messverfahren bestimmen, wenn die zu beurteilenden Kriterien nicht schon durch Informationen von Produktbeschreibungen direkt beurteilt werden können. Bestimmen des Abbildungsverfahrens, wie die Rohwerte zu Punktwerten auf der Skala überführt werden
4. Die im Wettbewerb stehenden Alternativen anhand der Kriterien bewerten, Rohpunkte vergeben und diese Rohpunkte anschließend in Skalenwerte überführen
5. Errechnen der Teilnutzwerte für jede Alternative
6. Bestimmen des Gesamtnutzens für jede Alternative
7. Ermitteln der Rangfolge der Alternativen und Auswahl derjenigen mit dem höchsten Nutzenwert

Rechenbeispiel

Beispielaufgabe Nutzwertanalyse

Die Wasserschutzpolizei Atlantis will eine neue Dienstwaffe als Standardausrüstung im Streifendienst beschaffen.

Zur Auswahl stehen zwei Modelle: „Piratenschreck" und „Strandfrieden"

Eine Expertenkommission hat mit Hilfe einer Kreativitätstechnik folgende wichtige Auswahlkriterien, Unterkriterien und deren Gewichtung (Angaben in Klammern) als Teil des Pflichtenheftes bestimmt:

- Reichweite (30 %)
- Ergonomie (50 %) mit Griff, Visier und Rückschlag beim Brechen des Schusses, mit 40 %, 30 % und 30 %
- Kompatibilität (20 %), Munition (60 %) und Zusatzausrüstungen (40 %)

Der Preis einer Waffe spielt keine besondere Rolle, da die Angebote am Markt hier dicht beieinander liegen und der Unterschied für die gewöhnlich gut gefüllte Kasse des Innenministers von Atlantis unerheblich ist[344].

Die in der Aufgabenstellung beschriebenen Ausgangsdaten, insbesondere die Festlegungen der Expertenkommission auf Kriterien sowie Unterkriterien und deren Gewichtung, sind in der Abb. 124 dargestellt.

Zielkriterien				Alternative Dienstpistolen			
				Piratenschreck		Strandfrieden	
Hauptkriterium	Gewicht	Unterkriterium	Gewicht	Bewertung	Nutzwert	Bewertung	Nutzwert
Reichweite	30%	- 100%	30%				
Ergonomie	50%	Griff 40%	20%				
		Visier 30%	15%				
		Schuss 30%	15%				
Kompatibilität	20%	Munition 60%	12%				
		Nato 40%	8%				
Summe	100%		100%				

Abb. 124: Gewichtete Zielkriterien Nutzwertanalyse

344 In der deutschen Bundesverwaltung wird eine Nutzwertanalyse ohne Einbezug der Kosten durchgeführt, Kosten werden durch andere Verfahren untersucht.

Sie decken bereits die Schritte 1 und 2 der Durchführung einer Nutzwertanalyse ab. Alle genannten Kriterien sollen positiv auf die Vergabe von Nutzenpunkten wirken, d. h. eine höhere Reichweite, eine bessere Ergonomie des Griffes usw. sollen einen höheren Nutzen darstellen. Denkbar wäre auch, dass es Vermeidungskriterien gibt, bei denen eine hohe Ausprägung des Kriteriumswertes einen schlechten Nutzwert darstellt, z. B. die Lautstärke bei Brechen eines Schusses oder die Stärke des Rückschlags.

Festlegen Skala und Messverfahren

Nun müssen in Schritt 3 ggf. Messverfahren für die Eigenschaften der Alternativen und in jedem Falle (Noten-)Skalen zur Überführung von gemessenen oder schon ohne Messung zugänglichen Eigenschaftsausprägungen in Punktwerte festgelegt werden. Die physikalischen Daten der Bauweise von Pistolengriffen sagen auf den ersten Blick nicht viel darüber aus, wie die Waffe in der Hand liegt. Die Ergonomie der Griffe erschließt sich nicht direkt, sondern muss irgendwie ermittelt werden. Hier eignet sich z. B. eine Befragung von Experten, die die Waffe in die Hand nehmen und eine Beurteilung abgeben. Als Notenskala bieten sich z. B. 6er-Skalen (wie Schulnoten) und 10er-Skalen an, weil sie auch für andere Fragestellungen betrieblicher und außerbetrieblicher Entscheidungsverfahren vorkommen und die Experten damit Erfahrungen haben. Für dieses Beispiel soll eine 10er-Punkteskala gewählt werden.

Festlegen Abbildungsverfahren

Neben der Festlegung des Messverfahrens und der Skala selbst ist das Abbildungsverfahren der Rohwerte auf die Skala zu bestimmen. Wenn von 100 befragten Personen 50 mit dem Pistolengriff sehr zufrieden sind (also 50 %), muss der Punktwert der Beurteilung auf einer 10er-Skala nicht zwingend 5 Punkte (also 50 % der möglichen Punkte) ergeben. Man kann den Anspruch hochschrauben und z. B. erst ab 50 % zufriedener Nutzer überhaupt Wertungspunkte vergeben. Dieses Zuordnungsverfahren ist in der Abb. 125 dargestellt. Beginnend mit 50 % zufriedenen Nutzern wird in 5 %-Schritten aufwärts jeweils ein weiterer Nutzenpunkt vergeben. Jenseits der 95 % gibt es keine Steigerungsmöglichkeit für den Nutzen mehr, weil die letzten 5 % als „Zufall" gewertet werden.

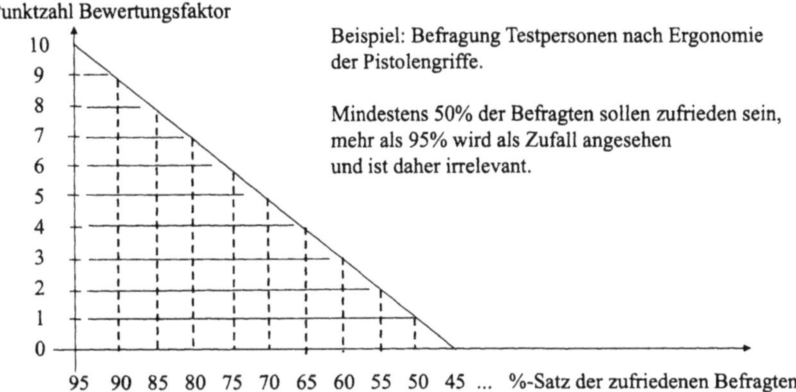

Abb. 125: Skala für Bewertung der Ergonomie von Pistolengriffen

Führt man nun für alle Kriterien – wie im Detail bei der Ergonomie des Griffes gezeigt – eine Beurteilung durch, dann ergeben sich für alle Kriterien und Unterkriterien Bewertungspunkte. Das Modell „Piratenschreck" erhält z. B. 10 Bewertungspunkte für die Ergonomie des Griffes, da 95 % und mehr der Befragten sehr zufrieden mit dem Griff sind. Multipliziert man diese Bewertungspunkte mit der Gewichtung, dann erhält man die Teil-Nutzenwerte. Summiert man die Teil-Nutzenwerte einer Alternative auf, dann erhält man deren Gesamtnutzenwert. In Abb. 126 ist das Ergebnis dargestellt:

Zielkriterien					Alternative Dienstpistolen			
					Piratenschreck		Strandfrieden	
Hauptkriterium	Gewicht	Unterkriterium		Gewicht	Bew.-Punkte	Nutzwert	Bew.-Punkte	Nutzwert
Reichweite	30	-	100	30	8	240	9	270
Ergonomie	50	Griff	40	20	10	200	8	160
		Visier	30	15	9	135	7	105
		Schuss	30	15	8	120	8	120
Kompatibilität	20	Munition	60	12	10	120	10	120
		Nato	40	8	10	80	5	40
Summe	**100**			**100**		**895**		**815**

Abb. 126: Ergebnis Bewertung Nutzwertanalyse

Da das Modell „Piratenschreck" mt 895 Punkten einen höheren Nutzwert zugerechnet bekommt als das Konkurrenzprodukt „Strandfrieden", ist es als Ergebnis der Nutzwertanalyse zur Auswahl vorzuschlagen.

Bewertung der Nutzwertanalyse

Vorteile:

- Nutzwertanalysen sind sehr flexible und anpassungsfähige Beurteilungsverfahren, die man praktisch auf alle Entscheidungsverfahren – betriebswirtschaftliche wie auch nicht-betriebswirtschaftliche – anwenden kann.
- Nutzwertanalysen können sowohl qualitative wie auch quantitative Ausgangsdaten in den Entscheidungsgang einbeziehen.

Nachteile:

- In Nutzwertanalysen sind eine Vielzahl von Annahmen (Kriterienfestlegung, Gewichtung, Art der Skala und Abb. der Rohwerte in Bewertungspunkten) zu treffen. Hierdurch sind viele Möglichkeiten subjektiver Einflussnahmen auf die Struktur einer Nutzwertanalyse möglich. Die Ergebnisse sind daher nicht „diskussionsfest", wenn es nur knappe Abstände der Gesamtnutzenwerte von Alternativen gibt.

6.3.8 Planung und Entscheidung

Entscheidung unter Sicherheit und Risiko

Ein Großteil der betriebswirtschaftlichen Datenwelt stammt aus der Vergangenheit oder dem Ist-Zustand. Betriebswirtschaft als Entscheidungslehre benötigt aber auch Daten-Grundlagen über die Zukunft. Diese zu erarbeiten ist Gegenstand der Planung.

Definition Planung

Planung ist die gedankliche Vorwegnahme zukünftiger Handlungen oder Zustände unter Annahme künftiger Szenarien von Ereignissen oder konstant bleibenden Randbedingungen. Planungsszenarien enthalten alle für eine Entscheidung zum Handeln oder Unterlassen benötigten Variablen – äußere Umstände und eigene Handlungsmöglichkeiten.

Sicherheit, Unsicherheit und Risiko

Planen und Entscheiden kann unter drei verschiedenen Randbedingungen stattfinden: Sicherheit, Unsicherheit und Risiko[345]. Die in den ersten Abschnitten von 6.3 vorgestellten Verfahren der Vorteilhaftigkeitsrechnung wurden anhand von Beispielen geübt, deren Daten als „sicher" angegeben wurden.

Definition Entscheidung unter Sicherheit

Entscheidungen bei Sicherheit gehen von einem 100-prozentigen Eintreffen der getroffenen Annahmen aus. Alternativen hierzu gibt es nicht.

---

345 Vgl. ausführlichere Darstellung in Dincher et al., 2010, S. 59 ff.

Als Beispiel für sichere Annahmen soll die im vorigen Abschnitt vorgestellte Nutzwertanalyse dienen. Mit ihr wurden zwei Polizeiwaffen verglichen. Der Vergleich fand durch Befragen einer Stichprobe von Personen an einem sonnigen Tag statt. Wenn man 100-prozentig darauf vertraut, dass die gefundenen Nutzwerte sich auch bei der späteren Verwendung im Alltag und in jeder Wetterlage genau so einstellen, dann ist die gefällte Entscheidung richtig. In der nachfolgenden Tab. 39 werden die Ergebnisse aus der Abb. 126 (Gesamtnutzwerte einstellig und gerundet) vereinfacht dargestellt. „Piratenschreck" wurde ausgewählt, weil der Nutzwert mit 9 (exakt waren es 895 Punkte) höher ist als derjenige von „Strandfrieden" mit 8 (exakt 815) Punkten.

Tab. 39: Beispiel Nutzwerttabelle unter Sicherheit

Auswahl Waffe	Nutzwerte
Piratenschreck	9
Strandfrieden	8

Definition Entscheidung unter Risiko

Entscheidungen unter Risiko finden in einer Welt statt, in der die entscheidungsrelevanten Umweltzustände nicht 100-prozentig feststehen, sondern nur mit bekannter Wahrscheinlichkeit eintreten.

Bayes-Regel

Entscheidungen unter Risiko verlangen, dass man die Wahrscheinlichkeiten der Umweltzustände kennt. Dann kann man diese Wahrscheinlichkeiten mit den Nutzwerten der Entscheidungsalternativen bei jedem Umweltzustand multiplizieren und erhält so „Erwartungswerte" des Nutzens je Alternative. Die Alternative mit dem höchsten Erwartungswert ist auszuwählen. Diese Entscheidungsmethode heißt auch „Bayes-Regel"[346]. In der Tab. 40 ist die bisher als Beispiel benutzte Auswahlfrage der Polizeiwaffen mit einer Veränderung gegenüber den bisherigen Angaben dargestellt: Man hat entdeckt, dass die Leistungen der Waffe und speziell die Beurteilung der Ergonomie teilweise vom Wetter abhängen. „Piratenschreck" ist eine Schönwetterwaffe, die im Abschnitt 6.3.7 dargestellte Nutzwertanalyse hat man zufällig nur bei Sonnenschein (Wetter-Wahrscheinlichkeit 40 %) durchgeführt. Nun wurden zwei weitere Nutzwertanalysen, je eine bei Regenwetter und eine bei Mischwetter (Wahrscheinlichkeit 10 % und 50 %), eingeleitet und hierfür Nutzwerte erhoben. Zusammen mit den Wahrscheinlichkeitswerten für die drei verschiedenen Wetterlagen sind sie Berechnungsgrundlage für die Erwartungswerte. Da das bisher unterlegene Modell „Standfrieden" vor allem bei schlechterem Wetter weit überlegen ist und bei gutem Wetter nur wenige Nachteile gegenüber „Pi-

346 Benannt nach dem britischen Mathematiker Bayes (1702-1761)

ratenschreck" hat, gewinnt es nun knapp in der Gesamtwertung mit einem Erwartungswert von 8,7 gegenüber 8,1 von „Piratenschreck".

Tab. 40: Beispiel Nutzwerttabelle unter Risiko

Wahrscheinlichkeit Auswahl Alternativen	Regen-wetter 0,1	Sonnen-schein 0,4	Misch-wetter 0,5	Erwartungswert
Piratenschreck	5	9	8	5 * 0,1 + 9 * 0,4 + 0,5 * 8 = 8,1
Strandfrieden	10	8	9	10 * 0,1 + 8 * 0,4 + 0,5 * 9 = 8,7

Unsicherheit, Maximin, Maximax und Hurwicz

Es gibt einen Zustand noch größerer Ungewissheit als denjenigen unter Risiko: Unsicherheit.

Unsicherheit

Definition Entscheidung unter Unsicherheit

Entscheidungen unter Unsicherheit wissen von einem Einfluss verschiedener Umweltzustände auf den Nutzen, können aber die Höhe der Wahrscheinlichkeit des Eintritts dieser Umstände nicht vorhersagen.

Im Gegensatz zur Situation unter „Risiko" hat der Entscheider bei Unsicherheit in der Umweltanalyse keinerlei weitere Daten über die Wahrscheinlicheit des Eintretens alternativer Ereignisse. Dies zwingt ihn, sich auf eine von mehreren Strategien festzulegen. Eine mögliche Strategie ist diejenige der pessimistischen Begrenzung des Schadens, wenn es schlecht laufen sollte. In diesem Fall wählt er die „Maximin" Regel, diese besagt: Maximiere das Zeilenminimum" (in den Zeilen stehen die Alternativen) der Nutzwerttabelle. Auszuwählen ist die Alternative mit dem relativ höchsten der minimalen Werte. Im Fall des Beispiels ist dies wiederum das Modell „Strandfrieden" mit einem Zeilenminimum von 8 Nutzenpunkten, s. Tab. 41. Diese 8 Punkte sind das schlechteste denkbare Ergebnis für „Strandfrieden", bei „Piratenschreck" droht im schlimmsten Fall ein Nutzwert von sogar nur 5 Punkten. Alternativ zur pessimistischen Sicht kann man eine optimistische Einstellung haben und die Alternative mit dem maximalen Einzelwert suchen. Die dazugehörende Strategie heißt „Maximax" und findet in den Beispieldaten wiederum „Strandfrieden", weil diese Waffe einen maximalen Nutzwert von 10 bei Regenwetter hat, während „Piratenschreck" nur auf einen Höchstwert von 9 Punkten kommt.

Maximin und Maximax Regel

Tab. 41: Beispiel Maximin und Maximax

Wetterzustände Auswahl Waffe	Regenwetter	Sonnenschein	Mischwetter	Maximin Zeilen-Minima	Maximax Zeilen-Maxima
Piratenschreck	5	9	8	5	9
Strandfrieden	10	8	9	8	10

Optimistische und pessimistische Erwartungen kann man auch zusammenbringen und gemeinsam in eine Bewertung einfließen lassen. Die „Hurwicz"-Regel unterstützt das. Sie enthält einen „Optimismus-Faktor", ausgedrückt mit dem griechischen Buchstaben für Lambda, das „λ". Hiermit werden die Zeilenminima und Zeilenmaxima gewichtet, λ nimmt dabei Werte zwischen 0 und 1 an. 1 steht für sehr positiv, 0 entsprechend für sehr negativ. Der Entscheider muss selbst sein Optimismus-Niveau vorher festlegen. In der nachfolgenden Tabelle hat ein Entscheider sein Optimismus-Niveau mit λ = 0,6 vorsichtig positiv eingeschätzt. Nun kann mit den schon bekannten Zeilenminima und -maxima gerechnet werden. Die Alternative mit der höchsten Gewichtungssumme gewinnt. Hier ist wieder das Modell „Strandfrieden" mit 9,2 Punkten.

Tab. 42: Rechenbeispiel Hurwicz-Regel für λ = 0,6

Hurwicz-Regel

Auswahl Waffe	Zeilen-Minima	Zeilen-Maxima	Zeilen-Minima * (1 – λ)	Zeilen-Maxima * λ	Summe
Piratenschreck	5	9	5 * 0,4 = 2	9 * 0,6 = 5,4	2 + 5,4 = 7,4
Strandfrieden	8	10	8 * 0,4 = 3,2	10 * 0,6 = 6	6 + 3,2 = 9,2

Sensitivitätsanalyse

Viele der hier vorgestellten Verfahren der Vorteilhaftigkeitsrechnung sind mit Beispielen erläutert worden, in denen dem Entscheider bereits feste Vorgaben, z. B. über Laufzeiten und Kalkulationszinssätze, gemacht wurden. Im „richtigen Leben" ist es häufig so, dass der Ersteller von Vorteilhaftigkeitsvergleichen weniger feste Vorgaben hat, sondern in bestimmten Bandbreiten selbst Festlegungen treffen muss. Hier bleibt natürlich ein Zweifel, ob es nicht genau diese willkürlichen Annahmen waren, die das Ergebnis für oder gegen eine Entscheidungsalternative bewirkt haben. Um festzustellen, wie stark das Ergebnis von den Vorgaben abhängt, kann man eine Sensitivitätsanalyse durchführen.

Definition Sensitivitätsanalyse

Sensitvitätsanalyse (Synonym: Sensibilitätsanalyse) ist eine allgemeine Bezeichnung für eine Überprüfung der Auswirkungen von Veränderungen wichtiger Parameter an entscheidungsvorbereitenden quantitativen oder qualitativen Verfahren. Wichtige Parameter können Kalkulationszinssätze, Laufzeiten, Wahrscheinlichkeiten, Ausbringungsmengen, Nachfragemengen, erzielbare Preise, die Auswahl anderer Entscheidungskriterien oder die prozentuale Gewichtung von Entscheidungskriterien sein.

Zweck von Sensitivitätsanalysen ist:

Zweck von Sensitivitätsanalysen

- Austesten, bei welcher Änderung an Parametern einer Berechnung sich das Ergebnis „dreht" und einen anderen Entscheidungsvorschlag unterstützt.

Beispiele hierfür sind die Höhe der Ausbringungsmenge im Verfahren der „Kritischen Menge" bzw. das Break Even Verfahren, Variation des Kalkulationszinssatzes in der Kapitalwertmethode.

- Aufzeigen der Zone stabiler Entscheidungen trotz Änderung von Parametern. Längst nicht jede Veränderung, z. B. des Kalkulationszinssatzes, führt dazu, dass sich die Vorteilhaftigkeit gegenüber alternativen Angeboten anders darstellt. Solche Situationen zeigen an, wie robust ein Verfahren gegen die Veränderung von Werten entscheidungswichtiger Parameter ist.

6.3.9 Wirtschaftlichkeitsbetrachtung der KGSt

WiBe

Entscheider von finanziell erheblichen Investitionsvorhaben müssen festlegen, mit welchem Verfahren sie die vorteilhafteste der Investitionsalternativen bestimmen wollen. Um hier Orientierung zu geben oder Wildwuchs zu vermeiden, ist in der Bundesverwaltung Deutschlands ein Quasi-Standard festgelegt worden: Die von der KGSt herausgegebenen „Empfehlungen für die Durchführung von Wirtschaftlichkeitsbetrachtungen", kurz „WiBe" genannt. Sie legen einen Mix von Verfahren und Entscheidungsregeln fest. Im Jahr 2010 war WiBe 4.1 aktuell[347]. Die WiBe war in früheren Versionen ausschließlich auf IT-Vorhaben ausgelegt und ist heute noch in dieser Richtung besonders stark differenziert. Nachfolgend soll jedoch der Ansatz in allgemeiner Form vorgestellt werden:

Tab. 43: Komponenten des WiB-Ansatzes der KGSt

Komponente[348]	Bezeichnung	Erläuterung
Quantitative Kosten-Nutzenrechnung mit der Kapitalwertmethode	WiBe KN	Einsatz der „klassischen" Kapitalwertmethode zur quantitativen Bestimmung der Kosten und, sofern möglich, des Nutzens. Ergänzend zum klassischen Ansatz können risikobehaftete Wertansätze mit Risikozuschlägen versehen werden
Nutzwertanalyse Kriterium Dringlichkeit	WiBe D	Bewertung der Dringlichkeit der Ablösung eines eventuell vorhandenen vorherigen Systems
Nutzwertanalyse Kriterium Qualität	WiBe Q	Bewertung des strategisch-qualitativen Nutzens durch die neue Investition
Nutzwertanalyse Kriterium Externe Effekte	WiBe E	Bewertung des Nutzens, den Anspruchsgruppen außerhalb des Betriebs durch die Investition haben

Kapitalwertmethode mit Risikozuschlägen

Die mit der Kapitalwertmethode durchzuführende Kosten-Nutzenrechnung der WiBe soll bei unsicheren Schätzungen über Einzahlungen oder Auszahlungen

347 Download von den Seiten des deutschen Bundes-CIOs, www.cio.bund.de

348 Für alle Komponenten bietet die WiBe bei IT-Vorhaben Kriterienkataloge an. Bei Vorhaben ohne IT-Einsatz können selbst erstellte Kriterienkataloge gewählt werden.

in einer Variante der Berechnung mit Risikozuschlägen durchgeführt werden. Dies geschieht durch Erhöhen oder Verringern von Wertansätzen. Je nachdem, welche Richtung das Risiko hat, erhöht oder erniedrigt sich dadurch auch der Kapitalwert der Investition gegenüber einem Ansatz ohne Risikozuschläge. Entscheidungskriterium für die Wirtschaftlichkeit eines Investitionsvorhabens ist ein positiver Kapitalwert. Wenn keine geldwerten Nutzenbeträge bestimmbar sind oder trotz solcher Werte der Kapitalwert negativ ist, bedarf es in der Sprechweise der WiBe einer „erweiterten" Wirtschaftlichkeitsbetrachtung mit den qualitativ zu messenden Nutzendimensionen „Dringlichkeit", „Qualität" und „externe Effekte". Die „Mechanik" der Durchführung dieser erweiterten Betrachtung soll am Beispiel der „Externen Effekte" gezeigt werden.

Beispielaufgabe qualitative Bewertung „Externe Effekte"
Im Rahmen einer WiBe soll auch die „erweiterte Wirtschaftlichkeit" des Bootskaufs durch Bewertung der „Externen Effekte" untersucht werden. Von der KGSt gibt es (noch) keine Unterkriterien für Bootskäufe, daher sind eigenständig Unterkriterien zu bilden. Dann müssen Gewichtungsanteile der Unterkriterien festgelegt und der Bootskauf anhand dieser Unterkriterien bewertet werden.

Erweiterte Wirtschaftlichkeitsbetrachtung

Ein mögliches Ergebnis dieser Aufgabe ist in der nachfolgenden Tab. 44 aufgelistet. Kriterien, Gewichte und Punkte sind nach eigener Einschätzung gewählt worden. Je Kriterium wird das Produkt aus Gewicht und Punktzahl gebildet und in die Summenspalte geschrieben. Die Summe aller Gewichte muss exakt 100 sein, die erreichbare Höchstpunktzahl beträgt 10. Daraus ergibt sich eine maximale Punktsumme von 1.000. Der Bootskauf erreicht hiervon immerhin 570. Per Festlegung der KGSt wird der Nutzenwert der externen Effekte (genauso derjenige von „Qualität" und der „Dringlichkeit") durch Streichen der letzten Ziffer in der Punktsumme erreicht, d. h. es resultiert hier aufgrund der Punktsumme von 570 der Wert von 57.

Tab. 44: Ergebnis Bewertung „Externe Effekte" des Bootskaufs

Nr.	Kriterium	Gewicht	Punkte	Summe
1	Vertrauen zur Polizei aufbauen	25	9	225
2	Verständnis für Polizeiarbeit stärken	25	5	125
3	Informeller Kontakt/Strafanzeigen erleichtern	10	2	20
4	Erholungswert Angehörige der Polizei	15	5	75
5	Leichter Kontakt für Berufsinteressenten	20	5	100
6	Boot ist im Notfall für Rettungseinsätze nutzbar	5	5	25
	Summe	100		570
	Externwert[349]			57

Die KGSt legt fest, dass ein negativer Kapitalwert der Kosten-Nutzenbetrachtung ausgeglichen werden kann durch hohe, über 50 liegende Bewertungen der qualitativen Kriterien. Allerdings ist der Ausgleich kein Automatismus, vielmehr bedarf es ergänzend einer besonderen Begründung, weswegen trotz negativem Kapitalwert die hohen Punktzahlen der qualitativen Bewertungen die Investition rechtfertigen.

Bewertung der WiBe

Eine Wirtschaftlichkeitsbetrachtung nach den Vorgaben der KGSt bietet eine gute Dokumentation von Erwartungen, harten Daten und bedarfsorientiertem Denken über den Investitionsgegenstand. Bei Standard-Beschaffungen mit klaren alternativen Angeboten fällt die Erstellung eine WiBe relativ leicht. Je nach Art des zu beurteilenden Vorhabens kann eine WiBe ein sehr anspruchsvolles und aufwändiges Unterfangen sein. Insbesondere bei komplexen Einmal-Vorhaben ohne Standardangebote wird es schwer fallen oder sehr künstlich wirken, ernsthafte alternative Vorschläge auszuarbeiten, um sie dann in einem Wirtschaftlichkeitsvergleich gegen die bevorzugte Variante verlieren zu lassen. Das richtige Maß an genauer Modellierung der Beschaffungsvorhaben und pragmatischer Annahmen ist Erfahrungssache, die weit über das Beherrschen der rechnerischen Anteile hinausgeht.

6.4 Beschaffungsmanagement

Der öffentliche Sektor ist in großem Umfang als Nachfrager von Gütern und Dienstleistungen aktiv[350]. Daher ist das Beschaffungsmanagement ein wichtiges betriebswirtschaftliches Thema.

---

[349] Begriff im Wortlaut der KGSt, meint: Punktwert aus der Beurteilung des Externen Effekts

[350] Studie im Auftrag des Bundesministeriums für Wirtschaft, Kröber et al, 2008, S. 40 f.

Definition Beschaffungsmanagement Güter und Dienstleistungen

Beschaffungsmanagement ist die Koordination und Umsetzung aller Maßnahmen zur rechtzeitigen Bereitstellung nötiger Betriebsmittel, Hilfsstoffe und Dienstleistungen zur Deckung interner betrieblicher Bedarfe[351].

Der Begriff „Beschaffungsmanagement" – ohne jeden Zusatz – umfasst hiermit nicht die Finanzbeschaffung (Finanzierung) und die Personalbeschaffung, die „traditionell" getrennt von Gütern und Dienstleistungen betrachtet werden. Vier miteinander verzahnte Themen bestimmen im öffentlichen Bereich das Beschaffungsmanagement:

- Die betriebliche Beschaffungsplanung mit dem Blick auf den sachlichen Bedarf nach Art und Qualität, Menge, Zeitpunkt und Preis der Güter und Dienstleistungen.
- Die Darstellung der Wirtschaftlichkeit.
- Die rechtlichen Bedingungen der Beschaffung mit Blick auf das Vergaberecht sowie bestehende oder neu zu schaffende vertragliche Grundlagen.
- Die Optimierung der Beschaffungsabläufe und damit sowohl der intern verursachten Kosten als auch der Planungssicherheit von Beschaffungen.

Beschaffungsplanung

Beschaffungsplanung: Die Beschaffungsplanung ist eingebettet in die Gesamtplanung eines Betriebs. Ausgehend von der Produkt-(Dienst-)Planung ergeben sich bereichsspezifische Teilpläne z. B. für das Liegenschaftsmanagement, das Management des Fuhrparks, der IT und Telekommunikation. Hierin sind sowohl Planungen für den Bezug externer Dienstleistungen wie auch von Roh-, Hilfs- und Betriebsstoffen enthalten. Die fachliche Sicht auf den Bedarf ist durch geeignete Leistungsbeschreibungen bzw. Produktbeschreibungen und Pflichtenhefte vorzubereiten, außerdem sind ggf. Recherchen sowie je nach Art der benötigten Leistung ggf. Teststellungen nötig, um den Beschaffungswunsch zu konkretisieren. Der Zeitpunkt des Bedarfs ist zu bestimmen und zu beachten, wieviel Zeit von der Auslösung der Bestellung bis zur Lieferung oder fertigen Leistung vergeht.

Wirtschaftlichkeitsbetrachtung

Wirtschaftlichkeit: Jenseits der sachlichen Betrachtung sind Beschaffungen mit Einsatz finanzieller Mittel daraufhin zu hinterfragen, ob sie dem Gebot der Wirtschaftlichkeit und Sparsamkeit genügen. Je nach Art der Beschaffungsabsicht sind hier ganz unterschiedliche Überlegungen anzustellen. Bei Gestaltungsaufgaben sind möglichst auch Alternativen der Umsetzung zu erarbeiten. Bei Lagerwaren ist zu planen, ab welcher Mindestmenge an Vorräten neue Bestellungen ausgelöst werden sollen. Die optimale Bestellmenge lässt sich unter bestimmten Randbedingungen mit der Formel für die optimale Losgröße

[351] Vgl. ähnliche Definition in Schauer, 2008, S. 127

(Bestellmengenoptimierung) ermitteln[352]. Formal sollte eine Wirtschaftlichkeitsbetrachtung möglichst nach dem Raster der WiBe der KGSt durchgeführt werden, s. Abschnitt 6.2.6.9. Rechnungshöfe berichten immer wieder davon, dass öffentliche Betriebe trotz dieser Pflicht kaum oder deutlich unzureichende Wirtschaftlichkeitsbetrachtungen anstellen[353].

Vergabe und Vertrag

Vergabe- und vertragsrechtliche Randbedingungen: Anders als in der Privatwirtschaft ist ein öffentlicher Betrieb der Kernverwaltung nicht frei darin, die Abläufe der Bindung an Lieferanten selbst zu bestimmen. Vielmehr gilt für Beschaffungen jenseits von Bagatellgrenzen eine Vielzahl von Normen, die als „Vergaberecht" den Einkauf regeln. Dem öffentlichen Vergaberecht unterliegen in Deutschland alle Gebietskörperschaften sowie deren Sondervermögen, d. h. nicht rechtsfähige Betriebe wie z. B. Regiebetriebe. Um die Flucht aus dem Vergaberecht durch eine Organisationsprivatisierung zu verhindern, sind darüber hinaus auch alle juristischen Personen des öffentlichen und privaten Rechts, die den Gebietskörperschaften entweder durch erhebliche Beteiligungsrechte oder Einfluss auf die Leitung unterstehen, dem Vergaberecht unterworfen[354]. Vergabepflichtig sind oberhalb einer Bagatellgrenze alle entgeltlichen Beschaffungsvorgänge, sofern nicht schon ein vergaberechtlich korrekt zustande gekommener (Rahmen-)Vertrag besteht, aus dem die Beschaffung getätigt werden kann. Dieser Rahmenvertrag kann auch ein Vertrag eines anderen öffentlichen Betriebs sein, sofern er ordentlich ausgeschrieben wurde und für die Mitnutzung durch andere Behörden offen ist. Es gibt verschiedene Vergabeverfahren (z. B. offenes und nicht-offenes Verfahren, Verhandlungsverfahren), deren Anwendbarkeit von national teilweise verschiedenen Voraussetzungen abhängt. Europaweit sind in der EU Schwellwerte für die nationale und die europaweite Ausschreibungspflicht geregelt.

Optimierung der Beschaffungsabläufe

Optimierung der Beschaffungsabläufe: In Deutschland wurden in 2007/2008 jährlich ca. 2,4 Mio Vergabevorgänge vom öffentlichen Sektor durchgeführt. Die ausschreibenden öffentlichen Betriebe haben nach Schätzungen hierdurch Kosten von ca. 8,8 Mrd. Euro und die Bieter Kosten in Höhe von ca. 10,2 Mrd. Euro. Je Vergabe fallen durchschnittlich ca. 7.890 Euro Kosten an[355]. Maßnahmen zur Reduzierung dieser Kosten auf Ebene einzelner öffentlicher Be-

---

352 Darstellung z. B. in Schierenbeck, 2008, S. 257 f.

353 Z. B. Hessischer Landesrechnungshof zu Zentraler Beschaffungsstelle für Informationstechnik in Hessen, Bericht 2009, S. 242; ähnlich Engels, 2010

354 Vollmöller, 2007, S. 182

355 Kröber et al., 2008, S. 40 f. Das Beschaffungsvolumen des öffentlichen Bereichs betrug in 2006 ca. 260 Mrd. Euro, Bundesministerium für Wirtschaft, zitiert nach Kröber et al., 2008, S. 16

triebe sind: Reduzierung der Zahl von Vergabevorgängen durch Schnüren größerer Vergabepakete und entsprechend umfangreicherer Inhalte je Vertrag, Beschaffung ohne eigene Vergabe durch Nutzen geeigneter Rahmenverträge anderer öffentlicher Betriebe, Inanspruchnahme zentraler öffentlicher Beschaffungsdienstleister – z. B. das Beschaffungsamt – anstelle eigener Beschaffungskräfte, Eigenfertigung statt Fremdbezug (falls beide kostengleich sind) oder – sicher eine sehr seltene Variante – Bezug von Leistungen direkt von anderen öffentlichen Betrieben. Betrieblich und überbetrieblich sind elektronische Beschaffungsplattformen (z. B. eVergabe)[356] sowohl für die Betriebe wie auch für die Bieter aufgrund vereinfachter Kommunikation, ihres Bündelungseffektes (Bieter müsssen nicht zahlreiche Medien nach Ausschreibungen absuchen) und des Einsparens von Postlaufzeiten vorteilhaft.

6.5 Informations- und Wissensmanagement

Der Faktor „Wissen“ hat eine in den letzten Jahrzehnten so stark zunehmende und auch anerkannte Bedeutung, dass er inzwischen als Nummer vier zu den betriebwirtschaftlichen Faktoren gezählt wird (siehe Abschnitt 2.1.3). Das aktive Management des Wissens wird mit dem relativ jungen Begriff „Wissensmanagement“ beschrieben.

Wissensmanagement

Definition Wissensmanagement

Wissensmanagement bezeichnet die systematische Gestaltung und Pflege der Wissensbasis eines Betriebs oder von Einzelpersonen. Im betrieblichen Zusammenhang bedeutet Wissensmanagement die Identifizierung des für die Betriebsziele wichtigen Wissens sowie die Bereitstellung von Anreizen, Verfahren und Systemen zum Wissenserwerb, zur Wissensaufbewahrung und der Verfügbarkeit an den wissensabhängigen Arbeitsplätzen.

Daten und „Wissen“

Wissen baut auf Daten auf, die ergänzend strukturiert sein müssen, relevante Informationen in sich tragen und in einem Bezug zu betrieblichen Gestaltungs- oder Entscheidungsfragen stehen. Ein Teil des Wissens ist logisch-mechanisch erwerbbar und leicht zu dokumentieren („explizites Wissen“), ein anderer Teil ist tiefes Erfahrungswissen („implizites Wissen“) und offenbart sich oft erst

---

356 www.evergabe-online.de

situationsspezifisch. Der Übergang von Daten zu Information und Wissen ist vor allem eine Anreicherung mit weiteren Kontextdaten und Informationen.

Große Bandbreite von möglichen Maßnahmen

Ein aktives Wissensmanagement umfasst eine große Bandbreite möglicher Maßnahmen, die je nach Art entweder direkt bei den Beschäftigten z. B. im Fortbildungsbereich ansetzen oder eher organisatorische Ansatzpunkte haben (z. B. Bündelung und Strukturierung aller Fachwissensströme in einem Referat Informationsmanagement) oder die Bereitstellung neuer technischer Mittel anstreben, z. B. Wissensdatenbanken. Da auch Wissensmanagement Geld kostet, ist – wie bei allen Investitionen – vor Einleiten neuer Maßnahmen eine (Wissens-)Bedarfsanalyse und eine Abwägung nötig, wie die Bedarfe am wirtschaftlichsten abgedeckt werden können. Folgende Handlungsfelder des Wissensmanagements können unterschieden werden:

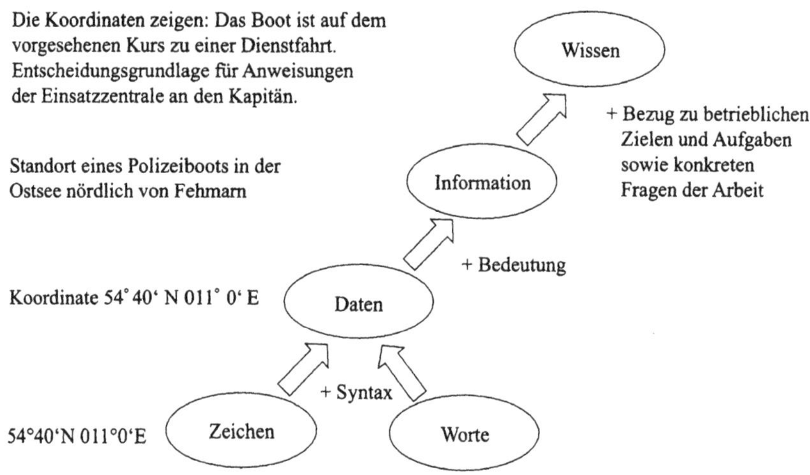

Abb. 127: Die Entstehung von Wissen aus Daten[357]

Wissensverteilung und Aufbewahrung

Maßnahmen zum Wissenserwerb und zur Wissensentwicklung: Maßnahmen des Wissenserwerbs können auf Personen oder sachliche Wege zielen, Beispiele sind: Systematische Fortbildung von Beschäftigten in betriebswichtigen neuen und weiterbestehenden Themen, Ertüchtigung und Ansporn zum lebenslangen Lernen, ein innerbetriebliches Vorschlagswesen, Einstellen von Experten mit bisher im Hause nicht vorhandener Expertise, Einkauf von Informationsdienstleistungen, Engagement von externen Beratern, Kauf fremder Betriebe mit Spezialwissen, Kooperation mit anderen Betrieben zum Wissens-

[357] Ähnlich Probst et al., 2004, S. 16

austausch, Kooperation mit Hochschulen, Etablieren von „wissenschaftlichen Beiräten".

Maßnahmen zur Wissensverteilung und -aufbewahrung: Wissensverteilung kann auf technischem und nicht-technischem Wege erfolgen. Im Zeitalter des Internets und des Intranets spielen diese beiden technischen Medien eine große Rolle, weil sie einen Kommunikationskanal zu jedem Beschäftigten im Betrieb und darüber hinaus bei Bedarf auch – in beiden Richtungen – zur Außenwelt darstellen. Hiermit bieten sie sich als zentrale Drehscheibe mit Möglichkeit des „Durchstechens" zu anderen elektronischen Werkzeugen im Hintergrund an. Das Vorhalten von Daten ist neben der Frage des Kommunikationskanals auch eine der Datenablage, neben ganz einfachen Formen der Ablage z. B. in üblichen Office-Produkten (Textverarbeitung, Tabellenkalkulation, einfache Datenbanken wie MS Access) sind hier vor allem die WIKI-Technologie, große Standard-Datenbankprodukte sowie Datawarehouse-Lösungen zu nennen. Damit ein Nutzer die Vielzahl der in einem Betrieb verfügbaren elektronischen Quellen möglichst bequem erreichen kann, ist an Portal-Lösungen zu denken. Unter „Portallösung" versteht man Computersysteme, die dem Nutzer über einen einzigen Zugangsweg alle IT-Anwendungen zugänglich machen, für die er eine Berechtigung besitzt. Hat ein Beschäftigter elektronischen Zugriff auf einen Teil seiner Personaldaten, dann spricht man von „Personalportal". Verknüpfungen eines Personalportals mit einem Portal für Fachwissen sind eine besonders starke Form der elektronischen Unterstützung der Wissensverteilung. Neben den elektronischen Medien gibt es aber auch nicht-elektronische Maßnahmen für eine bessere Wissensverteilung. Beispiele hierfür sind das Sammeln „gelernter Lektionen" nach schwierigen Vorhaben wie z.B nach Projekten oder Fehlern im Linienbetrieb. Experten könnten auch gelegentlich als innerbetriebliche Dozenten der Weiterbildung arbeiten. „Beste Beispiele" für gute Problemlösungen sollten innerbetrieblich auf geeignetem Wege, z. B. über das Intranet oder eine Betriebszeitung, verbreitet werden.

Ergänzung oder/ und bessere Verzahnung

Die Vielzahl möglicher Wege zur Unterstützung von Wissenserwerb und Wissensverteilung sowie die für einige Maßnahmen nicht unerheblichen Kosten zeigen, dass nicht alle Vorschläge gleichzeitig umgesetzt werden können und müssen. Gezieltes Wissensmanagement sollte regelmäßig eine Einschätzung des Wissensbedarfs vornehmen, hierzu gehört auch die Analyse der tatsächlich vorhandenen aktuellen Versorgung sowie der Nutzung vorhandener Angebote durch die Beschäftigten. Auf Basis dieser Ausgangsdaten stellt sich dann die Frage der dringendsten Ergänzungsbedarfe. Diese Ergänzungsbedarfe können dann entweder durch bessere Verzahnung schon vorhandener Wissensinseln oder Hinzufügen komplett neuer Elemente oder in einem Mix aus beidem bestehen.

BÜRO-
KRATIE!
ENDE
7.

7 Treiber und Bremser der ÖBWL

Öffentliche Betriebe sind vielfältigen Einflüssen ausgesetzt. Die Anspruchsgruppen des öffentlichen Sektors wurden schon in Abschnitt 4.1 in ihrer Kundenrolle und Wirkung auf die Produkte des Betriebs vorgestellt, nun sollen einige von ihnen mit direktem Einfluss auf betriebswirtschaftliches Denken im öffentlichen Sektor dargestellt werden.[358]

7.1 Politik und Politikberatung

Positive Entscheidungen und negative Vorbildwirkung

Positive Impulse für ÖBWL durch die Politik

Es ist „die Politik", die mit Verfassungsrang, Gesetzen, Verordnungen und auf vielfältige Weise betriebswirtschaftliches Verhalten als Kann- oder als Muss-Bestimmung in den öffentlichen Sektor bringt. Dies ist ein fördernder Beitrag für die Verbreitung betriebswirtschaftlichen Denkens und betriebswirtschaftlicher Instrumente im öffentlichen Sektor.

Mit der Politik als „Klasse" dagegen setzt sich ein Teil der Literatur auseinander, der die Regeln und Verhaltensweisen in der Politik im Hinblick auf Vorbildwirkungen auf den öffentlichen Sektor darstellt.

Negative Vorbildwirkungen eines Teils der politischen Klasse

Als Beispiel soll hier aus einigen Veröffentlichungen des Verwaltungsrechtlers von Arnim in Tab. 45 zitiert werden. Bei Durchsicht der Kritikpunkte stellt sich die Frage, ob „die Politik" im Guten wie im Schlechten direkt kulturell auf den öffentlichen Bereich wirkt und damit evtl. schlechte Vorbilder auch tatsächlich schlechte Vorbildwirkung erzielen. An anderer Stelle (s. Abschnitt 2.4.1 über die Geschichte der Verwaltung) wurde festgestellt, dass sich in Deutschland und Österreich die Verwaltung von der Politik etwas mehr entkoppelt hat als in Ländern mit durchgehender demokratischer Geschichte. Dies

---

358 Diese Verengung der Sicht nur auf die ÖBWL bedeutet, dass dieses Kapitel dem öffentlichen Bereich nicht in Gänze gerecht werden kann, weil unter anderen auch der juristische oder der politikwissenschaftliche Aspekt wichtig sind. Eine integrative Sicht kann und soll hier aber nicht geleistet werden.

könnte auch bedeuten, dass „die Politik“ als andere „Branche“ bzw. andere „Klasse“ keine große Verhaltenswirkung im öffentlichen Sektor ausübt. Das Identifikationspotenzial mit der Politik ist hierzu evtl. zu klein.

Tab. 45: Kritik an Politik als schlechtem Vorbild

Negative Erscheinungen aus Sicht der ÖBWL	Erläuterung
Auswahl von Spitzenkräften ohne sonst im Berufsleben übliche Leistungsnachweise der Befähigung und Bewährung, Ämterpatronage durch Politiker in der Verwaltung[359].	Spitzenpersonal von Ministerien (Minister, Staatssekretäre, ...) werden oft ohne entsprechende fachliche Berufserfahrung oder -qualifikation anhand von Quoten oder Übereinstimmung in Meinungen ausgesucht. Gleiches passiert gelegentlich auf Arbeitsebene in Behörden und öffentlichen Unternehmen.
Bestechung von und Einflussnahme auf einzelne Abgeordnete praktisch nicht strafbar[360].	Öffentliche Angestellte und Beamte unterliegen dagegen strengen Regeln, die persönliche Vorteilnahme im Amt verbieten. Bei Abgeordneten ist nur der Stimmenkauf bei Parlamentsabstimmungen verboten, alles andere nicht.
Überversorgung von Politikern[361].	Ruhestandsregelungen für Politiker sind relativ besser als die anderer öffentlicher Bediensteter und besser als die von tarifabhängig Beschäftigten in der Privatwirtschaft.

Politikberatung und öffentlicher Sektor

Da wenige führende Politiker in Verantwortung auf Bundes- und Landesebene Erfahrung im betriebswirtschaftlichen Management größerer Einheiten besitzen, stellt sich die Frage, welche Erkenntnisquellen die politische Unterstützung der ÖBWL hat. Hier könnte die Politikberatung eine Antwort sein.

Politikberatung

Definition Politikberatung

Professionell ausgeübte Form der Wissens-, Meinungs- und Erfahrungsvermittlung, die für politische Entscheider inhaltliche oder instrumentelle Dienstleistungen erbringt. Zwei verschiedene Tätigkeitsinhalte sind zu beobachten: Die kommunikative Politikberatung, die für Wahlkämpfe oder Kampagnen der Parteien und einzelner Kandidaten geleistet wird („Politikerberatung“), und die potenziell alle inhaltlichen Bereiche berührende „Politikfeldberatung“. Der Begriff umfasst sowohl seitens der Politik beauftragte Leistungen wie auch seitens Dritter, z. B. Interessenvertretern („Lobbyisten“) von Wirtschaftsverbänden, Gewerkschaften, Bürgerinitiativen sowie wissenschaftlicher Institute, gebotene kostenfreie Beratung.

---

359 Vgl. von Arnim, 1993, S. 135 f.

360 Vgl. von Arnim, 2008, S 289 f.

361 Vgl. von Arnim, 1998

Träger der Politikfeldberatung

Die Politikerberatung findet nicht öffentlich statt, insofern ist ihr Beitrag zur Unterstützung von Themen der ÖBWL nicht transparent. Die Politikfeldberatung deckt ein sehr weites Spektrum an Themen ab, außerdem gibt es sehr viele öffentlich auftretende Akteure:

- Universitäten und wissenschaftliche Einrichtungen. Hier liegt auch der historische Ursprung der Politikberatung im deutschsprachigen Raum.
- Verbände sowie partei- oder wirtschaftsnahe Stiftungen.
- Kommissionen, Arbeitskreise und Räte. Räte sind oft Bezeichnungen für ständige Einrichtungen (z. B. Wissenschaftsrat, Rat der Wirtschaftsweisen), Kommissionen und Arbeitskreise sind sowohl als zeitlich begenzte als auch ständige Gremien denkbar.
- Rechtsanwaltskanzleien.
- In Behörden – vor allem Ministerien – entsandte, für die Verwaltung kostenlos arbeitende Experten aus Verbänden und Wirtschaft.
- In Behörden selbst angesiedelte Stabsstellen oder Referate, die sich um Reformthemen sachlich und kommunikativ kümmern.
- Gremien und Selbsthilfe-Einrichtungen des öffentlichen Bereichs selbst, z. B. der Deutsche Städtetag oder die Kommunale Gemeinschaftsstelle KGSt (s. im Detail hierzu Abschnitt 7.4.1).
- „Klassische" Management-Beratungsfirmen, insbesondere solche mit deutlichem Schwerpunkt und Renommee im Bereich Strategieberatung.

Die Beziehung der offen erkennbaren Politikfeldberatung zur ÖBWL ist sehr unterstützend, ohne dass sich jedoch ein geschlossenes Bild darstellt. Einen besonders eindrucksvollen nachhaltigen Beitrag leisten die kommunale Gemeinschaftsstelle und einige zu vielfältigen ÖBWL-Themen publizierende Hochschul- und Fachhochschulvertreter. Die Beiträge dieser „Quellen" von Ideen und Meinungen zur ÖBWL erreichen direkt oder vermittelt über Politikerberatung auch die Entscheider in der Politik.

7.2 Konzern öffentlicher Sektor

7.2.1 Kooperation der Gebietskörperschaften

Fragmentierte Aufbaustruktur

Die Gebietskörperschaften in Österreich, der Schweiz und Deutschland sind unterhalb der Bundesebene nicht homogen. Am Beispiel Deutschlands zeigt die Abb. 128 die Unterschiede von Stadt- und Flächenstaaten sowie in der kommunalen Ebene. Neben den Strukturunterschieden ist die Größenordnung gleicher Ebenen der Gebietskörperschaften sehr unterschiedlich, z. B. hat der Stadtstaat Bremen in 2007 ca. 640.000 Einwohner, das Bundesland Nordrhein-Westfalen aber knapp 18 Millionen, d. h. ca. das 28-fache von Bremen. Dies ist zwar eine extreme Differenz, andere Unterschiede sind kleiner. Dennoch bleibt die Erkenntnis, dass mengen- und flächenbedingte Unterschiede erheblich sein können. Dies hat betriebswirtschaftlich betrachtet auf die innerhalb der Grenzen dieser Gebietseinheiten erstellten öffentlichen Leistungen die Wirkung, dass die Lernkurven und Skaleneffekte unterschiedlich ausfallen. Größere Gebietseinheiten haben wegen einer größeren Zahl von Kunden/ Bürgern die Chance, mit geringeren Stückkosten öffentliche Leistungen zu erstellen. Die Erkenntnisse aus der Strukturbetrachtung zeigen den möglichen Vorteil, entweder Gebietseinheiten zu größeren Einheiten zusammenzuschließen (wie dies in Deutschland schon einmal durch die Kommunalreform gemacht wurde, siehe Abschnitt 2.5.1) oder aber bestimmte Leistungen gemeinsam, von Dritten oder in Kooperation mit Dritten zu erbringen und damit den Abnehmerkreis zu vergrößern und Skaleneffekte zu nutzen.

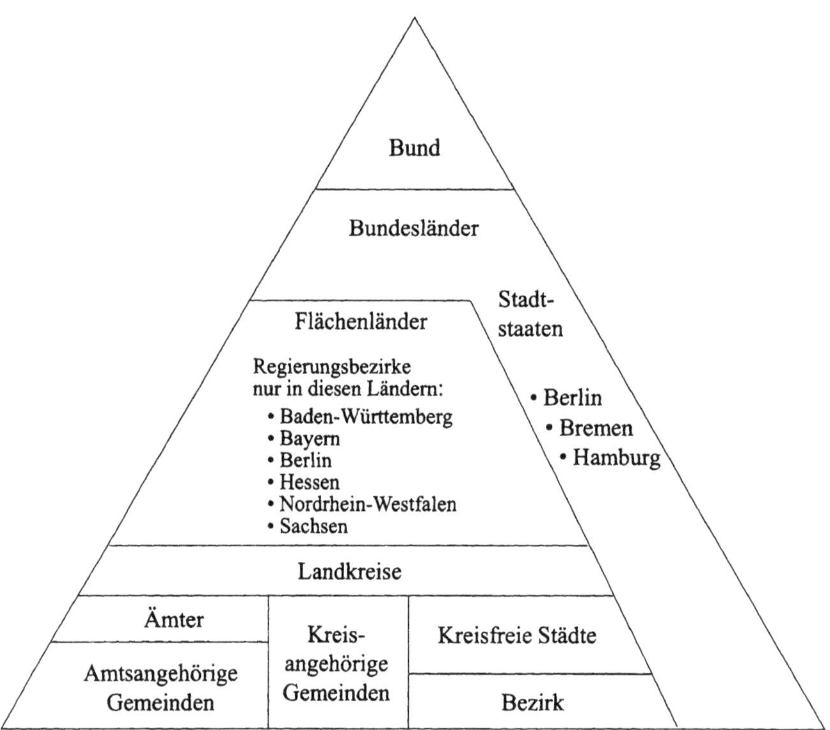

Abb. 128: Aufbaustruktur der deutschen Verwaltungsgliederung

Praktisch geschieht dies schon in einer Vielzahl von Einzelfällen durch verschiedene Kooperationsformen, hierunter sind Zweckverbände, gemeinsame Beteiligungen (siehe Abschnitt 7.2.2) oder zentrale Dienstleister übergeordneter Gebietskörperschaften bzw. der Ministerien, die für nachgeordnete Ebenen innerhalb und außerhalb ihres Ressorts Dienste anbieten (siehe IT-Dienstleister in Abschnitt 7.2.3). Insgesamt betrachtet gibt es aber noch ein sehr großes Potenzial, sowohl über die Ebenen hinweg als auch zwischen gleichen Ebenen verschiedener Länder oder Kommunen, Dienste gemeinsam zu erbringen. Darüber hinaus bietet es sich an, die Planungen und Vorhaben der Gebietskörperschaften in wichtigen Handlungsfeldern systematisch aufeinander abzustimmen. Die „großen" Planungsbereiche der Politik sind die Fachplanungen der Ressorts/Ministerien und nachgeordneten Behörden, die Finanzplanung der jährlichen Haushaltsrunden und die Raumplanung.

Integrierte Entwicklungsplanung

Unter dem Stichwort „integrierte Entwicklungsplanung" ist in Deutschland (West) die kontinuierliche Abstimmung und Koordination dieser Planung im öffentlichen Sektor Ende der 60er- und zu Beginn der 70er-Jahre des letzten Jahrhunderts als wünschenwertes Ziel diskutiert und ansatzweise probiert worden. Der Versuch ist jedoch aus doppeltem Grund gescheitert: Sowohl die Anforderungen an Konfliktlösungs- und Entscheidungsfähigkeit als auch die rein informationstechnische Koordination überforderten die Beteiligten[362].

7.2.2 Beteiligungsmanagement

Sehr viele Gebietskörperschaften haben Beteiligungen an privatrechtlichen Betrieben, hier sind erhebliche Investitionen gebunden[363]. Eine Kritik daran besagt, dass damit öffentliches Vermögen an den demokratischen Entscheidungsgremien und dem von ihnen bestimmten Haushalt der Verwaltung vorbei entschieden wird[364]. Unabhängig von der Frage der demokratischen Kontrolle aller öffentlichen Gelder stellt sich auch die betriebswirtschaftliche Frage nach der Gesamtsteuerung aller zum öffentlichen Bereich gehörenden Betriebe. Für die öffentlichen Beteiligungen wird daher ein professionelles Beteiligungsmanagement gefordert[365].

---

362 Vgl. Bogumil & Jann, 2009, S. 164

363 Trapp (2006, S. 90), berichtet allein von 3.034 inländischen und 178 ausländischen Beteiligungen der 30 größten deutschen Städte. Eine Untersuchung von Richter et al. (2006, S. 61) ergab auf Basis von 135 mittelgroßen Städten Deutschlands, dass 54,1 % der öffentlich Beschäftigten in der Kernverwaltung arbeiten und 45,9 % in Beteiligungen der Städte.

364 Siehe das Beispiel der Stadt Konstanz, die im Jahr 2000 ca. 370 Mio DM Umsatz mit ihren Beteiligungen einfuhr, dagegen nur 275 Mio DM im Verwaltungshaushalt hatte; Eickmeyer & Bissinger, 2002, S. 5 f. In 2010 war das Verhältnis allerdings anders: Ca. 235 Mio € Ansatz im Kernhaushalt, ca. 55 Mio € geplanter Umsatz der Eigenbetriebe.

365 Vgl. Eickmeyer & Bissinger, 2002, S. 148 f.

Definition Beteiligungsmanagement

Beteiligungsmanagement ist der Oberbegriff für alle Maßnahmen der Beteiligungsverwaltung, der Mandatsbetreuung und des Beteiligungscontrollings. Beteiligungsverwaltung ist die Dokumentation und Informationsversorgung mit allen Unterlagen der Rechtsbeziehung wie Verträge, Satzungen, Inhalte der Protokolle von Sitzungen sowie Erstellen von Beteiligungsberichten. Die Mandatsbetreuung ist die Sicherstellung der Vertretung in allen relevanten Gremien zu allen Terminen und Anlässen der Entscheidung und Steuerung. Beteiligungscontrolling schließlich sorgt durch Standards und Berichtssysteme für die Bereitstellung von entscheidungsrelevanten Daten des betrieblichen Geschehens.

Finanzbeteiligungen

Beteiligungen – die „Konzerntöchter" – kann man danach unterscheiden, ob sie eine reine Finanzbeteiligung mit Gewinnabschöpfungabsicht sind oder ob es mitunternehmerische Interessen an der Steuerung des Betriebs, an seinen Ressourcen (z. B. Patenten, Rechten, Kundenbeziehungen) oder Produkten und Märkten gibt. Im öffentlichen Sektor ist die ganz überwiegende Absicht des Haltens von Beteiligungen die Gewährleistung von Produkten für die Bevölkerung und Wirtschaft (Versorgungs- und Verkehrsbetriebe, kulturelle Einrichtungen, Gesundheitseinrichtungen, Landesentwicklung, Forschung usw.). Daneben sind Strukturentwicklungsabsichten und die Absicht der Stärkung des Standorts gegenüber anderen Regionen wichtige Motive.

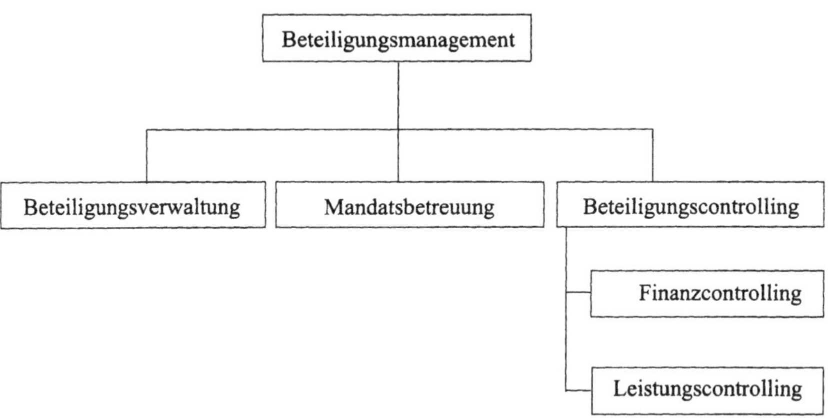

Abb. 129: Beteiligungsmanagement 366

Beteiligungscontrolling

Gewinnerzielungsabsichten sind kein Widerspruch zu dieser primären Absicht, oft werden die privatrechtlichen Rechtsformen ehemals öffentlich-rechtlicher

366 Vgl. Städtetag Baden-Württemberg, 1999, S. 7

Betriebe wegen der besseren Möglichkeit wirtschaftlicher Betriebsführung gewählt. Das Gewinnerzielungsinteresse tritt aber hinter das Gewährleistungsinteresse zurück. Es gilt zumindest das Kostendeckungsprinzip. Aber auch defizitäre Betriebe werden i. d. R. gehalten, wenn die durch sie wahrzunehmende Aufgabe zwingend erledigt werden muss und Defizite möglicherweise in der Natur der Sache liegen (z. B. weil das Produkt ein öffentliches Gut ist). Das Beteiligungscontrolling hat wie Controlling allgemein eine Informationsversorgungsfunktion und liefert dem Beteiligungsmanagement Entscheidungsgrundlagen zu. Es hilft daher bei der Wahrnehmung von Aufsichtsratsfunktionen und bei der Einflussnahme auf die Geschäftsführung sowie bei der Berichterstattung gegenüber politischen Gremien und der Öffentlichkeit. Es kann u. a. folgende Elemente enthalten[367]:

- Genehmigungsvorbehalt bestimmter Geschäfte
- Vorlage und Auswertung von Geschäftsberichten, Analyse
- Ggf. Erstellen von Risikoanalysen oder Prüfen der von den Beteiligungsunternehmen erstellten Risikoanalysen
- Ggf. Vorgabe eigener Kennzahlen und standardisierter Übersichten der Ergebnisse aller Beteiligungen
- Prüfung der Abschlüsse durch Wirtschaftsprüfer

Die Durchführung des Beteiligungsmanagements ist in kleinen und mittelgroßen Kommunen meist in der Kämmerei angesiedelt, dies kann man als Ausdruck des Interesses an einer Vermögensverwaltung und weniger des Interesses an einer politischen Verwaltung der Beteiligungen sehen[368]. Größere Städte erstellen in Deutschland fast durchgehend Beteiligungsberichte, kleine unter 20.000 Einwohnern nur teilweise. Das Beteiligungsmanagement selbst kann wiederum Gegenstand der Prüfung durch Rechnungshöfe sein.

7.2.3 Gemeinsame Abläufe mit Hilfe der IT

Die doppelte Rolle der IT in der ÖBWL

IT ist Querschnittsfunktion und erleichtert andere Querschnittsfunktionen

Die starke Verbreitung als Arbeitsmittel und das weiterhin hohe Innovationspotenzial von Informationstechnologie (IT) gibt ihr auch im öffentlichen Sektor eine Schlüsselstellung für die Verbesserung von Abläufen, Kommunikationswegen und Steuerungsmethoden. Sie hat dabei eine doppelte Rolle: einerseits ist sie selbst eine Querschnittsfunktion, deren bessere Verzahnung mit einer traditionell eher in funktionaler Teilung lebenden Organisation Gestaltungsbedarf hat. Die wahrscheinlich nicht untypischen Kultur- und Organisationsprobleme einer IT in der Ordnungsverwaltung zeigt die Tab. 46 auf. Ande-

---

367 Vgl. z. B. Darstellung des Beteiligungsberichts des Freistaates Bayern 2009 , S. 11

368 Befragung von 255 kleinen und mittelgroßen Städten durch Bremeier et al., 2006, S. 51

rerseits ist die IT auch Hilfsmittel und Ideengeber für Verbesserungen der Abläufe und der Verzahnung anderer Querschnittsfunktionen im Bereich Organisation, Personal und Haushalt sowie der Facharbeit. Diese doppelte Rolle gibt der IT in vielen Betrieben eine Schlüsselrolle bei Vorhaben zur Effizienzsteigerung, in einigen Bereichen des öffentlichen Sektors ist dieses Potenzial noch lange nicht in vollem Maße ausgeschöpft.

Tab. 46: Konfliktzonen zwischen IT und „klassischer" Verwaltung[369]

Thema	Erläuterung
Kulturverschiedenheit	IT-Bereiche sind serviceorientiert und unterliegen einem schnellen Wandel ihrer eigenen Technologie. Sie sind daher der Kultur des New Public Management oft viel näher als ihr öffentlicher Betrieb.
Priorisierung von Aufträgen an IT fehlt	In öffentlichen Betrieben fehlt gelegentlich die für eine dynamisch veränderliche IT-Welt nötige stringente Priorisierung nächster Aufgaben, alles soll gleichzeitig passieren.
Ressourcen-Unterdeckung	Politik oder Behördenleitung fordern mehr, als durch gegebene Ressourcen und im Planungszeitraum geleistet werden kann.
Schwachstellen der Organisation mit IT-Mitteln überdecken	Die IT soll für eine Vielzahl von Varianten der Arbeitsabläufe Lösungen bieten, obwohl eine stärkere Standardisierung der Abläufe machbar und auch sinnvoller wäre. Einige IT-Projekte im öffentlichen Bereich scheitern sogar wegen einer Unterschätzung der Zahl, Art und Schwere von fachlichen Unterschieden trotz eigentlich gleicher Rechtslage[370].
Strategische Planung	Ein Großteil öffentlicher Betriebe zumindest der Ordnungverwaltung ist eher an Tagespolitik orientiert, IT dagegen benötigt Mittelfristplanung.
Unverständnis für Bedarf nach Spezialistenkarriere	IT ist in sich selbst arbeitsteilig und benötigt Spezialisten. Im öffentlichen Bereich gibt es dagegen in weiten Bereichen eine (Wunsch-)Kultur der Generalisten.
Zeitplanung	Politik oder Betriebsleitung unterschätzen den Zeitbedarf der IT zur Umsetzung ihrer Beschlüsse[371].

Aktuelle IT-Themen eGovernment, CIO und Out-/Insourcing

Daher ist auf allen Ebenen des öffentlichen Sektors in Österreich, der Schweiz und Deutschland die Gesamtsteuerung der Aktivitäten zur Integration und Fortentwicklung der IT ein seit Jahren und sicher auch noch für einige Zeit in der Zukunft wichtiges Thema. Es wird unter drei Aspekten betrieben: (1) eGovernment zur Verbesserung der Kommunikationswege und Innovation der

369 Inhalte weitgehend aus Neudhart, 2009

370 Ein Beispiel hier ist FISCUS. FISCUS sollte ein bundesweit in Deutschland einsetzbares IT-Programm zur Abwicklung der Steuerverwaltung in den Finanzämtern sein. Da die Steuerverwaltung auch der Bundessteuern in den Ländern stattfindet und diese trotz eigentlich gleicher Rechtslage unterschiedlich arbeiten, scheiterte schließlich die Erstellung einer gemeinsamen Software an unüberbrückbaren Meinungsverschiedenheiten, s. Asendorpf, 2004.

371 Aktuelle Beispiele: Sehr späte Änderung der deutschen Detailvorschriften für die Steuererklärung bei Kapitalanlagen am 22.12.2009, einige Banken konnten ihre IT-Programme nicht schnell genug anpassen, um vor dem Abgabetermin der Steuererklärungen für das Jahr 2009 am 31.05.2010 Jahresbescheinigungen an ihre Kunden zu versenden.

Interaktion von Betrieben untereinander und zwischen Betrieben und Kunden/Bürgern (siehe hierzu Abschnitt 5.1.5), (2) Integration der IT-Systeme und -standards über die Grenzen einzelner Betriebe des öffentlichen Sektors hinweg, Einrichtung eines „CIOs", (3) Outsourcing oder Insourcing von IT-Services, betriebsübergreifende gemeinsame IT-Dienstleister.

Die Instanz des Chief Information Officer (CIO)

Das Amt der/des „Beauftragten der Bundesregierung für Informationstechnik" gibt es in Deutschland seit 2007. Der Beauftragte ist zentraler Ansprechpartner für Länder und Wirtschaft bei der Zusammenarbeit mit der Bundesregierung in IT-Fragen. Funktional soll es dem in der privaten Wirtschaft unter der Abkürzung „CIO" bekannten Vorstandsmitglieds für IT-Fragen entsprechen.

Erläuterung „Chief Information Officer" (CIO)

CIO

Der angelsächsische Begriff des CIOs meint allgemein den Verantwortlichen für IT-Planung und IT-Strategie, IT-Architekturen und IT-Standards sowie den IT-Betrieb. Im Deutschen entspricht diesem Aufgabenumfang die Bezeichnung IT-Leiter oder IT-Vorstand. Mit dem Begriff „CIO" soll besonders die strategische Bedeutung der IT für den gesamten Betrieb, auch jenseits der Technikfragen, betont werden und gleichzeitig eine Rolle in herausgehobener Leitungsfunktion bezeichnet werden.

Analog zum Bundesbeauftragten für Informationstechnologie gibt es auch in manchen Bundesländern einen CIO, allerdings sind diese CIOs jeweils an unterschiedliche Ministerien bzw. Instanzen angedockt, siehe Tab. 47[372].

Tab. 47: Organisatorische Verankerung der CIOs in Deutschland

Bundesland	Ansiedlung des CIO
Brandenburg, Rheinland-Pfalz	Innenministerium
Sachsen-Anhalt, Saarland	Staatskanzlei
Bremen, Hamburg, Bayern	Finanzministerium
Sachsen	Ministerium der Justiz
Baden-Württemberg, NRW, Berlin, Thüringen	kein CIO eingerichtet

Bundes-CIO ohne Durchgriffsrecht in Bundes-Ressorts

Anders als die Bezeichnung des Amtes vermuten lässt, hat der Bundes-CIO keine unmittelbaren Rechte in allen Ressorts der Bundesverwaltung. Die Ressorthoheit der Bundesministerien bleibt weiter erhalten. Die wichtigste Aufgabe des Bundes-CIO ist es daher, die ressortübergreifende IT-Koordinierung zu einer ressortübergreifenden IT-Steuerung auszubauen[373]. Zur Abstimmung mit

---

372 Siehe Ullrich & Bereszewski, 2010

373 Fr. Rogall-Grothe, laut Interview in Schaeff, 2010

den Ressorts sind zwei IT-Steuerungsgremien eingerichtet worden: Der Rat der IT-Beauftragten der Ressorts und der IT-Steuerungsgruppe des Bundes. Der CIO ist zugleich Vorsitzender beider IT-Steuerungsgremien. Er ist zuständig für die Ausarbeitung der eGovernment-/IT- und IT-Sicherheitsstrategie des Bundes, die Steuerung des IT-Sicherheitsmanagements des Bundes, die Entwicklung von Architektur- und sonstigen Standards und Methoden sowie die Steuerung der Bereitstellung zentraler IT-Infrastrukturen des Bundes. Es gibt drei Ziele für eine gute IT-Steuerung des Bundes:

- Die IT effektiv, effizient, sicher und zukunftsfähig aufzustellen.
- Leistungsfähige IT-Infrastrukturen für eine elektronische Kommunikation zwischen Bürgern, Unternehmen und Behörden zu schaffen oder ihre Errichtung zu fördern.
- Die Informationsgesellschaft in Deutschland langfristig zu fördern, indem sie die Rahmenbedingungen für innovative IT und verlässliche elektronische Kommunikation zukunftsfähig gestaltet.

Übersicht behördeninterne IT-Beratung

Aufgrund der hohen internen Nachfrage des öffentlichen Sektors nach dauerhafter IT-Beratung und dem Betrieb sowie der Weiterentwicklung eigener IT-Anwendungen gibt es gemeinsame IT-Berater im öffentlichen Bereich.

Mehrere öffentliche IT-Dienstleistungsbetriebe

Der Markt um die Verteilung des Kuchens von IT-Beratungsaufträgen des öffentlichen Sektors ist daher, z. B. auch von den „Internen Beratern“ BIT, ZIVIT, HZD, Dataport und anderen, umkämpft. In Tab. 48: werden die „Anbieter“ BIT und ZIVIT als zwei Beispiele der Bundesebene und DATAPORT sowie die HZD als Vertreter der Landesebene vorgestellt.

Vorteile und Nachteile der IT-Dienstleister im öffentlichen Sektor

Nutzen von Größeneffekten

Der Auf- und Ausbau betriebsübergreifender interner Dienstleister des öffentlichen Sektors entspricht der Logik des Nutzens von Größeneffekten und Bündelung von Kernkompetenzen. Folgende Vor- und Nachteile sind zu sehen:

Vorteile

- Aufbau und Betrieb von IT-Diensten sind Leistungen, die einen erheblichen finanziellen Aufwand und einen beachtlichen Einsatz von Managementkapazität bedeuten. Für viele öffentliche Betriebe ist es vorteilhaft, diese Aufgabe an nicht gewinnorientierte Spezialisten outzusourcen.
- Das Potenzial für Synergieeeffekte gleichartiger IT-Dienstleistungen im öffentlichen Bereich ist hoch, da viele Betriebe gleichen speziellen rechtlichen Bedingungen des öffentlichen Sektors (Vergaberecht, Personalrecht) unterliegen und hier Skaleneffekte bei Querschnittsleistungen zu erwarten sind.

Tab. 48: Beispiele behördeninterne deutsche IT-Dienstleister

Name	Angebotsprofil
Bundesstelle für Informations-technik (BIT) www. bit.bund.de	Seit 2006 bietet die BIT als Abteilung des Bundesverwaltungsamtes (BVA) mit über 250 Beschäftigten sowie mit externen Partnern rund 200 Behörden und Einrichtungen der Bundesverwaltung IT-Lösungen und -Dienstleistungen an. Als Shared-Service-Center für Informationstechnologie wird mit den umfangreichen Kompetenzfeldern der gesamte Lebenszyklus von IT-Produkten und -Dienstleistungen abgedeckt. Zu den Kunden der BIT zählen z. B. das Bundeskanzleramt, der Deutsche Bundestag, der Bundesrat, die Bundesministerien sowie zahlreiche Bundesbehörden und Kommunen.
Dataport www.dataport.de	Dataport ist der Dienstleister für Informations- und Kommunikationstechnik der Verwaltung in Schleswig-Holstein, Hamburg und Bremen sowie für die Steuerverwaltung in Mecklenburg-Vorpommern. Seit dem 01.01.2006 betreibt Dataport in Rostock das „Data Center Steuern", das gemeinsame Rechenzentrum für die Fachverfahren der Steuerverwaltung. Mit rund 1.600 Beschäftigten erzielte Dataport 2008.einen Umsatz von 242 Mio. Euro.
Hessische Datenzentrale (HZD) www.hzd.de	Die HZD ist seit 1970 der zentrale IT-Dienstleister der hessischen Landesverwaltung. An den Standorten Wiesbaden und Hünfeld entwickeln und betreiben rund 800 Beschäftigte Lösungen für eine bürgernahe Verwaltung zusammen mit allen Hessischen Ministerien und deren nachgeordneten Behörden, dem Hessischen Landtag, der Hessischen Staatskanzlei sowie der Abteilung „eGovernment und Verwaltungsinformatik" des Hessischen Ministeriums des Innern und für Sport.
Zentrum für Informationsverarbeitung und Informations-technik (ZIVIT) www.zivit.de	Das ZIVIT ist seit Beginn des Jahres 2006 der zentrale IT-Dienstleister der Bundesfinanzverwaltung (BFV). Mit seinem Leistungsspektrum positioniert sich das ZIVIT als bedeutendes Shared-Service-Center innerhalb der öffentlichen Verwaltung. Zu seinen Kernkompetenzen gehören insbesondere die Bereitstellung einer bundesweiten IT-Infrastruktur, der 24-stündige Betrieb zentraler Verwaltungsverfahren, die Entwicklung von Software für die Bundesverwaltung und die damit verbundenen Service- und Beratungsleistungen. Gut 1.100 Personen, darunter 510 Software-Entwickler und 450 Beschäftigte in IT-Betrieb und -Service, betreuen rund 300 Fachverfahren und pflegen rund 3.000 Server. Allein in der Finanzverwaltung hat das ZIVIT rund 40.000 Anwender.

Nachteile:

- Aufgrund ihrer derzeitigen Größe und derzeitigen Möglichkeiten sind diese Dienstleister nur beschränkt in der Lage, allen neuen Anforderungen und Aufträgen aus dem Bereich des öffentlichen Sektors auch gerecht zu werden. Da sie teilweise der starren Mechanik des öffentlichen Haushaltsrechts unterliegen, sind schnelle und flexible Reaktionen auf ungeplante Nachfrageschwankungen oder andere Probleme der Nutzer nur bedingt möglich.
- Gleichzeitig stellt sich die Frage, inwieweit die öffentliche Verwaltung mit der Bereitstellung zentraler IT-Leistung dem privaten Sektor Konkurrenz macht und diese behördeninternen Dienstleister ein priviligierter Wettbewerber sind. Hier sind vergaberechtliche, wettbewerbsrechtliche und allgemeine politische Fragen zu beantworten.

Verdrängen oder Ausschließen privater Anbieter?

- Das grundsätzliche Problem einer großen Zahl uneinheitlicher Abläufe in gleichen Funktionen des öffentlichen Sektors (z. B. Dokumentenverarbeitung, Personalmanagement, Beschaffung) wird durch zentrale IT-Dienst-

Standardisierung der Abläufe, Chief Process Officer (COP) nötig leister per se nicht beseitigt. Ergänzend zu einer Vereinheitlichung der IT-Dienstleistung müsste auch eine Vereinheitlichung der Abläufe erreicht werden. Dies bedeutet eine Brechung des Ressortprinzips und Aufhebung der Grenzen zwischen Verwaltungsebenen. In Konsequenz dieser Überlegung müsste es eigentlich zur Einrichtung des Amtes eines ressortübergreifenden „Prozessbeauftragten" kommen („Chief Process Officer", CPO).

7.3 Überwachungssysteme

7.3.1 Übersicht

Ein wichtiges Ziel des Managements öffentlicher Betriebe ist der Schutz des Betriebsvermögens und der wirtschaftliche Einsatz der öffentlichen Vermögenswerte. Als „Werkzeugkasten" stehen hierzu eine Vielzahl betriebsexterner und betriebsinterner Kontroll- und Prüfungssysteme zur Verfügung. Erreicht werden soll die Einhaltung von Gesetzen und Vorschriften, der Schutz des Vermögens, die Stärkung einer „sauberen" Verwaltung(-skultur), das Verhindern bzw. die Aufdeckung von Unregelmäßigkeiten, ein ordnungsgemäßer Ablauf und nicht zuletzt die Unterstützung der Ziele des Betriebs.

Interne und externe Prüfungseinrichtungen

„Intern" sind diejenigen Systeme, die organisatorisch innerhalb des geprüften Betriebs angesiedelt sind. „Extern" sind Überwachungsträger, die von außen kommen. Hierzu gehören:

- Die Rechnungshöfe/Eidgenössische Finanzkontrolle, ggf. gleiche Einrichtungen in Ländern/Kantonen bzw. kommunale Rechnungs- oder Prüfungsämter.
- Deutsche Prüfstelle für die Rechnungslegung. Dieser „Bilanz-TÜV" ist als eingetragener Verein organisiert und prüft stichprobenartig oder anlassbezogen bei börsennotierten Kapitalgesellschaften die (Konzern-)Abschlüsse und Jahresberichte. Da nur wenige Betriebe des öffentlichen Sektors börsennotiert sind, hat sie keine große Wirkung in dem Sektor.

Wirtschafts-/ Abschlussprüfer

- Abschlussprüfer (oft Mitarbeiter großer Wirtschaftsprüfungsgesellschaften) werden nicht nur für Betriebe herangezogen, die privatrechtlich organisiert sind, sondern auch für Anstalten, Stiftungen usw. des öffentlichen Rechts.
- Branchenbezogene Aufsichtsbehörden, z. B. für deutsche Banken die Deutsche Bundesbank/BaFin, für öffentliche Betriebe mit technischen Betriebsmitteln die Technischen Überwachungsvereine (TÜV).
- Aufsichtsräte bzw. Verwaltungsräte: Diese sind je nach Rechtsform des Betriebs eingerichtet und tagen mit großen zeitlichen Abständen (i. d. R. ein- oder zweimal im Jahr).

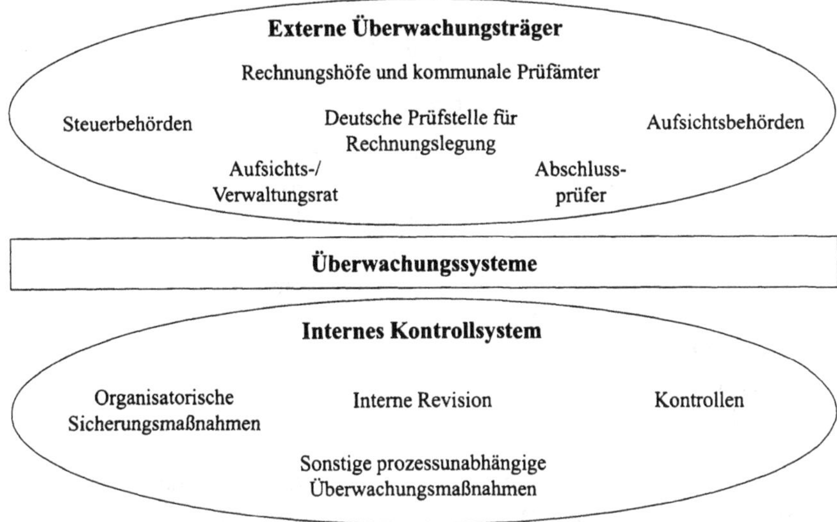

Abb. 130: Übersicht externe und interne Kontrollsysteme[374]

Ergänzende Wirkung externer Kontrollinstanzen angestrebt

Alle prüfenden Instanzen sollen sich in ihrer Wirkung gegenseitig ergänzen. Tatsächlich sind die Arbeitsweise und die Auftragslage jedoch sehr verschieden, jede Instanz blickt aus anderen Gründen und anderen Anlässen auf den Betrieb. Die Prüfungsgebiete der Rechnungshöfe lassen sich von den geprüften Einrichtungen i. d. R. nicht steuern. Prüfungen durch Wirtschaftsprüfungsgesellschaften sind häufig bei Betrieben oder auch Sondervermögen der öffentlichen Hand vorgeschrieben. Hier wie auch im privaten Bereich werden die Wirtschaftsprüfer durch den geprüften Betrieb bestellt und auch bezahlt. Ihr Einsatz ist i. d. R. auf den finanziellen Bereich, vor allem den Jahresabschluss, beschränkt. Spezielle Aufsichtsbehörden beobachten und prüfen aus branchenspezifischen fachlichen und rechtlichen Gründen die Erreichung bestimmter formaler Ziele und das Einhalten von Regeln (z. B. umweltschutzbezogene oder technische Grenzwerte, gesundheitliche Belastungen).

7.3.2 Internes Kontrollsystem

Übersicht Internes Kontrollsystem

Das Interne Kontrollsystem (IKS) ist ein Steuerungs- und Überwachungssystem, es soll alle wesentlichen Geschäftsprozesse einbeziehen. Nach dem Prüfungsstandard des Instituts der Wirtschaftsprüfer (IDW) „Feststellung und

[374] Mod. n. Amling & Bantleon, 2007, S. 38

Beurteilung von Fehlerrisiken und Reaktionen des Abschlussprüfers auf die beurteilten Fehlerrisiken (IDW PS 261)" wird das IKS wie folgt definiert:

Definition Internes Kontrollsystem (IKS)

Unter einem IKS werden die von dem Management eingeführten Grundsätze, Verfahren und Maßnahmen (Regelungen) verstanden, die auf die organisatorische Umsetzung der Entscheidungen des Managements gerichtet sind

- zur Sicherung der Wirksamkeit und Wirtschaftlichkeit der Geschäftstätigkeit (hierzu gehört auch der Schutz des Vermögens, einschließlich der Verhinderung und Aufdeckung von Vermögensschäden),
- zur Ordnungsmäßigkeit und Verlässlichkeit der internen und externen Rechnungslegung sowie
- zur Einhaltung der maßgeblichen rechtlichen Vorschriften[375].

Interne Audits

Der Standard des IDW fasst die international gesammelten Erkenntnisse des „Best-Practice" zusammen, um so ein gutes Qualitätsniveau bei Prüfungen – auch „interne Audits" genannt – zu sichern.

Das IKS besteht aus dem internen Steuerungs- und dem internen Überwachungssystem. Das interne Überwachungssystem besteht aus prozessintegrierten und prozessunabhängigen Überwachungsmaßnahmen. Das Interne Kontrollsystem sollte betriebsindividuell an die besonderen Angriffspunkte sowie die Risikolage angepasst sein.

Prozessunabhängig sind die Interne Revision (siehe folgenden Abschnitt) und sonstige prozessunabhängige Überwachungsmaßnahmen, wie z. B. besondere Kontrollen[376] (Sonderberichte, externe Prüfungen usw.), die durch die oberste Leitungsebene veranlasst werden.

---

[375] Vgl. hierzu und für nachfolgende Ausführungen: Institut der Wirtschaftsprüfer e.V. (IDW), 2006, S. 1433 ff., hier Tz. 19

[376] Das IDW spricht im IDW PS 261 von „high-level controls", Tz. 20

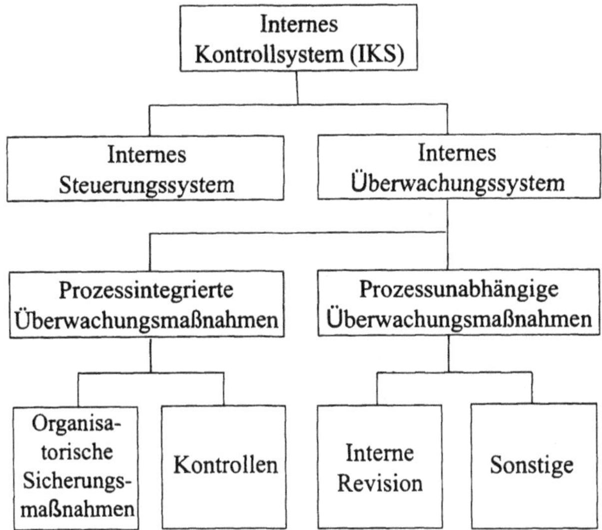

Abb. 131: Regelungsbereiche des Internen Kontrollsystems[377]

Das IKS muss spezifisch an den individuellen Risiken des Betriebs ausgerichtet werden. Dies bedeutet, dass es ein IKS „von der Stange" nicht gibt. Je einzigartiger die Aufgabe, die Produkte und die Arbeitsweise eines Betriebs sind, desto weniger besteht die Möglichkeit, von Erfahrungen und Vorbildern anderer Betriebe direkt Elemente eines IKS übernehmen zu können. Folgende Aspekte müssen berücksichtigt werden:

IKS bildet betriebsindividuelle Risiken ab

- **Kontrollumfeld**: Bedeutend sind Führungsstil, Organisationsstruktur, interne Vorschriften und die individuellen Kompetenzen und Wertvorstellungen der Beschäftigten.

Maßnahmen zur Risikokontrolle

- **Risikobeurteilung**: Zu beantworten ist, welche Risiken für den Betrieb bestehen, welche Eintrittswahrscheinlichkeit gegeben ist und welcher Schaden bei Risikoeintritt droht sowie durch welche Maßnahmen sich die als relevant erkannten Risiken kontrollieren und eingrenzen lassen. Um dies zu beurteilen, ist die genaue Kenntnis der Geschäftsprozesse wichtig. Daher ist eine wichtige Voraussetzung für ein funktionierendes IKS die Dokumentation der Geschäftsprozesse und ihrer Kontrollen.
- **Kontrollaktivitäten**: Die Kontrollaktivitäten sichern, dass die Wahrscheinlichkeit des Risikoeintritts kleiner ist und gleichzeitig regelmäßig Erkenntnisse über die Situation gewonnen werden. Kontrollen sind z. B. Genehmigungen, dienstliche Abstimmvorgänge oder auch technische Protokolle, z. B. Log-Files von IT-Systemen. Kontrollen sind häufig in die Arbeitsab-

In die Abläufe integrierte Kontrolle

---

[377] Institut der Wirtschaftsprüfer e. V. (IDW), IDW PS 261, Tz. 20

läufe integriert. Die an den Arbeitsabläufen beteiligten und oftmals auch hierfür verantwortlichen Personen nehmen gleichzeitig die Kontrolle wahr.

- **Information und Kommunikation**: Notwendig ist, dass die relevanten Informationen erhoben und an die Verantwortlichen berichtet werden.

Ein IKS muss selbst überwacht werden

- **Überwachung**: Die Funktion und Wirksamkeit eines IKS muss regelmäßig überwacht werden, ggf. sind Anpassungen an eine veränderte Situation nötig. Über das IKS ist der Leitung des Betriebs regelmäßig zu berichten.

Damit ein IKS wirksam ist, müssen die vorgegebenen Kontrollen verlässlich durchgeführt werden. Die Kontrollen sollen nachvollziehbar und angemessen dokumentiert sein. Wichtig ist, dass ein IKS laufend an die sich ändernden Realitäten angepasst und fortgeschrieben wird. Ein veraltetes IKS erfüllt nicht mehr seinen Zweck, die Ziele des Betriebs zu unterstützen und Risiken zu minimieren. Einschränkend ist aber auch an die Kosten ständiger Anpassungen zu denken, ein angemessenes Kosten-Nutzen-Verhältnis muss gewahrt werden. Viele Voraussetzungen für den Aufbau eines IKS sind in den meisten Betrieben des öffentlichen Sektors bereits auch ohne die besondere Absicht zum Aufbau eines systematischen IKS schon etabliert. Die wichtigsten sind:

Prozesshandbücher sind wichtig für ein IKS

- Vorgegebene Sollprozesse: Öffentliche Betriebe dokumentieren oft die Arbeitsprozesse in Prozesshandbüchern, so dass auch für Außenstehende Abweichungen von diesen Soll-Abläufen erkennbar werden.
- Organisatorische Regelungen sind durch die Aufbau- und Ablauforganisation eindeutig bestimmt und Verantwortliche sind jeweils benannt.
- Das Vier-Augen-Prinzip: Bei Vorgängen, die im Sinne der Gefahrenabwehr, der Fehlervermeidung oder der Verhinderung schädigenden Verhaltens kritisch sind, sollen mindestens zwei Beschäftigte einbezogen sein.
- Die Funktionstrennung mit klaren Verantwortungsbereichen: Ein Arbeitsgang wird nicht komplett von einer Person durchgeführt und verantwortet, sondern durch mehrere, sich gegenseitig kontrollierende Personen.
- Kontrollinstanzen sind benannt und mit der nötigen Kompetenz ausgestattet, beispielsweise Zeichnungsvorbehalte durch Vorgesetzte, Prüfungsrechte durch den Beauftragten für den Haushalt, den IT-Sicherheitsbeauftragten, den Beauftragten für Datenschutz oder die Gleichstellungsbeauftragte, das Mitbestimmungsrecht durch Personalvertretungen usw.
- Beschäftigte müssen mindestens diejenigen Informationen erhalten, die sie für ihre Aufgaben brauchen.

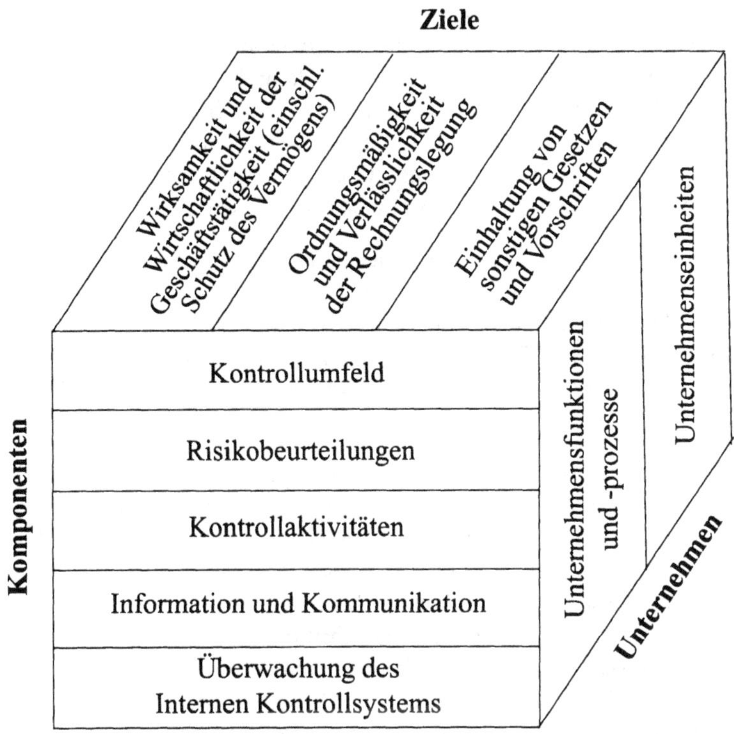

Abb. 132: Komponenten des Internen Kontrollsystems[378]

IKS systematisiert „lose Enden" bisher isolierter Kontrollelemente

Diese genannten, oft „zufällig" schon vorhandenen, Voraussetzungen sind jedoch häufig nicht systematisch zusammengefasst und auf ein stimmiges IKS ausgerichtet. Daher ist ein Extra-Aufwand nötig, um die „losen Enden" zusammenzubinden und eine Feinabstimmung für ein integriertes IKS vorzunehmen. Ein erfolgreiches IKS hilft einem Betrieb, Gefahren auf dem Weg zur Zielerreichung zu erkennen, unnötige Risiken zu vermeiden und unvermeidliche Risiken einzudämmen. Daneben unterstützt ein ständig gepflegtes IKS automatisch auch die Prozessoptimierung und hilft, Schwachstellen innerhalb der Prozesse zu erkennen. Das Risikobewusstsein der Beschäftigten wird erhöht, womit Fehler schneller aufgedeckt werden können. Daneben können sich Einarbeitungszeiten von neuem Personal verkürzen, da die Prozesse dokumentiert sind[379].

---

[378] Institut der Wirtschaftsprüfer e.V. (IDW), IDW PS 261, Tz 34

[379] Vgl. Bungartz, 2009, S. 34

Standards für interne Kontrollen

Modell COSO: Das „Internal Control – Internal Framework" (COSO-Report)[380] ist ein weltweit sehr verbreitetes, Anfang der 90er-Jahre entwickelter Standard für ein IKS. Auf ihm beruht der IDW-Standard PS 261. Der COSO-Report wurde 2004 mit dem „Enterprise Risk Management – Integrated Framework – COSO II" erweitert und stärker am Risikomanagement ausgerichtet. Der COSO-Report setzt sich aus vier Teilen zusammen:

Bestandteile des COSO-Reports

- „Executive Summary": Zusammenfassung der Untersuchungsergebnisse.
- „Framework": Definition des Internen Kontrollsystems (IKS), Beschreibung der Komponenten und Kriterien zur Systemeinschätzung.
- „Reporting to External Parties": Hinweise zur externen Berichterstattung.
- „Evaluation Tools": Beschreibung der Werkzeuge, mit denen das IKS bewertet werden soll.

Extra-Leitlinie COSO für kleine Betriebe

Diese Bestandteile des COSO-Reports entsprechen den im IDW-Standard aufgenommenen Komponenten Kontrollumfeld, Risikobeurteilung, Kontrollaktivitäten, Information und Kommunikation sowie Überwachung. Die Komponenten beziehen sich auf die drei Zielkategorien Effektivität und Effizienz der Geschäftsprozesse, Verlässlichkeit der finanziellen Berichterstattung sowie Einhaltung der gültigen Gesetze und Vorschriften. Im Jahr 2006 hat COSO eine Leitlinie für kleine und mittlere Unternehmen entwickelt, in dem 20 Konzepte für die fünf Komponenten speziell für kleinere Einrichtungen aufgeführt werden. Das „Enterprise Risk Management – Integrated Framework – COSO II" fügt zusätzliche Elemente ein: Internes Kontrollumfeld, Zielsetzung, Ereignisidentifikation und Risikoreaktion. Im Jahr 2006 hat COSO eine Leitlinie speziell für kleine und mittlere Unternehmen entwickelt, in der 20 Konzepte für die fünf Komponenten aufgeführt werden.

CobiT: Das Modell „Control Objectives for Information and Related Technology (CobiT)" ist in Anlehnung an COSO speziell für Prüfungen der immer wichtiger werdenden Informationstechnologie entwickelt worden[381]. Ziel ist es, aus IT-Prozessen resultierende Risiken abzuwägen und unerwünschte Ereignisse zu erkennen und ggf. zu verhindern oder korrigieren zu können. CobiT gliedert sich in ein Rahmenwerk, die Definition von Kontrollzielen und Managementleitlinien sowie Reifegradmodellen. Dafür sind im CobiT 34 IT-

---

[380] COSO, Committee of Sponsoring Organizations of the Treadway Commission, ist eine freiwillige privatwirtschaftliche Organisation in den USA, siehe zu den nachfolgenden Darstellungen unter www.coso.org, insbes. Internal Control – Integrated Framework, September 1992, Enterprise Risk Management – Integrated Framework, September 2004 sowie Internal Control over Financial Reporting – Guidance for Smaller Public Companies, Juli 2006.

[381] Vgl. Veröffentlichungen unter www.isaca.org, der Information Systems Audit and Control Association in den USA, insbes. Control Objectives for Information and related Technology, CobiT, Version 4.1.

Prozesse für vier Bereiche – Planung und Organisation, Beschaffung und Implementation, Betrieb und Support sowie Überwachung – definiert. CobiT hilft, Kennwerte für die Steuerung der IT-Prozesse zu finden. Über die Kontrolle der Kennwerte lässt sich ersehen, ob die gewünschten Ziele erreicht werden oder ein steuernder Eingriff notwendig ist.

Die Interne Revision (IR)

In öffentlichen Betrieben des Typs 1 (Ordnungsverwaltung) und Typ 2 (Verwaltung von Transferzahlungen) gewinnt die Interne Revision seit einigen Jahren an Bedeutung. So hat die deutsche Bundesverwaltung 1998 die Einrichtung von Innenrevisionen als kurzfristig zu prüfende Maßnahme beschlossen[382] und auch Empfehlungen sowie eine Handreichung dazu veröffentlicht[383]. Innenrevisionen sind einerseits Teil des IKS, andererseits haben sie die Rolle des „Hauptakteurs" im System der prozessunabhängigen Überwachungsmaßnahmen. Die IR ist normalerweise als Stabsstelle organisiert und – anders als die Kontrollelemente eines IKS – nicht in die zu prüfenden Arbeitsabläufe aktiv einbezogen. Nach den Internationalen Standards für die berufliche Praxis wird die Interne Revision folgendermaßen definiert:

Definition Interne Revision (IR)

Die IR „erbringt unabhängige und objektive Prüfungs- und Beratungsdienstleistungen, welche darauf ausgerichtet sind, Mehrwerte zu schaffen und die Geschäftsprozesse zu verbessern". Sie unterstützt die Organisation durch einen systematischen und zielgerichteten Ansatz und bewertet und verbessert so die Effektivität des Risikomanagements, der Kontrollen und der Führungs- und Überwachungsprozesse[384]. Wichtig ist, dass die Interne Revision Aufgaben überprüft, in deren eigentliche Arbeitsläufe sie nicht einbezogen war und für deren Arbeitsergebnisse sie nicht verantwortlich ist. Nur so ist eine unabhängige Prüfung bzw. prozessunabhängige Überwachung möglich.

Innenrevision unterstützt Leitung

Die Interne Revision unterstützt die Leitung eines Betriebs, indem sie als unabhängige Instanz interne Prüfungen durchführt und damit die Zielsetzungen der Leitung fördert. Die Aufgabenfelder der Internen Revision sind weit gespannt, sie erstrecken sich auf das gesamte betriebliche Handeln:

---

382 Lenkungsausschuss Verwaltungsorganisation im Rahmen der Fortschreibung des „Aktionsprogramms zur weiteren Steigerung von Effektivität und Wirtschaftlichkeit der Bundesverwaltung" am 3.2.1998 und Unterrichtung des Kabinetts am 10.2.1998.

383 Vgl. hier und auch für nachfolgende Ausführungen: Empfehlungen für Interne Revisionen in der Bundesverwaltung, 21.12.2007, und Handreichung zu den Empfehlungen für Interne Revisionen in der Bundesverwaltung, 15.12.2008, vom Bundesministerium des Innern.

384 Deutsches Institut für Interne Revision e.V., 2009

- Die klassische Aufgabe ist die Prüfung des Finanz- und Rechnungswesens. Untersucht wird, ob die Rechnungslegung ordnungsgemäß erfolgte. Dabei wird auch geprüft, ob dolose (betrügerische) Handlungen vorliegen.
- Das zweite, immer wichtiger werdende, Handlungsfeld sind Prüfungen im organisatorischen Bereich. Untersucht wird, ob Regelungen (externe und auch interne) eingehalten, die Zielvorgaben der Leitung zweckmäßig umgesetzt und erfüllt sowie ob die Grundsätze der Wirtschaftlichkeit beachtet werden. Es ist auch zu prüfen, ob die Aufbauorganisation und Ablauforganisation, die internen Regelungen und das Interne Kontrollsystem verbesserungsbedürftig sind.
- Weiterhin kann die Wahrnehmung der Führungsfunktion in den der obersten Leitung nachgeordneten Führungsebenen Prüfungsgegenstand sein. Untersucht wird, ob die ihnen gestellten Ziele erreicht und die Dienst- und Fachaufsicht ordnungsgemäß wahrgenommen werden.
- Ein weiteres Aufgabenfeld ist die Beratung und Information von Behördenleitung und Beschäftigten.

Daneben können der IR weitere Aufgaben zugewiesen werden, z. B. die interne Korruptionsprävention oder die Kontrolle von Mitarbeitergeschäften.

Aufgabenfestlegung und Revisionsablauf

Das Grundschema der jährlichen Arbeitsplanung ist wie folgt[385]: Zunächst ist die Frage zu beantworten, welche betrieblichen Bereiche überhaupt geprüft werden sollen. Innerhalb eines Jahres kann i. d. R. nicht der gesamte Betrieb kontrolliert werden, daher müssen Prioritäten gebildet und Aufgabenschwerpunkte festgelegt werden. Um eine Rangfolge der Prüffelder festzulegen, wird meist eine risikoorientierte Vorgehensweise gewählt. Hierbei muss festgestellt werden, welche Typen von Risiko in dem Betrieb vorkommen. Risikotypen sind z. B. das rein finanzielle Risiko oder operative Schäden, d. h. Störung oder Stillstand der Erzeugung von Leistungen. Aus beiden Typen von Risiken kann auch ein Reputationsrisiko (d. h. Schädigung des Ansehens) erwachsen. Die Betriebsbereiche werden einzeln bewertet, z. B. systematisiert nach Prozessen, Aufgaben oder Organisationseinheiten. Hoch zu priorisieren sind Bereiche mit höherem Risiko (hoher Schadenswirkung und hoher Schadenseintrittswahrscheinlichkeit) oder geringer ausgeprägten sonstigen Kontrollmechanismen. Über einen mehrjährigen Zyklus sollten alle Bereiche eines Betriebs von der Internen Revision geprüft werden. Eine typische Prüfung läuft in folgenden Phasen ab:

Risikoorientierte Prüfungsplanung

1. Prüfungsplanung, die Ziel, Umfang, Zeitplan und zugeordnete Ressourcen umfasst.

---

[385] In den internationalen Standards für die berufliche Praxis der Internen Revision 2009 ist der Ablauf einer Prüfung beschrieben, daneben geben die Standards detaillierte unverbindliche Ratschläge und Hinweise. Weiterführend zur inneren Struktur der IR ist Schuh, 2010.

2. Durchführung der Prüfung, in der die Sachverhalte erhoben und die Revisionsergebnisse analysiert und bewertet werden.
3. Berichtsabstimmung (revisionsinterne Abstimmung und Schlussbesprechung mit dem geprüften Bereich, in der die Ergebnisse und Maßnahmen besprochen werden).
4. Berichterstattung über die jeweiligen Prüfungsergebnisse.
5. Follow-up: Sicherstellung, dass die Mängel abgestellt und die vereinbarten Maßnahmen umgesetzt werden. Nachschauprüfung.

Exkurs: Korruptionsprävention

Korruption ist zunehmend leider auch im öffentlichen Sektor ein Thema geworden. „Korruption" im öffentlichen Bereich ist, kurz gesagt, der Missbrauch eines öffentlichen Amtes zum eigenen Vorteil:

Definition Korruption

Korruption wird vom deutschen Bundeskriminalamt wie folgt definiert:

- Missbrauch eines öffentlichen Amtes, einer Funktion in der Wirtschaft oder eines politischen Mandats
- auf Veranlassung oder eigeninitiativ,
- Erlangung bzw. Anstreben eines persönlichen Vorteils,
- Eintritt eines unmittelbaren oder mittelbaren Schadens oder Nachteils für die Allgemeinheit (in amtlicher oder politischer Funktion) oder für ein Unternehmen (in wirtschaftlicher Funktion) mit
- Geheimhaltung bzw. Verschleierung dieser Machenschaften[386].

Strafrechtlich wird die Korruption von Amtsträgern in Deutschland im Strafgesetzbuch (StGB) unter die Paragraphen §§ 331 ff. StGB gefasst. Hier werden Vorteilsannahme, Bestechlichkeit, Vorteilsgewährung und Bestechung behandelt[387].

Materielle und immaterielle Schäden durch Korruption

Von den bekannt gewordenen Korruptionsfällen im Wirtschaftsbereich entfällt – zumindest in Deutschland – ein großer Teil auf die allgemeine öffentliche Verwaltung, siehe Abb. 133. Korruption verursacht nicht nur materielle Schäden, sondern auch immaterielle z. B. durch Vertrauensverlust der Bevölkerung in den öffentlichen Bereich. Materielle Schäden entstehen z. B. durch Mehrkosten bei Aufträgen an teurere Anbieter. Die Manipulation der Auftragsvergabe führt zumeist zu Mehrkosten, weil die einem bestochenen Beschäftigten

---

386 Vahlenkamp, W. & Knauß, I., 1995, S. 20 f.

387 Wer Amtsträger ist, definiert in Deutschland § 11 Abs. a Nr. 2 StGB. Daneben decken die §§ 108b, 108e StGB Wähler- und Abgeordnetenbestechung ab. International sind das Gesetz zur Bekämpfung internationaler Bestechung (IntBestG) und das EU-Bestechungsgesetz (EUBestG) relevant.

gewährten Vorteile normalerweise durch überhöhte Rechnungen an den Betrieb wieder hereingeholt werden. Dies kann durch höhere Preise geschehen, aber auch versteckt, indem nicht erbrachte oder mehr Leistungen als erbracht abgerechnet werden. Korruption macht den bestochenen Beschäftigten häufig abhängig und erpressbar.

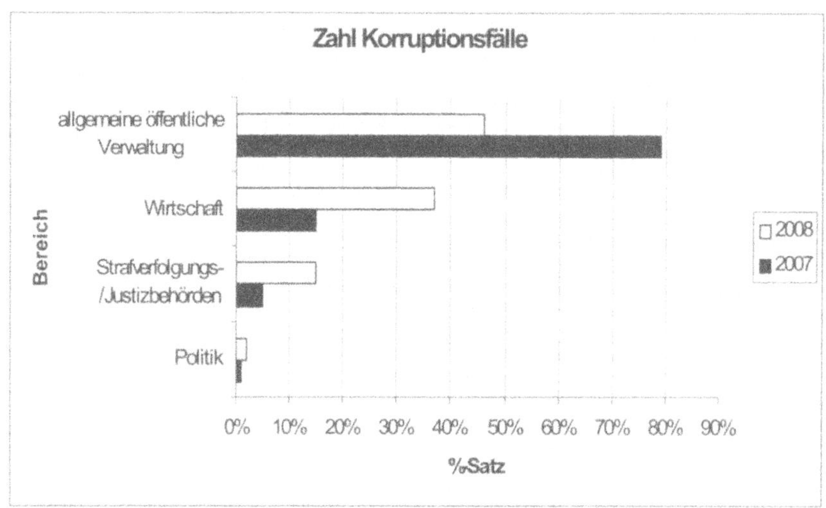

Abb. 133: Korruptionsfälle 2008 in Deutschland[388]

Situative und strukturelle Korruption

Zur Strafbarkeit von Amtsträgern reicht die reine Vorteilsannahme bereits aus, die zu Grunde liegende Amtshandlung muss nicht rechtswidrig sein. Bestechlichkeit und Bestechung sind so definiert: Der Amtsträger nimmt einen ungerechtfertigten Vorteil an und darüber hinaus ist die Amtshandlung – ein Tun oder ein Unterlassen – selbst rechtswidrig. Weiterhin werden mit dem Straftatbestand der Bestechlichkeit auch Vorteile erfasst, die Dritten zuteil werden, also z. B. Spenden an eine Partei oder ein Beratervertrag für den Ehepartner. Korruption kann situativ (spontan aus einer Situation heraus entstehend) oder strukturell (planmäßig zwischen den Beteiligten auf eine bestimmte Zeit oder auf Dauer angelegt) sein.

Korruptionsprävention in öffentlichen Betrieben

Der öffentliche Sektor hat seit Anfang der 90er-Jahre die zunehmende Gefahr der Korruption erkannt und in den letzten Jahren Regelungen zur Korruptionsprävention erlassen, um verdächtige Praktiken frühzeitig zu erkennen und ggf. verfolgen und ahnden zu können. Das Bundesministerium des Innern hat „Tex-

---

[388] Aus: Bundeslagebericht Korruption 2008 des deutschen Bundeskriminalamtes

te zur Korruptionsprävention"[389] herausgegeben, die Regelungen und Empfehlungen der Bundesregierung zur Korruptionsprävention, zum Sponsoring und zur Annahme von Geschenken zusammenfassen. Regelungen auf Landes- und Kommunalebene sind vergleichbar.

Ansprechperson für Korruptionsprävention

Eine wichtige Maßnahme ist in jedem Betrieb die Ernennung einer Ansprechperson für Korruptionsprävention, die sowohl von den Beschäftigten wie auch von Bürgerinnen und Bürgern kontaktiert werden kann. Sie berät bei Fragen und geht Hinweisen auf Korruption nach[390].

Besonders korruptionsgefährdete Bereiche

Die öffentlichen Betriebe untersuchen ihre Arbeitsgebiete daraufhin, ob sie besonders korruptionsgefährdet sind. Gefährdet sind z. B. alle Bereiche, die Aufträge vergeben, Fördermittel bewilligen, über Genehmigungen, Gebote und Verbote entscheiden, andere rechtliche Entscheidungen treffen, Steuern, Gebühren und andere Abgaben festsetzen oder erheben sowie Kontrolltätigkeiten ausüben. Die Auswirkungen des möglichen Vorteils oder abgewendeten Nachteils für einen Dritten, wie z. B. Strafvereitelung, müssen dabei bedeutend sein. In besonders korruptionsgefährdeten Bereichen muss man vorbeugend tätig werden, um die dort Beschäftigten zu schützen. Das kann Änderungen in der Aufbau- oder Ablauforganisation zur Folge haben (z. B. mehr Kontrollen oder Mitzeichnungen) oder regelmäßigen Personalwechsel („Rotation").

Sensibilisierung der Beschäftigten

Wichtig ist auch die Sensibilisierung der Beschäftigten z. B. durch Fortbildungen und Informationsveranstaltungen. Die Korruption beginnt häufig schleichend mit anfangs nur kleinen Geschenken und kleinem Entgegenkommen des Amtsträgers, die für sich genommen zunächst nicht auffällig sind. Erst im Laufe der Zeit steigern sich die Geschenke und die Gegenleistungen und haben irgendwann die Grenze zur Korruption überschritten. Daher sind Aufklärung und Sensibilisierung besonders bedeutsam sowohl für die Prävention wie auch die Entdeckung solcher Straftaten.

Regelungen zur Annahme von Geschenken

Klare Regelungen zur Annahme von Geschenken können ebenfalls eine Orientierung geben. Behält sich die Behörde die Genehmigung der Annahme „wertvollerer" Geschenke vor, kann sie den schleichenden Beginn von Korruptionsversuchen Außenstehender frühzeitig erkennen. Lehnt sie solche Geschenke ab, kann sie so ihre Bediensteten vor Korruptionsversuchen schützen. Weitere, sich teilweise mit genannten Maßnahmen überschneidende Mittel der Korruptionsprävention sind:

---

389 Vgl. hier und nachfolgende Ausführungen: Texte zur Korruptionsprävention, Herausgeber Bundesministerium des Innern, 2006, Artikelnummer BMI05311.

390 Das Landeskriminalamt Niedersachsen bietet darüber hinaus ein spezielles anonymes Hinweisgebersystem, über das allgemeine Informationen zu Korruption und wirtschaftskriminellen Handlungen gegeben werden und gleichzeitig mit dem Landeskriminalamt anonym kommuniziert werden kann. Erreichbar im Internet unter www.lka.niedersachsen.de.

Harte und weiche Maßnahmen der Korruptionsprävention

- Positive Vorbildwirkung des Vorgesetzten
- Geeignete Personalauswahl
- Achten auf Auffälligkeiten bei Beschäftigten wie z. B. Überschuldung, dienstlich nicht erklärbarer Umgang mit Lieferanten usw.
- Risikoorientierte Kontrollen und einschlägige Dienstaufsicht
- Betriebliche und überbetriebliche Warnsysteme

Sponsoring

Sponsoring: Im Zusammenhang von Korruption ist außerdem das Thema Sponsoring anzusprechen. Sponsoring ist eine Zuwendung von Geld-, Sach- oder Dienstleistungen durch Private an eine oder mehrere Dienststellen[391]. Als Gegenleistung erwartet der Sponsor eine angemessene Öffentlichkeitswirkung. An sich ist Sponsoring positiv zu bewerten. Ohne Sponsoring sind viele Leistungen auf dem Gebiet von Kultur, Bildung, Wissenschaft oder Sport nicht möglich. Positiv ist es jedoch nur, wenn Integrität und Neutralität der öffentlichen Verwaltung gewahrt werden und keine fremde Einflussnahme auf die Entscheidungen der öffentlichen Verwaltung stattfindet. Daher ist Sponsoring restriktiv zu behandeln und in der Eingriffsverwaltung (wie hoheitlichen Aufgaben von Polizei, Zoll oder Finanzen) grundsätzlich nicht erlaubt. So ist in der Bundesverwaltung eine schriftliche Sponsoringvereinbarung zwischen dem Sponsor und der Verwaltung abzuschließen, zu der i. d. R. die nächsthöhere Behörde schriftlich ihre Einwilligung erklären muss. Über die Absprachen in der Vereinbarung hinaus dürfen keine weiteren Verpflichtungen eingegangen oder Erwartungen geweckt werden.

Erfolge und Grenzen interner Kontrollen

Kein absoluter Schutz vor Korruption möglich

Bei allen Kontrollen und Prüfungen – internen wie externen – muss man sich bewusst sein, dass es keine absolute Sicherheit gegen Korruption und andere Regelverstöße geben kann. Kontrollen und Prüfungen müssen praktikabel bleiben, notwendige Flexibilitäten gewähren und in einem angemessenen Kosten-Nutzen-Verhältnis stehen. Zielgerichtetes, effektives und effizientes Verwaltungshandeln sollen unterstützt und nicht erschwert werden. Kriminelles Verhalten kann man zwar erschweren, aber nicht komplett verhindern.

Effektiver Korruptionsschutz abhängig vom Verhalten der Leitung

Jenseits der „Mechanik" interner Kontrollen ist die Haltung der Leitung zu den Kontrollinstrumenten entscheidend für ihre Akzeptanz und damit für ihren Erfolg. Die Kontrollinstrumente werden erst dann zu Führungsinstrumenten, wenn sie durch die Führungskräfte und die Leitung eines Betriebs erkennbar getragen und genutzt werden. Sie können keine große Wirksamkeit entfalten, wenn sie aus reiner Pflichterfüllung pro forma eingerichtet, aber nicht tatsächlich mit Nachdruck, Augenmaß und organisationaler Intelligenz genutzt wer-

---

391 Vgl. z. B. Allgemeine Verwaltungsvorschrift zur Förderung von Tätigkeiten des Bundes durch Leistungen Privater (Sponsoring, Spenden und sonstige Schenkungen), Amtlicher Teil Bundesanzeiger Nr. 126, S. 14906, Bundesministerium des Innern vom 7. Juli 2003; vergleichbare Regelungen gibt es für Bundesländer und Kommunen.

den. In dieser Wirkungsabhängigkeit von der Leitung eines öffentlichen Betriebs liegt auch eine große Schwäche der internen Kontrollsysteme und Internen Revision: Gegen Fehlverhalten oder Erkenntnisschwäche von obersten Führungskräften können sie innerhalb der Einrichtung nicht viel bewirken. Diese Abhängigkeit von der Unterstützung durch die Hausleitung gilt in öffentlichen Betrieben besonders stark, weil hier traditionell die Hierarchie besonders intensiv lebt und deshalb auch viele Kommunikationsströme sehr hierarchisch ausgerichtet sind. Dieser möglicherweise bremsende Einfluss wird abgemildert durch eine Unabhängigkeit in der Prüfungsplanung, der Prüfungsdurchführung und der Berichterstattung. Dennoch ist eine Innenrevision in vielen Bezügen abhängig vom Betrieb und evtl. selbst gefangen in „Betriebsblindheit“. Aus diesem Grunde sind ergänzend externe Kontrollsysteme im „Konzern“ des öffentlichen Sektors nötig und mit den Rechnungshöfen auch tatsächlich vorhanden.

7.3.3 Rechnungshöfe

Geschichte, Aufgaben und Kompetenzen

Eidgenössische Finanzkontrolle

Eine betriebsexterne Instanz für Wirtschaftlichkeitskontrollen und andere Prüfungsfragen sind in vielen europäischen Staaten die Rechnungshöfe, in der Schweiz die Eidgenössische Finanzkontrolle. Rechnungshöfe sind keine Erfindung der jüngeren Neuzeit, sondern haben Vorläufer in früheren Jahrhunderten: Die Schweiz benannte ein schon 1852 eingerichtetes „Kontrollbureau“ der Finanzverwaltung im Jahr 1882 in „Eidgenössische Finanzkontrolle“ um. Vorläufer in früheren Jahrhunderten: In Preußen wurde durch Wilhelm I. im Jahr 1714 die General-Rechen-Kammer gegründet, um der Verschwendungssucht in der Verwaltung Einhalt zu gebieten[392]. In Österreich wurde zuerst durch Kaiserin Maria Theresia im Jahr 1761 ebenfalls eine „General-Rechenkammer“ eingerichtet. In Preußen und Deutschland lebte diese Institution dann in den nachfolgenden Jahrhunderten unter verschiedenen Namen fort, bis sie im Jahr 1950 in „Bundesrechnungshof“ umbenannt wurde[393], in Österreich heißt die Instanz analog „Österreichischer Rechnungshof“. In Deutschland gibt es zudem in jedem Bundesland eigene Landesrechnungshöfe. Sie haben auf Landesebene analoge Aufgaben wie der Bundesrechnungshof:

Aufgaben des deutschen Bundesrechnungshofs

- Prüfung der Haushalts- und Wirtschaftsführung der Gebietskörperschaften und aller diesen zugehörigen Behörden, Erstellen von Vorschlägen zur Qualitätsverbesserung, zu Einsparungen oder Mehreinnahmen. Diese Tätigkeiten beschränken sich nicht auf Einzelmaßnahmen und auf die nach-

392 Erster in Deutschland war allerdings 1807 der Kurfürst Friedrich August I in Kursachsen, der dort eine von den sonstigen Landesbehörden unabhängige Kontrollinstanz einrichtete.

393 www.bundesrechnungshof.de/geschichte; Schmidt, 2006, S. 21 ff.

geordnete Verwaltung, sondern können auch als „Programmevaluation" ganze Maßnahmenbündel der Politik prüfen.

- Prüfung der Sozialversicherungsträger und aller öffentlichen Beteiligungen an Betrieben mit privatrechtlicher Rechtsform (Österreich: Mindestens 25 % öffentliche Beteiligung).
- Prüfung der Verwendung von Fördermitteln und speziell derjenigen Betriebe, die EU-Direktförderungen erhalten (Österreich).
- Beratung von öffentlichen Betrieben innerhalb und außerhalb von aktuellen Prüfungen, Beratung der Regierung und parlamentarischen Gremien, Beratung der EU.
- Prüfung des Rechnungsabschlusses im Stile von Wirtschaftsprüfern (Schweiz).
- Querschnittsuntersuchungen über mehrere Verwaltungsbetriebe hinweg, um zu besonderen Erkenntnissen und Empfehlungen zu kommen. Z. B. verfasste der BRH Querschnittsuntersuchungen zu Beschaffungsfragen (Häufigkeit und Qualität von Wirtschaftlichkeitsberechnungen, Organisation der Beschaffung als Instanz in öffentlichen Betrieben).
- Evaluation von einzelnen Verwaltungsprodukten oder komplexen Programmen der Regierung oder einzelnen Verwaltungsbetrieben.

INTOSAI

- Mitwirkung in internationalen Gremien der Rechnungshöfe, z. B. bei INTOSAI (International Organization of Supreme Audit Institutions), der Internationalen Organisation der obersten Rechnungsbehörden. Der Österreichische Rechnungshof fungiert als Sekretariat von INTOSAI. Daneben ist auch der Europäische Rechnungshof von besonderer Bedeutung.
- Abstimmung mit anderen Kontrollinstanzen (Rechnungshöfe der Länder/Kantone; Schweiz: Parlamentarische Verwaltungskontrollstelle).

Bundesbeauftragter für Wirtschaftlichkeit

- Der Präsident des deutschen Bundesrechnungshofs ist gleichzeitig „Bundesbeauftragter für Wirtschaftlichkeit". In dieser Rolle hat er eine besondere Einwirkungsmöglichkeit auf die Weiterentwicklung des ökonomischen Denkens im öffentlichen Bereich, z. B. ein separates Vorschlagsrecht gegenüber Bundesregierung und Parlament.

Anlässe für Prüfungen der Rechnungshöfe

Die Rechnungshöfe werden eigeninitiativ, auf Bitten der öffentlichen Betriebe oder einzelner Bürger bzw. der Öffentlichkeit oder aufgrund internationaler Absprachen tätig. Sie haben folgende Kompetenzen innerhalb ihres Zuständigkeitsbereichs:

- Einsichtnahme in betriebsinterne Unterlagen
- Kontakt und Gespräche mit Beschäftigten der untersuchten Betriebe
- Berichterstattung an Parlament und Exekutive
- Vereinbarungen mit internationalen Gremien zur Übernahme von Prüfungsaufträgen z. B. bei UNO und EU
- In Deutschland: Vereinbarungen zwischen Bundes- und Landesrechnungshöfen zur Übernahme bzw. Zusammenarbeit bei einzelnen Prüfungen.

Kooperation mit Innenrevision

Die Rechnungshöfe haben das Recht der Akteneinsicht und der Gespräche mit Beschäftigten der untersuchten Betriebe, auf Seiten der untersuchten Behörden besteht zumeist die Verpflichtung der Zusammenarbeit. Es gibt keine besondere Pflicht der in vielen Betrieben des öffentlichen Sektors vorhandenen Innenrevision, mit den Rechnungshöfen zu kooperieren. Die Rechnungshöfe kommen als außenstehende Behörden in die untersuchten Betriebe, üblicherweise ist die Ermittlungsmethode zumeist das Aufspüren und das Studium von Akten und schriftlichen Unterlagen. Verhaltensbeobachtungen und andere nicht schriftliche „weiche" Verfahren der Datenerhebung kommen vor, sind aber seltener und hängen auch stark von der Offenheit und Glaubwürdigkeit der Beschäftigten in den untersuchten Bereichen ab. Sie haben kein Recht

- zu direkten personalwirtschaftlichen oder sachlichen Maßnahmen in den untersuchten Betrieben, d. h. zur Übernahme des Managements.
- zum direkten Zugriff auf Daten, z. B. der Innenrevision untersuchter Betriebe oder Etablierung besonderer ständiger Berichtspflichten.
- zur politischen Beurteilung der Entscheidungen des Gesetzgebers oder der Rechtsprechung von Gerichten.

Arbeitsweise und Erfolgsfaktoren

Kontradiktorisches Verfahren

Die Arbeitsweise der deutschsprachigen Rechnungshöfe gleicht sich von außen betrachtet: Sie führen Prüfungen zu vielen betriebswirtschaftlichen, keineswegs nur direkt rechnungswesenbezogenen Fragen durch, deren Ergebnisse sie zunächst im „kontradiktorischen Verfahren" (Sprechweise des deutschen Bundesrechnungshofs) den Geprüften zur Kontrolle vorlegen und dann als Prüfungsfeststellung direkt an die Parlamente und (Landes-)Regierungen leiten[394]. Diese Feststellungen enthalten i. d. R. nur Verbesserungsbedarfe. Lob und positive Ergebnisse auf Seiten der Geprüften sind üblicherweise nicht Berichtsgegenstand. Die detaillierten Einzelberichte werden i. d. R. Dritten nicht zugänglich gemacht. Die Summe aller Feststellungen wird periodisch in zusammengefasster Form als Jahresbericht herausgegeben und auch im Internet veröffentlicht. Darüber hinaus gibt es weitere Veröffentlichungen, z. B. im Internet und auch gelegentlich Presseartikel, die entweder von den Rechnungshöfen selbst oder – mit oder ohne Zustimmung der Rechnungshöfe – von den Berichtsempfängern veranlasst werden.

Prüfungen sind Stichproben

Die Auswahl und Schwerpunktsetzung der Prüfungsthemen wird von den Rechnungshöfen selbst bestimmt. Es gibt in keinem der betrachteten Länder eine flächendeckende Prüfung im Sinne einer Vollerhebung des gesamten öffentlichen Sektors oder ein für Dritte vorausberechenbares System der Aus-

394 In Deutschland wurden die Ergebnisse früher durch den Finanzminister berichtet, mit der Bundesfinanzreform in 1969 und einer Änderung des Art. 114 im Grundgesetz erhielten die Rechnungshöfe jedoch das selbstständige Recht zur Vorlage ihrer Berichte.

wahl von Prüfungsthemen und geprüften Betrieben. Auch haben die Rechnungshöfe kein ständiges quantitatives und qualitatives System der Berichterstattung über die von ihnen zu betreuenden Bereiche des öffentlichen Sektors etabliert, so dass man nicht von einem Controllingsystem sprechen kann. Ihre Arbeitsweise gleicht eher der einer Art „überbetrieblichen Innenrevision". Trotz des Fehlens veröffentlichter Detailarbeitspläne und themenbezogener Statistiken sind – mit etwas Spekulation – gewisse Muster in der Auswahl von Prüfungsfragen und geprüften Bereichen anhand der Organigramme mit den Prüfungsbereichen der Rechnungshöfe erkennbar. In welchem Proporz die Zahl der Beschäftigten dieser Prüfungsbereiche zu dem Risikogehalt der ihnen zugeordneten Betriebe des öffentlichen Sektors steht, lässt sich den veröffentlichten Daten nicht entnehmen.

Keine Umsetzungsbefugnis

Die Umsetzung der in den Prüfberichten empfohlenen Maßnahmen gehört mangels Anordnungsbefugnis nicht zu den Aufgaben der Rechnungshöfe[395]. Die Empfänger der Berichte – i. d. R. Parlamente, Regierungen sowie Fach- und Dienstaufsicht innehabende Behörden bzw. Steuerungsgremien wie z. B. Verwaltungsräte – sind für die Einleitung von Maßnahmen zur Abstellung von Mängeln, der Verbesserung oder der Einleitung von Strafverfolgung zuständig. Die Empfehlungen der Rechnungshöfe haben keine direkte Wirkung auf die Personalbeurteilung verantwortlicher Entscheider. Die Berichte enthalten auch keine Empfehlungen der Personalentwicklung von Verantwortlichen.

Aufbau und Erfolge der Rechnungshöfe

Der Bundesrechnungshof in Deutschland prüft landesweit Bundesbehörden, während sich die Landesrechnungshöfe – trotz landespezifischer Detailregelungen – im Wesentlichen mit analogen Rechten und Vorgehensweisen um die Landesbehörden kümmern. Der Rechnungshof Österreichs und die Eidgenössische Finanzkontrolle sind in allen Landesgliederungen tätig, die Eidgenössische Finanzkontrolle nimmt außerdem auch Prüfaufträge in Gliederungen internationaler Organisationen (UNO) wahr. Geleitet wird der deutsche Bundesrechnungshof (BRH) von einem auf zwölf Jahre durch Bundestag und Bundesrat gewählten Präsidenten (genauso wie sein Pendant in Österreich, die Amtsperiode des Direktors der Eidgenössischen Finanzkontrolle hingegen dauert sogar 15 Jahre). Der BRH gliedert sich in Prüfungsabteilungen und Prüfungsgebiete, deren Leiter als Beamte auf Lebenszeit ernannt werden und die, wie alle Mitglieder, richterliche Unabhängigkeit genießen.

---

395 Häußler, 1998, S. 265/266

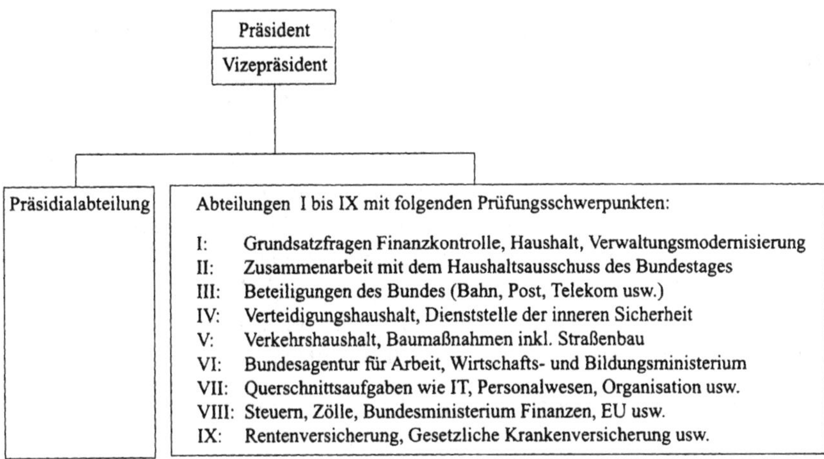

Abb. 134: Prüfungsschwerpunkte des Bundesrechnungshofs[396]

Lange Amtsdauer der Präsidenten

Entscheidungen innerhalb des BRH werden i. d. R. im Kollegialprinzip getroffen. Der Präsident des BRH leitet die Verwaltung, ist für die Geschäftsverteilung zuständig und vertritt den BRH nach außen. Gegenüber den Beschäftigten ist er weisungsbefugt. Diese Weisungsbefugnis ist beschränkt, sie umfasst ausdrücklich nicht die sachlichen Inhalte von Prüfungsentscheidungen.

Tab. 49: Größe und Strukturmerkmale deutschsprachiger Rechnungshöfe[397]

Institution	Zahl Beschäftigte 2009 (circa)	Prüfungsgebiete
Deutscher Bundesrechnungshof zzgl. neun Prüfungsämter	1.300	9 Prüfungsabteilungen mit 49 Prüfungsgebieten
Rechnungshof (Österreich)	328	5 Sektionen mit je 7 Bereichen
Eidgenössische Finanzkontrolle	95	Matrix von 6 Prüfbereichen und 6 Fachbereichen

Keine unabhängige Erfolgsmessung

Eine unabhängige Messung der Erfolge von Rechnungshöfen liegt nicht vor. Eine „Kontrolle der Kontrolleure“ findet nicht systematisch statt. Abgesehen von dieser Frage der Qualitätssicherung der Rechnungshöfe gibt es auch ein Zurechnungsproblem der Erfolge: Da die Rechnungshöfe nicht selbst für die Maßnahmenumsetzung verantwortlich sind, kann man ihnen die Erfolge – sofern den Empfehlungen gefolgt wird – genauso wenig wie eventuelle Miss-

396 Informationen entnommen aus Organigramm des BRH im Internet, Stand 05/2010

397 Entnommen aus Angaben in Internetseiten der Rechnungshöfe, Stichdatum 05/2010

erfolge nicht in Gänze zurechnen. Unabhängig von den Empfehlungen der Rechnungshöfe sind aber sicher viele Beschäftigte des öffentlichen Sektors allein schon aufgrund der Möglichkeit einer Kontrolle durch die Rechnungshöfe besonders aufmerksam und sorgfältig, so dass sich eine Art „generalpräventive Wirkung" gegen unwirtschaftliche Entscheidungen zugunsten der Rechnungshöfe vermuten lässt. Darüber hinaus streuen die Ergebnisse von Befunden mit dem Benennen von Verbesserungsmöglichkeiten auch über den untersuchten Bereich hinaus, so dass es mehr mittelbare (Spar-)Erfolge geben kann als durch die Prüfung selbst unmittelbar angegeben[398]. Festzuhalten bleibt aber, dass die Rechnungshöfe selbst keine für Dritte transparente Berichterstattung über den wirtschaftlichen Erfolg ihrer Arbeit anbieten.

Direkte und indirekte Wirkung der Rechnungshöfe

Trotz der soeben geäußerten Skepsis, „harte Fakten und Zahlen" als Erfolgsausweis der Rechnungshöfe aufzeigen zu können, sei doch Folgendes zur Einschätzung der erzielten Größenordnung erwähnt: Der Österreichische Rechnungshof berichtet auf der Seite „Fakten und Zahlen" seines Internetauftritts auszugsweise von aufgezeigten Einsparpotenzialen seiner Empfehlungen für teils mehrjährig wirkende Maßnahmen im Wert von über 1 Milliarde €. Die Kosten des Rechnungshofs selbst betragen jährlich nur knapp 30 Millionen € (Arbeitszeit der geprüften Betriebe nicht mitgerechnet). Der Präsident des BRH berichtet in dem Jahresbericht 2009 für Deutschland Vorschläge mit einem Spar-Betrag von ca. 30 Milliarden € innerhalb von fünf Jahren (ARD-Pressemitteilung 08.12.2009). Der Jahresbericht 2009 des Landesrechnungshofs aus Nordrhein-Westfalen listet ca. 44.949.181 € an „einmaligen Auswirkungen" und 19.293.215 € an „mehrjährigen Auswirkungen" vorgeschlagener Maßnahmen auf (eigene Berechnungen).

Arbeitsqualität der Rechnungshöfe

Diese Effekte sind nicht allein betriebswirtschaftlichen Verbesserungsmöglichkeiten, sondern auch Verbesserungen bei der Verwaltung von Transferleistungen (Renten, Sozialhilfen usw.) zuzurechnen. Wünschenswert aus Sicht der ÖBWL wäre evtl. eine sachliche Trennung der Berichtsinhalte nicht nur nach geprüften öffentlichen Betrieben, sondern auch nach der „Sphäre" der Befunde (Wirkung auf Höhe von Transferleistungen, Wirkung auf das betriebswirtschaftliche Management selbst und Sonstiges, wie z. B. politische Vorgaben und Verwaltungsregeln, wie z. B. Vergabe- und Vertragsrecht). Eine strukturierte und integrierte Nachschau zu allen Prüfungsfeststellungen sowie eine Rückmeldung über die „Kundenzufriedenheit" der geprüften Betriebe und der Berichtsempfänger könnte die Berichterstattung der Rechnungshöfe komplettieren.

---

398 Hinweis darauf z. B. im Jahresbericht 2009 des Landesrechnungshof NRW, S. 351.

7.4 Beratungsangebote und Information

7.4.1 Die kommunale Gemeinschaftsstelle KGSt

Ein Zeichen des schon immer – auch weit vor den populären Reformbemühungen des New Public Management – auf kommunaler Ebene besonders spürbaren Bedarfs nach Optimierung von Verwaltungsleistungen ist die Einrichtung der Kommunalen Gemeinschaftsstelle.

Erläuterung KGSt

Die KGSt (Kommunale Gemeinschaftsstelle für Verwaltungsmanagement) ist ein 1949 als „Kommunale Gemeinschaftsstelle für Verwaltungsvereinfachung" gegründeter Fachverband, der derzeit von ca. 1.650 kommunalen Mitgliedern – fast allen größeren deutschen Städten sowie vielen Gemeinden und Kreisen – getragen wird. Auch einige österreichische Städte sind Mitglieder. Die KGSt hat die Aufgabe der Managementberatung im weitesten Sinne, sie ist kein politisches Gremium und kein politischer Verband der Kommunen, wie es z. B. der Deutsche Städtetag und der Landkreistag sind. Die KGSt finanziert sich über Mitgliedsbeiträge und entgeltliche Leistungen für Beratung und Bereitstellung von Vergleichsdaten.

Kleiner Personalstamm und viele Gutachter

Die KGSt arbeitet mit einem kleinen Stamm an festangestelltem Personal (2010: ca. 50 Personen) und mehreren hundert freien Gutachtern. Angebote der KGSt[399] sind:

- Gutachten (ca. über 1.000 seit Bestehen der KGSt) zu verschiedenen Management-Fragestellungen des kommunalen Bereichs.
- Benchmark-Kennzahlen der Verwaltung durch freiwillige Vergleichsringe, z. B. zu den Themen Abwasserkanal, Kläranlage, Ausländerwesen, Bauhof, Bürgerbüro, familienfreundliche Stadt, Berufsfeuerwehr, Bilanzkennzahlen, Finanzen.
- Projektbegleitungen.
- Wissensdatenbank KIKOS (Kommunale Informations- und Kommunikationsdatenbank) zu Management-Themen. Insbesondere sind hier Fragen des Finanzmanagements, der Organisation und des Personalmanagements sowie der Informationswirtschaft zu finden.
- Kontakte herzustellen und Netzwerke zu anderen Kommunen im deutschsprachigen Raum und Europa, zu Universitäten usw. anzubieten.
- Seminare und Veranstaltungen zu Einzelthemen.

---

399 Gemäß Angaben aus dem Internetauftritt unter www.kgst.de

- Zeitschrift KGSt-Journal.
- Alle drei Jahre kommunaler Fachkongress „KGSt-Forum“.
- Jährliche Durchführung der Messe „Moderner Staat“.

Die KGSt hat auch über den kommunalen Bereich hinaus Bedeutung für das Management der Landes- und Bundesverwaltung. Diese Bedeutung zeigt sich

Wirkungen der KGSt auch auf Landes- und Bundesebene

- einerseits in großen konzeptionellen Beiträgen der KGSt zur allgemeinen Entwicklung der ÖBWL wie dem Entwurf der „deutschen Variante“ des New Public Management, dem Neuen Steuerungsmodell (NSM, siehe Abschnitt 2.6) und
- andererseits in vielen „kleinteiligen“ Vorschlägen, die bei fehlender Alternative besser durchdachter Ideen als Quasi-Standard gelten können. Bei Prüfungen durch die Rechnungshöfe werden die Vorschläge gelegentlich auch als Maßstab für gute Lösungen herangezogen, z. B. die Vorgehensweise der Wirtschaftlichkeitsberechnung von geplanten Maßnahmen (siehe Abschnitt 6.2.5.5.), die Stufung der Reihenfolge möglicher Abnehmer auszusondernder Gerätschaften – freihändiger Verkauf an eigene Mitarbeiter hat erst die letzte Priorität – , Ablauf- und Prüfschritte zur Identifizierung von Sparmöglichkeiten in kommunalen Haushalten.

7.4.2 Externe Beratung des öffentlichen Sektors

Übersicht

Externe Beratung Ausdruck der Arbeitsteilung

Unternehmensberatungsleistungen gehören heute zum selbstverständlichen Bestandteil der arbeitsteiligen Wirtschaftswelt. Die Nachfrage seitens Industrie, Wirtschaft und Verwaltung ist in Deutschland seit den Anfängen in den 50-er Jahren des vorigen Jahrhunderts kontinuierlich gestiegen. Dabei spielen die wachsende Komplexität betrieblicher Managementfragen sowie die schnellen Veränderungsrhythmen eine entscheidende Rolle. Die besonderen Gründe des öffentlichen Sektors für eine Beauftragung von externen Managementberatern sind einzeln oder in Kombination die

- allgemein mangelnde Erfahrung mit Konzepten und Instrumenten der Verwaltungsreform. Insbesondere Projekte mit einer kombinierten Aufgabe aus Fachkonzept und IT-Umsetzung werden oft durch Externe unterstützt.
- grundsätzlichen Schwierigkeiten, das tief in der Verwaltungskultur und der Aufbaustruktur verankerte Funktionalprinzip einer oftmals effizienteren Prozess-Sicht unterzuordnen.
- „diplomatischen“ Hindernisse, die örtliche und/oder sachliche Zusammenarbeit bisher selbstständiger Verwaltungseinheiten ohne „neutrale Vermittler“ zu gestalten.
- Knappheit an geeigneten internen Personalressourcen.

Ein fest umrissenes Berufsbild mit vorgeschriebenen Bildungswegen und förmlicher Berufszulassung existiert für die Management- bzw. Unternehmensberatung in Deutschland, anders als in Österreich, nicht. Auch ist der Begriff „Managementberatung“ in Deutschland nicht geschützt.

Kein fest umrissenes Berufsbild

Definition Managementberater (Unternehmensberater)

Managementberater (Synonyme: Management-Consultant, Unternehmensberater) sind spezialisierte Dienstleister, deren Beratungsschwerpunkt bei Themen der Zielsetzung, Planung, Kontrolle und Umsetzung von betrieblichen Gestaltungsfragen liegt. Sie grenzen sich durch die Handlungsebene „Betrieb“ von betriebsfernen Politikberatern ab. Durch ihre Themenschwerpunkte im Zentrum der betrieblichen Steuerung – Ziele und Strategie, Organisation und Personal, Logistik, Marketing – sind Managementberater zu unterscheiden von Beratern, die sich auf technische Fragen (IT-Berater, Architekturbüros, Ingenieurbüros), juristische Gutachten und Streitsachen (Anwaltskanzleien) und andere Themen spezialisiert haben.

Die klassische Management- und Unternehmensberatung mit den Themen Strategie, Organisation, Führung, Betriebswirtschaft, Logistik und Marketing ist in Deutschland ein attraktiver Milliarden-Markt. Nach Erhebungen des BDU (Bundesverband Deutscher Unternehmensberater BDU e.V.) arbeiteten 2009 in Deutschland rund 84.600 Unternehmensberater in rund 13.200 Beratungsfirmen. Insgesamt waren 2009 über 113.000 Mitarbeiter in der Consultingbranche in Deutschland beschäftigt[400]. Hierunter sind sehr große internationale Anbieter mit mehreren tausend Beschäftigten allein im deutschsprachigen Raum, wie auch mittelständische Häuser und Ein-Mann-Firmen. Insgesamt ist der Anbietermarkt sehr fragmentiert, es herrscht ein starker Wettbewerb. Kein einzelner Anbieter hat gegenüber dem öffentlichen Bereich eine marktbeherrschende Stellung oder ein besonderes Alleinstellungsmerkmal. „Führende“ Unternehmensberatungen, wie es oft gerne in der Branche bei Angebotspräsentationen heißt, gibt es nicht. Der Umsatz der Branche verteilte sich 2009 wie folgt auf die Beratungsfelder: Organisations- und Prozessberatung 43,0 %, Strategieberatung 23,7 %, reine IT-Beratung 22,8 % und auf die Human-Resources-Managementberatung 10,5 %.

Beratungsbranche ist stark zersplittert

Im Jahr 2005 hat die öffentliche Hand (Bund, Länder, öffentliche Kommunen, öffentliche Unternehmen) in Deutschland rund 1,28 Milliarden € an Beratungsleistungen von Unternehmensberatungen eingekauft[401]. Das ist ein Anteil

Berater-Umsatz im öffentlichen Bereich

400 www.bdu.de/Managementberatung

401 www.bdu.de/Uebersicht_FV

von ca. 9,7 % am Gesamtmarkt der Branche, dieser Anteil der öffentlichen Hand am Beraterumsatz scheint in Deutschland langjährig stabil zu sein[402].

Genauso vielseitig und differenziert wie der Beratungsmarkt selbst sind auch die Rollen der Managementberater. Sie werden u. a. als Coach, Entscheidungsvorbereiter, Gutachter, Projektmanager, Dienstleister, Auftragnehmer/ Outsourcingpartner oder in Mischfunktionen innerhalb und außerhalb des öffentlichen Arbeitsfeldes in Anspruch genommen.

	Terminator (Bezahlter) Job-Killer	Makler (Geschäfte-Vermittler)	Aktivator Impulsgeber	
Experte Sachverständiger	Aufklärer Selbstverständiger	Navigator Pfadfinder	Organigramm-Zeichner	Alibi-Beschaffer Gefälligkeitsmensch
Guru, Heiland, Retter	Sprachschöpfer Modeschöpfer	Sanierer Abrissunternehmer	Enthüller Detektiv	Costcutter, GWAler EDV-Verkäufer
Architekt Bauleiter	Katalysator Prozessbeschleuniger	Abzocker Raffgierige Hyäne	Arzt Therapeut	Schlichter (Schieds-)Richter
Kommunikator Präsentator	(Verpackungs-) Künstler	Coach, Trainer (Be-)Lehrer	Komplexitäts-reduzierer	Wahr-Sager Wahrsager
Animateur Inspirateur	Dealer (Droge Beratung)	Cross-Seller Bauchladenverkäufer	Legitimations-beschaffer	Sensibilisierer Irritierer (Chaot)
Handaufleger Handanleger	Entwicklungshelfer Change Agent	Meinungsforscher Datenfreak	Innovator Modernisierer	Nein-Sager Bestellter Kritiker
Moderator Gruppendynamiker	Sündenbock Blitzableiter	Sokratiker Hebamme	Dogmatiker Pedant	Röntgenauge Selektor

Abb. 135: Rollenspektrum externer Berater[403]

Schwerpunkte der Beratungseinsätze externer Berater sind:

Externe werden in vielen Rollen tätig

- Strategieberatung sowie Konzepte und Einführungsbegleitung bei Instrumenten des neuen Steuerungsmodells im Bereich Leitung und Rechnungswesen, z. B. Doppik, Controlling mit Kosten- und Leistungsrechnung.
- Alle Formen der Aufgabenverlagerung, z. B. Privat-Public-Partnerschaften und Outsourcing, aber auch des umgekehrten Wegs beim Insourcing.
- Allgemeine Beratung bei Fragen der Optimierung von Verwaltungsabläufen und Aufbaustrukturen mit und ohne Einsatz von Informationstechnologie, inklusive eGovernment. Hierzu zählen insbesondere auch Projekte, um die Schnittstellen von Verwaltungsbetrieben zum Bürger, zur Wirtschaft oder zu anderen Verwaltungsbetrieben kundenfreundlich, effizient und professionell auszurichten.

---

402 Vgl. Armbrüster et al., 2010, S. 11

403 Mod. n. Neuberger, 2002, S. 136

- Fachkonzepte und Projektmanagement anderer betriebswirtschaftlicher oder behördenfachlicher Themen.

Einige kleinere und mittlere Unternehmensberatungen konzentrieren sich auf ausgewählte Zielgruppen aus dem Bereich des öffentlichen Sektors wie z. B. Bundesministerien und -behörden, Landesministerien und -behörden, Städte und Gemeinden, Kreise bzw. Landkreise, ausgegliederte Rechtsträger und Träger der Sozialversicherung. Andere wiederum haben sich auf bestimmte funktionale Fragestellungen des öffentlichen Sektors spezialisiert, wie z. B.

Vielzahl in Spezialfragen erfahrener Berater

- Ausschreibungsmanagement
- Standortentwicklung und -vermarktung
- Fördermittelmanagement
- Geschäftsbesorgung
- Sanierung, Stadt- und Dorferneuerung
- Kommunale Beratung
- Baulandentwicklung
- Wirtschaftsförderung
- Stadtmarketing

Zwei der großen Beratungsthemen, die Strategieberatung und die IT-Beratung, sollen nachfolgend kurz vorgestellt werden.

Strategieberatung

Strategieberatung ist eine direkt bei der Leitung eines Betriebs angesiedelte Beratungsform, die z. B.

- Leitbilder und Ziele des Betriebs formulieren hilft.
- Stärken-Schwächen-Untersuchungen anstellt und Handlungsempfehlungen zur Festigung der Stärken (Stärken der Stärken) und Verbesserung bei Schwächen gibt.
- Aufgabenkritik und Gestaltungsfragen der Aufbau- und Ablauforganisation beinhaltet.
- Analysen von Kosten durchführt.

Scheinbar wenig „strategischer“ Spielraum

Im öffentlichen Sektor gelten Rahmenbedingungen, die es bei der Planung und Durchführung von Beratungsprojekten zu berücksichtigen gilt. Strategieprojekte scheinen für viele Entscheider zunächst überflüssig zu sein oder wenig Bewegungsspielraum zu eröffnen, weil

- es viele rechtliche Rahmenbedingungen oder auch teilweise rechtlich festgeschriebene Ziele gibt. Es ist oft leicht, den Unwillen etwas zu verändern, mit möglichen Hindernissen zu begründen. Bei gutem Willen ließen sich aber Wege finden, etwas zu verändern.
- die Dienstleistungen für einen großen lokalen Bereich bzw. der gesamten Bevölkerung angeboten werden. Eine Kundenauswahl ist oft nicht möglich.

- in manchen Bereichen Betriebe des öffentlichen Sektors nur einem bedingten bzw. sehr langsam erkennbar werdenden Wettbewerb zu anderen nationalen oder internationalen öffentlichen Betrieben ausgesetzt sind.
- verschiedene politische Akteure unterschiedliche Rahmenbedingungen setzen und mit unterschiedlicher Absicht die Verwaltung steuern wollen.
- die Tätigkeit von der Bevölkerung und den Medien wachsam verfolgt wird.
- wichtige Entscheide nicht von einem mächtigen Vorstand oder von Verwaltungsräten gefällt, sondern häufig in einem mehrstufigen Verfahren (Verwaltung, Exekutive, parlamentarische Kommissionen, Parlament, Bevölkerung) mit oft ungewissem Ausgang abgewickelt werden.

Beratung und Dienstleistung im IT-Management

Shared Service Center öffentlicher Betriebe

Mit dem Siegeszug der modernen elektronischen Informationstechnologie in der Arbeitswelt hat auch der öffentliche Sektor einen Großteil der Arbeitsplätze und der Arbeitsabläufe mit Computern ausgestattet und unterstützt. Diese Entwicklung bedeutet auch, dass es einen ständigen Bedarf der Weiterentwicklung, der Ersatz- und Erweiterungsinvestitionen gibt. Nachdem ursprünglich viele der in Deutschland knapp 13.000 Gebietskörperschaften sowie auf Landes- und Bundesebene die einzelnen Ressorts jeweils ihre eigenen IT-Systeme aufgebaut haben, gehen auch die Behörden – ausgehend von den Kommunalbehörden – dazu über, ihre IT-Services zusammenzufassen und teilweise in Shared-Service Centern zu bündeln. Damit entstehen größere IT-Einheiten, teilweise eigene IT-Behörden, z. B. das ZIVIT, die „Hessische Zentrale für Datenverarbeitung (HZD)“. Eine besondere Rolle spielt das Bundesamt für Sicherheit in der Informationstechnologie, BSI. Diese Behörde führt – wiederum mit Hilfe externer Dritter – Zertifizierungen zur IT-Sicherheit bei Behörden durch. Hierzu wird meist ebenfalls externe IT-Beratung benötigt.

Definition Informationstechnologie-Beratung (IT-Beratung)

IT-Beratung (IT-Berater, Synonym: IT-Consultants) sind Dienstleistungen, deren Schwerpunkt auf der Einführung oder Erweiterung vorhandener Soft- und Hardwarelösungen liegt. Oft ist die Reihenfolge: Zuerst Managementberatung, dann technologische Umsetzung mit IT-Beratung. Daher gibt es eine Zusammenarbeit von Management- und IT-Beratern.

IT-Beratung benötigt einerseits ein sehr gutes Verständnis für die mit Hilfe von IT zu unterstützenden fachlichen Managementfragen und andererseits sowohl fundierte Projektmanagementerfahrungen wie auch natürlich Experten in Hardwarefragen und Softwareentwicklung. Daher erklärt sich auch die „Mischung“ der Anbieter externer IT-Beratung aus Hard- und Softwareanbietern einerseits und „reinen“ IT-Beratern ohne Produktbindung andererseits. Der Hauptgrund zur Beauftragung externer Berater in diesem Bereich liegt oft nicht im fehlenden Know-how, sondern schlicht und einfach in den fehlenden Personalressourcen innerhalb der einzelnen Behörden oder der IT-Dienstleister in der Verwaltung. Auch aufgrund der Komplexität einiger Softwarelösungen geht bei der Einführung oft kein Weg an einer externen Unterstützung vorbei. Im Anhang 8.2 sind einige dieser Beratungsunternehmen aufgeführt.

Regeln zum Einsatz externer Berater

Am 29. Januar 2007 veröffentlichte der Bundesrechnungshof ein Papier mit dem Titel „Eckpunkte für den wirtschaftlichen Einsatz externer Berater durch die Bundesverwaltung". Hierin heißt es[404]:

> *„Die öffentliche Verwaltung nutzt seit Jahren in zunehmendem Maße die Unterstützung externer Berater bei der Bewältigung unterschiedlicher Aufgaben. Ein sachgerechter Einsatz des Sachverstands Dritter kann der Verwaltung helfen, richtige Antworten auf neue und komplexe Fragestellungen in einem sich rasch verändernden Umfeld zu finden. In zahlreichen Prüfungen sind für den Bundesrechnungshof allerdings Fehlentwicklungen erkennbar geworden, welche die Grenzen und Risiken des Beratereinsatzes für die öffentliche Verwaltung verdeutlichen. Immer wieder hat der Bundesrechnungshof z. B. festgestellt, dass auch solche Aufgaben an Externe übertragen werden, die zu den Kernaufgaben einer verantwortlich handelnden Verwaltung gehören. Vielfach waren die Auftraggeber nicht ausreichend in der Lage, die Beratungstätigkeit sachgerecht zu kontrollieren und zu nutzen. Eine zusammenfassende Bewertung dieser Erkenntnisse veranschaulicht, dass gewisse Fehler symptomatisch sind und immer wieder vorkommen. Sie verdeutlicht außerdem, welche Phasen des Beratereinsatzes besonders wichtig, zugleich aber auch besonders fehleranfällig sind. Hierzu gehören die Prüfung der Notwendigkeit, die Ermittlung der Wirtschaftlichkeit, das Vergabeverfahren, die Erfolgskontrolle sowie die Umsetzung und Nutzung der Beratungsergebnisse."*

Der Bundesrechnungshof hat die folgenden zehn wesentlichen Handlungserfordernisse beim Einsatz externer Berater identifiziert:

Zehn Eckpunkte des BRH zum Einsatz externer Berater

1. Problem beschreiben und Ziel festlegen
2. Notwendigkeit des Beratereinsatzes prüfen
3. Wirtschaftlichkeit ermitteln
4. Leistung eindeutig beschreiben
5. Verträge eindeutig fassen
6. Leistung öffentlich ausschreiben
7. Leistung kontrollieren, steuern und abnehmen
8. Abschließende Erfolgskontrolle durchführen

---

404 Zusammenfassung in PDF-Form vom 29.01.2007 aus mehreren Prüfungsberichten des BRH, als download verfügbar in www.bundesrechnungshof.de

9. Transparenz über Beratungsergebnisse und -ausgaben schaffen
10. Gesamtes Verfahren dokumentieren

Eine ausführlichere Beschreibung dieser Eckpunkte ist im Anhang (Kap. 8.2) zu finden. Die Empfehlungen des Bundesrechnungshofs kann man auch ergänzend wie folgt kommentieren: Externe Berater sind keine sich selbst steuernde Ressource, sondern bedürfen des besonders sorgfältig geplanten und professionell begleiteten Einsatzes. Da sie, verglichen mit internem Personal, eine teure Ressource sind, muss ihre Dienstleistung vor der Entscheidung zum Einsatz mit besonderer Sorgfalt auf Wirtschaftlichkeit hin untersucht werden.

7.5 Wirkung großer Trends auf ÖBWL

In Darstellungen zur ÖBWL und dem New Public Management wird immer wieder Bezug genommen zu großen Trends der allgemeinen gesellschaftlichen Entwicklung in vielen Industriestaaten. Hier soll nun knapp eine Einschätzung der Wirkungen vorgenommen werden:

Sinken der Bevölkerungszahl

Demographische Entwicklung: In den meisten großen Industriestaaten ist eine so geringe Geburtenrate zu beobachten, dass die derzeitige Wohnbevölkerung ohne Netto-Zuwanderung künftig schrumpfen wird. Dieser Trend scheint kurzfristig nicht anzuhalten zu sein und wird angesichts steigender Lebenserwartung parallel auch zu einer Überalterung der Gesellschaft führen. Nur wenige Staaten werden diese Entwicklung evtl. durch eine positive Wanderungsbewegung teilweise ausgleichen können. Auf den öffentlichen Bereich wirkt die demographische Entwicklung durch einen Rückgang der Kunden/Bürger und damit auch durch einen Rückgang der Geschäftsvorfälle. Öffentliche Betriebe werden daher vor einem stärkeren Druck zur Verkleinerung oder der Verschmelzung zu größeren Einheiten stehen, Gebietsreformen mögen in einigen Fällen der formale Auslöser sein. Der Druck auf bestehen bleibende Betriebe wird steigen, stärker untereinander zu kooperieren, Services gemeinsam zu betreiben oder outzusourcen. Im kommunalen Bereich ist wegen des dort regional teilweise besonders starken Bevölkerungsrückgangs neben den schon genannten Maßnahmen auch über den ersatzlosen Rückbau von Infrastruktur und öffentlichen Diensten zu entscheiden.

Direkter und indirekter Wettbewerb

Globalisierung: „Globalisierung" als Stichwort meint ökonomisch die Öffnung von Handelsgrenzen für erleichterten Austausch von Waren- und Dienstleistungen, allerdings auch für das Abwandern von Wirtschaft und einem kleinen Teil der hochmobilen Bevölkerung in das jeweils für sie attraktivste Land. Auch Teile des öffentlichen Sektors geraten stärker unter Konkurrenzdruck. Was innerstaatlich im Wettbewerb der Regionen seit langem selbstverständlich ist, wird auch auf gesamtstaatlicher Ebene zunehmend wichtig: Ein Blick auf den (Nachbar-)Staatsbetrieb, um für die eigenen Produkte Erkenntnisse über deren relative Qualität und Wirtschaftlichkeit zu gewinnen. Potenzielle Investoren, Touristen oder Umsiedler werden wahrscheinlich nicht auf jede einzelne öffentliche Leistung und jeden Vergleichsparameter sehen, aber die geldwerten oder immateriellen „Bürokratiekosten“ in Summe spielen bei Auswahlentscheidungen oft eine Rolle. Auf dem Staat lasten gleichzeitig hohe Erwartungen bzgl. der Qualität seiner Infrastrukturversorgung und anderer öffentlicher Güter. Hieraus ergibt sich ein Zielkonflikt mit Wirkung auf die Staatsverschuldung: Senkung oder Geringhalten direkter Belastungen der Anspruchsgruppen (z. B. Gebühren, Verkürzen von Laufzeiten von Entscheidungswegen) oder Investition in Infrastruktur oder sogar direkt in einzelne Vorhaben von Investoren, z. B. durch Subventionen und Zuschüsse. Die ÖBWL kann helfen, rationale Wege der Entscheidung über Aufgaben, die optimale Organisation der Aufgabenbearbeitung und eine Verbesserung des Preis- bzw. Kosten-/Leistungsverhältnisses zu finden, andere direkte Außenwirkungen im globalen Wettbewerb entfaltet sie nicht. Ein besonderer Aspekt der Globalisierung ist die internationale Zusammenarbeit von Betrieben des öffentlichen Sektors. Punktuell hat es die schon lange vor der modernen Globalisierung gegeben. Erste Grenzüberschreitungen der Verwaltung in Europa waren gemeinsame Flusskommissionen, z. B. für den Rhein im Jahre 1813[405]. Weitere Formen der Zusammenarbeit sind z. B. gemeinsame Polizeikontrollen, Infrastrukturplanung, sogar Universitäten in Grenzregionen und gemeinsame öffentliche Versorgungsleistungen im kommunalen Bereich. Der Management-Ansatz des New Public Management mit einer Vielzahl betriebswirtschaftlicher Instrumente mag grenzüberschreitend die Zusammenarbeit von öffentlichen Betrieben durch eine grenzüberschreitend ähnlicher werdende „Denke“ erleichtern.

Internationaler Regelungsdruck

Ebenfalls eine Erscheinung der Globalisierung ist die Einwirkung internationaler Organisationen auf den nationalen Gesetzgeber. Aus der Europäischen Union kommt schon jetzt ein erheblicher Teil der Initiativen für neue Regeln, die entweder den öffentlichen Bereich selbst oder aber Inhalte seiner Arbeit betreffen[406]. Denkbar ist, dass es künftig auch einen Teil weicher oder harter Harmonisierungsbestrebungen auf Mitgliedsländer im Bereich des Managements öffentlicher Betriebe geben wird. Diese mögen die Transparenz der Rechnungslegung – wie mit IPSAS (Standards der Doppik im öffentlichen Bereich, s. Abschnitt 6.2.3) schon geschehen – betreffen, andere Standards oder individuelle Maßnahmenvorschläge könnten als Bedingung für Stützungsmaßnahmen von Staaten mit zu hohem Haushaltsdefizit folgen.

---

[405] Vgl. König, 2008, S. 767

[406] Im Zeitraum 1998 bis 2004 hatten ca. 85 % aller neuen Vorschriften – in Summe ca. 21.000 – ihren Ursprung in der EU, nur ca. 15 % in Deutschland, s. Stoiber, 2010.

8 Anhänge

8.1 Literaturverzeichnis

Ade, K., Beyer, G., Roloff, M. & Krautter, R.: Handbuch kommunales Beteiligungsmanagement. Stuttgart, Borrberg, 1997

Al-Ani, A.,Kaßner, S.: Change-Management: Initiierung und Umsetzung von Organisationstransformationen – ein Ansatz von Andersen Consulting. In: Fink, D. (Hrsg.): Management Consulting. Die Ansätze der grossen Unternehmensberater. München, Vahlen, 2000, S. 171–191

Althaus, M. & Meier, D. (Hrsg.): Politikberatung: Praxis und Grenzen. Münster, LIT-Verlag, 2004

Althoff, K. & Thielepape, M.: Psychologie in der Verwaltung. Herford, Maximilian Verlag, 1978

Ambrosius, G.: Der Staat als Unternehmer. Göttingen, Vandenhoeck & Ruprecht, 1984

Amling, T. & Bantleon, U.: Handbuch der internen Revision. Berlin, Erich Schmidt Verlag, 2007

Andler, N.: Tools für Projektmanagement,Workshops und Consulting. Kompendium der wichtigsten Techniken und Methoden. Erlangen, Publicis, 2008

Anheier, H.K.,Priller, E.,Seibel, W. & Zimmer, A. (Hrsg.): Der Dritte Sektor in Deutschland. Organisationen zwischen Staat und Markt im Wandel. Berlin, Sigma, 1997

Anter, A. & Breuer, S. (Hrsg.): Max Webers Staatssoziologie. Baden-Baden, Nomos, 2007

Armbrüster, T., Banzhaf, J. & Dingemann, L.: Unternehmensberatung im öffentlichen Sektor: Institutionenkonflikt, praktische Herausforderungen, Lösungen. Wiesbaden, Gabler, 2010

Asendorpf, D.: Absturz von Amts wegen. ZEIT, 30/2004, S. 23/24

Badelt, C., Meyer, M. & Simsa, R.: Die Wiener Schule der NPO-Forschung. In: Badelt, C., Meyer, M. & Simsa, R.: Handbuch der Nonprofit Organisation. Stuttgart, Schäffer Poeschel, 2007

Banner, G.: Kommunale Verwaltungsmodernisierung: Wie erfolgreich waren die letzten zehn Jahre? In: Schröter, E. (Hrsg.): Empirische Polity- und Verwaltungsforschung. Lokale, nationale und internationale Perspektiven. Opladen, Leske + Budrich, 2001, S. 279–303

7Bass, B. M. and Avolio, B., Improving Organizational Effectiveness Through Transformational Leadership. Thousand Oaks et al., Sage Publications, 1994

Baumert, J.M.: Die leistungsorientierte Bezahlung im öffentlichen Dienst. Hamburg, Dr. Kovac, 2010

Baur, A.: Organisations- und Implementierungsformen professioneller interner Beratungen. In: Niedereichholz, C. [2]: Internes Consulting. Grundlagen – Praxis – Beispiele – Spezialthemen, München & Wien, Oldenbourg, 2000, S. 167–172

BDU (Hrsg.): BDU-Markteinschätzung 2000. Der Beratungsmarkt „Öffentliche Auftraggeber". Online-Publikation: www.bdu.de, 1.3.2003, S. 2

Bea, F.X. & Haas, J.: Strategisches Management. Stuttgart, Lucius & Lucius, 2005, 4. Aufl.

Becker, J., Algermissen, L. & Falk, T.: Prozessorientierte Verwaltungsmodernisierung. Prozessmanagement im Zeitalter von E-Government und New Public Management. Berlin u.a., Springer, 2009, 2. Auflage

Becker, M.: Personalentwicklung. Bildung, Förderung und Organisationsentwicklung in Theorie und Praxis. Stuttgart, Schäffer Poeschel, 2009, 5. Aufl.

Berthel, J. & Touet, M.: Der lange Marsch zur Globalisierung – Personalentwicklung im Mittelstand: In: Friederichs, P. & Althauser, U. (Hrsg.): Personalentwicklung in der Globalisierung – Strategien der Insider. Neuwied, Luchterhand, 2001, S. ***

Blankart, C.B.: Öffentliche Finanzen in der Demokratie. München, Vahlen, 2008

Bleicher, K.: Organisation. Strategien – Strukturen – Kulturen. Wiesbaden, Gabler, 1991, 2. Aufl.

Boeßenecker, K.-H., Trube, A. & Wolhfahrt, N. (Hrsg.): Verwaltungsreform von unten? Lokaler Sozialstaat im Umbruch aus verschiedenen Perspektiven. Münster, Votum, 2001

Bogumil, J. & Benzmann, H.-G.: Modernisierung der Landesverwaltungen – Institutionelle Ausgangslage, Implementationsstand und Zukunftsperspektiven. In: Modernisierung der Landesverwaltung. Hagen, Institut für Politikwissenschaft der Fernuniversität, 1999

Bogumil, J. & Jann, W.: Verwaltung und Verwaltungswissenschaft in Deutschland. Wiesbaden, Verlag für Sozialwissenschaften, 2009

Bogumil, J. & Kuhlmann, S.: Wirkungen lokaler Verwaltungsreformen. Möglichkeiten und Probleme der Performanzevaluation. In: Jann, W., Röber, M. & Wollmann, H. (Hrsg.): Public Management – Grundlagen, Wirkungen, Kritik. Berlin, Edition Sigma, 2006

Bogumil, J., Grohs, S., Kuhlmann, S. & Ohm, A.K.: Zehn Jahre Neues Steuerungsmodell. Berlin, Edition Sigma, 2007

Bogumil, J.: Probleme und Perspektiven der Leistungsmessung in Politik und Verwaltung. In: Kuhlmann, S., Bogumil, J. & Wollmann, H.: Leistungsmessung und -vergleich in Politik und Verwaltung. Konzepte und Praxis. Wiesbaden, VS Verlag, 2004, S. 392–398

Bräunig, D. & Greiling, D. (Hrsg.): Stand und Perspektiven der Öffentlichen betriebswirtschaftslehre. Berlin, Verlag A. Spitz, 1999

Bräunig, D.: Erkenntnisziel und Erkenntnisgegenstand der öffentlichen Betriebswirtschaftslehre. In: Bräunig, D. & Greiling, D. (Hrsg.): Stand und Perspektiven der öffentlichen Betriebswirtschaftslehre. Berlin, Verlag A. Spitz, 1999, S. 38–46

Brede, H.: Grundzüge der Öffentlichen Betriebswirtschaftslehre. München & Wien, Oldenbourg, 2005, 2. Auflage

Bremeier, W., Brinckmann, H. & Kilian, W.: In: Killian, W., Richter, P. & Trapp, J.H. (Hrsg.): Ausgliederung und Privatisierung in Kommunen. Berlin, Sigma, 2006, S. 25–54

Broekmate, J., Dahrendorf, K. & Dunker, K.: Qualitätsmanagement in der öffentlichen Verwaltung. München & Berlin, Jehle, 2001

Bruns, W.: Zeitbombe Bürokratie. Berlin, Ullstein, 1994

Budäus, D., Küpper, W. & Stretferdt, L. (Hrsg.): Neues öffentliches Rechnungswesen. Wiesbaden, Gabler, 2000

Budäus, D.: Entwicklung und Perspektiven eines Public Management in Deutschland. In: Jann, W., Röber, M. & Wollmann, H. (Hrsg.): Public Management – Grundlagen, Wirkungen, Kritik. Berlin, Edition Sigma, 2006, S. 173–186

Budäus, D.: Public Management. Entwicklungsdefizite und zukünftige Leistungsfähigkeit öffentlicher Verwaltungen. Behörden Spiegel, 5/2009, S. 46

Budäus, D.: Public Management. Konzepte und Verfahren zur Modernisierung öffentlicher Verwaltungen. Modernisierung des öffentlichen Sektors. Band 2. Berlin, Edition Sigma, 1994

Budäus, D.: Von der Dominanz der Sachziele im öffentlichen Sektor zum System von Formalzielen als Grundlage zukünftiger Reformentwicklungen. In: Bräunig, D. & Greiling, D. (Hrsg.): Stand und Perspektiven der öffentlichen Betriebswirtschaftslehre. Berlin, Verlag A. Spitz, 1999, S. 55–65

Bühner, R.: Betriebswirtschaftliche Organisationslehre. München & Wien, Oldenburg, 2004, 10. Auflage

Bundesministerium des Innern (Hrsg.): Handbuch für Organisationsuntersuchungen und Personalbedarfsermittlungen. Berlin, 2007, www.orghandbuch.de

Bundesministerium des Innern (Hrsg.): Moderner Staat – Moderne Verwaltung: Gemeinsame Geschäftsordnung der Bundesministerien. Berlin, 2000, www.bmi.bunde.de

Bundesrechnungshof: Eckpunkte für den wirtschaftlichen Einsatz externer Berater durch die Bundesverwaltung,. 2007, www.bundesrechnungshof.de

Bundesregierung: Change Management. Anwendungshilfe zu Veränderungsprozessen in der Bundesverwaltung. PDF-Datei, 2008, verfügbar unter www.verwaltung-innovativ.de

Bungartz, O.: Handbuch Interne Kontrollsysteme (IKS). Steuerung und Überwachung von Unternehmen. Berlin, Erich Schmidt, 2009

Burns, J. M.: Leadership. New York, Harper & Row, 1978

Buschor, E.: Controlling in öffentlichen Verwaltungen und Betrieben. In: Weilermann, P. & Fickert, R. (Hrsg.): Strategie-Controlling in Theorie und Praxis. Bern/Stuttgart/Wien, Haupt, 1992, S. 205–221

Cameron, K.S. & Quinn, R.E.: Diagnosing and changing organizational culture: Based on the competing values framework. Reading, Wiley & Sons, 2006

Coenenberg, A.G., Fischer, T.M & Günther, T.: Kostenrechnung und Kostenanalyse. Stuttgart, Schaeffer-Poeschel, 2009, 7. Auflage

Deutsches Institut für Interne Revision e.V., Internationale Standards für die berufliche Praxis der Internen Revision 2009, Wien, 2009

Dincher, R., Müller-Godeffroy, H., Scharpf, M. & Schuppan, T.: Einführung in die Betriebswirtschaftslehre für die Verwaltung. Neuhofen, Forschungsstelle für Betriebsführung und Personalmanagement e.V., 2010, 3. Auflage

Donle, M. & Richter, M.: Neuordnung der Überwachung und der Finanzkontrolle in der öffentlichen Verwaltung. In: Jann, W., Röber, M. & Wollmann, H. (Hrsg.): Public Management – Grundlagen, Wirkungen, Kritik. Berlin, Edition Sigma, 2006, S. 205–220

Doppler, K. & Lauterburg, C.: Change Management. Den Unternehmenswandel gestalten. FrankfurtM, Campus, 2008, 12. Auflage

Dörner, D.: Die Logik des Misslingens. Strategisches Denken in komplexen Situationen. Reinbek bei Hamburg, rororo, 2005, 5. Aufl.

Düngen, H.-G. & Zeiler, W.: Rechnungswesen in der öffentlichen Verwaltung. Braunschweig, Winklers, 2007

Eickmeyer, H. & Bissinger, S.: Kommunales Management. Organisation, Finanzen, Steuerung. Stuttgart, Kohlhammer, 2002

Ellwein, T. & Hesse, J.J.: Der überforderte Staat. Baden-Baden, Suhrkamp, 1997

Engels, D.: Doppik hilft sparen. Behördenspiegel, 7/2010, S. 5

Fiedler, F.E.: A Theory of Leadership Effectiveness, New York: McGraw-Hill, 1967

Fluhr, K.H.: Ohne Paragraphen sind wir ratlos. Frankfurt/M, Campus, 1997

Frey, B.S.: Die Grenzen ökonomischer Anreize, NZZ Nr. 114, Zürich, 2001

Frankl, V.E.: Der Mensch vor der Frage nach dem Sinn. München, Piper, 2005

Fuchs, O.: Das Management von Veränderung in der öffentlichen Verwaltung und ihrem Umfeld – Anregungen aus der Praxis. In: Gattermeyer, W. & Al-Ani, A. (Hrsg.): Change Management und Unternehmenserfolg. Wiesbaden, Gabler, 2000, S. 159–186

Funke, A.: Zielkostenmanagement in öffentlichen Betrieben und Verwaltungen. Frankfurt/M, Peter Lang, 1998

Fuß, J.P. & Morawe, A.: Spezielle Betriebswirtschafts- und Organisationslehre der öffentlichen Verwaltung und non-profit-Organisationen. Echternach, Asetic Europe, 2002

Gadatsch, A.: Grundkurs Geschäftsprozess-Management. Methoden und Werkzeuge für die IT-Praxis. Eine Einführung für Studenten und Praktiker. Wiesbaden, vieweg, 2005, 4. Aufl.

Gerds, J. & Schewe, G.: Post Merger Integration. Binsenweisheiten und Erfolgsfaktoren. Düsseldorf, Wirtschaftswoche Heute, 2001

Gerhards, R.: Kein Anlass zur Kritik an der Doppik als Rechnungswesen. Innovative Verwaltung, 6/2010, S. 17 -19

Gerstlberger, W. & Schneider, K.: Öffentlich Private Partnerschaften. Zwischenbilanz, empirische Befunde und Ausblick. Berlin, Edition Sigma, 2008

Gerstlberger, W., Grimmer, K. & Wind, M.: Innovationen und Stolpersteine in der Verwaltungsmodernisierung. Modernisierung des öffentlichen Sektors. Berlin, Edition Sigma, 1999

Gottbehüt, C.: Balanced Scorecard als Steuerungsinstrument für Kommunalverwaltungen. In: Scherer, A.G. & Alt, J.M. (Hrsg.): Balanced Scorecard in Verwaltung und Non-Profit-Organisationen. Stuttgart, Schäffer Poeschel, 2002, S. 93–116

Grimmer, K.: Öffentliche Verwaltung in Deutschland. Eine problemorientierte Einführung. Wiesbaden, Verlag für Sozialwissenschaften, 2004

Grunow, D.: Die öffentliche Verwaltung in der modernen Gesellschaft. In: Grunow, D. (Hrsg.): Verwaltung in Nordrhein-Westfalen. Zwischen Ärmelschoner und eGovernment. Münster, Aschendorff, 2003, S. 11–48

Gussmann, B. & Breit, C.: Ansatzpunkte für eine Theorie der Unternehmenskultur. In: Heinen, E. & Fank, M. (Hrsg.): Unternehmenskultur. München, Oldenbourg, 1999, 2. Aufl., S. 107–139

Hagen, S.: Projektmanagement in der öffentlichen Verwaltung. Spezifika, Problemfelder, Zukunftspotenziale. Wiesbaden, Gabler, 2009

Hammer, M.: Das prozessorientierte Unternehmen. Die Arbeitswelt nach dem Reengineering. Frankfurt/New York, Campus, 1997

Hammer, M. & Champy, J.: Business Reengineering. Die Radikalkur für das Unternehmen. Frankfurt/New York, Campus, 1994, 4. Auflage

Heilmann, H.: Erfolgsfaktoren des IT-Projektmanagements. In: Etzel, H.-J. (Hrsg.): IT-Projektmanagement – Fallstricke und Erfolgsfaktoren. Heidelberg, DPunkt-Verlag, 2000

Heinen, E. & Fank, M. (Hrsg.): Unternehmenskultur. München, Oldenbourg, 1999, 2. Aufl.

Heinz, R.: Kommunales Management. Überlegungen zu einem KGSt-Ansatz. Stuttgart, Schäffer Poeschel, 2000

Hersey, P. and Blanchard, K. H.: Management of Organizational Behavior: Utilizing Human Resources (3rd ed.) New Jersey, Prentice Hall, 1977, 3. Auflage

Herzberg F., Mausner, B., Snydermann, B.B: The Motivation to Work. New York, John Wiley, 1959

Hessischer Rechnungshof: Bemerkungen 2009 zur Haushalts- und Wirtschaftsführung des Landes Hessen, 2010. www.hessen.de

Hettl, M.K.: Richtig führen ist einfach – Der Führungskompass zur wirksamen Mitarbeiterführung. Göttingen, BusinessVillage, 2008

Heuermann, R. & Herrmann, F.: Unternehmensberatung. Anatomie und Perspektiven einer Dienstleistungselite. München, Vahlen, 2003

Hieber, F.: Öffentliche Betriebswirtschaftslehre. Grundlagen für das strategische und operative Verwaltungsmanagement. Sternenfels-Berlin, Verlag Wissenschaft und Praxis, 1996, 2. Aufl.

Hieber, F.: Öffentliche Betriebswirtschaftslehre. Grundlagen für das Management in der öffentlichen Verwaltung. Berlin, Verlag Wissenschaft und Praxis, 4. Auflage, 2003

Hilb, M.: Integriertes Personalmanagement. Ziele – Strategien – Instrumente. Köln, Luchterhand, 2009, 19. Auflage

Hilgers, D.: Performance Management. Wiesbaden, Gabler, 2008

Hohn, S.: Public Marketing. Wiesbaden, Gabler, 2008, 2. Aufl.

Hoon, C.: Reformen öffentlicher Verwaltungen. Wiesbaden, Deutscher Universität-Verlag, 2003

Hopp, H. & Göbel, A.: Management in der öffentlichen Verwaltung. Organisations- und Personalarbeit in modernen Kommunalverwaltungen. Stuttgart, Schäffer Poeschel, 2008, 3. Aufl.

Horváth, P.: Controlling. München, Vahlen, 2009, 11. Aufl.

Howaldt, J.: Beratung im Netz – Neue Innovations- und Beratungsarrangements an der Schnittstelle von Wirtschaft, Wissenschaft und Politik. In: Sydow, J. & Manning, S. (Hrsg.): Netzwerke beraten. Wiesbaden, Gabler, 2006, S. 247–269

Imai, M.: Kaizen. Der Schlüssel zum Erfolg der Japaner im Wettbewerb. Berlin & Frankfurt, Ullstein, 1992

Institut der Wirtschaftsprüfer e.V. (IDW): IDW Prüfungsstandard: Feststellung und Beurteilung von Fehlerrisiken und Reaktion des Abschlussprüfers auf die beurteilten Fehlerrisiken (IDW PS 261). Stand 06.09.2006, In: Die Wirtschaftsprüfung, 2006, S. 1433 ff.

Jann, W., Röber, M. & Wollmann, H. (Hrsg.): Public Management – Grundlagen, Wirkungen, Kritik. Berlin, Edition Sigma, 2006

Jann, W.: Wandlungen von Verwaltungsmanagement und Verwaltungspolitik in Deutschland. In: Jann, W., Röber, M. & Wollmann, H. (Hrsg.): Public Management – Grundlagen, Wirkungen, Kritik. Berlin, Edition Sigma, 2006, S. 35–48

Johnson, G., Scholes, K. & Whittington, R.: Exploring Corporate Strategy – Text and Cases. Upper Saddle River, New Jersey, Pearson Education, 2008, 8th ed.

Jossè, G.: Basiswissen Kostenrechnung. München, DTV, 2008

Jung, H.: „Personalwirtschaft“. Oldenburg. München. 2006

Jung, H.: Personalwirtschaft. München, Oldenbourg, 2008, 8. Auflage

Jung, R.H., Bruck, J. & Quarg, S.: Allgemeine Managementlehre. Lehrbuch für die angewandte Unternehmens- und Personalführung. Berlin, Erich Schmidt, 2008, 3. Aufl.

Kaplan, R.S. & Norton, D.P.: Balanced Scorecard. Strategien erfolgreich umsetzen. Stuttgart, Schäffer Poeschel, 1997

Kennedy, C.: Management Gurus. Wiesbaden, Gabler, 1998

Kieser, A. & Walgenbach, P.: Organisation. Stuttgart, Schäffer Poeschel, 2007, 5. Aufl.

Kieser, A.: Geschichte der Organisationslehre. In: Lingenfelder, M. (Hrsg.): 100 Jahre Betriebswirtschaftslehre in Deutschland. München, Vahlen, 1999, S. 107-123

Killian, W., Richter, P. & Trapp, J.H. (Hrsg.): Ausgliederung und Privatisierung in Kommunen. Berlin, Sigma, 2006

Kimmerle, C.: Die Reform der öffentlichen Verwaltung. Modernisierung als Chance für Enthierarchisierung? In: Andresen, S., Dölling, I. & Kimmerle, C. (Hrsg.): Verwaltungsmodernisierung als soziale Praxis. Geschlechter-Wissen und Organisationsverständnis von Reformakteuren. Opladen, Leske + Budrich, 2003

Kleinfeld, R.: Korruption in der öffentlichen Verwaltung NRW. In: Grunow, D. (Hrsg.): Verwaltung in Nordrhein-Westfalen. Münster, Aschendorf, 2003, S. 189–212

Klinger, P.: Kommunal-Verwaltung im Wandel. Potenziale durch eGovernment. In: Stember, J., Grimberg, M. & Göbel, A. (Hrsg.): Verwaltung im Reformfieber. eGovernment. Die EU-Dienstleistungsrichtlinie und die Doppik im Fokus. Ostbevern, Karla Grimberg, 2008, S. 107–120

Klümper, B., Möllers, H. & Zimmermann, E.: Kommunale Kosten- und Wirtschaftlichkeitsrechnung. Witten, Verlag Bernhardt-Witten, 2006

Klunzinger, E.: Grundzüge des Gesellschaftsrechts. München, Vahlen, 2009

Koch, R.: Strategischer Wandel des Managements öffentlicher Dienste. Gabler, Wiesbaden, 2008

Koch, R.: Umbau öffentlicher Dienste. Internationale Trends in der Anpassung Öffentlicher Dienste an ein New Public Management. Wiesbaden, Gabler, 2004

Kolb, M.: Personalmanagement. Grundlagen, Konzepte, Praxis. Wiesbaden, Gabler, 2008

Koll, S.: Anwender wollen Service Level Management. Staat & IT, 6/2010, S. 6-7

König, K. & Reichard, C. (Hrsg.): Theoretische Aspekte einer managerialisitschen Verwaltungskultur. Speyer, Deutsches Forschungsinstitut für Öffentliche Verwaltung Speyer, 2007

König, K.: Management in einer legalistischen Verwaltungskultur. In: Jann, W., Röber, M. & Wollmann, H. (Hrsg.): Public Management – Grundlagen, Wirkungen, Kritik. Berlin, Edition Sigma, 2006, S. 23–34

König, K.: Moderne öffentliche Verwaltung. Berlin, Duncker & Humblot, 2008

Korte, K.-R. & Fröhlich, M.: Politik und Regieren in Deutschland. Paderborn, Ferdinand Schöningh, 2004

Kröber, R., Fieseler, J. & Kirch, T.: Kostenmessung der Prozesse öffentlicher Liefer-, Dienstleistungs- und Bauaufträge aus Sicht der Wirtschaft und der öffentlichen Auftraggeber, 2008. Studie im Auftrag des BMWi, www.bmwi.de

Kuhlmann, S., Bogumil, J. & Wollmann, H.: Leistungsmessung und -vergleich in Politik und Verwaltung. Konzepte und Praxis. Wiesbaden, VS Verlag, 2004

Laux, H. & Liermann, F.: Grundlagen der Organisation. Die Steuerung von Entscheidungen als Grundproblem der Betriebswirtschaftslehre. Berlin u.a., Springer, 2005, 6. Aufl.

Laux, E. & Teppe, K.: Der neuzeitliche Staat und seine Verwaltung. Stuttgart, Franz-Steiner-Verlag, 1998

Lehner, F.: Wissensmanagement. Grundlagen, Methoden und technische Unterstützung. München/Wien, Hanser, 2009

Lenk, K.: Electronic Government als Chance für den Staat der Zukunft. In: Jann, W., Röber, M. & Wollmann, H. (Hrsg.): Public Management – Grundlagen, Wirkungen, Kritik. Berlin, Edition Sigma, 2006, S. 321–332

Lindner-Lohmann, D., Lohmann, F. & Schirmer, U.: Personalmanagement. Heidelberg, Physica-Verlag, 2008

Lingenfelder, M. (Hrsg.): 100 Jahre Betriebswirtschaftslehre in Deutschland. München, Vahlen, 1999

Lingnau, V.: Geschichte des Controlling. In: Lingenfelder, M. (Hrsg.): 100 Jahre Betriebswirtschaftslehre in Deutschland. München, Vahlen, 1999, S. 73–91

Loose, A.: Organisation und Netzwerke. Beratende und Beratene. In: Sydow, J. & Manning, S. (Hrsg.): Netzwerke beraten.Wiesbaden, Gabler, 2006, S. 19–36

Lorig, W. H.: Modernisierung des öffentlichen Dienstes. Politik und Verwaltungsmanagement in der bundesdeutschen Parteiendemokratie. Opladen, Leske + Budrich, 2001

Lüder, K.: Managerialistische Verwaltung aus sicht der Betriebswirtschaftslehre – ein Kommentar. In: König, K. & Reichard, C. (Hrsg.): Theoretische Aspekte einer managerialisitschen Verwaltungskultur. Speyer, Deutsches Forschungsinstitut für Öffentliche Verwaltung Speyer, 2007, S. 197–200

Mäding, H.: Städte und Regionen im Wettbewerb. In: Jann, W., Röber, M. & Wollmann, H. (Hrsg.): Public Management – Grundlagen, Wirkungen, Kritik. Berlin, Edition Sigma, 2006, S. 271–283

Malik, F.: Führen, leisten, leben. München, Heyne Business, 2001

Maslow, A.: Motivation and Personality. New York, Harper & Row, 1954

Mastronardi, P.: Gewaltenteilung unter NPM. In: Schweizerisches Zentralblatt für Staats- und Verwaltungsrecht, Nr. 9, 1999, S. 449–464

Mintzberg, H.: Mintzberg on Management. New York, The Free Press, 1989

Müller, H.: Mind Mapping. Freiburg, Haufe, 2008

Müller, U.: Controlling/Verwaltungscontrolling. In: Voight, R. & Walkenhaus, R. (Hrsg.): Handwörterbuch zur Verwaltungsreform. Wiesbaden, VS Verlag, 2006, S. 62–68

Müller-Stewens, G. & Lechner, C.: Strategisches Management. Wie strategische Initiativen zum Wandel führen. Stuttgart, Schäffer Poeschel, 2005, 3. Aufl.

Neisser, H. & Hammerschmid, G. (Hrsg.): Die innovative Verwaltung. Perspektiven des New Public Management in Österreich. Wien, Signum, 1998

Neuber, O.: Rate! Phantome, Philosophien und Phasen der Beratung. In: Mohe, M., Heinecke, H.J. & Pfriem, R. (Hrsg.): Consulting – Problemlösen als Geschäftsmodell. Theorie, Praxis, Markt. Stuttgart, Klett-Cotta, 2002

Neudhart, N.: IT-Organisationen im Korsett organisatorischer Rahmenbedingungen. Saarbrücken, Verlag Dr. Müller, 2009

Och, W.: Betriebswirtschaftslehre in der öffentlichen Verwaltung. Bayrische Verwaltungsschule, 2008

Oecking, C., Jahnke, R., Kiehle, H. & Weber, M. (Hrsg.): Industrialisierung im Outsourcing. O.O., Bitkom, 2009

Oettle, K.: Öffentliche Betriebswirtschaftslehre als spezielle Betriebswirtschaftslehre. In: Bräunig, D. & Greiling, D. (Hrsg.): Stand und Perspektiven der öffentlichen Betriebswirtschaftslehre. Berlin, Verlag A. Spitz, 1999, S. 17–29

Olfert, K.: Organisation. Ludwigshafen, Kiehl, 2009, 15. Aufl.

Osterloh, M. & Frost, J.: Prozessmanagement als Kernkompetenz. Wie Sie Business Reengineering strategisch nutzen können. Wiesbaden, Gabler, 2006, 5. Aufl.

Parkinson, C.N.: Parkinsons Gesetz und andere Studien über die Verwaltung. Düsseldorf, Econ, 1997

Pauly, L. (Hrsg.): Das neue Miteinander. Public Private Partnership. Hamburg, Hoffmann und Campe, 2006

Perridon, L. & Steiner, M.: Finanzwirtschaft der Unternehmung. München, Vahlen, 2004, 13. Aufl.

Peter, L. & Hull, R.: Das Peter-Prinzip oder die Hierarchie der Unfähigen. Reinbek, rororo, 1970

Petroski, H.: The Evolution Of Useful Things. How Everyday Artifacts – From Forks And Pins To Paper Clips And Zippers – Came To Be As They Are. New York, Alfred A. Knopf, 1993

Picot, A., Dietl, H. & Franck, E.: Organisation. Eine ökonomische Perspektive. Stuttgart, Schäffer Poeschel, 2008, 5. Aufl.

Pook, M. & Tebbe, G.: Berichtswesen und Controlling. Die neue Kommunalverwaltung. Band 6. München/Berlin, Jehle, 2002

Probst, G., Raub, S. & Romhardt, K.: Wissen managen – wie Unternehmen ihre wertvollste Ressource nutzen. Wiesbaden, Gabler, 2003, 4. Auflage

Projektgruppe MHR: Konzept für ein modernisiertes Haushalts- und Rechnungswesen des Bundes- Kurzgutachten, 07/2007

Rau, T.: Betriebswirtschaftslehre für Städte und Gemeinden. Strategie, Personal, Organisation. München, Vahlen, 2007, 2. Aufl.

Raupach, B. & Stangenberg, K.: Doppik in der öffentlichen Verwaltung. Wiesbaden, Gabler, 2009

Reichard, C. & Röber, M.: Konzept und Kritik des New Public Management. In: Bräunig, D. & Greiling, D. (Hrsg.): Stand und Perspektiven der Öffentlichen Betriebswirtschaftslehre. Berlin, Verlag A. Spitz, 2007, S. 371–391

Reichard, C.: Betriebswirtschaftslehre der öffentlichen Verwaltung. Berlin & New York, de Gruyter , 1987, 2. Aufl.

Reichard, C.: Interdependenzen zwischen Öffentlicher Betriebswirtschaftslehre und Public Management. In: Bräunig, D. & Greiling, D. (Hrsg.): Stand und Perspektiven der Öffentlichen Betriebswirtschaftslehre. Berlin, Verlag A. Spitz, 1999, S. 47–53

Reichard, C.: Verwaltung aus der Sicht der Managementlehre. In: König, K. & Reichard, C. (Hrsg.): Theoretische Aspekte einer managerialistischen Verwaltungskultur. 1. Symposium des Arbeitskreises „Theoretische Aspekte der Verwaltungskultur“. Speyer, Deutsches Forschungsinstitut für öffentliche Verwaltung, 2007, S. 25–38

Reichardt, J.: Wirtschaftlichkeitsrechnung in der öffentlichen Verwaltung. Stuttgart, Boorberg, 2009

Reinhard, W.: Geschichte der Staatsgewalt. Eine vergleichende Verfassungsgeschichte Europas von den Anfängen bis zur Gegenwart. München, C.H. Beck, 2003, 3. Aufl.

Reinhard, W.: Geschichte des modernen Staates. München, C.H. Beck, 2007

Reiß, M.: Aktuelle Konzepte des Wandels. In: Reiß, M., von Rosenstiel, L. & Lanz, A. (Hrsg.): Change Management. Programme, Projekte und Prozesse. Stuttgart, Schäffer Poeschel, 1997a, S. 31–90

Reiß, M.: Change Management als Herausforderung. In: Reiß, M., von Rosenstiel, L. & Lanz, A. (Hrsg.): Change Management. Programme, Projekte und Prozesse. Stuttgart, Schäffer Poeschel, 1997b, S. 5–29

Rembor, R.-P.: Steuerung per Mausklick. MOVE Moderne Verwaltung, 2/2009

Renner, M.: Die geheiligte Bürokratie. München, Fanz Ehrenwirth Verlag, 1974

Richter, A. & Gamisch, A.: Stellenbeschreibung für den öffentlichen und kirchlichen Dienst, Regensburg, Walhalia, 2009

Richter, P., Edeling, T. & Reichard, C.: Kommunale Betriebe in größeren Städten. In: Killian, W., Richter, P. & Trapp, J.H. (Hrsg.): Ausgliederung und Privatisierung in Kommunen. Berlin, Sigma, 2006, S. 55–84

Röber, M.: Verwaltungsausbildung und Dienstrechtsreform im Kontext einer sich wandelnden Verwaltung. In: Jann, W., Röber, M. & Wollmann, H. (Hrsg.): Public Management – Grundlagen, Wirkungen, Kritik. Berlin, Edition Sigma, 2006, S. 235–249

Roters, M.: Komplexität und Dynamik als Einflußgröße der Effizienz von Organisationen. Frankfurt/M, Peter Lang, 1989

Saatweber, V.S.: Das europäische Selbstbewertungsinstrument Common Assessment Framework (CAF). In: Kuhlmann, S., Bogumil, J. & Wollmann, H. (Hrsg.): Leistungsmessung und -vergleich in Politik und Verwaltung. Konzepte und Praxis. Wiesbaden, VS Verlag für Sozialwissenschaften, 2004, S. 227–247

Schaeff, A.: Friedhof der Zahlen. MOVE Moderne Verwaltung, 11/2007

Schaeff, A.: Fundament für eine erfolgreiche IT-Politik. MOVE Moderne Verwaltung, 4/2010, S. 22

Schauer, R.: Öffentliche Betriebswirtschaftslehre – Public Management. Wien, Linde, 2008

Schedler, K. & Proeller, I.: New Public Management. Bern u.a., Haupt, 2006, 3. Aufl.

Schein, E.H.: Organisationskultur. Bergisch-Gladbach, Edition Humanistische Psychologie, 2003

Scherer, A.G.: Besonderheiten der strategischen Steuerung in öffentlichen Institutionen und der Beitrag der Balanced Scorecard. In: Scherer, A.G. & Alt, J.M. (Hrsg.): Balanced Scorecard in Verwaltung und Non-Profit-Organisationen. Stuttgart, Schäffer Poeschel, 2002 , S. 3–25

Scherer, A.G. & Alt, J.M. (Hrsg.): Balanced Scorecard in Verwaltung und Non-Profit-Organisationen. Stuttgart, Schäffer Poeschel, 2002

Schierenbeck, H. & Wöhle, C.B.: Grundzüge der Betriebswirtschaftslehre. München, Oldenbourg, 2008, 17. Aufl.

Schmidt, H.-J.: Betriebswirtschaftslehre und Verwaltungsmanagement. Wien, Facultas, 2009, 7. Aufl.

Schmidt, J.: Wirtschaftlichkeit in der öffentlichen Verwaltung. Berlin, Erich Schmidt Verlag, 2006, 7. Aufl.

Schneider, D.: Geschichte der Betriebswirtschaftslehre. In: Lingenfelder, M. (Hrsg.): 100 Jahre Betriebswirtschaftslehre in Deutschland. München, Vahlen, 1999, S. 1–29

Scholz, C.: Strategische Organisation. Multiperspektivität und Virtualität. Landsberg/Lech, moderne industrie, 2000, 2. Aufl.

Schrädler, J.: Organisationsberatung aus organisationstheoretischer Sicht. Wiesbaden, Gabler, 1996

Schreyögg, G.: Organisation. Grundlagen moderner Organisationsgestaltung. Mit Fallstudien. Wiesbaden, Gabler, 2003, 4. Aufl.

Schröter, E. (Hrsg.): Empirische Polity- und Verwaltungsforschung. Lokale, nationale und internationale Perspektiven. Opladen, Leske + Budrich, 2001

Schuh, H.: Interne Revision im öffentlichen Sektor. Wien, Linde, 2010

Schuppert, G.F.: Der moderne Staat als Gewährleistungsstaat. In: Schröter, E. (Hrsg.): Empirische Polity- und Verwaltungsforschung. Lokale, nationale und internationale Perspektiven. Opladen, Leske + Budrich, 2001, S. 399–414

Schuster, F.: Einführung in die Betriebswirtschaftslehre der Kommunalverwaltung. Hamburg, Maximilian-Verlag, 2006

Schwarz, W.: Die Gemeinkosten-Wertanalyse nach McKinsey & Company Inc. Eine Methode des Gemeinkosten-Managements. Forschungsbericht/Research Memorandum No.190 des IHS. Wien, Institut für Höhere Studien, 1983

Siepmann, H. & Siepmann, U.: Verwaltungsorganisation. Stuttgart, Deutscher Gemeindeverlag und Kohlhammer, 2004, 6. Aufl.

Söllner, F.: Geschichte des ökonomischen Denkens. Berlin, Heidelberg, New York, Springer, 2001, 2. Aufl.

Spree, R. (Hrsg.): Geschichte der deutschen Wirtschaft im 20. Jahrhundert. München, Beck, 2001

Sprenger, R.: Mythos Motivation. Frankfurt, Campus, 1991

Staehle, W.H.: Management. München, Vahlen, 1999, 8. Auflage

Staender, K.: Lexikon der öffentlichen Finanzwirtschaft. Wirtschafts-, Haushalts- und Kassenrecht. Heidelberg, v. Decker, 2000

Statistisches Bundesamt: Statistisches Jahrbuch 2009. Wiesbaden, Statistisches Bundesamt, 2009

Stein, A.: Zertifizierte Qualität. Moderne Verwaltung, 2/2010, S. 22–24

Stein, F.A.: Realtypologie der Management-Leistung öffentlicher Unternehmen. Baden-Baden, Nomos-Verlagsgesellschaft, 1998

Steinkellner, P.:Systemische Intervention in der Mitarbeiterführung. Heidelberg, Carl-Auer, 2007

Stember, J.: Prozessmanagement im eGovernment – Hintergründe, Probleme und Beispiele für Effizienzsteigerungen durch digitalisierte Verwaltungsdienstleistungen. In: Bieler, F. & Schwarting, G. (Hrsg): e-Government. Perspektiven – Probleme – Lösungsansätze. Berlin, Schmidt, 2007, S. 290–317

Stember, J., Grimberg, M. & Göbel, A. (Hrsg.): Verwaltung im Reformfieber. eGovernment. Die EU-Dienstleistungsrichtlinie und die Doppik im Fokus. Ostbevern, Karla Grimberg, 2008

Stierle, J.: Korruptionscontrolling in öffentlichen und privaten Unternehmen. München und Mering, Rainer Hampp, 2008

Tannenbaum, R. & Schmidt, W.H.: How to choose a leadership pattern. In: "Harvard Business Review", 36/1958, S. 95-102

Tauberger, A.: Controlling für die öffentliche Verwaltung. München, Oldenbourg, 2008

Thom, N.: Personalentwicklung als Instrument der Unternehmungsführung, Stuttgart, Poeschel, 1987

Thom, N. & Ritz, A.: Public Management. Innovative Konzepte zur Führung im öffentlichen Sektor, Wiesbaden, Gabler, 2006, 3. Aufl.

Tillack, H.-M.: Die korrupte Republik. Regensburg, Hoffmann & Campe, 2009

Tomenendal, M.: Business Process Reengineering. In: Scholz, C. (Hrsg.): Vahlens Großes Personallexikon. München, Vahlen, 2009a, S. 182–183

Tomenendal, M.: EFQM Excellence Award. In: Scholz, C. (Hrsg.): Vahlens Großes Personallexikon. München, Vahlen, 2009b, S. 261–262

Tomenendal, M.: Virtuelle Organisation am Rand des Chaos. Eine komplex-dynamische Modellierung organisatorischer Virtualität. München/Mering, Hampp, 2002

Trapp, J.H.: Ausgliederung und Privatisierung in den dreißig größten deutschen Städten. In: Killian, W., Richter, P. & Trapp, J.H. (Hrsg.): Ausgliederung und Privatisierung in Kommunen. Berlin, Sigma, 2006, S. 85–109

Treiber, H.: Moderner Staat und moderne Bürokratie bei Max Weber. In: Anter, A. & Breuer, S. (Hrsg.): Max Webers Staatssoziologie. Baden-Baden, Nomos, 2007, S. 121–148

Ulrich, H.: Systemorientiertes Management. Bern, Haupt, 2001

Ullrich, R. & Bereszewski, M.: Das CIO-Modell im Bundesvergleich. In: Staat & IT, 2010, 3, S. 24–25

Ulrich, P. & Fluri, E.: Management. Stuttgart, UTB Haupt, 1995, 7. Aufl.

Ulrich, H. & Krieg, W.: St.Galler Management-Modell. Bern, Haupt, 1974, 3. Auflage

Vahlenkamp, W. & Knauß, I.: Korruption – hinnehmen oder handeln? Mit einem Beitrag von Ernst-Heinrich Ahlf. BKA Forschungsreihe Band 33, Bundeskriminalamt Wiesbaden 1995

Vahs, D.: Organisation. Ein Lehr- und Managementbuch. Stuttgart, Schäffer Poeschel, 2009, 7. Aufl.

Vollmer, G.R.: Verwaltungskultur im Wandel? Ergebnisse einer empirischen Untersuchung. Moderne Verwaltung, 11/2006

Vollmöller, T.: Vergaberecht. In: Schmidt, R. & Vollmöller, T.: Kompendium öffentliches Wirtschaftsrecht. Heidelberg, Springer, 2007, S. 80–213

von Arnim, H.H.: Das System. München, Knaur, 2001

von Arnim, H.H.: Die Deutschlandakte. München, Knaur, 2009

von Arnim, H.H.: Diener vieler Herren. Die Doppel- und Dreifachversorgung von Politkern. München, Knaur, 1998

von Arnim, H.H.: Staat ohne Diener. München, Knaur, 1993

von Bandemer, S.: Qualitätsmanagement und Controlling in der öffentlichen Verwaltung. Ansatzpunkte für eine Verwaltung, die weniger kostet und mehr leistet? In: Behrens, F., Heinze, R.G., Hilbert, J., Stöbe, S. & Walsken, E.M. (Hrsg.): Den Staat neu denken. Reformperspektiven für die Landesverwaltungen. Berlin, Edition Sigma, 1995, S. 199–228

von Bandemer, S., Blanke, B., Nullmeier, F. & Wewer, G. (Hrsg.): Handbuch zur Verwaltungsreform. Opladen, Leske + Budrich, 1998

von Lucke, J. & Reinermann, H.: Speyerer Definition von Electronic Government. Ergebnisse des Forschungsprojektes Regieren und Verwalten im Informationszeitalter. Online-Publikation: www.foev.dhv-speyer.de/ruvii , 2006

von Mises, L.: Die Bürokratie. Sankt Augustin, Academia, (1944) 2004 von Rosenstiel, R.E. & Domsch, M. (Hrsg.): Führung von Mitarbeitern. Stuttgart, Schäffer-Poeschel, 2003

Vroom, V.H. and Yetton, P.W.: Leadership and decision-making. Pittsburg: University of Pittsburg Press, 1973

Wagner, D.: Personalmanagement in öffentlichen Organisationen. In: Jann, W., Röber, M. & Wollmann, H. (Hrsg.): Public Management – Grundlagen, Wirkungen, Kritik. Berlin, Edition Sigma, 2006, S. 221–234

Warner, K.-F. & Januschke, B.: Staat und Verwaltung in der Antike. Braunschweig, Westermann, 1980

Wegweiser GmbH (Hrsg.): Leitfaden „Wie komme ich an öffentliche Aufträge". Berlin, 2001

Welge, M. K. & Al-Laham, A.: Strategisches Management. Grundlagen – Prozess – Implementierung. Wiesbaden, Gabler, 2008, 5. Aufl.

Wiesner, H. & Westermeier, A.: Das staatliche Haushalts-, Kassen- und Rechnungswesen. Heidelberg, R.v. Decker, 2005, 7. Aufl.

Wirtz, B.W., Lütje, S. & Schierz, P.G.: Electronic Procurement in der öffentlichen Verwaltung. Eine Analyse der Barrieren und Widerstände. Speyer, Deutsches Forschungsinstitut für öffentliche Verwaltung, 2008

Wittlage, H.: Personalbedarfsermittlung. München, Oldenbourg, 1995

Wöhe, G.: Einführung in die Allgemeine Betriebswirtschaftslehre. München, Vahlen, 2002, 21. Auflage

Wolf, G.: Führungspraxis für die öffentliche Verwaltung. Ein Leitfaden für jeden Vorgesetzten. Kommunalschriften-Verlag J. Jehle, 1986

Wunder, B.: Geschichte der Bürokratie in Deutschland. Frankfurt/M, Suhrkamp, 1986

Wunderer, R. (Hrsg.): Betriebswirtschaftslehre als Management- und Führungslehre. Stuttgart , Schaeffer-Poeschel, 1998

Wunderer, R. und Grunwald, W.: Führungslehre, Bd I. Grundlagen der Führung. Berlin, de Gruyter, 1980

Zechner, A. (Hrsg.): Handbuch eGovernment. Stuttgart, Fraunhofer IRB Verlag, 2007

Zielinski, H.: Management im öffentlichen Sektor, Opladen, Leske & Budrich, 2003

8.2 Detailinformationen zu externen Beratern

8.2.1 Große Anbieter Managementberatung

Die nachfolgende Liste führt Beratungsfirmen auf, deren geschätzter absoluter Umsatz im öffentlichen Bereich der deutschsprachigen Länder groß ist.

Tab. 50: TOP 25 der Managementberater in Deutschland 2009[407]

#	Unternehmen	Internet- Homepage
1	McKinsey & Company Inc.	www.mckinsey.de
2	The Boston Consulting Group GmbH	www.bcg.de
3	Roland Berger Strategy Consultants GmbH	www.rolandberger.com
4	Booz & Company GmbH	www.booz.de
5	Deloitte Consulting GmbH	www.deloitte.com
6	Steria Mummert Consulting AG	www.steria-mummert.de
7	Oliver Wyman Group	www.oliverwyman.com/de
8	Capgemini Consulting	www.de.capgemini.com
9	BearingPoint GmbH	www.bearingpoint.de
9	A.T. Kearny GmbH	www.atkearny.de
11	Bain & Company Germany Inc.	www.bain.de
12	Droege International Group AG	www.droege-group.com
13	zeb/rolfes.schierenbeck.associates gmbh	www.zeb.de
14	Mercer Deutschland GmbH	www.mercer.de
15	Management Engineers GmbH & Co. KG	www.management-engineers.com
16	Simon, Kucher & Partners GmbH	www.simon-kucher.com
17	Arthur D. Little GmbH	www.adlittle.de
18	Horvàth AG	www.horvath-partners.com
19	Kienbaum Management Consultants GmbH	www.kienbaum.de
20	Towers, Perrin, Forster & Crosby Inc.	www.towerswatson.com

Außer den speziellen Managementberatungs-Unternehmen, die mindestens 60% ihres Umsatzes mit klassischer Unternehmensberatung bestreiten, tragen auch große IT-Beratungs- und Service-Unternehmen wesentlich zu diesem Markt bei. Unternehmen wie IBM Global Business Services oder Accenture erzielen jeweils rund 10 bis 20 Prozent ihrer Umsätze mit Strategie- und Organisationsberatung[408]. Absolut gesehen ist ihr Umsatz im öffentlichen Bereich größer als derjenige der kleineren Firmen in der obenstehenden Tabelle, auf-

[407] nach Umsatz in Deutschland, die unter anderem den öffentlichen Sektor bedienen

[408] http://www.luenendonk.de/management_beratung.php am 23.05.2010

grund der Klassifikation als „IT-Beratungsunternehmen" werden sie aber von dem Informationsdienstleister Lünendonk und dem Bund Deutscher Unternehmensberater nicht in Übersichten zur Managementberatung geführt.

8.2.2 Spezialisierte Managementberater

Die nachfolgende Tabelle gibt eine Übersicht über Beratungsunternehmen, die sich auf die Beratung der Öffentlichen Verwaltung spezialisiert haben, und überwiegend Mitglieder des Fachverbandes Öffentliche Auftraggeber des BDU sind[409]. Die Übersicht erhebt keinen Anspruch auf Vollständigkeit[410].

Tab. 51: Auf öffentliche Betriebe spezialisierte Berater

#	Unternehmen	Internet - Homepage
1	agens Public Sector Consulting	www.agenspsc.com
2	Allevo Kommunalberatung	www.kommunalberatung.de
3	arf Gesellschaft für Organisationsentwicklung mbH	www.arf-gmbh.de
4	BRIDGES Public Management Consulting GmbH	www.bridges.de
5	BSL Public Sector Managementberatung GmbH	www.bsl-mb.com
6	confideon	www.confideon.de
7	cronos Unternehmensberatung GmbH	www.cronosnet.de
9	ICG culturplan Unternehmensberatung GmbH	www.culturplan.de
10	DKC – Deka Kommunal Consult GmbH	www.dekabank.de
11	HEYDER+PARTNER Gesellschaft für Kommunalberatung mbH	www.kommunal-online.de
12	INFORA GmbH	www.infora.de
13	Institut für Verwaltungswissenschaften e.V.	www.ifv.de
14	isp-kommunal	www.isp-kommunal.de
15	Ki Kommunalinvest e.V.	www.kommunalinvest.de
16	LBBW Immobilien Kommunalentwicklung GmbH	www.kommunalentwicklung.de
17	Prognos AG	www.prognos.com
18	RAMBØLL Management Consulting	www.ramboll-management.de
19	RINKE KOMMUNAL TEAM	www.rinke-gruppe.de
20	TL KommunalDialog	www.tl-kommunaldialog.de

409 www.bdu.de/ am 27.05.2010

410 Eine alternative Liste von Beratern für den öffentlichen Bereich findet sich im Internetauftritt der Fachzeitschrift Innovative Verwaltung in der Rubrik Consulting, www.innovate-Verwaltung.de

8.2.3 IT-Anbieter im öffentlichen Bereich

Tab. 52: Wichtige IT-Dienstleister der öffentlichen Betriebe

Firma	Erläuterung	Quelle
Accenture	Accenture ist einer der weltweit größten Managementberatungs-, Technologie- und Outsourcing-Dienstleister mit rund 181.000 Mitarbeitern in 52 Ländern. Wegen eines sehr großen Anteils im IT-Beratungs- und Outsourcinggeschäft erscheint Accenture nicht in Rangtabellen der Managementberater, sondern unter IT-Anbietern.	www.accenture.de
HP	HP liefert Business- und Technologielösungen für ein optimiertes Leistungsportfolio aller Behörden und ist nach eigenen Angaben der größte Anbieter von Consumer IT-Produkten sowie der größte IT-Anbieter für kleine und mittelständische Firmen. Durch die Fusion mit Compaq Computer Corporation entstand ein Unternehmen mit 142.000 Mitarbeitern, die in über 170 Ländern agieren.	www.hp.com/
IBM	IBM ist sowohl Beratungsanbieter als auch einer der weltgrößten Hersteller von Hardware und Software. Besonderheit von IBM ist die Abdeckung des gesamten Bereichs von Hard-und Software bis zu Dienstleistungen. IBM konkurriert bei Hardwareprodukten u.a. mit Dell, Hewlett Packard und SUN, bei Softare u.a. mit Oracle. IBM tritt im IT-Bereich auch als Outsourcing-Anbieter auf.	www.ibm.com/
MACH	MACH ist ein nur im öffentlichen Sektor aktiver deutscher Softwareanbieter und Konkurrent von SAP für integrierte betriebswirtschaftliche Anwendungen wie Finanzmanagement, Personalwesen und elektronischer Vorgangsbearbeitung inklusive Reporting-Funktionen und BI-Komponenten (Business Intelligence). Neben seinen Software-Produkten offeriert MACH auch Dienstleistungen.	www.mach.de
Materna	Die IT-Firma Materna ist im deutschsprachigen Raum (Referenzen in Österreich und Deutschland) einer der größeren Anbieter auch für den öffentlichen Bereich.	www.materna.com
Microsoft	Microsoft ist der weltgrößte Softwareanbieter für Bürosoftware und Betriebssysteme im privaten wie auch geschäftlichen Bereich. Die EU und manche nationale Behörden versuchen, das Quasi-Monopol von Microsoft durch alternative Produkte wie Linux und OpenOffice zu brechen, jedoch ist die Bedeutung dieser Alternativen derzeit praktisch (noch) relativ gering.	www.microsoft.de
Oracle	Oracle ist der weltgrößte Anbieter von Datenbanksystemen. Viele Anwendungen im öffentlichen Bereich laufen auf Oracle-Datenbanken oder sind in Oracle-Software erstellt. Oracle ist hier Konkurrent von IBM's Angebot DB II.	www.oracle.de
SAP	SAP ist der weltweit größte Anbieter integrierter Standard-Geschäftssoftware. Ausgehend vom Rechnungswesen hat SAP für alle betriebswirtschafltichen Funktionen (Rechnungswesen, Personalwesen, Materialwirtschaft usw.) Angebote.	www.sap.de
Secunet	Spezialanbieter für IT-Sicherheitszertifizierungen. Enge Zusammenarbeit mit dem deutschen Bundesamt für Sicherheit in der Informationstechnologie (BSI), „Sicherheitspartnerschaft" mit der deutschen Bundesregierung.	www.secunet.de

8.2.4 Beraterverbände, Kontrollorgane und andere Ratgeber

In Deutschland ist der Begriff Unternehmensberater nicht geschützt, Berater müssen in keinem Verband sein. Es konkurrieren mehrere Verbände um die Gunst von Mitgliedern. Die Verbände sind in der Tab. 53 kurz vorgestellt.

Tab. 53: Beraterverbände in Deutschland

Verband	Erläuterung
BDU[411] Bundesverband Deutscher Unternehmensberater e.V.	Der Fachverband „Öffentlicher Sektor" des BDU kümmert sich um Themen wie dem „typischen" Beratungsbedarf der öffentlichen Betriebe, den Besonderheiten von Vergabe und Durchführung, Möglichkeiten des Erfahrungsaustausches mit öffentlichen Betrieben, sowie politischen Einwirkungsmöglichkeiten auf Regeln und Verfahrensweisen im öffentlichen Bereich (z. B. Vergabe).
bdvb[412] Der Bundesverband Deutscher Volks- und Betriebswirte (bdvb) e.V.	Der bdvb hat eine Fachgruppe „Beratende Volks- und Betriebswirte".
Bundesverband Deutscher Studentischer Unternehmensberatung e.V. BDSU[413]	Der BDSU engagiert sich für die Verbreitung der Idee der Studentischen Unternehmensberatung an den Hochschulen sowie in der Wirtschaft und Öffentlichkeit in Deutschland.
BVW[414] Der Beraterverband, Berufsverband für alle Berater	Der BVW ist eine interdisziplinäre Berufsorganisation im Beratungswesen. Mitglieder sind u.a. beratend tätig als Wirtschafts- und Unternehmensberater, Steuerberater, Rechtsanwälte, Ingenieure, Personalberater, IT–Berater, Logistikberater, Umweltberater, Controlling-Berater, Kommunalberater, Energieberater, Auditoren, Interimsmanager, Krankenhaus-Berater, Marketingberater, usw..
Die KMU-Berater[415] Klein- und Mittlere Unternehmen Berater, Verband freier Berater e.V.	Beratung für kleine und mittlere Unternehmen in den Bereichen Handwerk, Handel, Industrie und Dienstleistungen.

Unternehmensberatung in Österreich

Die Bezeichnung Unternehmensberater ist in Österreich eine geschützte Berufsbezeichnung. Die Unternehmensberater (ca. 12.000) unterliegen der Gewerbeordnung und sind Mitglieder des Fachverbands UBIT (Unternehmensbe-

411 www.bdu.de

412 www.bdvb.de/de/bdvb-gruppen/fachgruppen

413 www.bdsu.de

414 www.bvw-ev.de/profil

415 www.kmu-berater.de

ratung und Informationstechnologie) in der Wirtschaftskammer Österreich[416]. Steuerlich werden Unternehmensberater aber als Freie Berufe behandelt. UBIT bietet den Unternehmensberatern eine (freiwillige) Berufshaftpflichtversicherung und spezielle Standesregeln (proEthik) an. Im Fachverband Unternehmensberatung und Informationstechnologie der Wirtschaftskammer Österreich gibt es zudem eine E-Government - Expertengruppe[417].

Unternehmensberatung in der Schweiz

Insgesamt waren 2008 in der Schweiz rund 3.450 Management Consultants tätig[418], der Umsatz der Beratungsbranche betrug ca. 1,30 Milliarden Schweizer Franken. Die Association of Management Consultants Switzerland ASCO[419] ist Standesvertreterin der Schweizer Unternehmensberater.

Elektronische Ratgeber im Internet

Tab. 54: Elektronische Ratgeber

Lfd. Nr.	Herausgeber	Ratgeberseiten
1	Deutscher Beamtenwirtschaftsring e.V. (DBW)	Die Webseite zum Öffentlichen Sektor: www.der-oeffentliche-sektor.de
2	BDU, Fachverband „Öffentlicher sektor“	Das halbjährlich herausgegebene Magazin für die Öffentliche Hand „Für den Dienstgebrauch“, wird vom Fachverband „Öffentlicher Sektor“ des BDU an über 6.000 Kommunen, die Länder, die Bundesämter, die Bundes- und Landesministerien sowie öffentliche Betriebe verschickt.
3	Privater Herausgeber[420]	Informationsseiten für den Öffentlichen Dienst: http://oeffentlicher-dienst.info/
4	Deutscher Beamtenwirtschaftsring e.V. (DBW)	Internetseite mit TIPPS, INFOS und LINKS zu allen Themen, die die aktiven und ehemaligen Beschäftigten im Öffentlichen Dienst bzw. im privatisierten Dienstleistungssektor interessieren: http://www.urlaubsverzeichnis-online.de
5	Deutscher Beamtenwirtschaftsring e.V. (DBW)	Ratgeber und Buchtipps für Mitarbeiterinnen und Mitarbeiter der öffentlichen Verwaltung: http://www.tarif-oed.de/service/home/ratgeber

Der „Deutsche Beamtenwirtschaftsring“ (DBW)[421] – die Selbsthilfeeinrichtung des öffentlichen Dienstes – informiert neben dem RatgeberService und AboService die Beschäftigten und ehemaligen Mitarbeiter des öffentlichen Dienstes auch im Internet über aktuelle und wichtige Themen.

---

416 www.ubit.at vom 27.05.2010

417 www.egov-experts.at vom 27.05.2010

418 http://www.asco.ch/pdf/zusammenfassung_asco_marktstudie_2009.pdf vom 27.05.2010

419 http://www.asco.ch vom 27.05.2010

420 Impressum: Markus Klenk, Vionvillestr. 19, Berlin-Steglitz, E-Mail: klenk-info@in-ulm.de

421 www.dbw-online.de/

8.2.5 Eckpunkte für wirtschaftlichen Einsatz Externer

Der deutsche Bundesrechnungshof hat als Ergebnis mehrerer Prüfungen[422] folgende Forderungen an das Management des Einsatzes externer Berater im öffentlichen Bereich formuliert (gekürzt):

> *1. Problem beschreiben und Ziel festlegen: Die von der Verwaltung zu bewältigende Aufgabe, für die die Einschaltung Externer erwogen wird, muss nachvollziehbar beschrieben und abgegrenzt werden. Hierbei sind Ziele und Maßstäbe so festzulegen, dass sie eine spätere Erfolgskontrolle ermöglichen. Um die erforderliche Grundlage für eine Problemlösung zu schaffen, ist es in allen Fällen wesentlich, dass die Verwaltung den Ist-Zustand, das angestrebte Ziel und die aufgetretenen oder bereits erkannten Schwierigkeiten hinsichtlich der Zielerreichung genau analysiert und festlegt. Die Prüfungserkenntnisse ... verdeutlichen, dass sich die Entscheidungen über den Einsatz externer Berater insgesamt zu selten auf eine ausführliche und nachvollziehbare Problemanalyse stützen.*
>
> *2. Notwendigkeit des Beratereinsatzes prüfen: Die Verwaltung muss zunächst prüfen, ob sie die Leistung selbst erbringen kann, bevor sie die Auftragsvergabe an externe Kräfte in Betracht zieht. Eine Beratung kann nur dann notwendig werden, wenn keine verwaltungseigenen Erkenntnisse vorliegen oder aufgebaut werden können. ...*
>
> *3. Wirtschaftlichkeit ermitteln: Im Rahmen einer Wirtschaftlichkeitsuntersuchung sind alle Lösungsalternativen darzustellen und zu bewerten. Hierzu zählt neben der Eigenleistung z B. auch die Beauftragung verwaltungsinterner Beratungsteams. Wirtschaftliches Handeln setzt Denken in Alternativen voraus, die zu bewerten sind. Der BRH hat festgestellt, dass Wirtschaftlichkeitsuntersuchungen – als Instrumente zur Umsetzung des Grundsatzes der Wirtschaftlichkeit – im Vorfeld von externen Beratungsaufträgen ausgesprochen selten durchgeführt wurden. ...*
>
> *4. Leistung eindeutig beschreiben: Ist die externe Beratung die wirtschaftliche Alternative, dann ist die gewünschte Beratungsleistung durch die Verwaltung eindeutig und umfassend zu beschreiben. Das setzt entsprechende, zumindest grundlegende Fachkenntnisse der Verwaltung im Hinblick auf die zu lösende Aufgabe voraus. Fehlen diese, sind auch eine sachgerechte Beraterauswahl und die spätere Kontrolle des Beratungsprojektes nicht ausreichend gewährleistet. ... Wer das zu lösende Problem nicht beschreiben kann oder – wie häufiger zu be-*

[422] Zusammenfassung in PDF-Form vom 29.01.2007 aus mehreren Prüfungsberichten des BRH, als download verfügbar in www.bundesrechnungshof.de

obachten – wiederum von einem Dritten beschreiben lassen muss, ist auch nicht in der Lage zu prüfen, ob eine vom externen Berater erarbeitete Leistungsbeschreibung dem eigenen Bedarf entspricht.

5. Verträge eindeutig fassen: Die Verträge müssen so abgefasst werden, dass die Leistung sowohl inhaltlich als auch zeitlich eindeutig beschrieben und kontrollierbar ist. Wo möglich sollte mit werkvertraglichen Elementen sichergestellt werden, dass die zu erbringende Leistung in ihrem Ergebnis ausreichend nachvollziehbar bewertet ... werden kann. ...

6. Leistung öffentlich ausschreiben: Die Leistung muss grundsätzlich öffentlich, ggf. auch europaweit ausgeschrieben werden. Eine freihändige Vergabe kommt nur in Ausnahmefällen in Betracht; auch hier ist grundsätzlich ein Wettbewerb sicherzustellen. In der überwiegenden Zahl der vom BRH geprüften Beratungsaufträge wurde die Leistung ohne Wettbewerb vergeben. . ...

7. Leistung kontrollieren, steuern und abnehmen: Die Verwaltung kann durch sachgerechte Kontrolle und Steuerung des Beratungsprojekts wesentlich zu einem erfolgreichen Abschluss beitragen. ... Der Bundesrechnungshof hat festgestellt, dass die Beratungsprojekte seitens der Verwaltung nur in wenigen Fällen ausreichend begleitend gesteuert wurden. Auch die Abnahme der Leistung verzögerte sich oft. ...

8. Abschließende Erfolgskontrolle durchführen: ... Die gesamte Maßnahme muss abschließend einer nachvollziehbaren Erfolgskontrolle unterzogen werden. Die nach Haushaltsrecht vorgeschriebenen Erfolgskontrollen (Nr. 2.2 der VV zu § 7 BHO) fehlten bei nicht wenigen der untersuchten Fälle völlig. Viele Prüfungserkenntnisse gaben Anlass zu Zweifeln, ob Beratungsergebnisse zu den beabsichtigten Wirkungen führten oder überhaupt als Entscheidungsgrundlage verwendet wurden. ...

9. Transparenz über Beratungsergebnisse und –ausgaben schaffen: Es sollten alle Möglichkeiten genutzt werden, um wesentliche Informationen zu Beratungsschwerpunkten und -ergebnissen ressortübergreifend im Sinne eines Wissensmanagements zur Verfügung zu stellen. .... Die Untersuchungen ... haben ergeben, dass zwischen den Bundesbehörden ein Erfahrungsaustausch zum Beratereinsatz kaum stattfindet. Es fehlt am Austausch der Inhalte ebenso wie an begleitenden Informationen zu den Beratungsprojekten oder zu Erkenntnissen zum Beratungserfolg. ...

10. Gesamtes Verfahren dokumentieren: Die einzelnen Schritte von der Problembeschreibung über die Notwendigkeitsprüfung bis hin zur Umsetzung ... sind von der Verwaltung nachvollziehbar zu dokumentieren. ...

8.3 Autorenverzeichnis

Dr. Hubert Vogt, geb. 1966, Senior Manager Management Consulting bei Accenture, zuständig für Personalmanagement in der öffentlichen Verwaltung, München.

Hilke Heeren, geb. 1966, Dipl.-Kauffrau und Dipl.-Verwaltungswirtin, nach Leitungsfunktionen in Landes- und Bundesbehörden derzeit Referatsleiterin in einer Bundesbehörde in Frankfurt am Main.

Norbert Büning, geb. 1962, Dipl. Betriebswirt (FH), Geschäftsführer Management Consulting bei Accenture, weltweit zuständig für die Personalentwicklung, Kronberg/Taunus.

Dr. Roland Heuermann, geb. 1961, Dipl.-Kaufmann und Dipl.-Psychologe, gut zehn Jahre Unternehmensberater bei Accenture und dann seit 2003 Manager in einer Bundesbehörde, Lehrbeauftragter für ÖBWL an der FH Bund in Brühl, Bonn.

Prof. Dr. Matthias Tomenendal, geb. 1970, Dipl.-Kaufmann, zehn Jahre Strategieberater bei der Boston Consulting Group, seit 2005 Professor für Management und Consulting an der Hochschule für Wirtschaft und Recht Berlin, seit 2010 Direktor des IMB Institute of Management Berlin.

Detlef Walter, geb. 1954, nach Tätigkeiten in einem Kommunalverband und im BMF zunächst politiknahe Stationen in zwei Landesverwaltungen, seit 2002 Manager in einer Bundesbehörde in Bonn, Lehrbeauftragter u.a. für Haushaltsrecht und VWL am Rheinischen und am Niederlausitzer Studieninstitut.

Rüdiger Liebe, geb. 1963, seit 20 Jahren als Unternehmensberater für private und öffentliche Organisationen tätig. Zertifizierter Projektmanager (PMP) und Gründer von Rüdiger Liebe & Partner Unternehmensberater, Frankfurt.

Falk Herrmann, geb. 1962, Dipl. Phys., elf Jahre Berater bei Accenture, seit 2003 als freiberuflicher Berater bei Behörden und der Privatwirtschaft tätig, München.

Bernhard Heck, geb. 1962, Dipl. Wirtschaftsingenieur, 19 Jahre bei Accenture als Unternehmensberater für private und öffentliche Organisationen, seit 2009 bei T-Systems International, Hamburg.

8.4 Glossar, Abkürzungen und Begriffe

Begriff	Erläuterung
Abschnitt	2. Gliederungsebene des Buches (1. Gliederungsebene = Kapitel)
ADONIS	Software für die Darstellung von Arbeitsabläufen, Konkurrenzprodukt zu ARIS
AG	Aktiengesellschaft
AktienG	Aktiengesetz (Deutschland)
AN	Arbeitnehmer
Anm.	Anmerkung
AöR	Anstalt öffentlichen Rechts
ARIS (Toolset)	Produktnamen für IT-Werkzeug der Prozessmodellierung: Architektur integrierter Informationssysteme
Art.	Artikel des deutschen Grundgesetzes (Verfassung)
Audit	Audits sind durch Experten durchgeführte Prüf-Veranstaltungen, untersucht werden z. B. die Qualität des Managements (Management-Audit) oder von Verfahren (Verfahrensaudit)
Ausbalancierte Bewertungsmatrix	Synonym zu "Balanced Scorecard"
AW	Anschaffungswert (Summe aus Anschaffungspreis und Anschaffungsnebenkosten)
Balanced Scorecard	(deutsch: "Ausbalancierte Bewertungsmatrix")
Barwert	
BDU	Bund Deutscher Unternehmensberater, Verein zur Interessenvertretung von deutschen Unternehmensberatern
BGB	Bürgerliches Gesetzbuch (Deutschland)
BHO	(deutsche) Bundeshaushaltsordnung
BNE	Brutto-Nationaleinkommen (zu Marktpreisen), früher Bruttosozialprodukt genannt
BPR	Business Process Reengineering
Business (process) ®eengineering	Reorganisation des Unternehmens weg von der funktionalen Struktur hin zu einer Optimierung der Durchlaufzeiten und Herstellkosten von Prozessen
bzgl.	bezüglich
CAF	Common Assessment Framework. Qualitätsbewertungssystem für Betriebe des öffentlichen Sektors
CIO	Chief Information Officer (Vorstandsmitglied für IT)
COBIT	Control Objectives for Information and Related Technology
COSO	Committee of Sponsoring Organisations ft he Tradeway Commission, dieses Komitee veröffentlichte in 1992 eine Studie zur Begriffsvereinheitlichung und Management-Ausrichtung der Innenrevision
CPO	Chief Process Officer (Vorstandsmitglied für Prozessvereinheitlichung)
CRM	Customer Relationship Management, Sammelbegriff für alle konzeptionellen, organisatorischen Maßnahmen zur Verbesserung des Kundenkontakts
EFQM	European Foundation for Quality Management
eGovernment	Bezeichnung für den Einsatz elektronischer Kommunikationsmittel zur Verbesserung der Abläufe einerseits im öffentlichen Sektor selbst und andererseits zwischen Bürgern, Wirtschaft und öffentlichen Betrieben
Empowerment	Hier: Stärkung dezentraler Verantwortung

ERH	Europäischer Rechnungshof
ERP	Enterprise resource planning, Gattungsnamen für Geschäftssoftware
EU	Europäische Union
eV	Eingetragener Verein
f., ff.	Folgende, fortfolgende
Fa.	Firma
GenossenschaftsG	Genossenschaftsgesetz (Deutschland)
Geschäftsprozess-optimierung	Deutschsprachiges Synonym zu Business (process) reengineeering
GG	Grundgesetz
ggf.	gegebenenfalls
GmbH	Gesellschaft mit beschränkter Haftung
GPM	Deutsche Gesellschaft für Projektmanagement
GuV	Gewinn- und Verlustrechnung
GWA	Gemeinkostenwertanalyse
HGB	(deutsches) Handelsgesetzbuch
HGrG	(deutsches) Haushaltsgrundsätzegesetz
HKR-Verfahren	Haushalts-Kassenrechnungsverfahren
HPL	Haushaltsplan
HR, HR-M	Human Resource, Human Resources Management
HÜL	Haushaltsüberwachungsliste
i	Symbol für den Zinssatz (englisches Wort "interest").
i. d. R.	in der Regel
IKS	Internes Kontrollsystem
IR	Innenrevision
INTOSAI	Internation Organization of Supreme Audit Institutions, Internationale Organisation der obersten Rechnungshöfe
IT	Informationstechnologie
Kameralistik	Einzahlungs-/Auszahlungsrechnung des öffentlichen Bereichs
Kapitel	1. Gliederungsebene des Buches
KG	Kommanditgesellschaft
KGaA	Kommanditgesellschaft auf Aktien
KLR	Kosten-Leistungsrechnung
KöR	Körperschaft öffentlichen Rechts
KVP	Kontinuierlicher Verbesserungsprozess
Merger	Fusion (beide Unternehmen sind juristisch eine Person) oder Akquisition (das akquirierte Unternehmen behält seine eigene Rechtsperönlichkeit
mod. n.	modifiziert nach, Hinweis auf Veränderung eines Bildes oder einer Tabelle aus einer angegebenen Quelle
Mrd.	Milliarden
n, N	Abkürzung für lateinisch numera, Anzahl. Gebräuchliche Abkürzung für die Fallzahl/Teilnehmerzahl in Statistiken
n.a.	nicht angegeben
n.C.	(Zeit) nach Christus
NPM	New Public Management
ÖBWL	Öffentliche Betriebswirtschaftslehre
Ö.R.	Öffentlichen Rechts
Output	Allgemein Ergebnis im Sinne von geplant herbeigeführter Wirkung eines Handelns

PM	Public Management
Policey	Alter deutscher Begriff, bezeichnet umfassend den Staats- und Verwaltungsbereich, ähnlich dem Begriff „Policy" im Englischen
Policy	Bezeichnet den Wirkungsteil der Politik, also den „Output"
PPP	Public-Private-Partnership
RW	Restwert einer Anlage
SE	Gesellschaft europäischen Rechts
Service	Hier: Dienstleistung(-sprodukt)
StGB	Strafgesetzbuch
Team	Gruppe von internen und/oder externen Personen, die zum Zweck eines gemeinsamen Projekts zusammenarbeiten
Titel	Gliederungskategorie für Budgetposten in der Kameralisitk
TQM	Total Quality Management
TVÖD	Tarifvertrag für den öffentlichen Dienst
Tz	Textziffer
u.a.	unter anderem
v. C.	(Zeit) vor Christus
vgl.	vergleiche
VOB	Verdingungsordnung für Bauleistungen
VOL	Verdingungsordnung für Leistungen außer Bauleistungen
vs.	versus (lateinisch: gegen)
z. B	zum Beispiel
z.T.	zum Teil
zit. .n.	zitiert nach

8.5 Index

www.ingramcontent.com/pod-product-compliance
Lightning Source LLC
Chambersburg PA
CBHW061927190326
41458CB00009B/2674

* 9 7 8 3 4 8 6 5 9 7 0 8 0 *